Diogenes Taschenbuch 21778

de
te
be

August Strindberg
Dramen in drei Bänden
Zweiter Band

August Strindberg

Nach Damaskus

und drei andere Dramen

Herausgegeben von Artur Bethke

Aus dem Schwedischen von Artur Bethke und Anne Storm

Diogenes

›Nach Damaskus‹ wurde von Artur Bethke übersetzt,
die übrigen Dramen von Anne Storm.

Umschlagillustration:
Edvard Munch, ›Roter wilder Wein‹,
1898 (Ausschnitt)

Veröffentlicht als Diogenes Taschenbuch, 1989
Lizenzausgabe mit freundlicher Genehmigung des
Carl Hanser Verlag München Wien
Diogenes Verlag AG Zürich
60/89/43/1
ISBN 3 257 21778 1

Nach Damaskus

(Till Damaskus)

Erster Teil

PERSONEN

Der Unbekannte
Die Dame
Der Bettler
Der Arzt
Die Schwester
Der Alte
Die Mutter
Die Äbtissin
Der Konfessor
Nebenfiguren und Schatten

ERSTER AKT

An der Straßenecke

Straßenecke mit einer Bank unter einem Baum. Man sieht das Seitenportal einer kleinen gotischen Kirche, ein Postamt und ein Café mit Stühlen davor. Das Postamt und das Café sind geschlossen.
Man hört, wie sich die Töne eines Trauermarsches nähern und dann wieder entfernen.
Der Unbekannte steht an der Kante des Bürgersteigs und scheint zu überlegen, in welche Richtung er gehen soll. Eine Kirchturmuhr schlägt: zuerst vier Schläge, die die Viertelstunden anzeigen, in einem höheren Ton; danach drei Stundenschläge in einem tieferen.
Die Dame kommt, grüßt den Unbekannten, will vorbeigehen, bleibt aber stehen.

DER UNBEKANNTE: Da sind Sie also. Fast wußte ich, daß Sie kommen würden.

DIE DAME: Sie haben mich also gerufen? Ja, das habe ich gefühlt. – Aber weshalb stehen Sie hier an der Straßenecke?

DER UNBEKANNTE: Ich weiß es nicht; irgendwo muß ich doch stehen, während ich warte.

DIE DAME: Worauf warten Sie?

DER UNBEKANNTE: Wenn ich das sagen könnte. – Vierzig Jahre lang habe ich auf etwas gewartet, ich glaube, man nennt es Glück; oder ob es nur das Ende des Unglücks ist. – Und schon wieder diese entsetzlichen Töne, hören Sie nur! Gehen Sie nicht, gehen Sie nicht, ich bitte Sie, denn ich bekomme Angst, wenn Sie gehen.

DIE DAME: Mein Herr und Freund! Wir haben uns gestern zum erstenmal getroffen und vier Stunden miteinander gesprochen. Sie haben meine Anteilnahme erregt, aber Sie dürfen deshalb nicht meine Güte mißbrauchen.

DER UNBEKANNTE: Es ist wahr, das darf ich nicht. Aber ich flehe Sie an, lassen Sie mich nicht allein. Ich bin in einer fremden

Stadt, habe keinen Freund, und die wenigen Bekannten, die ich besitze, scheinen mir mehr als unbekannt, ich möchte sagen, feindlich zu sein.

DIE DAME: Feinde überall, einsam überall! Warum gingen Sie fort von Frau und Kind?

DER UNBEKANNTE: Wenn ich das wüßte! – Wenn ich überhaupt wüßte, warum ich da bin, warum ich hier stehe, wohin ich gehen soll, was ich tun soll! – Glauben Sie, daß es Verdammte schon hier in diesem Leben gibt?

DIE DAME: Nein, das glaube ich nicht.

DER UNBEKANNTE: Sehen Sie mich an!

DIE DAME: Haben Sie denn nie im Leben eine Freude empfunden?

DER UNBEKANNTE: Nein; und wenn ich scheinbar eine empfunden habe, so war es nur eine Falle, um mich zu verlocken, das Elend fortzusetzen; fiel einmal die goldene Frucht in meine Hand, war sie vergiftet oder innen verfault.

DIE DAME: Verzeihen Sie die Frage, was haben Sie für eine Religion?

DER UNBEKANNTE: Diese, wenn es zu schwer wird, gehe ich meines Wegs.

DIE DAME: Wohin?

DER UNBEKANNTE: In die Vernichtung. Daß ich – den Tod in meiner Hand habe, gibt mir ein unglaubliches Machtgefühl ...

DIE DAME: Oh, mein Gott, Sie spielen mit dem Tod!

DER UNBEKANNTE: So wie ich mit dem Leben spiele. – Ich bin ja Dichter gewesen. Trotz meines angeborenen Trübsinns habe ich nie etwas richtig ernst nehmen können, nicht einmal meine eigenen großen Sorgen, und es gibt Augenblicke, wo ich bezweifle, daß das Leben mehr Wirklichkeit hat als meine Gedichte. *Man hört den Leichenzug, Gesang De profundis.* Jetzt kommen sie wieder! Ich weiß nicht, weshalb sie hier auf den Straßen auf und ab marschieren!

DIE DAME: Sind es die, welche Sie fürchten?

DER UNBEKANNTE: Nein, aber es irritiert mich, denn es ist wie verhext ... Nicht den Tod, sondern die Einsamkeit fürchte ich, denn in der Einsamkeit trifft man jemanden. Ich weiß nicht, ob es ein anderer ist oder ob ich mich selbst wahrnehme, aber in der Einsamkeit ist man nicht allein. Die Luft wird dichter, die Luft keimt und Wesen beginnen zu wachsen, die unsichtbar sind, die man aber spürt und die leben.

DIE DAME: Das haben Sie bemerkt?

DER UNBEKANNTE: Ja, ich bemerke alles seit einiger Zeit; doch nicht wie früher, als ich nur Dinge und Begebenheiten, Formen und Farben sah, denn jetzt sehe ich Gedanken und Bedeutungen. Das Leben, das früher ein großer Nonsens war, hat einen Sinn bekommen, und ich erkenne eine Absicht, wo ich nur den Zufall sah. – Und als ich Sie dann gestern traf, kam mir die Idee, daß Sie auf meinen Weg geschickt wurden, entweder um mich zu retten oder um mich zu vernichten.

DIE DAME: Weshalb sollte ich Sie vernichten?

DER UNBEKANNTE: Weil es Ihre Aufgabe ist.

DIE DAME: Ich hege keineswegs solche Gedanken, und da Sie hauptsächlich mein Mitleid erwecken – ja, ich habe nie einen Menschen gesehen, nie in meinem Leben einen Menschen, dessen bloßer Anblick mich zum Weinen brachte ... Sagen Sie, was haben Sie auf dem Gewissen? Haben Sie eine tadelnswerte Handlung begangen, die nicht entdeckt oder nicht bestraft worden ist?

DER UNBEKANNTE: Das fragen Sie mit Recht! Ich habe nicht mehr Verbrechen auf dem Gewissen als andere, die frei sind ..., doch, eins: ich wollte nicht ein Narr des Lebens sein.

DIE DAME: Und man muß sich mehr oder weniger betrügen lassen, um leben zu können.

DER UNBEKANNTE: Das scheint nahezu eine Pflicht zu sein, der ich mich entziehen möchte ... Oder es gibt ein anderes Geheimnis in meinem Leben, das ich nicht kenne ... Wissen Sie, man erzählt in meiner Familie die Geschichte, ich sei ein Wechselbalg.

DIE DAME: Was ist das?

DER UNBEKANNTE: Das ist ein Kind, das von den Elfen gegen ein neugeborenes Menschenkind ausgetauscht wurde.

DIE DAME: Glauben Sie daran?

DER UNBEKANNTE: Nein, aber ich glaube, das ist ein Gleichnis, woran etwas Wahres ist. – Als Kind weinte ich immer, es schien mir im Leben nicht zu gefallen; ich haßte meine Eltern, wie sie mich haßten, ich duldete keinen Zwang, keine Konvention, keine Gesetze, meine einzige Sehnsucht galt dem Wald und dem Meer.

DIE DAME: Haben Sie irgendwann Gesichte gehabt?

DER UNBEKANNTE: Nie! Aber oft glaubte ich zu spüren, daß zwei unterschiedliche Wesen mein Schicksal steuern: das eine gibt mir alles, was ich wünsche, aber das andere steht daneben und wirft Schmutz auf die Gabe, so daß sie wertlos wird und ich sie nicht mehr haben möchte. Es ist wirklich wahr, ich habe alles bekommen, was ich mir im Leben gewünscht habe – aber alles hat sich als wertlos erwiesen.

DIE DAME: Sie haben alles bekommen, und Sie sind dennoch unzufrieden.

DER UNBEKANNTE: Das eben nenne ich den Fluch ...

DIE DAME: Nicht verfluchen! – Aber weshalb zielten dann Ihre Wünsche nicht über dieses Leben hinaus, dorthin, wo es keinen Schmutz gibt?

DER UNBEKANNTE: Weil ich bezweifelte, daß es etwas außerhalb dieses Daseins gibt.

DIE DAME: Und die Elfen dann?

DER UNBEKANNTE: Das ist ja nur ein Märchen! – Aber wollen wir uns nicht auf die Bank dort setzen?

DIE DAME: Ja, doch worauf warten Sie?

DER UNBEKANNTE: Eigentlich darauf, daß das Postamt aufmacht, denn dort liegt ein Brief für mich, der mir nachgesandt wurde und mich bisher nicht erreicht hat. *Sie setzen sich.* Erzählen Sie jetzt ein wenig über sich. *Die Dame häkelt.*

DIE DAME: Da gibt es nichts zu erzählen.

DER UNBEKANNTE: Es ist merkwürdig, aber ich möchte Sie mir auch am liebsten unpersönlich, namenlos vorstellen – ich weiß ja nicht einmal richtig, wie Sie heißen –, ich möchte Ihnen selbst einen Namen geben – lassen Sie mich nachdenken, wie Sie heißen sollen! Ja, Sie sollen Eva heißen. – *Mit einer Geste zu den Kulissen.* Fanfaren. *Der Trauermarsch ist zu hören.* Da ist wieder der Trauermarsch! – Jetzt werde ich Ihnen ein Alter geben, denn ich weiß nicht, wie alt Sie sind ... Von nun an sind Sie vierunddreißig Jahre alt und somit achtzehnhundertvierundsechzig geboren. – Jetzt kommt der Charakter, denn den kenne ich auch nicht. Sie bekommen einen sehr guten Charakter, weil Ihre Stimme wie die meiner verstorbenen Mutter klingt – mit Mutter meine ich einen abstrakten Begriff Mutter, ausgesprochen „Mutter“, denn meine Mutter hat mich nie gestreichelt, aber ich erinnere mich, daß sie mich geschlagen hat. Ja, denn sehen Sie, ich bin im Haß erzogen worden. Haß! Hart gegen hart! Auge um Auge! Sehen Sie die Narbe hier auf der Stirn; sie stammt von einer Axt, die mein Bruder in der Hand hielt, dessen Schneidezahn ich mit einem Stein ausgeschlagen hatte. Zum Begräbnis meines Vaters ging ich nicht, weil er mich von der Hochzeit meiner Schwester hinauswerfen ließ. Ich bin in einem unehelichen Bett geboren während eines Konkursverfahrens, als die Familie in Trauerkleidern ging nach dem Selbstmord eines Onkels. Nun kennen Sie die Familie. Von solchem Baum solch eine Frucht! Mit Mühe und Not bin ich um insgesamt vierzehn Jahre Strafarbeit herumgekommen und habe deshalb allen Grund, den Elfen dankbar zu sein, wenn ich auch nicht direkt froh über sie bin.

DIE DAME: Ich höre Sie so gerne reden, aber Sie dürfen nicht die Elfen berühren; das tut mir so weh, so weh!

DER UNBEKANNTE: Offen gesagt, ich glaube nicht an sie, aber trotzdem kommen sie immer wieder. Sind die Elfen nicht unselige Geister, die keine Versöhnung gefunden haben? Ja! Dann bin ich auch das Kind eines Trolls. Einmal glaubte ich, die Versöhnung sei nahe, durch eine Frau, aber kein Irrtum war größer, denn damit begann die siebente Hölle.

DIE DAME: Oh, wie Sie reden! Ja, Sie sind ein Unseliger, doch Sie werden es nicht bleiben.

DER UNBEKANNTE: Sie meinen, der Klang der Glocken und geweihtes Wasser würden mich beruhigen ... Ich hab's versucht, aber es wurde nur schlimmer. Mir ging es wie dem

Bösen, wenn er das Zeichen des Kreuzes sieht. Sprechen wir nun von Ihnen!

DIE DAME: Das ist nicht nötig! – Hat man Sie jemals beschuldigt, Ihre Gaben zu mißbrauchen?

DER UNBEKANNTE: Man hat mich aller Dinge beschuldigt. Niemand in meiner Stadt war so gehaßt wie ich, niemand so verachtet. Einsam kam ich, einsam mußte ich gehen. Ging ich an einen öffentlichen Ort, entfernte man sich fünf Ellen von meinem Platz. Wollte ich ein Zimmer mieten, war es besetzt. Die Pfarrer verkündeten den Bann von der Kanzel, die Lehrer vom Katheder und die Eltern zu Hause. Einmal wollte der Kirchenrat mir meine Kinder wegnehmen. Da versündigte ich mich und erhob die Faust gegen – den Himmel.

DIE DAME: Warum werden Sie so gehaßt?

DER UNBEKANNTE: Weiß ich nicht! Doch, ich konnte die Menschen nicht leiden sehen – und so sagte ich und schrieb: Befreit euch, ich werde helfen. Und dann sagte ich dem Armen: Laß dich nicht von dem Reichen aussaugen! Und zur Frau: Laß dich nicht vom Mann unterdrücken! Und dann, das war sicher das Schlimmste, zu den Kindern: Gehorcht euren Eltern nicht, wenn sie ungerecht sind! Die Folgen, ja, die sind vollkommen begreiflich, denn nun wendeten sich Reiche und Arme, Männer und Frauen, Eltern und Kinder gegen mich; und dazu kam: die Krankheit mit der Armut, die Bettelei mit der Schande, Scheidung, Prozesse, Landesflucht, Einsamkeit, und jetzt zum Schluß – glauben Sie, daß ich wahnsinnig bin?

DIE DAME: Nein, das glaube ich nicht ...

DER UNBEKANNTE: Dann sind Sie sicher die einzige, aber das ist mir um so wertvoller.

DIE DAME *erhebt sich*: Nun muß ich Sie verlassen ...

DER UNBEKANNTE: Sie auch!

DIE DAME: Aber Sie dürfen hier nicht sitzen bleiben.

DER UNBEKANNTE: Wohin soll ich denn gehen?

DIE DAME: Sie sollen nach Hause gehen und arbeiten.

DER UNBEKANNTE: Ich bin kein Arbeiter, ich bin ein Dichter.

DIE DAME: Ich wollte Sie nicht verletzen, und Sie haben recht.

Dichten ist eine Gabe, die gegeben wird, aber auch wieder genommen werden kann. Verwirken Sie diese Gabe nicht!

DER UNBEKANNTE: Wohin wollen Sie gehen?

DIE DAME: Nur etwas erledigen ...

DER UNBEKANNTE: Sind Sie religiös?

DIE DAME: Ich bin nichts.

DER UNBEKANNTE: Um so besser, dann werden Sie etwas. Oh, ich wünschte, ich wäre Ihr alter blinder Vater, den Sie auf die Märkte führen, wo er singen soll; aber das Unglück ist, daß ich nicht alt werden kann – so ist es auch mit den Elfenkindern, sie wachsen nicht, sie bekommen nur einen großen Kopf und schreien ... Ich wünschte, ich wäre der Hund eines Menschen, dem ich folgen dürfte, so daß ich nie allein wäre – manchmal etwas zu essen, dann und wann einen Fußtritt, einmal ein Streicheln, zweimal einen Peitschenhieb ...

DIE DAME: Jetzt muß ich gehen! Leben Sie wohl!

DER UNBEKANNTE *zerstreut*: Leben Sie wohl!

Er bleibt auf der Bank sitzen, nimmt den Hut ab, trocknet sich die Stirn. Danach zeichnet er mit dem Stock vor sich hin. Der Bettler kommt. Höchst sonderbares Aussehen. Sucht im Rinnstein.

DER UNBEKANNTE: Was suchen Sie, Bettler?

DER BETTLER: Zum ersten, wieso? Und dann bin ich kein Bettler; habe ich etwas verlangt?

DER UNBEKANNTE: Dann bitte ich um Entschuldigung, aber es ist schwer, die Menschen nach dem Äußeren zu beurteilen.

DER BETTLER: Ja, das will ich meinen. Können Sie zum Beispiel erraten, wer ich bin?

DER UNBEKANNTE: Nein, das kann und will ich nicht; mit einem Wort, das interessiert mich nicht.

DER BETTLER: Wer weiß so etwas im voraus; das Interesse kommt gewöhnlich danach, wenn es schon zu spät ist. Virtus post numnos!

DER UNBEKANNTE: Was! Der Bettler ist vertraut mit der Sprache der Römer?

DER BETTLER: Sieh da, das Interesse erwacht. Omne tulit punctum qui miscuit utile dulci. Mir ist alles geglückt, was ich mir vorgenommen habe, weil ich nie etwas getan habe. Ich sollte mich Polykrates nennen, der mit dem Ring. Wissen Sie, daß ich alles vom Leben erhalten habe, was ich wollte? Aber ich habe nie etwas gewollt, und des Erfolges müde, warf ich den Ring fort. Jetzt, auf meine alten Tage, bereue ich das und suche ihn in den Rinnsteinen, aber da das Suchen recht lange dauern kann, verschmähe ich, in Ermangelung des goldenen Ringes, auch weggeworfene Zigarrenstummel nicht.

DER UNBEKANNTE: Ich weiß nicht, ob Sie satirisch sind oder etwas durcheinander?

DER BETTLER: Sehen Sie, das weiß ich auch nicht.

DER UNBEKANNTE: Aber wissen Sie, wer ich bin?

DER BETTLER: Nicht die Spur; und es interessiert mich auch nicht.

DER UNBEKANNTE: Das Interesse kommt gewöhnlich danach... Nein, hören Sie, Sie stehen hier und verlocken mich, Ihre Worte in den Mund zu nehmen. Das ist ja, als rauchte man die Zigarrenstummel eines anderen. Pfui!

DER BETTLER *zieht den Hut*: Und Sie wollen nicht nach mir rauchen?

DER UNBEKANNTE: Was ist das für eine Narbe, die Sie da an der Stirn haben?

DER BETTLER: Die stammt von einem nahen Angehörigen.

DER UNBEKANNTE: Nein, jetzt wird mir angst. Darf ich Sie anfassen, ob Sie wirklich da sind? *Er faßt den Arm des Bettlers an.* Ja, er ist wirklich! – Mein Herr, wollen Sie sich nicht herablassen, eine kleinere Geldgabe entgegenzunehmen für das Versprechen, den Ring des Polykrates in einem entfernter liegenden Stadtteil zu suchen? *Reicht ihm eine Münze.* Post numnos virtus ... Nein, jetzt stehe ich schon wieder da und käue wieder. Gehen Sie! Gehen Sie!

DER BETTLER: Ich werde gehen, doch das ist viel zuviel. Sehen Sie, hier gebe ich Ihnen drei Viertel zurück, dann sind wir uns nichts weiter schuldig als eine Freundesgabe!

DER UNBEKANNTE: Freundesgabe! Bin ich Ihr Freund?

DER BETTLER: Zumindest bin ich Ihr Freund, und wenn man allein auf der Welt ist, darf man es mit den Menschen nicht so genau nehmen.

DER UNBEKANNTE: Gestatten Sie, daß ich Ihnen zum Abschied das kleine Wort pfui nachwerfe.

DER BETTLER: Mit Vergnügen, mit Vergnügen, doch wenn wir uns wiedersehen, werde ich ein Willkommenswort bereit haben, das dem nicht nachsteht. *Geht.*

DER UNBEKANNTE *setzt sich und zeichnet wieder mit dem Stock*: Es ist Sonntagnachmittag! Der lange, graue, triste Sonntagnachmittag, wenn die Familien Sauerkohl und Rinderbraten mit Salzkartoffeln gegessen haben. Und die Alten halten jetzt Mittagsschlaf; die Jungen spielen Schach und rauchen, die Dienstboten sind zur Andacht gegangen, und die Läden sind geschlossen. Oh, dieser lange, mörderische Nachmittag, der Tag der Ruhe, wo die Seele aufhört, sich zu regen, und wo es ebenso unmöglich ist, ein bekanntes Gesicht zu treffen wie in eine Kneipe hineinzukommen ... *Die Dame kommt wieder; trägt jetzt eine Blume am Busen.* Sieh da! Es ist eigenartig, ich kann nicht den Mund aufmachen und etwas sagen, ohne sofort desavouiert zu werden.

DIE DAME: Sie sitzen immer noch hier?

DER UNBEKANNTE: Ja, ob ich nun hier sitze und in den Sand schreibe oder anderswo, scheint gleichgültig, Hauptsache, ich schreibe in den Sand.

DIE DAME: Was schreiben Sie denn? Lassen Sie sehen!

DER UNBEKANNTE: Sicher steht dort Eva, 1864 ... Nein, treten Sie nicht darauf ...

DIE DAME: Was geschieht dann?

DER UNBEKANNTE: Ein Unglück für Sie – und für mich.

DIE DAME: Und das wissen Sie?

DER UNBEKANNTE: Ja! Ich weiß auch, daß die Christrose, die Sie dort an der Brust tragen, eine Mandragora ist. In der Symbolik bedeutet sie Bosheit und Verleumdung, doch in der Medizin hat sie früher Wahnsinn geheilt. Wollen Sie sie mir geben?

DIE DAME *zögert*: Als Medizin?

DER UNBEKANNTE: Natürlich! – Haben Sie meine Schriften gelesen?

DIE DAME: Sie wissen doch, daß ich sie gelesen habe, daß ich Ihnen zu danken habe für meine Erziehung zur Freiheit und zum Glauben an Menschenrecht und Menschenwürde!

DER UNBEKANNTE: Dann haben Sie die letzten Bücher nicht gelesen ...

DIE DAME: Nein, und wenn sie nicht so wie die ersten sind, will ich auch nichts von ihnen wissen!

DER UNBEKANNTE: Das ist gut! Und versprechen Sie mir, nie mehr ein Buch von mir zu öffnen.

DIE DAME: Lassen Sie mich nachdenken! – Ja, ich verspreche es!

DER UNBEKANNTE: Gut! Aber brechen Sie dieses Versprechen nicht! Erinnern Sie sich an Blaubarts Frau, als die Neugierde sie dazu verleitete, das verbotene Zimmer zu öffnen ...

DIE DAME: Merken Sie nicht, wie Ihre Ansprüche schon die eines Blaubart sind? Und merken Sie nicht, daß Sie schon seit langem vergessen haben, daß ich verheiratet bin, daß mein Mann Arzt ist und daß er Ihr Bewunderer ist, so daß sein Haus Ihnen offensteht, wenn Sie es wünschen?

DER UNBEKANNTE: Ich habe alles getan, um das zu vergessen, und ich habe es so aus meinem Gedächtnis getilgt, daß es für mich aufgehört hat, wirklich zu sein.

DIE DAME: Wenn das so ist, wollen Sie mich dann heute abend nach Hause begleiten?

DER UNBEKANNTE: Nein! Doch wollen Sie mir folgen?

DIE DAME: Wohin?

DER UNBEKANNTE: Hinaus in die Welt, wohin auch immer. Ein Zuhause habe ich nicht, nur einen Mantelsack, Geld habe ich manchmal, aber selten – das ist das einzige, was das Leben mir beharrlich verweigert, vielleicht weil ich es nicht stark genug begehrt habe.

DIE DAME: Hm!

DER UNBEKANNTE: Nun, woran denken Sie?

DIE DAME: Ich wundere mich darüber, daß Ihr Scherz mich nicht beleidigt.

DER UNBEKANNTE: Scherz oder Ernst, das ist eins für mich. – So! Jetzt beginnt die Orgel zu spielen; und dann wird bald die Gastwirtschaft geöffnet.

DIE DAME: Es ist wahr, daß Sie trinken?

DER UNBEKANNTE: Viel! Der Wein bringt meine Seele dazu, ihre Hülle zu verlassen, ich fliege hinaus in die Räume, sehe, was keiner geahnt hat, und höre, was keiner gehört hat ...

DIE DAME: Und am nächsten Tag?

DER UNBEKANNTE: Habe ich die schönen Gewissensqualen; erfahre das erlösende Gefühl von Schuld und Reue; genieße die Leiden des Körpers, während die Seele wie ein Rauch um die Stirn schwebt; das ist wie zwischen Leben und Tod, wenn der Geist fühlt, daß er die Flügel erhoben hat und sich aufschwingen kann, wenn er möchte.

DIE DAME: Folgen Sie mir in die Kirche, nur einen Augenblick. Sie sollen keine Predigt hören, nur die schöne Musik der Vesper.

DER UNBEKANNTE: Nein, nicht in die Kirche! Sie tut mir so weh und läßt mich fühlen, daß ich nicht dorthin gehöre, daß ich ein Unseliger bin und nie mehr da hineinkommen kann, ebensowenig wie ich noch einmal ein Kind werden kann.

DIE DAME: All das fühlen Sie bereits?

DER UNBEKANNTE: So weit bin ich gekommen. Und es scheint mir, als läge ich zerhackt in Medeas Kessel und würde langsam gegart: entweder gehe ich zur Seifensiederei oder ich steige verjüngt aus meiner eigenen Brühe hervor! Alles hängt von Medeas Geschicklichkeit ab.

DIE DAME: Das hört sich wie ein Orakelspruch an. Wollen wir jetzt mal sehen, ob Sie nicht noch einmal Kind werden können?

DER UNBEKANNTE: Dann müßte es jetzt mit der Wiege beginnen – und der Richtige wiederkommen!

DIE DAME: Eben! – Warten Sie hier auf mich, während ich in die Sankt-Elisabeth-Kapelle gehe. Wenn das Café offen wäre, würde ich Sie sehr nett bitten: Trinken Sie nicht; doch glücklicherweise ist es geschlossen.

Der Unbekannte setzt sich wieder und zeichnet im Sand. Sechs braungekleidete Sargträger und Gäste kommen. Einer trägt eine Fahne mit den Insignien der Zimmerleute und mit braunem Trauerflor; ein anderer ein großes Beil, geschmückt mit Fichtenzweigen; ein dritter trägt ein Kissen mit dem Verhandlungshammer des Vorsitzenden. Sie bleiben vor dem Café stehen und warten.

DER UNBEKANNTE: Entschuldigung, wer war der Tote?

ERSTER GAST: Ein Zimmermann! *Bringt einen Laut hervor, der wie ein Uhrwerk klingt.*

DER UNBEKANNTE: Ein richtiger Zimmermann oder ein Holzwurm, der in den Wänden sitzt und klopft?

ZWEITER GAST: Beides, aber vor allem einer, der in den Holzwänden sitzt und klopft. – Wie nennt man ihn doch gleich?

DER UNBEKANNTE *für sich*: So ein Schelm! Jetzt will er mich dazu verleiten, Totenuhr zu sagen, aber ich werde etwas anderes antworten, um ihn zu ärgern. *Zum Gast*: Sie meinen einen Goldkäfer?

ZWEITER GAST: Nein, das habe ich nicht gemeint.

Das Ticken der Uhr ist wieder zu hören.

DER UNBEKANNTE: Wollen Sie mich erschrecken oder tut der Tote Wunder? In diesem Falle möchte ich mitteilen, daß ich weder Angst habe noch an Mirakel glaube. Jedenfalls finde ich es etwas seltsam, daß Sie in Braun trauern, warum nicht in Schwarz, was doch billig, schön und praktisch ist?

DRITTER GAST: Für uns in unserer Einfalt ist das schwarz, aber wenn Ihre Gnaden befehlen, so wird es braun für Sie.

DER UNBEKANNTE: Ich kann nicht leugnen, daß die Gesellschaft höchst sonderbar ist, und ich verspüre eine Unruhe, die ich am liebsten dem Mosel-Rausch von gestern zuschreiben möchte. Wenn ich nun sage, es sind Fichtenzweige an dem Beil, werde ich wohl zu hören bekommen, es ist – ja, was ist es?

ERSTER GAST: Das ist ein Weinstock.

DER UNBEKANNTE: Ich habe es geahnt, daß das keine Fichtenzweige sein würden. Sieh da, jetzt wird die Gastwirtschaft geöffnet – endlich!

Das Café wird geöffnet. Der Unbekannte nimmt an einem Tisch Platz und bekommt Wein. Die Gäste setzen sich an die freien Tische.

DER UNBEKANNTE: Das war eine Freudenleiche, sehe ich, denn die Gäste betrinken sich nach der heiligen Handlung.

ERSTER GAST: Ja, er war ein unnützer Mensch, der das Leben nicht ernst nehmen konnte.

DER UNBEKANNTE: Und der sicher auch starke Getränke mißbrauchte?

ZWEITER GAST: Das tat er.

DRITTER GAST: Und dann ließ er andere Frau und Kinder ernähren.

DER UNBEKANNTE: Das war schlecht gehandelt. Doch er bekommt sicher eine so schöne Leichenrede von seinen Freunden. – Bitte stoßen Sie nicht an meinen Tisch, wenn ich trinke.

ERSTER GAST: Wenn ich trinke, ist das richtig ...

DER UNBEKANNTE: Wenn ich, ja, denn es ist ein großer Unterschied zwischen mir und Ihnen. *Die Gäste murmeln. Der Bettler kommt herein.* Da ist der Bettler, der wieder etwas sucht.

DER BETTLER *setzt sich an einen Tisch und bestellt Wein*: Wein! – Mosel!

DER WIRT *kommt mit einer Tafel heraus*: Bitte gehen Sie! Ihnen wird nichts serviert, weil Sie Ihre Steuern nicht bezahlt haben. Ja, hier ist der Beschluß des Amtsgerichts, und hier steht Ihr Name, Ihr Alter, Ihre Personenbeschreibung.

DER BETTLER: Omnia serviliter pro dominatione! Ich bin ein freier Mann mit akademischer Bildung, ich habe unterlassen, die Steuern zu bezahlen, weil ich nicht Abgeordneter werden will. – Mosel!

DER WIRT: Und Sie erhalten freie Reise ins Armenhaus der Gemeinde, wenn Sie nicht gehen – und zwar sofort!

DER UNBEKANNTE: Möchten die Herren diese Angelegenheit nicht woanders klären? Sie stören ja Ihre Gäste.

DER WIRT: Ja, aber Sie sollen bezeugen, daß alles gerecht zugeht ...

DER UNBEKANNTE: Nein, ich finde, das Ganze ist äußerst peinlich, und weil man seine Steuern nicht bezahlt hat – hm! –, kann man wohl doch das Recht haben, die kleinen Freuden des Lebens zu genießen.

DER WIRT: Ach so, das ist so einer, der herumläuft und Lumpen von ihren Pflichten entbindet!

DER UNBEKANNTE: Nein, das geht jetzt zu weit! Wissen Sie, daß ich ein berühmter Mann bin?

Der Wirt und die Gäste lachen.

DER WIRT: Berüchtigt vielleicht! Warten Sie, lassen Sie mich auf der Tafel nachsehen, ob nicht der Steckbrief vielleicht stimmt: achtunddreißig Jahre, braunes Haar, Schnurrbart, blaue Augen; keine feste Anstellung; Einkommen unbekannt; verheiratet, hat aber Frau und Kinder verlassen; bekannt wegen subversiver Ansichten in sozialen Fragen, macht den Eindruck, nicht ganz Herr seiner Sinne zu sein ... Stimmt das!

DER UNBEKANNTE *erhebt sich, bleich und verstört*: Oh, was ist das!

DER WIRT: Ich glaube wahrhaftig, das stimmt.

DER BETTLER: Das ist vielleicht er und nicht ich.

DER WIRT: Es sieht so aus! Und jetzt könnten die Herren sich an die Hand nehmen und verschwinden.

DER BETTLER *zum Unbekannten*: Kommen Sie, gehen wir!

DER UNBEKANNTE: Wir! – Das hier sieht bald wie eine Intrige aus.

Die Kirchenglocken läuten; die Sonne bricht hervor und erleuchtet die bunte Fensterrosette über der Tür, die geöffnet wird und den Blick in das Innere der Kirche freigibt. Man hört Orgelspiel und Gesang Ave Maris Stella.

DIE DAME *kommt aus der Kirche*: Wo sind Sie, was machen Sie? Weshalb haben Sie wieder nach mir gerufen! Wie ein kleines Kind hängen Sie einer Frau am Rockzipfel!

DER UNBEKANNTE: Ja, jetzt habe ich Angst; hier geschehen Dinge, die nicht auf natürliche Weise erklärt werden können.

DIE DAME: Sie hatten doch vor nichts Angst, nicht einmal vor dem Tod.

DER UNBEKANNTE: Nein, nicht vor dem Tod, aber vor dem – anderen! Dem Unbekannten!

DIE DAME: Hören Sie jetzt, mein Freund, reichen Sie mir Ihre Hand, dann werde ich Sie zum Doktor bringen, denn Sie sind krank! Kommen Sie!

DER UNBEKANNTE: Vielleicht. Doch sagen Sie mir erst, ist das hier ein Karneval, oder muß das so sein?

DIE DAME: Es ist schon richtig mit Ihnen ...

DER UNBEKANNTE: Aber dieser Bettler, das ist gewiß ein unangenehmer Mensch. Ist es wahr, daß er mir gleicht?

DIE DAME: Ja, wenn Sie weiter trinken, werden Sie aussehen wie er. Aber jetzt müssen Sie zur Post gehen und Ihren Brief holen; und dann kommen Sie mit mir mit.

DER UNBEKANNTE: Nein, ich gehe nicht zur Post. Der Brief enthält sicher nur etwas vom Gericht.

DIE DAME: Und wenn nicht?

DER UNBEKANNTE: Dann sind es doch nur schlimme Sachen.

DIE DAME: Machen Sie, was Sie wollen; keiner entgeht seinem Schicksal. Und in dieser Stunde habe ich das Gefühl, als ob höhere Mächte über uns zu Rate gesessen und einen Beschluß gefaßt haben.

DER UNBEKANNTE: Sie auch! Wissen Sie, gerade eben hörte ich, wie der Hammer fiel, wie die Stühle vom Tisch weggeschoben und die Häscher ausgesandt wurden ... Oh, diese Angst ... Nein, ich folge Ihnen nicht.

DIE DAME: Sagen Sie, was haben Sie mit mir gemacht ..., dort drinnen in der Kapelle konnte ich keine Andacht finden; ein Licht erlosch auf dem Altar und ein kalter Windzug fuhr mir übers Gesicht, gerade als ich Sie nach mir rufen hörte.

DER UNBEKANNTE: Ich habe nicht gerufen, ich habe mich nur nach Ihnen gesehnt …

DIE DAME: Sie sind nicht das schwache Kind, das Sie spielen. Ihre Kräfte sind unerhört stark, und ich fürchte mich vor Ihnen …

DER UNBEKANNTE: Wenn ich allein bin, bin ich schwach wie ein Paralytiker, aber wenn ich einen Menschen gefunden habe, werde ich stark! Jetzt will ich stark sein, und deshalb folge ich Ihnen!

DIE DAME: Tun Sie das, vielleicht können Sie mich von dem Werwolf befreien!

DER UNBEKANNTE: Ist es ein Werwolf?

DIE DAME: Ich nenne ihn so …

DER UNBEKANNTE: Gut! Da bin ich dabei, sich mit Trollen schlagen, Prinzessinnen befreien, Werwölfe töten, das ist leben!

DIE DAME: Kommen Sie, mein Befreier! *Sie zieht den Schleier vors Gesicht, küßt ihn hastig auf den Mund und eilt fort.*

Der Unbekannte steht einen Augenblick erstaunt und betäubt da. Ein lauter mehrstimmiger Akkord von Frauenstimmen, nahezu wie ein Schrei, ist aus der Kirche zu hören. Die erleuchtete Fensterrosette wird plötzlich dunkel; der Baum über der Bank schüttelt sich; die Begräbnisgäste erheben sich von ihren Plätzen und schauen zum Himmel, als ob sie etwas Ungewöhnliches und Schreckeneinjagendes sehen.
Der Unbekannte eilt der Dame nach.

Beim Arzt

Ein Hof, von drei langgestreckten Gebäuden eingeschlossen, einstöckige Holzhäuser mit Ziegeldächern. Alle Gebäude mit kleinen Fenstern. Rechts Glastüren mit Veranda. Links vor den Fenstern eine Rosenhecke und Bienenkörbe. In der Mitte des Hofes ein Holzstoß in der Form einer orientalischen Kuppel; daneben ein Brunnen. Über das mittlere Gebäude ragt die Spitze eines großen Walnußbaumes. In der rechten Ecke Pforte zum Garten.

Am Brunnen eine große Schildkröte. Rechts Eingang zum Weinkeller hinunter. Eine Eiskiste und eine Mülltonne. Vor der Veranda Tisch und Stühle.

DIE SCHWESTER *kommt aus der Veranda mit einem Telegramm*: Jetzt ist das Unglück über dein Haus gekommen, Bruder!

DER ARZT: Wann war es das nicht, liebe Schwester?

DIE SCHWESTER: Doch diesmal – oh! –, Ingeborg kommt nach Hause, und bringt ..., rate!

DER ARZT: Wart einen Augenblick! Ich weiß es, denn ich habe das schon lange geahnt und mich danach gesehnt. Diesen Schriftsteller habe ich bewundert, ich habe von ihm gelernt, und ich habe mir gewünscht, ihn kennenzulernen. Jetzt kommt er, sagst du? Wo hat Ingeborg ihn gefunden?

DIE SCHWESTER: In der Stadt, scheint es; sicher in dem literarischen Salon.

DER ARZT: Oft habe ich darüber nachgedacht, ob dieser Mann der mit dem gleichen Namen ist, der mein Schulkamerad auf dem Gymnasium war. Ich wünschte, es wäre nicht so, denn von diesem Jüngling ging etwas Schicksalschweres aus, und im Mannesalter dürfte er seine verhängnisvollen Anlagen unerhört entwickelt haben.

DIE SCHWESTER: Laß ihn nicht in dein Haus kommen, reise fort, täusche einen Besuch vor.

DER ARZT: Nein, denn seinem Schicksal kann man nicht entgehen ...

DIE SCHWESTER: Du, der sich nie vor etwas gebeugt hat, du kriechst vor dieser Schimäre, die du Schicksal nennst.

DER ARZT: Das hat das Leben mich gelehrt, und ich habe Zeit und Kraft für den Kampf mit dem Unvermeidlichen aufgewendet.

DIE SCHWESTER: Aber warum läßt du zu, daß sich deine Frau herumtreibt, daß sie sich und dich kompromittiert?

DER ARZT: Das weißt du! Als ich sie aus ihrer Verlobung löste, spiegelte ich ihr ein Leben in Freiheit vor, gegenüber dem

Gefängnis, in dem sie sich damals befand. Und im übrigen würde ich sie nicht lieben können, wenn sie mir gehorchte oder wenn ich ihr befehlen könnte.

DIE SCHWESTER: Und so bist du mit deinem Feind befreundet?

DER ARZT: Na, na!

DIE SCHWESTER: Und so läßt du zu, daß sie ihn in dein Haus schleppt, ihn, der dich vernichten wird. Oh, wenn du wüßtest, wie grenzenlos ich diesen Mann hasse!

DER ARZT: Ich weiß, ich weiß! Sein letztes Buch ist auch abscheulich, aber es verrät auch ein gewisses krankhaftes Gemüt.

DIE SCHWESTER: Deshalb hätten sie ihn ins Irrenhaus bringen müssen ...

DER ARZT: Das haben schon mehrere gesagt, aber ich finde nicht, daß er die Grenze überschritten hat ...

DIE SCHWESTER: Weil du selbst exzentrisch bist und weil du täglich eine Frau in deiner Nähe hast, die vollkommen verrückt ist.

DER ARZT: Ich kann nicht leugnen, daß maniakalische Personen immer eine starke Anziehungskraft auf mich gehabt haben, und die Originalität ist zumindest nicht banal ... *Eine Dampfschiffsirene ist zu hören.* Was ist das? Da hat doch jemand geschrien!

DIE SCHWESTER: Du bist nervös, Bruder; das war nur der Dampfer ... Aber jetzt flehe ich dich an, fahre!

DER ARZT: Ich glaube, ich möchte es, aber ich bin wie festgenagelt ... Weißt du, wenn ich hier stehe, sehe ich sein Porträt dort drinnen im Arbeitszimmer ... Und der Sonnenschein wirft einen Schatten, der die ganze Figur entstellt, so daß er ..., das ist entsetzlich. Siehst du, wem er ähnlich ist?

DIE SCHWESTER: Dem Bösen! – Flieh!

DER ARZT: Ich kann nicht!

DIE SCHWESTER: Dann verteidige dich wenigstens ...

DER ARZT: Das tue ich gewöhnlich! Doch diesmal ist es, als ob ein Unwetter heraufzieht. Wie oft wollte ich schon fliehen und konnte nicht. Es ist, als ob die Erde aus Eisenerz wäre und ich eine Kompaßnadel ..., und wenn das Unglück kommt, ich habe es nicht selbst gewählt ... Jetzt gehen sie durch die Pforte.

DIE SCHWESTER: Ich habe nichts gehört!

DER ARZT: Aber ich, ich höre! Und jetzt sehe ich auch! Er ist es, mein Kamerad aus der Jugendzeit. Er machte Streiche in der Schule ..., ich bekam die Schuld und wurde bestraft. Aber er bekam den Spitznamen Cäsar, ich weiß nicht warum!

DIE SCHWESTER: Und dieser Mann ...

DER ARZT: Ja, so ist das Leben! – Cäsar!

DIE DAME *kommt herein*: Guten Tag, mein lieber Mann; ich habe einen lieben Gast mitgebracht.

DER ARZT: Ich habe es gehört. Möge er willkommen sein!

DIE DAME: Er ist im Gästezimmer, um den Kragen zu wechseln.

DER ARZT: Bist du zufrieden mit deiner Eroberung?

DIE DAME: Er ist bestimmt der unglücklichste Mensch, den ich in meinem Leben getroffen habe.

DER ARZT: Das ist viel!

DIE DAME: Ja, denn es reicht gut und gerne für alle.

DER ARZT: Sicher, doch nun, Schwester, geh und zeig ihm den Weg.

Die Schwester geht.

DER ARZT: War es eine interessante Reise?

DIE DAME: Ja, ich habe viele sonderbare Menschen getroffen ... Hast du Besuch gehabt?

DER ARZT: Nein, das Wartezimmer war heute morgen leer ... Es scheint mit meiner Praxis bergab zu gehen.

DIE DAME *freundlich*: Du armer Mann ... Sag mal, soll der Holzhaufen nicht bald reingebracht werden? Er wird sonst feucht!

DER ARZT *ohne Vorwurf im Ton*: Ja, sicher; und die Bienen müssen getötet und die Früchte im Garten geerntet werden, aber ich schaffe nichts ...

DIE DAME: Du bist müde, lieber Mann!

DER ARZT: Müde des Ganzen.

DIE DAME *ohne Bitterkeit*: Und du hast eine schlechte Frau, die dir keine Hilfe sein kann!

DER ARZT *milde*: Du darfst nicht so reden, wenn ich das nicht denke.

DIE DAME *zur Veranda gewandt*: Jetzt!

Der Unbekannte, jünger als in der ersten Szene gekleidet, kommt mit gezwungener Freimütigkeit aus der Veranda, scheint den Arzt wiederzuerkennen, sinkt zusammen und taumelt, fängt sich aber.

DER ARZT: Willkommen in meinem Hause!

DER UNBEKANNTE: Danke, Herr Doktor!

DER ARZT: Sie bringen gutes Wetter mit, das können wir gebrauchen, denn es hat sechs Wochen lang geregnet ...

DER UNBEKANNTE: Nicht sieben? Sonst regnet es gewöhnlich sieben Wochen, wenn es am Siebenschläfer regnet ..., aber es ist wahr, der ist ja noch nicht gewesen – wie dumm ich bin, hm!

DER ARZT: Sie sind ja an die Annehmlichkeiten des Stadtlebens gewöhnt, da wird Ihnen dieses einfache Leben auf dem Lande sicher eintönig erscheinen.

DER UNBEKANNTE: O nein, ich bin hier ebensowenig zu Hause wie dort ... Gestatten Sie eine direkte Frage: Haben wir uns nicht früher schon gesehen, in der Jugend?

DER ARZT: Nein, niemals!

Die Dame hat sich an den Tisch gesetzt und häkelt.

DER UNBEKANNTE: Sind Sie sicher?

DER ARZT: Vollkommen sicher! Ich habe Ihre literarische Laufbahn von Anfang an verfolgt, und – ich weiß, meine Frau hat es Ihnen gesagt – mit größtem Interesse, so daß ich mich also daran erinnern würde, falls wir uns früher einmal gekannt hätten, wenigstens an den Namen. – Nun ja, hier sehen Sie, wie ein Arzt auf dem Lande lebt.

DER UNBEKANNTE: Wenn Sie ahnen könnten, wie es einem sogenannten Befreier geht, würden Sie ihn nicht beneiden.

DER ARZT: Gewiß kann ich das ahnen, weil ich gesehen habe, wie die Menschen ihre Fesseln lieben. Es soll vielleicht so sein, weil es so ist!

DER UNBEKANNTE *lauscht nach draußen*: Das ist eigenartig; wer spielt da im Nachbarhof?

DER ARZT: Ich weiß nicht, wer das sein kann. Weißt du es, Ingeborg?

DIE DAME: Nein!

DER UNBEKANNTE: Das ist Mendelssohns Trauermarsch, der mich verfolgt, und ich weiß nicht, ob ich ihn im Ohr habe oder ...

DER ARZT: Haben Sie Gehörshalluzinationen?

DER UNBEKANNTE: Nein, keine Halluzinationen, aber wirkliche wiederkehrende kleine Ereignisse scheinen mich zu verfolgen ... Hören Sie nicht auch, daß gespielt wird?

DER ARZT *und* DIE DAME: Doch, es wird gespielt ...

DIE DAME: Und es ist Mendelssohn ...

DER ARZT: Aber er ist ja auch Mode ...

DER UNBEKANNTE: Ja, das weiß ich, aber daß er gerade am rechten Ort und im rechten Augenblick gespielt wird ... *Erhebt sich.*

DER ARZT: Um Sie zu beruhigen, werde ich meine Schwester fragen ... *Geht in die Veranda.*

DER UNBEKANNTE *zur Dame*: Ich ersticke hier! Und ich werde keine Nacht unter diesem Dach schlafen. Ihr Mann sieht wie ein Werwolf aus, und Sie werden ja wie zur Salzsäule verwandelt in seiner Gegenwart. Auf diesem Hof ist ein Mord begangen worden, hier spukt es, und ich werde fliehen, sobald sich die Gelegenheit bietet.

DER ARZT *kommt wieder*: Ja, es ist das Postfräulein, das Klavier spielt ...

DER UNBEKANNTE *nervös*: Gut! Dann ist es, wie es sein soll! – Sie haben einen originellen Wohnsitz, Herr Doktor; alles ist so ungewöhnlich. Dieser Holzstoß beispielsweise ...

DER ARZT: Ja, in den hat zweimal der Blitz eingeschlagen ...

DER UNBEKANNTE: Entsetzlich; und Sie lassen ihn stehen?

DER ARZT: Ja, gerade deshalb, und in diesem Jahr habe ich ihn zwei Ellen höher geschichtet; aber auch, weil er mir im Sommer Schatten spendet. Das ist mein Kürbis ... Wenn der Herbst kommt, wird er in den Holzschuppen gebracht ...

DER UNBEKANNTE *sieht sich um*: Und hier haben Sie ja Christrosen ... Wo haben Sie die her, und solche, die im Sommer blühen ... Alles hier ist ja verkehrt ...

DER ARZT: Ach so, die dort ... Ja, ich habe einen Patienten in Pension, der ein wenig geistesgestört ist ...

DER UNBEKANNTE: Hier im Haus?

DER ARZT: Ja, aber er ist ein ruhiger Mensch, der nur über die Unzweckmäßigkeit der Natur grübelt, und weil er meint, daß es dumm ist, wenn die Helleborus im Schnee steht und friert, legt er sie in den Keller und pflanzt sie im Frühjahr aus.

DER UNBEKANNTE: Sie haben einen Verrückten im Hause? Höchst unbehaglich!

DER ARZT: Ja, aber er ist so friedlich.

DER UNBEKANNTE: Wie ist er denn verrückt geworden?

DER ARZT: Ja, wer kann das sagen. Man nennt es ja Geisteskrankheit, es ist somit kein körperliches Gebrechen.

DER UNBEKANNTE: Sagen Sie, ist er hier – in der Nähe?

DER ARZT: Der Verrückte? Ja, er geht frei im Garten herum und ordnet die Schöpfung, doch wenn seine Gegenwart Sie stört, werden wir ihn in den Keller sperren.

DER UNBEKANNTE: Weshalb nimmt man solch armen Geschöpfen nicht das Leben?

DER ARZT: Man weiß ja nie, ob sie reif sind ...

DER UNBEKANNTE: Wofür?

DER ARZT: Für das Kommende!

DER UNBEKANNTE: So etwas gibt es nicht!

Pause

DER ARZT: Wer weiß!

DER UNBEKANNTE: Ich weiß nicht, doch hier auf dem Hof ist es unheimlich; womöglich haben Sie auch Leichen?

DER ARZT: Ja, gewiß! Hier im Eiskasten habe ich einige Stücke, die ich ans Amt schicken will ... *Holt ein Bein und einen Arm heraus.* Sehen Sie, hier!

DER UNBEKANNTE: Nein, das ist ja wie beim Ritter Blaubart.

DER ARZT *scharf*: Was meinen Sie damit? *Wirft der Dame einen scharfen Blick zu.* Glauben Sie vielleicht, ich ermorde meine Frauen?

DER UNBEKANNTE: O nein, bewahre, das tun Sie sicher nicht. – Aber es spukt hier im Hause wohl auch?

DER ARZT: Und ob es spukt! Fragen Sie meine Frau!

Der Arzt hat sich hinter den Holzstoß zurückgezogen, so daß er für die Dame und den Unbekannten unsichtbar ist.

DIE DAME *zum Unbekannten*: Sie können ruhig laut sprechen, mein Mann hört schlecht, aber er liest vom Mund ab, was man sagt!

DER UNBEKANNTE: So will ich die Gelegenheit nutzen und sagen, daß ich nie eine schrecklichere halbe Stunde erlebt habe. Hier stehen wir und reden das dümmste Zeug, nur weil keiner den Mut hat, seine Gedanken auszusprechen. Mir ging es so schlecht, daß ich daran dachte, mein Messer herauszuholen und die Pulsadern zu öffnen, um mir Linderung zu verschaffen, doch jetzt hätte ich Lust, zu sagen, was ich denke, und ihn in die Luft zu sprengen. Wollen wir ihm ins Gesicht sagen, daß wir fliehen wollen und daß Sie von seinem Blödsinn genug haben?

DIE DAME: Wenn Sie so reden, werde ich Sie hassen. Man muß sich unter allen Umständen anständig aufführen.

DER UNBEKANNTE: Wie wohlerzogen Sie sind!

Der Arzt kommt hervor, sichtbar für die beiden anderen, die das Gespräch fortsetzen.

DER UNBEKANNTE: Fliehen Sie mit mir, bevor die Sonne untergeht?

DIE DAME: Mein Herr ...

DER UNBEKANNTE: Sagen Sie, weshalb haben Sie mich gestern geküßt ...

DIE DAME: Mein Herr ...

DER UNBEKANNTE: Wenn er nun hört, was wir sagen ... Er sieht so falsch aus ...

DER ARZT: Womit können wir unseren Gast erfreuen?

DIE DAME: Unser Gast stellt keine großen Anforderungen an Vergnügungen, denn sein Leben ist nicht in Freude verlaufen ...

Der Arzt bläst auf einer Pfeife.
Der Irre ist im Garten zu sehen; er hat einen Lorbeerkranz um die Stirn und ist seltsam gekleidet.

DER ARZT: Cäsar! Komm her!

DER UNBEKANNTE *unangenehm berührt*: Heißt er Cäsar?

DER ARZT: Nein, das ist ein Spitzname, den ich ihm gegeben habe, zur Erinnerung an einen Schulkameraden ...

DER UNBEKANNTE *unruhig*: Was ist das?

DER ARZT: Ja, das ist ein ungewöhnlicher Fall, doch ich bekam die Schuld.

DIE DAME *zum Unbekannten*: Haben Sie je gehört, daß ein Kind so verdorben sein kann.

Der Unbekannte wirkt gequält.
Der Irre kommt herein.

DER ARZT: Komm her und verbeuge dich vor dem großen Schriftsteller, Cäsar.

DER IRRE: Ist das der Große?

DIE DAME *zum Arzt*: Warum lockst du den Irren her, wenn du unseren Gast damit quälst?

DER ARZT: Cäsar darf nicht ungezogen sein, denn dann bekommt er die Peitsche.

DER IRRE: Cäsar ist er, aber groß ist er nicht! Denn er weiß nicht, was eher war, die Henne oder das Ei. – Doch ich weiß es.

DER UNBEKANNTE *zur Dame*: Ich gehe! Haben Sie mich in einen

Hinterhalt gelockt, oder was soll ich glauben? Im nächsten Augenblick läßt er vielleicht die Bienen raus, um mich zu amüsieren?

DIE DAME: Haben Sie unbegrenztes Vertrauen zu mir, wie schlimm es auch aussehen mag ..., und reden Sie nicht so laut ...

DER UNBEKANNTE: Aber er verläßt uns niemals, der entsetzliche Werwolf, niemals!

DER ARZT *schaut auf seine Uhr*: Entschuldigung, meine Herrschaften, aber ich muß noch eine Stunde fort, zu einem Krankenbesuch. Ich hoffe, das Warten wird Ihnen nicht zu lang.

DER UNBEKANNTE: Ich bin es gewohnt, auf das zu warten, was nie kommt ...

DER ARZT *zum Irren*: Cäsar, du Lümmel, hierher! Ich werde dich in den Keller sperren! *Geht mit dem Irren.*

DER UNBEKANNTE *zur Dame*: Was ist das? Wer verfolgt mich? Sie versichern, daß Ihr Mann mir freundlich gesonnen ist; ich glaube das, und dennoch kann er seinen Mund nicht aufmachen, ohne mich zu verletzen. Jedes Wort von ihm stach mich wie eine Nadel ..., und nun spielt man diesen Trauermarsch, man spielt ihn wirklich ..., und hier ist wieder die Christrose. – Warum all diese Gespenster ... Leichen und Bettler und Irre und Menschenschicksale und Kindheitserinnerungen ... Kommen Sie fort von hier, hinaus; lassen Sie mich Ihr Befreier aus dieser Hölle sein!

DIE DAME: Deshalb habe ich Sie hierher gebracht, und auch damit niemand sagen kann, Sie hätten einem anderen die Frau gestohlen. Doch ich muß Sie etwas fragen, kann ich mich auf Sie verlassen?

DER UNBEKANNTE: Meinen Sie damit meine Gefühle ...

DIE DAME: Darüber reden wir nicht, weil wir sie voraussetzen, und sie reichen, solange sie reichen ...

DER UNBEKANNTE: Sie meinen die materielle Unterstützung! Ja, ich habe große Summen ausstehen, und ich brauche nur zu schreiben oder zu telegrafieren ...

DIE DAME: Dann verlasse ich mich darauf! – Nun ja. *Steckt die*

Häkelei in die Tasche. Gehen Sie jetzt durch die Gartentür hinaus; an der Fliederhecke entlang, dann stoßen Sie auf eine Brettertür. Öffnen Sie diese, und Sie sind auf der großen Landstraße. Im nächsten Dorf treffen Sie mich.

DER UNBEKANNTE *zögert*: Die Brettertür gefällt mir nicht. Ich hätte mich lieber mit ihm auf dem Hof geschlagen ...

DIE DAME *mit einer Geste*: Schnell!

DER UNBEKANNTE: Folgen Sie mir lieber!

DIE DAME: Das werde ich auch tun! Doch dann gehe ich zuerst! *Dreht sich um, wirft einen Handkuß zur Veranda.* Mein armer Werwolf!

ZWEITER AKT

Ein Hotelzimmer

Der Unbekannte, der Kellner, die Dame.

DER UNBEKANNTE *mit einer Reisetasche in der Hand*: Sie haben also kein anderes Zimmer?

DER KELLNER: Nein, absolut nicht!

DER UNBEKANNTE: Aber ich möchte in diesem nicht wohnen!

DIE DAME: Wenn es kein anderes gibt, mein Freund, und alle anderen Hotels besetzt sind ...

DER UNBEKANNTE *zum Kellner*: Lassen Sie uns allein!

Die Dame sinkt, noch in Mantel und Hut, auf einen Stuhl.

DER UNBEKANNTE: Hast du einen Wunsch?

DIE DAME: Ja, einen, töte mich!

DER UNBEKANNTE: Das kann ich verstehen! Verjagt aus den Hotels, weil wir nicht verheiratet sind, gesucht von der Polizei, so landen wir schließlich in diesem Hotel, dem letzten, in das ich einziehen möchte, und in diesem Zimmer, Nummer acht ... Jemand kämpft gegen mich; irgend jemand!

DIE DAME: Ist das Nummer acht?

DER UNBEKANNTE: Du bist also auch schon früher hier gewesen?

DIE DAME: Und du?

DER UNBEKANNTE: Ja!

DIE DAME: Laß uns von hier fortgehen, hinaus auf die Straße, in den Wald, wohin auch immer ...

DER UNBEKANNTE: Gern! Aber ich bin genauso müde wie du von dieser wilden Jagd! Denk dir, ich habe gefühlt, daß unser Weg uns hierher führt; ich leistete Widerstand und strebte in eine andere Richtung, aber die Züge verspäteten sich, fielen aus, und wir mußten hierher und in dieses Zimmer. Es ist der Teufel, den ich herausfordere; aber wir werden noch einmal die Klingen kreuzen, er und ich!

DIE DAME: Es kommt mir vor, als würden wir nie mehr Frieden finden auf dieser Welt!

DER UNBEKANNTE: Nein, wie hier noch alles genauso aussieht. Dort steht die immer welkende Christrose ..., sieh, dort ist er wieder! – Und dort hängt Hotel Breuer in Montreux – da habe ich auch gewohnt ...

DIE DAME: Warst du auf der Post?

DER UNBEKANNTE: Diese Frage habe ich erwartet. Ja, ich bin dort gewesen. Als Antwort auf fünf Briefe und drei Telegramme war nur ein Telegramm da: daß mein Verleger für vierzehn Tage verreist ist.

DIE DAME: Dann sind wir vollkommen verloren.

DER UNBEKANNTE: Beinahe!

DIE DAME: Und in fünf Minuten kommt der Kellner und verlangt unsere Pässe; dann kommt der Wirt und bittet uns zu gehen.

DER UNBEKANNTE: Und dann bleibt uns nur noch eins übrig ...

DIE DAME: Zweierlei!

DER UNBEKANNTE: Aber das andere ist unmöglich.

DIE DAME: Was ist das andere?

DER UNBEKANNTE: Zu deinen Eltern aufs Land zu fahren.

DIE DAME: Du liest schon meine Gedanken.

DER UNBEKANNTE: Wir können keine Geheimnisse mehr voreinander haben ...

DIE DAME: Deshalb ist der ganze Traum zu Ende ...

DER UNBEKANNTE: Vielleicht!

DIE DAME: Geh und telegrafiere noch einmal!

DER UNBEKANNTE: Das müßte ich tun, aber ich kann mich nicht vom Fleck rühren; ich glaube nicht mehr an den Erfolg meiner Bemühungen ..., jemand hat mich paralysiert.

DIE DAME: Und mich! – Wir hatten beschlossen, über das Vergangene nicht mehr zu reden, und wir schleppen es mit uns herum. Sieh die Tapeten hier: siehst du das Porträt, das die Blumen hier bilden?

DER UNBEKANNTE: Ja, das ist er! Überall, überall! Wieviel hundertmal ... Doch ich sehe einen anderen im Muster der Tischdecke ... Geht das mit rechten Dingen zu? Nein, das ist Blendwerk! – Fehlt nur noch, daß ich gleich meinen Trauermarsch höre, dann wäre es vollständig! *Lauscht.* Da ist er!

DIE DAME: Ich höre nichts!

DER UNBEKANNTE: Dann bin ich – unterwegs!

DIE DAME: Wollen wir nach Hause fahren?

DER UNBEKANNTE: Das Letzte, das Schlimmste! – Als Abenteurer, als Bettler kommen, nein, das ist unmöglich.

DIE DAME: Das ist zwar ..., nein, das ist zuviel! In Scham und Schande, und den Alten Kummer bringen ..., und dich in einer demütigenden Stellung sehen, und du mich. Wir würden einander nie wieder achten können!

DER UNBEKANNTE: Das ist wahr, es wäre schlimmer als der Tod. Aber denke dir, ich fühle es wie das Unausweichliche nahen, und ich beginne mich danach zu sehnen, um schnell hindurchzukommen, weil es geschehen wird.

DIE DAME *nimmt die Häkelei hervor*: Doch ich habe kein Verlangen danach, in deiner Gegenwart erniedrigt zu werden ..., und es muß einen anderen Ausweg geben. Wenn wir verheiratet wären ..., und das kann schnell gehen, denn meine frühere Ehe ist formal ungültig – nach den Gesetzen des Landes, wo sie geschlossen wurde ... Wir brauchen nur eine Reise zu machen und uns von demselben Pfarrer trauen zu lassen, der ..., aber das ist demütigend für dich ...

DER UNBEKANNTE: Das paßt im Stil zu allem anderen ..., denn diese Hochzeitsreise artet zu einer Wallfahrt oder zu einem Spießrutenlauf aus ...

DIE DAME: Du hast recht, und in fünf Minuten ist der Wirt hier und wirft uns hinaus! Deshalb und um diesen Demütigungen ein Ende zu machen, bleibt nur, freiwillig die letzte zu schlucken ... Still, ich höre Schritte ...

DER UNBEKANNTE: Ich ahne sie und bin bereit ... Ich bin jetzt zu allem bereit, und wenn ich den Unsichtbaren nicht bekämpfen kann, will ich zeigen, was ich zu erdulden vermag ... Versetz deinen Schmuck, ich werde ihn auslösen, wenn der Verleger nach Hause kommt, falls er nicht beim Baden ertrunken oder bei einem Eisenbahnunglück umgekommen ist. Ist man ehrgeizig wie ich, muß man bereit sein, die Ehre als erstes zu opfern!

DIE DAME: Da wir uns also einig sind, meinst du nicht, es sei besser, dieses Zimmer gutwillig zu verlassen ... O Gott! Jetzt kommt er! Der Wirt!

DER UNBEKANNTE: Laß uns gehn! – Der Spießrutenlauf zwischen Kellner, Zimmermädchen, Schuhputzer und Portier ..., die Röte der Scham und die Blässe des Zornes ..., die Tiere des Waldes können sich in ihren Höhlen verstecken, aber wir werden gezwungen, unsere Schande öffentlich zu zeigen. – Laß wenigstens den Schleier herunter!

DIE DAME: Das ist die Freiheit!

DER UNBEKANNTE: Und dies der Befreier!

Sie gehen.

Am Meer

Eine Hütte auf einem felsigen Steilhang am Meeresstrand. Davor ein Tisch mit Stühlen. Der Unbekannte und die Dame in heller Kleidung, sie sehen jünger aus als in der vorigen Szene. Die Dame häkelt.

DER UNBEKANNTE: Drei Tage Glück und Ruhe an der Seite meiner Frau, und die Unruhe kommt wieder.

DIE DAME: Was fürchtest du?

DER UNBEKANNTE: Daß dies nicht lange dauern wird!

DIE DAME: Warum glaubst du das?

DER UNBEKANNTE: Ich weiß nicht; ich glaube, daß es zu Ende gehen muß, plötzlich, entsetzlich. Es liegt etwas Falsches selbst im Sonnenschein und in der Windstille, und ich fühle, daß mir in meinem Leben kein Glück beschieden ist.

DIE DAME: Aber alles ist doch beigelegt; die Eltern haben resigniert, mein Mann hat freundlich und verständnisvoll geschrieben ...

DER UNBEKANNTE: Was hilft das, was hilft das? ... Das Schicksal spinnt sein Komplott, ich höre wieder den Hammer fallen, ich höre, wie die Stühle vom Tisch geschoben werden – das Urteil ist gefällt, doch es muß gefällt worden sein, bevor ich geboren wurde, denn schon in meiner Kindheit begann die Verbüßung der Strafe ... Es gibt nicht einen Punkt in meinem Leben, auf den ich mit Freude zurückblicken könnte ...

DIE DAME: Und du, armer Mann, hast alles bekommen, was du dir vom Leben gewünscht hast.

DER UNBEKANNTE: Alles, aber ich vergaß leider, mir Gold zu wünschen.

DIE DAME: Jetzt sind deine Gedanken wieder dort.

DER UNBEKANNTE: Ist das verwunderlich?

DIE DAME: Still!

DER UNBEKANNTE: Woran häkelst du eigentlich immerzu? Wie eine der Parzen sitzt du dort und ziehst dein Garn durch die Finger ... Aber tu es nur! Das Schönste, was ich kenne, ist eine Frau, die sich über ihre Arbeit oder über ihr Kind beugt. Was häkelst du?

DIE DAME: Es ist nichts, nur eine Handarbeit ...

DER UNBEKANNTE: Es sieht aus wie ein Netz aus Nerven und Knoten, worin deine Gedanken festgehalten sind. Ich stelle mir vor, daß dein Gehirn so aussieht, da drinnen ...

DIE DAME: Wenn ich nur die Hälfte der Gedanken hätte, die du mir zueignen willst; doch ich habe überhaupt keine!

DER UNBEKANNTE: Vielleicht gefällt es mir deshalb so in deiner Gesellschaft, vielleicht finde ich dich deshalb vollkommen, so daß ich mir das Dasein nicht mehr vorstellen kann ohne dich! – Jetzt ist die Wolke fortgezogen! Jetzt ist der Himmel wieder klar, der Wind ist lau, fühle, wie er schmeichelt! Das ist Leben; ja, jetzt lebe ich, gerade jetzt! Und ich fühle mein Ich schwellen, sich strecken, dünner werden, unendlich werden. Ich bin überall, im Meer, das mein Blut ist, im Gebirge, das mein Skelett ist, in den Bäumen, in den Blumen; und mein Kopf reicht hinauf in den Himmel, ich sehe hinaus auf das Universum, das ich bin, und ich fühle die ganze Kraft des Schöpfers in mir, denn das bin ich. Ich möchte die ganze Masse in meine Hand nehmen und sie zu etwas Vollkommenerem, Bleibenderem, Schönerem formen ..., möchte alles Geschaffene, alle geschaffenen Wesen glücklich sehen: geboren werden ohne Schmerzen, leben ohne Leid und sterben in stiller Freude! Eva! Willst du mit mir sterben, jetzt, in diesem Jetzt, denn im nächsten Augenblick ist der Schmerz wieder über uns.

DIE DAME: Nein, ich bin nicht bereit zu sterben!

DER UNBEKANNTE: Warum?

DIE DAME: Ich bilde mir ein, daß ich noch etwas zu erledigen hätte. Vielleicht habe ich noch nicht genug gelitten ...

DER UNBEKANNTE: Das also sollte der Zweck des Lebens sein?

DIE DAME: Es scheint so! – Doch jetzt bitte ich dich um eins.

DER UNBEKANNTE: Sag!

DIE DAME: Lästere den Himmel nicht wie eben, und vergleiche dich nicht mit dem Schöpfer, denn in solchen Augenblicken erinnerst du an Cäsar zu Hause ...

DER UNBEKANNTE *erregt*: An Cäsar? Wie kannst du das wissen ..., sagen!

DIE DAME: Habe ich etwas Böses gesagt, dann war es nicht so gemeint! Mir ist eine Dummheit herausgerutscht, als ich das Wort Zuhause gebrauchte ... Entschuldige!

DER UNBEKANNTE: Meinst du nichts anderes als die Lästerungen, die mich und – Cäsar ähnlich machen sollen?

DIE DAME: Durchaus nicht!

DER UNBEKANNTE: Das ist eigenartig, ich glaube, was du sagst und daß du mich nicht verletzen wolltest, und dennoch verletzt du mich, du und alle anderen, mit denen ich in Berührung komme. Was ist das?

DIE DAME: Du bist übertrieben empfindlich.

DER UNBEKANNTE: Jetzt bist du wieder dort! Meinst du, ich besitze geheime verletzbare Stellen?

DIE DAME: Nein, bei Gott! – Oh, jetzt sind die Geister der Zwietracht und des Mißtrauens zwischen uns! Jage sie fort, beizeiten!

DER UNBEKANNTE: Du mußt nicht sagen, ich lästere, wenn ich das alte, bekannte „Siehe, wir sind Götter!" ausspreche.

DIE DAME: Oh, wenn es so ist, warum kannst du dir nicht selber helfen, uns nicht helfen?

DER UNBEKANNTE: Kann ich das nicht? Warte nur; wir sind ja erst am Anfang.

DIE DAME: Wird das Ende ebenso, dann sei uns der Himmel gnädig!

DER UNBEKANNTE: Ich weiß, was du fürchtest. Ich hatte vor, mit einer frohen Überraschung noch zu warten, aber jetzt will ich dich nicht länger plagen. *Er holt einen ungeöffneten Einschreibebrief hervor.* Sieh hier ...

DIE DAME: Das Geld ist gekommen!

DER UNBEKANNTE: Heute morgen! Wer kann mich jetzt verderben?

DIE DAME: Sprich nicht so, du weißt genau, wer uns verderben kann!

DER UNBEKANNTE: Wer sollte das sein?

DIE DAME: Er, der den Übermut der Menschen straft!

DER UNBEKANNTE: Und den Mut! Besonders den Mut! Das ist meine Achillesferse, und alles habe ich ertragen außer dieser fatalen Geldnot, die mich immer an der rechten Stelle traf!

DIE DAME: Entschuldige eine Frage, aber wieviel hast du bekommen?

DER UNBEKANNTE: Ich weiß es nicht, ich habe den Brief ja noch nicht geöffnet. Aber ich weiß ungefähr, was ich zu erwarten habe! Laß mich jetzt erst mal nachsehen. *Öffnet den Brief.*

Was ist das? Kein Geld, nur ein Kontokorrent, das mich darüber aufklärt, daß ich nichts zu fordern habe. Geht das mit rechten Dingen zu?

DIE DAME: Ich fange an zu glauben, daß es ist, wie du sagst!

DER UNBEKANNTE: Daß ich verdammt bin, ja! Doch ich nehme den Bannfluch mit zwei Fingern und schleudere ihn auf den edelmütigen Spender zurück! – *Er wirft den Brief hoch.* – Begleitet von meinem Fluch!

DIE DAME: Nicht so! Ich fürchte mich vor dir!

DER UNBEKANNTE: Fürchte mich, doch verachten sollst du mich nicht. Jetzt ist der Handschuh geworfen, und nun wirst du einen Kampf zwischen Großen sehen! *Er öffnet Rock und Weste und wirft einen drohenden Blick nach oben.* Komm! Erschlage mich mit deinem Blitz, wenn du es wagst! Schrecke mich mit deinem Sturm, wenn du kannst!

DIE DAME: Nein, nein! Nicht so!

DER UNBEKANNTE: Doch so! So! Wer erdreistet sich, mich in meinem Liebestraum zu stören? Wer reißt mir den Becher vom Munde und die Frau aus meinen Armen? Neider, Götter oder Teufel! Kleine Bürgergötter, die den Stoß der Klinge mit Nadelstichen von hinten parieren; die sich nicht auf offenem Felde stellen, sondern mit einer unbezahlten Rechnung antworten, durch den Kücheneingang kommen, um den Herrn vor den Dienern zu blamieren. Nicht zustoßen, nicht zuhauen, sondern besudeln und schreien ..., pfui! Mächte, Gewalten, Herrscher, pfui!

DIE DAME: Möge der Himmel dich nie strafen ...

DER UNBEKANNTE: Der Himmel ist immer noch blau und stumm, das Meer genauso blau und dumm ... Still, jetzt höre ich ein Gedicht kommen ..., ich nenne das so, wenn ein Motiv in meinem Gehirn zu wachsen beginnt ..., aber ich höre zuerst den Rhythmus ..., diesmal ist es ein Pferdegalopp, Sporenklang und Waffengerassel ... Aber es ist auch ein Flattern, wie wenn es in einem Segel knattert: das sind die Fahnen ...

DIE DAME: Nein, das ist der Wind, du hörst ihn im Baum säuseln ...

DER UNBEKANNTE: Still! – Jetzt reiten sie über eine Brücke, aber es ist eine Holzbrücke, und im Fluß ist kein Wasser, da sind nur Kieselsteine ... Warte! Jetzt höre ich, wie man einen Rosenkranz betet, Männer und Frauen; der Engelgruß; aber jetzt sehe ich – weißt du, wo? – auf deiner Häkelei – eine große Küche, weiß, die Wände sind gekalkt; drei kleine Fenster mit Gittern und Blumen; in der linken Ecke ist der Herd; in der rechten der Eßtisch mit Bänken aus Kiefernholz; und über dem Tisch in der Ecke ein schwarzes Kruzifix; darunter brennt eine Lampe ..., aber die Decke ist aus rußbraunen Balken! ... Und an den Wänden hängen Misteln, etwas vertrocknet ...

DIE DAME *erschrocken*: Wo siehst du das alles? Wo?

DER UNBEKANNTE: Auf deiner Häkelarbeit ...

DIE DAME: Siehst du dort auch Menschen?

DER UNBEKANNTE: Ich sehe einen alten, sehr alten Herrn, der am Küchentisch sitzt ..., über eine Jagdtasche gebeugt ..., aber er hat die Hände zum Gebet gefaltet ... Und auf dem Fußboden liegt eine ältere Dame auf den Knien ..., jetzt höre ich wieder, wie von draußen, von irgendeiner Veranda, den Engelgruß ... Doch die beiden drinnen in der Küche sehen aus, als wären sie aus weißem Wachs oder Honig ... Und ein Flor liegt über dem Ganzen. Nein, das hier ist kein Gedicht! *Wacht auf*. Das ist etwas anderes!

DIE DAME: Das ist die Wirklichkeit! Das ist die Küche zu Hause bei meinen Eltern, wo du nie gewesen bist; der alte Mann ist mein Großvater, der Forstmeister, und die Frau meine Mutter, sie beten – für uns! Es ist sechs, und da wird vom Gesinde draußen auf der Veranda der Rosenkranz gebetet ...

DER UNBEKANNTE: Das ist unbehaglich! Werde ich auch noch hellsehend? – Aber es war schön; ein solcher Raum, schneeweiß, mit Misteln und Blumen ... Doch warum betet man für uns?

DIE DAME: Ja, warum? Haben wir unrecht gehandelt?

DER UNBEKANNTE: Was ist unrecht?

DIE DAME: Ich habe zwar gelesen, daß es das nicht gibt, aber dennoch ... Ich sehne mich so grenzenlos nach meiner

Mutter; nicht nach meinem Vater, denn er hat mich verstoßen, ebenso wie er meine Mutter verstoßen hat. –

DER UNBEKANNTE: Weshalb hat er deine Mutter verlassen?

DIE DAME: Wer weiß so etwas? Die Kinder am allerwenigsten. Aber laß uns nach Hause fahren, oh, ich habe solche Sehnsucht ...

DER UNBEKANNTE: Löwenhöhlen und Schlangengruben; eine mehr oder weniger macht nichts. Deinetwegen werde ich's tun, aber nicht als ein verlorener Sohn; nein, du wirst sehen, für dich kann ich durch Feuer und Wasser gehen ...

DIE DAME: Das weißt du nicht ...

DER UNBEKANNTE: Aber ich pflege es zu ahnen ...

DIE DAME: Ahnst du auch, daß der Weg sehr schwer ist, denn die Alten wohnen in den Bergen, wohin kein Wagen kommt.

DER UNBEKANNTE: Das klingt märchenhaft, doch ich glaube, so was gelesen oder geträumt zu haben ...

DIE DAME: Das ist möglich, aber alles, was du sehen wirst, ist ganz natürlich, etwas ungewöhnlich vielleicht, aber auch die Menschen sind nicht gewöhnlich ... Bist du bereit, mir zu folgen?

DER UNBEKANNTE: Vollständig bereit – für alles!

DIE DAME *küßt seine Stirn und macht das Zeichen des Kreuzes, einfach, schüchtern und ohne Gebärden*: Komm!

Auf der Landstraße

Eine Landschaft mit Hügeln; eine Kapelle ganz hinten rechts auf einer Anhöhe. Die Landstraße mit Obstbäumen an den Seiten schlängelt sich zum Hintergrund hin; zwischen den Bäumen sind Kalvarienberge, kleine Bußkapellen, Gedenkkreuze an Unglücksfälle zu sehen. Im Vordergrund ein Wegweiser mit einer Anschlagtafel: „Betteln in dieser Gemeinde verboten!"

Der Unbekannte und die Dame.

DIE DAME: Mein armer Mann, du bist müde.

DER UNBEKANNTE: Das will ich nicht leugnen; doch daß ich hungrig bin, weil das Geld alle ist, das erniedrigt mich. Niemals hätte ich geglaubt, daß mir so etwas widerfahren könnte!

DIE DAME: Es scheint wirklich so, als ob wir für alles bereit sein müssen, denn ich glaube, wir sind in Ungnade gefallen. Weißt du, daß mein Schuh gerissen ist – ich könnte weinen, weil wir in diesem Aufzug ankommen und wie Bettler aussehen.

DER UNBEKANNTE *zeigt auf den Wegweiser*: Und Betteln ist in der Gemeinde verboten. Weshalb steht das gerade dort mit großen Buchstaben geschrieben?

DIE DAME: Das hat immer dort gestanden, solange ich mich erinnern kann. Stell dir vor, ich bin seit meiner Kindheit nicht mehr hier gewesen. Damals erschien mir der Weg so kurz, die Hügel dort nicht so hoch; die Bäume wären kleiner und man hörte Vögel singen, dachte ich.

DER UNBEKANNTE: Die Vögel haben das ganze Jahr über für dich gesungen – ach, du Kind! Jetzt singen sie nur im Frühling – und nun geht es auf den Herbst zu! Aber damals bist du diesen endlosen Kalvarienweg entlang getanzt, hast Blumen am Fuße der Kreuze gepflückt ... *Aus weiter Ferne hört man ein Waldhorn.* Was ist das?

DIE DAME: Oh, ich weiß es. Das ist Großvater, der von der Jagd heimkommt. Der gute, gute Alte! Laß uns gehen, daß wir hinkommen, bevor es Abend wird.

DER UNBEKANNTE: Ist es noch weit?

DIE DAME: Nicht so sehr; wir haben nur noch die Berge und dann den Fluß.

DER UNBEKANNTE: Ist das der Fluß, den ich da höre?

DIE DAME: Ja, es ist das große Wasser, an dem ich geboren wurde und aufgewachsen bin. Achtzehn Jahre war ich, als ich an dieses Ufer herüber kam, um zu sehen, was in der Ferne blaute – jetzt habe ich es gesehen.

DER UNBEKANNTE: Du weinst!

DIE DAME: Oh, der gute Alte; als ich ins Boot stieg, sagte er: Dort liegt die Welt, Kind; wenn du genug gesehen hast, dann komm zu deinen Bergen zurück; die Berge verbergen! Ja, ich habe genug gesehen! Genug!

DER UNBEKANNTE: Laß uns gehen! Der Weg ist lang, und es beginnt dunkel zu werden.

Sie nehmen ihre Reisemäntel und gehen.

Am Hohlweg

Enger Eingang zu einem Hohlweg zwischen steilen Felswänden mit Fichtenwald.
Im Vordergrund ein Schuppen; gegen die Schuppentür ist ein Besen gelehnt, an dessen Stiel hängt ein Bockshorn. An der linken Seite eine Schmiede, deren Tor offensteht, ein roter Schein fällt heraus. Rechts eine Mühle.
Im Hintergrund der Hohlweg mit Mühlbach und Steg. Die Bergklippen gleichen Riesenprofilen.
Wenn der Vorhang aufgeht, steht der Schmied in der Tür der Schmiede und die Müllerin in der Tür der Mühle. Wenn die Dame auftritt, verständigen sie sich durch eine Geste und verschwinden, jeder nach seiner Seite. Die Dame und der Unbekannte tragen zerrissene Kleidung.
Die Dame kommt, geht zur Schmiede.

DER UNBEKANNTE *kommt*: Sie haben sich versteckt, vor uns wahrscheinlich.

DIE DAME: Das glaube ich nicht!

DER UNBEKANNTE: Was für eine eigenartige Natur hier; und wie sich alles zusammenfügt, um Unruhe zu wecken. Warum der Besen und der Blasebalg dort? Wahrscheinlich, weil es ihr gewöhnlicher Platz ist, dennoch muß ich an die Hexe denken ... Warum ist die Schmiede schwarz und die Mühle weiß? Weil die eine rußig und die andere mehlig ist. Und als ich vorhin den schwarzen Schmied stehen sah in seinem Feuerschein, gegenüber der weißen Müllerin, mußte ich an ein altes Gedicht denken ... Aber siehst du die Riesen dort oben ..., nein, das ist nicht mehr auszuhalten ..., siehst du nicht deinen Werwolf, vor dem ich dich gerettet habe ... Das ist doch sein Profil ..., sieh, dort!

DIE DAME: Ja, so ist es, aber das ist ja nur der Felsen ...

DER UNBEKANNTE: Es ist der Felsen, aber es ist doch er!

DIE DAME: Verlange nicht von mir, daß ich sage, warum wir ihn sehen!

DER UNBEKANNTE: Du meinst – das Gewissen, das sich regt, wenn man hungrig und müde ist, das aber wieder schweigt, wenn man satt und ausgeruht ist ... Ist es nicht ein Fluch, daß man wie ein Lump ankommen muß ... Siehst du, ganz zerschunden sind wir nach der Gebirgswanderung durch die Weißdornbüsche ... Ich glaube, jemand bekämpft mich ...

DIE DAME: Weshalb hast du ihn herausgefordert?

DER UNBEKANNTE: Weil ich einen offenen Kampf will und mich nicht mit unbezahlten Rechnungen und leeren Portemonnaies rumschlagen will. Aber wenn es auch so wäre: hier ist mein letzter Groschen; möge der Neck ihn nehmen, sollte es ihn geben! *Er wirft eine Münze in den Bach.*

DIE DAME: Wehe uns! Wir hätten ihn als Fährgeld für die Überfahrt gebraucht. Jetzt müssen wir bei unserer Ankunft daheim von Geld sprechen ...

DER UNBEKANNTE: Wann haben wir über was anderes gesprochen ...

DIE DAME: Und sicher deshalb, weil du das Geld mit Verachtung behandelt hast ...

DER UNBEKANNTE: Wie alles andere auch ...

DIE DAME: Aber alles kann man nicht verachten; es gibt Gutes ...

DER UNBEKANNTE: Das habe ich nie gemerkt ...

DIE DAME: Folge mir, und du wirst sehen ...

DER UNBEKANNTE: Ich werde dir folgen ... *Zögert, als er an der Schmiede vorbeigehen soll.*

DIE DAME, *vorausgehend*: Hast du Angst vor dem Feuer?

DER UNBEKANNTE: Nein; aber ...

Man hört in der Ferne das Waldhorn. Der Unbekannte eilt an der Schmiede vorbei, der Dame nach.

In der Küche

Eine große Küche mit weißgekalkten Wänden; drei Fenster in der rechten Ecke, zwei davon in der Rückwand, eins in der rechten Wand; die Fenster sind klein und haben tiefe Nischen, in denen Blumentöpfe stehen; die Decke ist rußgeschwärzt mit sichtbaren Balken. In der linken Ecke ein großer Herd mit Kupfer-, Messing-, Eisen- und Zinngefäßen sowie Holzkannen. In der rechten Ecke Kruzifix mit Lampe. Darunter ein viereckiger Tisch mit Bänken an der Wand. Hier und da hängen Mistelzweige. Eine Tür im Hintergrund. Draußen sieht man das Armenhaus und durch die Fenster der Rückwand die Kirche.
Am Herd Lagerstatt für Hunde und ein Tisch für Bettler. Der Alte sitzt am Tisch unter dem Kruzifix mit gefalteten Händen; vor ihm liegt die Jagdtasche. Er ist ein achtzigjähriger, kräftig gebauter Mann mit weißem Haar und Vollbart, als Forstmeister gekleidet.
Die Mutter kniet mitten auf dem Fußboden; sie ist grauhaarig, etwa fünfzig Jahre alt, schwarz und weiß gekleidet.
Von draußen hört man deutlich von Männern, Frauen und Kindern im Chor den Schluß des Englischen Grußes: „Heilige Maria, Mutter Gottes, bitte für uns Sünder, jetzt und in der Stunde unseres Todes. Amen."

DER ALTE *und* DIE MUTTER: Amen!

DIE MUTTER: Nun will ich dir erzählen, Vater; die Leute haben zwei Landstreicher am Fluß gesehen; zerrissen, schmutzig und durchnäßt; und als sie den Fährmann bezahlen sollten, besaßen sie keinen einzigen Groschen. Jetzt sitzen sie in der Fährhütte und trocknen ihre Kleider.

DER ALTE: Sollen sie dort sitzen bleiben!

DIE MUTTER: Verweigere dein Haus keinem Bettler; es könnte ein Engel sein!

DER ALTE: Das ist wahr! – Laß sie kommen!

DIE MUTTER: Ich stelle etwas zu essen hier auf den Bettlertisch, wenn es dich nicht stört.

DER ALTE: Durchaus nicht.

DIE MUTTER: Soll ich ihnen vom Apfelwein geben?

DER ALTE: Gib ihnen. – Du kannst auch Feuer im Herd machen lassen, sie sind durchgefroren.

DIE MUTTER: Es ist etwas spät, Feuer zu machen, aber wenn du es willst, Vater ...

DER ALTE *sieht aus dem Fenster*: Doch, tu es ...

DIE MUTTER: Wonach schaust du aus, Vater?

DER ALTE: Ich schaue zum Fluß, er ist gestiegen ..., und dann frage ich mich, wie ich mich fünfundsiebzig Jahre lang gefragt habe – wann ich das Meer erreichen werde ...

DIE MUTTER: Du bist traurig heute abend, Vater?

DER ALTE: ... et introibo ad altare Dei: ad Deum qui laetificat juventutem meam. – Ja, ich bin traurig ... Deus, Deus meus: quare tristis es anima mea, et quare conturbas me.

DIE MUTTER: Spera in Deo ...

Die Magd kommt herein, gibt der Mutter ein Zeichen, die zu ihr geht. Sie flüstern miteinander. Die Magd geht.

DER ALTE: Ich habe gehört, was ihr gesagt habt! – Mein Gott, auch das muß ich ertragen!

DIE MUTTER: Du brauchst sie nicht zu treffen, du kannst in dein Zimmer hinaufgehen.

DER ALTE: Nein, ich werde das als eine Buße auf mich nehmen. – Aber warum kommen sie auf diese Weise, als Landstreicher?

DIE MUTTER: Sie haben sich sicher verirrt und ein Mißgeschick erlitten ... Glaubst du, daß ...

DER ALTE: Aber daß sie ihren – Mann mitbringt, das ist schamlos ...

DIE MUTTER: Du kennst doch Ingeborgs seltsame Natur, sie findet alles, was sie tut, passend, um nicht zu sagen richtig. Hast du jemals gesehen, daß sie sich wegen einer Handlung schämte oder daß sie wegen einer Zurechtweisung litt! Ich habe das nie erlebt; und dennoch ist sie nicht schamlos, ganz im Gegenteil, und alles, was sie unternimmt, es mag noch so geschmacklos sein, paßt zu ihr.

DER ALTE: Auch ich habe mich immer gewundert, daß man nicht böse auf sie werden kann ..., sie fühlt sich nie verantwortlich, nicht einmal Schimpf und Schande nimmt sie an; es ist, als hätte sie kein Selbst oder als wäre sie zwei Personen, von denen die eine lauter Böses tut und die andere die Absolution erteilt ... Aber dieser Mann! Es gibt niemanden, den ich aus der Ferne so verabscheue wie ihn. Überall sieht er nur Bosheit, und es gibt keinen, über den ich soviel Böses gehört habe wie über ihn.

DIE MUTTER: Du hast recht, Vater, aber es ist doch möglich, daß Ingeborg eine Aufgabe im Leben dieses Mannes hat und er in ihrem. Vielleicht sollen sich beide quälen bis zur Versöhnung ...

DER ALTE: Es mag sein, wie du sagst, aber dennoch widerstrebt es mir, bei einem Vorhaben mitzuhelfen, das mir schamlos scheint ... Und dieser Mann – unter meinem Dach? Aber ich muß es ertragen! Wie alles andere, was ich verdient habe!

DIE MUTTER: Dann in Gottes Namen!

Die Dame und der Unbekannte kommen herein.

DIE MUTTER: Seid willkommen!

DIE DAME: Danke, Mutter! *Geht zum Alten. Der Alte erhebt sich und betrachtet den Unbekannten.* Gottes Friede, Großvater! Das ist mein Mann! Reich ihm deine Hand.

DER ALTE: Ich will ihn erst ansehen. *Geht auf den Unbekannten zu, legt die Hände auf seine Schultern und sieht ihm in die Augen.* Mit welchen Absichten sind Sie in dieses Haus gekommen?

DER UNBEKANNTE *einfach*: Mit keinen anderen, als meiner Frau Gesellschaft zu leisten, und auf ihren ausdrücklichen Wunsch.

DER ALTE: Wenn das wahr ist, seien Sie willkommen! Ich habe ein langes und sehr stürmisches Leben hinter mir, in der Einsamkeit habe ich schließlich einen gewissen Frieden gefunden: Ich bitte sie, stören Sie ihn nicht!

DER UNBEKANNTE: Ich komme nicht, um einen Dienst zu erbitten, und ich werde auch nichts mit mir nehmen, wenn ich gehe!

DER ALTE: Diese Antwort mißfällt mir, denn wir alle brauchen einander, vielleicht brauche auch ich Sie, so etwas weiß man nicht, junger Mann.

DIE DAME: Großvater!

DER ALTE: Ja, Kind! Glück wünsche ich dir nicht, denn das gibt es nicht, aber Kraft, dein Schicksal zu tragen, die wünsche ich dir. – Jetzt verlasse ich euch für eine Weile! Deine Mutter sorgt für euch! *Geht.*

DIE DAME *zur Mutter*: Hast du für uns gedeckt, Mutter?

DIE MUTTER: Du meinst, dort auf dem Bettlertisch? Nein, das war ein Mißverständnis, das kannst du dir doch denken.

DIE DAME: Ja, wir sehen allerdings elend aus, da wir uns in den Bergen verirrt haben; und hätte Großvater auf seinem Jagdhorn nicht ein Signal geblasen ...

DIE MUTTER: Großvater geht seit langem nicht mehr auf die Jagd.

DIE DAME: Dann hat ein anderer geblasen ... Doch, Mutter, jetzt gehe ich in die Rosenkammer und bringe sie in Ordnung ...

DIE MUTTER: Geh, mein Kind, ich komme nach ...

Die Dame will etwas sagen, kommt aber nicht dazu, geht.

DER UNBEKANNTE *zur Mutter*: Ich habe diesen Raum schon gesehen ...

DIE MUTTER: Und ich habe Sie schon gesehen, ich habe Sie fast erwartet ...

DER UNBEKANNTE: Wie man ein Unglück erwartet?

DIE MUTTER: Weshalb sagen Sie das?

DER UNBEKANNTE: Weil ich gewöhnlich Verheerung mit mir bringe. Aber da ich irgendwo sein muß und mein Schicksal doch nicht ändern kann, habe ich keine Skrupel ...

DIE MUTTER: In diesem Fall sind Sie wie meine Tochter – sie hat auch nie Bedenken und nie ein Gewissen.

DER UNBEKANNTE: Wie?

DIE MUTTER: Sie glauben, ich meine etwas Böses; aber ich kann wohl kaum schlecht von meinem Kind reden. Nur unter der Voraussetzung, daß auch Sie ihren Charakter kennen, stellte ich diesen Vergleich an.

DER UNBEKANNTE: Ich habe diese Eigenschaften, die Sie Eva zuerkennen, nicht bemerkt ...

DIE MUTTER: Weshalb nennen Sie Ingeborg Eva?

DER UNBEKANNTE: Indem ich ihr einen Namen meiner Erfindung gab, habe ich sie zu der Meinen gemacht, ebenso wie ich vorhabe, sie nach meinem Sinn umzuschaffen ...

DIE MUTTER: Zu Ihrem Ebenbild! *Lächelt.* Ich habe gehört, daß die Zauberer auf dem Lande von denen, die sie verhexen wollen, eine Maske schnitzen; und dann taufen sie die auf den Namen dessen, den sie vernichten wollen. So haben Sie sich ausgerechnet, mit Ihrer selbstgeschaffenen Eva zugleich ihr ganzes Geschlecht zu verderben.

DER UNBEKANNTE *sieht die Mutter verwundert an*: Zum Teufel! Entschuldigung, Sie sind meine Schwiegermutter, religiös sind Sie auch; wie können Sie da solche Gedanken hervorbringen?

DIE MUTTER: Es sind Ihre.

DER UNBEKANNTE: Jetzt wird es interessant! Ich glaubte in ein Idyll in der Waldeinsamkeit zu kommen und gerate in eine Hexenküche.

DIE MUTTER: Ganz so ist es nicht, aber Sie haben vergessen oder wußten nicht, daß ich eine Frau bin, die von einem Mann schimpflich verlassen wurde, und daß Sie ein Mann sind, der eine Frau schmählich verlassen hat.

DER UNBEKANNTE: Das ist eine klare Sprache. Nun weiß ich, woran ich bin.

DIE MUTTER: Und jetzt will ich wissen, woran ich bin: können Sie zwei Familien ernähren?

DER UNBEKANNTE: Ja, wenn alles gut geht.

DIE MUTTER: Alles geht nicht gut und nicht nach Wunsch im Leben, und Geld kann man verlieren.

DER UNBEKANNTE: Doch mein Talent ist ein Kapital, das nicht verlorengehen kann ...

DIE MUTTER: Das ist merkwürdig! Hat man nicht gesehen, wie

die größten Talente langsam oder ganz plötzlich am Ende waren?

DER UNBEKANNTE: Nie habe ich einen Menschen getroffen, der einem so den Mut rauben kann ...

DIE MUTTER: Der Übermut muß gedämpft werden! Ihr letztes Buch war ein Niedergang ...

DER UNBEKANNTE: Sie haben es auch gelesen? ...

DIE MUTTER: Ja, und darum kenne ich alle Ihre Geheimnisse. Versuchen Sie also nicht, mir etwas vorzumachen, und es wird Ihnen gut gehen. – Nun eine Bagatelle, die ein schlechtes Licht auf das Haus wirft, warum haben Sie den Fährmann nicht bezahlt?

DER UNBEKANNTE: Sieh da, meine Achillesferse! – Ja; meinen letzten Groschen habe ich weggeworfen ... Doch kann man in diesem Haus über nichts anderes als über Geld reden?

DIE MUTTER: Doch, das kann man. Aber in diesem Haus ist es üblich, erst seine Pflichten zu erfüllen und sich dann zu vergnügen. Sie sind also zu Fuß hierhergekommen, weil Sie kein Geld haben?

DER UNBEKANNTE: Ja-a!

DIE MUTTER *lächelt*: Und vielleicht haben Sie auch noch nichts gegessen?

DER UNBEKANNTE: Nei-ein.

DIE MUTTER: Hören Sie mal, Sie sind ja ein Junge, ein leichtsinniger Schlingel ...

DER UNBEKANNTE: Ich habe schon viel erlebt, doch in einer solchen Lage wie dieser befand ich mich noch nie ...

DIE MUTTER: Es tut mir fast leid um Sie; ich wäre geneigt, über Ihre Erbärmlichkeit zu lachen, wenn ich nicht wüßte, daß Sie weinen werden, und viele mit Ihnen. Und jetzt, da Sie Ihren Willen durchgesetzt haben, halten Sie sie fest, sie liebt Sie. Und wenn Sie sie verlassen, ja, dann werden Sie nicht mehr lachen und Sie werden schnell vergessen, was Glück ist.

DER UNBEKANNTE: Ist das eine Drohung?

DIE MUTTER: Nein, eine Warnung. – Gehen Sie jetzt und essen Sie Abendbrot.

DER UNBEKANNTE *zeigt auf den Bettlertisch*: An diesem Tisch?

DIE MUTTER: Diese Gemeinheit ist Ihr Scherz, er kann aber möglicherweise ernst werden. Das hat es schon gegeben.

DER UNBEKANNTE: Bald glaube ich wirklich, daß das Schlimmste möglich ist – denn dies ist das Schlimmste, was ich erlebt habe.

DIE MUTTER: O nein! Es kann noch schlimmer kommen! Warten Sie nur!

DER UNBEKANNTE *niedergeschlagen*: Ja, jetzt erwarte ich alles! *Geht.*

Die Mutter allein, dann kommt der Alte.

DER ALTE: Nun, das ist kein Engel!

DIE MUTTER: Zumindest kein Engel des Lichtes!

DER ALTE: Was du sagst! – Du weißt doch, daß die Leute hier besonders abergläubisch sind. Nun, wie ich zum Fluß hinunterkomme, höre ich ein Gespräch. Einer sagt, daß sein Pferd vor ihm gescheut habe; ein anderer, daß seine Hunde wild wurden, so daß er sie anbinden mußte; der Fährmann versicherte, daß das Boot leichter wurde, als er einstieg. Das ist gewiß Aberglauben, aber ..., aber ...

DIE MUTTER: Aber?

DER ALTE: Ja, es war nur eine Elster, die durch das Fenster hereinkam, durch das geschlossene Fenster, durch die Glasscheibe in ihr Zimmer. Aber vielleicht habe ich etwas Falsches gesehen!

DIE MUTTER: Wahrscheinlich; aber weshalb sieht man mitunter etwas Falsches und am rechten Ort ...

DER ALTE: Schon die Gegenwart dieses Mannes macht mich krank, und ich bekomme Stiche in der Brust, wenn er mich ansieht.

DIE MUTTER: Wir müssen versuchen ihn wegzubringen, aber ich bin fast sicher, daß es ihm hier nicht lange gefallen wird.

DER ALTE: Ich denke auch, er wird hier nicht alt ...! Siehst du, ich bekam heute abend einen Brief, in dem ich vor diesem Mann gewarnt werde, unter anderem, weil Gerichtsdiener ihn suchen ...

DIE MUTTER: Gerichtsdiener hier in deinem Haus!

DER ALTE: Ja, Geldangelegenheiten! Aber, ich bitte dich jetzt ... Die Gesetze der Gastfreundschaft, auch gegenüber dem Bettler, auch gegenüber dem Feind, sind heilig. Laß ihn ein paar Tage in Ruhe, bis er sich von dieser wilden Jagd erholt hat! Du siehst ja, wie die Vorsehung sich seiner angenommen hat, und seine Seele soll in der Schrotmühle gemahlen werden, bevor er aufs Sieb gelangt.

DIE MUTTER: Ich habe schon eine unwiderstehliche Berufung gefühlt, Werkzeug der Vorsehung in diesem Fall zu sein ...

DER ALTE: Aber unterscheide genau zwischen deinem Rachegefühl und deiner Berufung ...

DIE MUTTER: Ich will's versuchen! Wenn es möglich ist.

DER ALTE: Dann gute Nacht!

DIE MUTTER: Glaubst du, daß Ingeborg sein letztes Buch gelesen hat?

DER ALTE: Das glaube ich nicht! Es scheint mir nicht wahrscheinlich zu sein, denn wie könnte sie sich an einen Mann binden, der solche Ansichten hegt?

DIE MUTTER: Das ist wahr! Sie hat es nicht gelesen! Doch nun soll sie es lesen!

DRITTER AKT

In der Rosenkammer

Ein einfach, aber gemütlich möblierter Raum beim Forstmeister. Die Wände sind gekalkt, aber in Rosenrot; Gardinen aus rosenrotem, dünnem Musselin. In den kleinen vergitterten Fenstern stehen Blumen. Schreibtisch und Bücherregal rechts. Links eine Ottomane mit rosenroten Gardinen darüber, in Baldachinform. Stühle, Tisch in altdeutschem Stil.

Tür im Hintergrund; draußen Landschaft und das Armenhaus, ein dunkles, häßliches Gebäude mit schwarzen Fensterhöhlen ohne Gardinen. Die Sonne scheint heiß.

Die Dame sitzt auf der Ottomane und häkelt.
Die Mutter steht, sie hat ein Buch mit rotem Einband in der Hand.

DIE MUTTER: Du willst das eigene Buch deines Mannes nicht lesen?

DIE DAME: Nein, nicht dieses Buch, weil ich ihm versprochen habe, es nicht zu tun.

DIE MUTTER: Du willst den Mann, dem du dein Schicksal anvertraut hast, nicht kennenlernen?

DIE DAME: Nein, wozu? Wir haben es so gut, wie wir es wünschen.

DIE MUTTER: Du hast keine großen Forderungen an das Leben.

DIE DAME: Warum sollte ich; die Forderungen werden doch nicht erfüllt.

DIE MUTTER: Ich weiß nicht, ob du mit der Weisheit der ganzen Welt geboren wurdest oder ob du nur einfältig bist.

DIE DAME: Auch ich weiß nichts über mich.

DIE MUTTER: Wenn nur die Sonne scheint und du für den Tag zu essen hast, dann bist du zufrieden.

DIE DAME: Ja! Und wenn die Sonne nicht scheint, dann denke ich, es muß wohl so sein!

DIE MUTTER: Um von etwas anderem zu sprechen, weißt du, daß dein Mann wegen Geldangelegenheiten von Gerichtsdienern bedrängt wird?

DIE DAME: Ja, das weiß ich, aber so geht es ja allen Dichtern!

DIE MUTTER: Kannst du mir sagen, ob dein Mann ein Irrer oder ein Schelm ist?

DIE DAME: Nein, weißt du ..., Mutter; er ist wohl keins von beiden. Etwas ungewöhnlich ist er, und etwas langweilig ist es, daß ich nie etwas sagen kann, was er nicht schon früher gehört hätte. Deshalb sprechen wir nur wenig, aber er ist froh, wenn ich in seiner Nähe bin, und ich auch!

DIE MUTTER: So! Ihr seid also schon ins stille Wasser gelangt; dann habt ihr es nicht mehr weit bis zum Wasserfall. Aber meinst du nicht, ihr hättet etwas zu reden, wenn du das, was er geschrieben hat, gelesen hast?

DIE DAME: Vielleicht! Du kannst das Buch ja dort liegenlassen ...

DIE MUTTER: Nimm es selbst und versteck es! Es wird eine Überraschung für ihn werden, wenn du etwas aus seinem Meisterwerk zitieren kannst.

DIE DAME *versteckt das Buch in ihrer Tasche*: Gerade jetzt kommt er! Als ob er aus weiter Ferne fühlte, wenn man von ihm spricht.

DIE MUTTER: Wenn er auch fühlen könnte, wenn andere seinetwegen leiden; aus weiter Ferne. *Geht.*

Die Dame ist einen Augenblick allein; liest in dem Buch, scheint bestürzt; verbirgt das Buch in der Tasche.

DER UNBEKANNTE *kommt herein*: Deine Mutter ist hiergewesen; natürlich habt ihr über mich gesprochen; ich glaube die Schwingungen ihrer bösen Worte noch zu hören, ich fühle, wie sie die Luft vergiften, und sehe, wie sie die Sonnenstrahlen verdunkeln. Ich glaube den Eindruck ihres Körpers in dieser Luft, die hier im Zimmer steht, noch spüren zu können; und sie hinterläßt einen Geruch wie eine totgeschlagene Schlange.

DIE DAME: Oh, was bist du heute nervös!

DER UNBEKANNTE: Entsetzlich! Irgendein Stümper hat meine Nerven vollkommen verstimmt, und jetzt spielt er mit einem Roßhaarbogen, so daß es knarrt wie der Ruf eines Rebhuhns ..., du weißt nicht, was das ist ... Aber hier ist jemand, der stärker ist als ich, jemand, der mit einem Scheinwerfer auf mich zielt, wo ich mich auch befinde. Hör mal, betreibt man Zauberei an diesem Ort?

DIE DAME: Kehr dem Sonnenschein nicht den Rücken zu, schau auf die schöne Landschaft, und du wirst ruhiger.

DER UNBEKANNTE: Nein, ich kann das Armenhaus dort hinten nicht sehen, das einzig und allein nur meinetwegen dort gebaut zu sein scheint. Außerdem steht dort immer ein verrücktes Weib und winkt herüber.

DIE DAME: Meinst du, man behandelt dich hier schlecht?

DER UNBEKANNTE: Auf eine Art, nein, aber man stopft Lekkereien in mich hinein, als ob ich zum Schlachten gemästet werden sollte, und dennoch schmeckt mir nichts, denn man gönnt es mir nicht, und ich fühle den Haß wie einen Eiskeller, der Kälte ausstrahlt. Kannst du dir vorstellen, daß mir ist, als wehte es kalt von überallher, obwohl es windstill und ungewöhnlich heiß ist. Und dann höre ich die verfluchte Mühle ...

DIE DAME: Ja, aber es wird jetzt nicht gemahlen ...

DER UNBEKANNTE: Doch, es mahlt, es mahlt ...

DIE DAME: Hör mal, Mann, hier gibt es keinen Haß, höchstens Mitleid ...

DER UNBEKANNTE: Und noch etwas anderes ... Weshalb bekreuzigt man sich, wenn ich auf der Landstraße herankomme?

DIE DAME: Das bedeutet nur, daß die Leute beim Gehen stille Gebete zu sprechen pflegen! – Aber du hast heute morgen einen unangenehmen Brief bekommen.

DER UNBEKANNTE: Ja, und einen solchen, daß sich die Haare auf dem Kopf sträubten und ich dem Schicksal ins Gesicht spucken möchte. Denk dir, ich habe Gelder auszustehen, kann sie aber nicht ausgezahlt bekommen; jetzt werde ich auf gerichtlichem Weg vom – Vormund meiner Kinder gesucht, wegen ausgebliebener Alimente. Hast du jemals einen Menschen in einer so entehrenden Lage gesehen? Und dennoch bin ich unschuldig. Ich kann meine Pflicht tun, will meine Pflicht tun, darf aber nicht. Habe ich da die Schuld? Nein, aber die Schande. Das geht nicht mit rechten Dingen zu. Das ist der Teufel!

DIE DAME: Aber warum?

DER UNBEKANNTE: Da haben wir dieses Warum! Warum wurde man hierher geboren als unwissendes Geschöpf, unkundig der Gesetze, Sitten, Gebräuche, gegen die man aus Unkenntnis verstößt und deshalb ausgepeitscht wird? Warum wird man ein Jüngling mit allen edlen Absichten, die man verwirklichen will, und warum wird man dann in alle Schlechtigkeiten getrieben, die man verabscheut? Warum, warum?

DIE DAME, *die heimlich im Buch gelesen hat, zerstreut*: Sicher liegt darin eine Absicht, auch wenn wir sie nicht ergründen können.

DER UNBEKANNTE: Wenn es uns demütig machen soll, wie es heißt, dann ist es eine schlechte Methode, denn ich werde nur noch hochmütiger ..., Eva!

DIE DAME: Du darfst mich nicht so nennen!

DER UNBEKANNTE *fährt auf*: Warum nicht?

DIE DAME: Es ist mir unangenehm, wie es auch dir unangenehm wäre, wenn ich dich Cäsar nennen würde ...

DER UNBEKANNTE: Sind wir jetzt dort?

DIE DAME: Wo? Was?

DER UNBEKANNTE: Hattest du irgendeine verborgene Absicht mit diesem Namen?

DIE DAME: Cäsar? Nein, das hatte ich nicht, aber jetzt möchte ich eine Erklärung haben.

DER UNBEKANNTE: Gut, mag mir die Ehre zuteil werden, durch eigene Hand zu fallen: ich bin Cäsar, der Schuljunge, der einen Streich beging, für den ein anderer die Schuld bekam. Dieser andere war dein Mann – der Werwolf! So vergnügt sich das Schicksal, Stränge für die Ewigkeit zu flechten. Ein edles Vergnügen! *Die Dame schweigt, unschlüssig.* Sag etwas!

DIE DAME: Ich kann nicht!

DER UNBEKANNTE: Sag, daß er ein Werwolf wurde, weil er als Kind den Glauben an eine göttliche Gerechtigkeit verlor, als er unschuldig für den Streich eines anderen gestraft wurde. Sag das, dann werde ich dir sagen, daß ich zehnfach litt durch die Gewissensqual, und wie ich aus der religiösen Krise, die folgte, so geläutert hervorging, daß ich danach nie wieder etwas Ähnliches tat.

DIE DAME: Das ist es nicht! Das ist es nicht!

DER UNBEKANNTE: Was ist es dann? Daß du mich nicht mehr achten kannst.

DIE DAME: Das auch nicht!

DER UNBEKANNTE: Dann ist es, daß ich dir gegenüber Scham empfinden werde, und dann ist es aus mit uns.

DIE DAME: Nein!

DER UNBEKANNTE: Eva!

DIE DAME: Nicht so! Du weckst böse Gedanken ...

DER UNBEKANNTE: Du hast dein Versprechen gebrochen, du hast in meinem Buch gelesen.

DIE DAME: Ja!

DER UNBEKANNTE: Das war schlecht gehandelt.

DIE DAME: Aber die Absicht war gut; nur gut!

DER UNBEKANNTE: Das Resultat auch der guten Absichten scheint schlecht zu werden; jetzt bin ich in die Luft gesprengt worden, aber das Pulver habe ich selbst geliefert. – Daß sich alles wiederholen muß, alles: die Jungenstreiche und die großen. Daß man Böses erntet, wo man Böses gesät hat, das ist ehrliches Spiel; wenn ich doch sehen würde, daß eine gute Tat ihren Lohn bekommt, aber das werde ich nie sehen! Schmach dem, der alle kleinen und großen Fehler aufschreibt, das macht nicht einmal ein Mensch, und Menschen können verzeihen, die Götter verzeihen nie.

DIE DAME: Sprich nicht so! – Nicht so! Aber sag, daß du verzeihen kannst!

DER UNBEKANNTE: Ich bin nicht kleinlich, wie du weißt. Aber was habe ich dir zu verzeihen?

DIE DAME: Oh, das ist mehr, als ich sagen kann ...

DER UNBEKANNTE: Sag's, dann sind wir vielleicht quitt!

DIE DAME: Es war so, er und ich pflegten den Fluch des Deuteronomion über dich zu sprechen ..., der sein Leben zerstört hat ...

DER UNBEKANNTE: Was ist das für ein Fluch?

DIE DAME: Aus dem Buch Mose, den die Pfarrer im Chor sprechen, wenn die Fasten beginnen ...

DER UNBEKANNTE: Ich erinnere mich nicht an ihn, aber was macht das? Einer mehr oder weniger.

DIE DAME: Doch in unserer Familie ist es Tradition, daß es den trifft, den wir verfluchen ...

DER UNBEKANNTE: Daran glaube ich nicht; aber daß von diesem Haus Böses ausgeht, bezweifle ich nicht, doch möge es auf ihr Haupt zurückkommen! Das ist mein Gebet!

Nun müßte es nach Landessitte meine Schuldigkeit sein, mir

eine Kugel durch den Kopf zu jagen, aber das kann ich nicht, solange ich meine Pflichten nicht erfüllt habe ... Sieh, nicht einmal sterben kann ich und habe somit das Letzte verloren, was ich einmal meine Religion nannte ... Gut ausgerechnet! Ich habe gehört, daß der Mensch mit Gott ringen kann, und nicht ohne Erfolg. Aber sich mit dem Satan schlagen, das konnte nicht einmal Hiob!
Wollen wir jetzt ein wenig von dir sprechen?

DIE DAME: Noch nicht, aber vielleicht bald! Nach der Bekanntschaft mit deinem entsetzlichen Buch – bisher habe ich nur einen Blick hineingeworfen, hier und da einige Zeilen gelesen – ist mir, als hätte ich vom Baum der Erkenntnis gegessen. Meine Augen sind geöffnet, und ich weiß, was böse ist und was gut! – Das habe ich noch nicht gewußt! Und jetzt sehe ich, wie böse du bist! Jetzt weiß ich, warum ich Eva heißen sollte. Doch kam die Sünde in die Welt durch diese Mutter, so kam die Versöhnung durch eine andere Mutter! Kam der Fluch durch die erste, so kam der Segen durch die zweite! Durch mich sollst du das Geschlecht nicht verderben! Aber ich habe vielleicht eine ganz andere Aufgabe in deinem Leben! Wir werden sehen!

DER UNBEKANNTE: Du hast vom Baum der Erkenntnis gegessen? Leb wohl!

DIE DAME: Du willst reisen?

DER UNBEKANNTE: Ja, was sonst? Ich kann hier nicht bleiben!

DIE DAME: Geh nicht!

DER UNBEKANNTE: Ich muß, um alle diese Angelegenheiten ins reine zu bringen. Jetzt werde ich mich von den Alten verabschieden, dann komme ich wieder zu dir zurück! – Also, in einem Augenblick! *Geht.*

DIE DAME *bleibt wie versteinert stehen; geht dann zur Tür und sieht hinaus*: Nein, er ist fortgegangen! Fort! *Sie sinkt auf die Knie.*

Das Asyl

Das Refektorium eines alten Klosters; gleicht einer einfachen, weißgekalkten Rundbogenkirche; die Wände haben feuchte Flecken, die seltsame Figuren bilden.
Eßtisch mit Näpfen. Am Tischende ein Pult für den Lektor. Im Hintergrund Tür zur Kapelle. Brennende Kerzen auf den Tischen. An der linken Wand ein Gemälde, Darstellung des Erzengels Michael, der den Bösen tötet.
An einem langen Eßtisch links sitzt der Unbekannte, in weißer Krankenkleidung, allein bei seinem Napf. Am Tisch rechts sitzen die Braungekleideten aus dem ersten Akt; der Bettler; eine Frau in Trauerkleidung mit zwei Kindern; eine Frau, die der Dame gleicht, doch nicht die Dame ist, sie häkelt, statt zu essen; ein Mann, der dem Arzt gleicht, es aber nicht ist; die Ebenbilder des Irren, des Vaters und der Mutter, des Bruders, die Eltern des „verlorenen Sohnes" u. a. Alle weißgekleidet, aber darüber Kostüme aus Flor in verschiedenen Farben. Die Gesichter wachsgelb, leichenblaß; etwas Gespenstisches im gesamten Wesen und in den Gebärden.
Wenn der Vorhang aufgeht, beenden alle ein Paternoster; außer dem Unbekannten.

DER UNBEKANNTE *erhebt sich, geht zur Äbtissin, die am Serviertisch steht*: Mutter, lassen Sie mich einen Augenblick mit Ihnen sprechen.

DIE ÄBTISSIN *in schwarz-weißer Augustinertracht*: Ja, mein Sohn.

Sie gehen nach vorn.

DER UNBEKANNTE: Lassen Sie mich zunächst fragen, wo bin ich?

DIE ÄBTISSIN: Im Kloster „Die gute Hilfe". Man hat Sie in den Bergen über dem Hohlweg gefunden, mit einem Kreuz, das Sie vom Kalvarium niedergebrochen hatten und mit dem Sie jemandem oben in den Wolken drohten, den zu sehen Sie sich einbildeten. Sie hatten Fieber, und Sie fielen einen Abhang hinunter. Dort hat man Sie gefunden, unverletzt, doch im Fieberwahn; und dann hat man Sie hierher ins Hospital gebracht und ins Bett gelegt. Seitdem haben Sie phantasiert, und obwohl Sie über Schmerzen in der Hüfte klagten, konnte man nichts finden.

DER UNBEKANNTE: Wovon habe ich phantasiert?

DIE ÄBTISSIN: Die üblichen Fieberträume aller Kranken. Sie warfen sich alles mögliche vor, und Sie sahen ihre Opfer, wie Sie sie nannten.

DER UNBEKANNTE: Und dann?

DIE ÄBTISSIN: Ja, Ihre Gedanken drehten sich meistens um Geld. Und daß Sie für sich hier im Hospital bezahlen wollten. Ich versuchte Sie damit zu beruhigen, daß hier keine Bezahlung entgegengenommen wird, sondern alles Barmherzigkeit ist ...

DER UNBEKANNTE: Ich will keine Barmherzigkeit, denn die brauche ich nicht!

DIE ÄBTISSIN: Geben ist gewiß seliger als nehmen, aber es erfordert eine hohe Gesinnung, nehmen zu können und dankbar zu sein.

DER UNBEKANNTE: Ich brauche nicht zu nehmen und verlange nichts ... Ich will nicht gezwungen werden, dankbar zu sein.

DIE ÄBTISSIN: Hm! Hm! Hm!

DER UNBEKANNTE: Doch erklären Sie mir, warum keiner von der Gesellschaft dort mit mir zusammen an einem Tisch sitzen will? Sie stehen auf, gehen zur Seite ...

DIE ÄBTISSIN: Sie haben gewiß Angst vor Ihnen.

DER UNBEKANNTE: Warum?

DIE ÄBTISSIN: Sie sehen so aus ...

DER UNBEKANNTE: Wie ... ich ... aussehe! Doch die Gesellschaft da; wie sieht denn die aus? Sind die richtig?

DIE ÄBTISSIN: Wenn Sie meinen wirklich, ja, dann besitzen sie eine erschreckende Realität. Daß Sie sie vielleicht auf eine seltsame Weise sehen, hängt damit zusammen, daß Sie noch Fieber haben, oder – mit etwas anderem.

DER UNBEKANNTE: Aber ich glaube, es sind Bekannte, alle zusammen! Und ich sehe sie wie in einem Spiegel; und sie tun nur so, als würden sie essen ...
Ist das ein Schauspiel, das aufgeführt wird? ...
Dort sitzt ein Paar, das meinen Eltern gleicht, doch nur flüchtig.
Ich habe mich früher nie vor etwas gefürchtet, weil das Leben mir gleichgültig war, doch jetzt beginne ich mich zu fürchten!

DIE ÄBTISSIN: Wenn Sie nicht glauben, daß es wirkliche Personen sind, sollten wir den Konfessor bitten, zu kommen und sie uns vorzustellen. *Gibt dem Konfessor, der sich nähert, ein Zeichen.*

DER KONFESSOR *in schwarz-weißer Dominikanertracht*: Meine Schwester!

DIE ÄBTISSIN: Erzähle dem Kranken, wer es ist, der dort zu Tisch sitzt.

DER KONFESSOR: Das ist schnell getan.

DER UNBEKANNTE: Gestatten Sie mir erst eine Frage. Haben wir uns nicht früher schon gesehen?

DER KONFESSOR: Gewiß, ich saß während des Fiebers an Ihrem Krankenbett und nahm auf Ihr Verlangen die Beichte entgegen ...

DER UNBEKANNTE: Was? Meine Beichte!

DER KONFESSOR: Ja, aber ich konnte die Absolution nicht erteilen.
Ich gewann nämlich den Eindruck, daß es nur Fieberträume waren ...

DER UNBEKANNTE: Wieso?

DER KONFESSOR: Weil es kaum ein Vergehen oder ein Laster gibt, das Sie nicht auf sich nahmen, und außerdem waren es Dinge von so häßlicher Natur, daß man sich einer strengen Buße zu unterwerfen pflegt, bevor man Vergebung verlangt. Nachdem Sie nun die Besinnung wiedergewonnen haben, glaube ich fragen zu müssen, ob es einen Grund für Ihre Selbstanklagen gibt.

Die Äbtissin entfernt sich.

DER UNBEKANNTE: Hat man das Recht, so etwas zu fragen?

DER KONFESSOR: Nein, das hat man nicht; das ist wahr! – Sie wollten dagegen wissen, in welcher Gesellschaft Sie sich befinden! Nun gut, es ist nicht die allerglücklichste! Dort haben wir zum Beispiel den Irren, Cäsar genannt, der sich um den Verstand gelesen hat bei einem gewissen Dichter, dessen Ruf größer ist als sein Ruhm. Und dann haben wir den Bettler, der nicht zugeben will, daß er ein Bettler ist, weil er Latein gelernt hat und erlöst worden ist! Dann den Arzt oder, wie er genannt wird, den Werwolf, der seine bekannte Geschichte hat, und dort ein Elternpaar, das sich zu Tode grämte über einen mißratenen Sohn, der seine Hand gegen sie erhob; daß er dem Sarg seines Vaters nicht auf den Friedhof folgte und im betrunkenen Zustand das Grab seiner Mutter entweihte, muß er selbst verantworten. Dort sitzt seine arme Schwester, die er im Winter in den Schnee hinausjagte, wie er selbst angibt, in wohlwollender Absicht. Dort sitzt eine verlassene Frau mit zwei unversorgten Kindern, und dort sitzt eine andere und häkelt ..., also lauter alte Bekannte. Gehen Sie jetzt und begrüßen Sie sie!

Der Unbekannte hat während des letzten Teils der Gesellschaft den Rücken zugekehrt; geht jetzt und setzt sich an den linken Tisch, weiterhin mit dem Rücken zu der Gesellschaft. Wie er nun den Kopf hebt, sieht er das Bild des Erzengels Michael und schlägt die Augen nieder.
Der Konfessor stellt sich hinter den Unbekannten. Gleichzeitig wird in der Kapelle ein katholisches Requiem gespielt. Der Konfessor spricht mit halblauter Stimme zu dem Unbekannten, während leise Musik erklingt.

Quantus tremor est futurus
Quando judex est venturus
Cuncta stricte discussurus,
Tuba mirum spargens sonum

Per sepulchra regionum
Coget omnes ante thronum.
Mors stupebit et natura,
Cum resurget creatura
Liber scriptus proferetur
In quo totum continetur
Unde mundus judicetur.
Judex ergo cum sedebit
Quidquid latet apparebit
Nil inultum remanebit.

DER KONFESSOR *geht zum Pult hinauf am Tisch rechts, öffnet das Brevier; die Musik verstummt*: Nun fahren wir im Gebet fort. „Wenn du aber nicht gehorchen wirst der Stimme des HERRN, deines Gottes, und wirst nicht halten und tun alle seine Gebote und Rechte, die ich dir heute gebiete, so werden alle diese Flüche über dich kommen und dich treffen. Verflucht wirst du sein in der Stadt, verflucht wirst du sein auf dem Acker. Verflucht wird sein dein Korb und dein Backtrog. Verflucht wirst du sein bei deinem Eingang und verflucht bei deinem Ausgang."

DIE GESELLSCHAFT *halblaut*: Verflucht!

DER KONFESSOR: „Der HERR wird unter dich senden Unfrieden, Unruhe und Unglück in allem, was du unternimmst, bis du vertilgt bist und bald untergegangen bist um deines bösen Treibens willen, weil du mich verlassen hast."

DIE GESELLSCHAFT *laut*: Verflucht!

DER KONFESSOR: „Der HERR wird dich vor deinen Feinden schlagen. Auf einem Weg wirst du wider sie ausziehen, und auf sieben Wegen wirst du vor ihnen fliehen und wirst zum Entsetzen werden für alle Reiche auf Erden. Deine Leichname werden zum Fraß werden allen Vögeln des Himmels und allen Tieren des Landes, und niemand wird sie verscheuchen. Der HERR wird dich schlagen mit ägyptischem Geschwür, mit Pocken, mit Grind und Krätze, daß du nicht geheilt werden kannst. Der HERR wird dich schlagen mit Wahnsinn, Blindheit und Verwirrung des Geistes. Und du wirst tappen am Mittag, wie ein Blinder tappt im Dunkeln, und wirst auf deinem Wege kein Glück haben und wirst Gewalt und Unrecht leiden müssen dein Leben lang, und niemand wird dir helfen. Mit einem Mädchen wirst du dich verloben, aber ein anderer wird es sich nehmen. Ein Haus wirst du bauen, aber du wirst nicht darin wohnen. Einen Weinberg wirst du pflanzen, aber du wirst seine Früchte nicht genießen. – Deine Söhne und deine Töchter werden einem anderen Volk gegeben werden, daß deine Augen zusehen müssen und täglich vor Verlangen nach ihnen vergehen, und in deinen Händen wird keine Kraft sein. – Dazu wirst du keine Ruhe haben hier auf dieser Erde, und deine Füße werden keine Ruhestatt finden. Denn der HERR wird dir dort ein bebendes Herz geben und erlöschende Augen und eine verzagende Seele, und dein Leben wird immerdar in Gefahr schweben: Nacht und Tag wirst du dich fürchten und deines Lebens nicht sicher sein. Morgens wirst du sagen: Ach, daß es Abend wäre! und abends wirst du sagen: Ach, daß es Morgen wäre! vor Furcht deines Herzens, die dich schrecken wird, und vor dem, was du mit deinen Augen sehen wirst. – Und weil du dem HERRN, deinem Gott, nicht gedient hast mit Freude und Lust deines Herzens, obwohl du Überfluß hattest an allem. Und du wirst deinem Feinde, den der HERR gegen dich schicken wird, dienen in Hunger und Durst, in Blöße und allerlei Mangel, und er wird ein eisernes Joch auf deinen Hals legen, bis er dich vertilgt hat.“

DIE GESELLSCHAFT: Amen!

Der Konfessor hat obiges laut und schnell gelesen, ohne sich an den Unbekannten zu wenden. Die Gesellschaft, außer der häkelnden Dame, hat zugehört und an der Verfluchung teilgenommen, aber so getan, als bemerkte sie den Unbekannten nicht. Dieser hat mit dem Rücken zur Gesellschaft gesessen; still und in sich gekehrt.

Der Unbekannte erhebt sich, will gehen.

Der Konfessor stellt sich ihm entgegen.

DER UNBEKANNTE: Was war das hier?

DER KONFESSOR: Ja, das war das Deuteronomium.

DER UNBEKANNTE: So, das war es also! Aber ich kann mich erinnern, daß dort auch gesegnet wird!

DER KONFESSOR: Ja, die seine Gebote halten!

DER UNBEKANNTE: Soo! – Ich kann nicht leugnen, daß ich einen Augenblick lang eine gewisse Erschütterung empfand. Doch sind das Versuchungen, denen man widerstehen muß, oder Warnungen, auf die man hören sollte? ... Jetzt bin ich mir indessen sicher, daß ich noch immer Fieber habe, und ich werde einen richtigen Arzt aufsuchen.

DER KONFESSOR: Ja, aber dann den richtigen!

DER UNBEKANNTE: Natürlich! Natürlich!

DER KONFESSOR: Der die „schönen Gewissensqualen" heilt.

DIE ÄBTISSIN: Wenn Sie einmal Barmherzigkeit nötig haben, so wissen Sie, wo sie zu finden ist.

DER UNBEKANNTE: Nein, das weiß ich nicht.

DIE ÄBTISSIN *halblaut*: Doch, ich werde Ihnen sagen, wo! In einem rosenroten Zimmer, an einem großen, fließenden Wasser.

DER UNBEKANNTE: Das ist die Wahrheit! In einem rosenroten Zimmer, warten Sie – wie lange habe ich hier krank gelegen?

DIE ÄBTISSIN: Heute sind es genau drei Monate!

DER UNBEKANNTE: Ein Vierteljahr! Oh! Habe ich geschlafen, oder wo bin ich gewesen? *Sieht aus dem Fenster.* Es ist ja Herbst. Die Bäume sind kahl, und die Wolken haben ihre kalte Farbe! – Jetzt erwacht das Gedächtnis! – Hören Sie eine Mühle, die mahlt? Ein Waldhorn, das tönt? Einen Fluß, der braust, einen Wald, der flüstert, und – eine Frau, die weint! Ja, Sie haben recht, nur dort gibt es Barmherzigkeit! Leben Sie wohl! *Geht eilig.*

DER KONFESSOR *zur Äbtissin*: Dieser Tor! Dieser Tor!

Die Rosenkammer

Die Gardinen sind abgenommen. Die Fenster starren wie schwarze Löcher in das Dunkel draußen. Die Möbel sind mit braunen Überzügen bedeckt und in die Mitte des Zimmers vorgezogen. Die Blumen sind weg. Ein großer schwarzer eiserner Ofen ist angezündet. Die Mutter steht und bügelt weiße Gardinen beim Schein eines einzigen Lichtes.
Es klopft.

DIE MUTTER: Herein!

DER UNBEKANNTE *kommt herein*: Guten Abend! – Wo ist meine Frau?

DIE MUTTER: Du bist es! – Woher kommst du?

DER UNBEKANNTE: Ich glaube, aus der Hölle! – Doch wo ist meine Frau?

DIE MUTTER: Welche?

DER UNBEKANNTE: Die Frage ist berechtigt. Alles ist berechtigt, nur ich bin es nicht!

DIE MUTTER: Das hat wohl seine Gründe, und daß du es gemerkt hast, ist gut. Doch wo bist du gewesen?

DER UNBEKANNTE: Ob es ein Armenhaus, ein Irrenhaus oder ein gewöhnliches Krankenhaus gewesen ist, weiß ich nicht, doch ich möchte es für einen Fiebertraum halten. Ich war krank, habe das Gedächtnis verloren und kann nicht glauben, daß drei Monate vergangen sind. Aber wo ist meine Frau?

DIE MUTTER: Das sollte ich dich fragen! Als du sie verlassen hattest, ist sie von hier fortgegangen – um dich zu suchen. Aber ob sie des Suchens müde geworden ist, weiß ich nicht.

DER UNBEKANNTE: Hier sieht es unheimlich aus! Wo ist der Alte?

DIE MUTTER: Ja, wo er ist, hat er keine Sorgen mehr.

DER UNBEKANNTE: Tot, meinst du.

DIE MUTTER: Ja! Er ist tot!

DER UNBEKANNTE: Das sagst du, als ob du die Zahl meiner O p f e r erhöhen wolltest.

DIE MUTTER: Vielleicht habe ich recht in diesem Fall …

DER UNBEKANNTE: Er schien nicht so empfindlich zu sein und zeigte, daß er einen kräftigen Haß nähren konnte.

DIE MUTTER: Nein, er konnte nur das Böse hassen, bei sich und bei anderen.

DER UNBEKANNTE: So bekomme ich auch da unrecht!

Pause.

DIE MUTTER: Was suchst du hier?

DER UNBEKANNTE: Barmherzigkeit!

DIE MUTTER: Endlich. Wie war es im Krankenhaus? Setz dich und erzähl!

DER UNBEKANNTE *setzt sich*: Daran will ich mich nicht erinnern! Übrigens weiß ich nicht, ob es ein Krankenhaus war.

DIE MUTTER: Eigenartig! Aber was geschah, seitdem du von hier fortgingst? ...

DER UNBEKANNTE: Ich fiel im Gebirge und stieß mir derart die Hüfte, daß ich ohnmächtig wurde ... Wenn du freundlich mit mir sprichst, wirst du mehr erfahren.

DIE MUTTER: Ich werde freundlich sprechen!

DER UNBEKANNTE: Nun gut! Ich erwache in einem Bett aus Stahlschienen, die rot angestrichen sind, und drei Kerle ziehen an einer Leine, die durch zwei Blöcke läuft. Und jedesmal wenn sie ziehen, scheint es mir, als würde ich zwei Ellen länger und ...

DIE MUTTER: Du hattest sie dir verstaucht, und sie wollten sie wieder einrenken ...

DER UNBEKANNTE: Das ist richtig. Daran habe ich nicht gedacht! Doch dann ..., ja, dann lag ich und sah, wie sich mein ganzes verflossenes Leben zu einem Panorama aufrollte, von der Kindheit durch die Jugend bis ... Und wenn die Rolle zu Ende war, begann es von neuem. Und während der ganzen Zeit hörte ich ein Mühlwerk gehen ..., und das höre ich auch jetzt noch ... Ja, jetzt ist es auch hier!

DIE MUTTER: Keine schönen Bilder hast du gesehen.

DER UNBEKANNTE: Nein! Und schließlich gelangte ich zu dem Schluß – daß ich ein entsetzlicher Lümmel gewesen bin.

DIE MUTTER: Weshalb gebrauchst du diesen Ausdruck?

DER UNBEKANNTE: Ich weiß natürlich, daß du das Wort „schlechter Mensch" haben willst. Doch wer dies von sich selbst sagt, kommt mir vor, als prahle er, und es liegt darin auch eine solche Sicherheit im Urteil, wie ich sie noch nicht gewonnen habe.

DIE MUTTER: Du zweifelst noch?

DER UNBEKANNTE: Ja! An manchem und vielem. Aber eins wird mir klar ...

DIE MUTTER: Daß?

DER UNBEKANNTE: Daß es Dinge gibt ... und Kräfte ..., an die ich früher nicht geglaubt habe.

DIE MUTTER: Hast du auch gemerkt, daß weder du noch ein anderer Mensch dein ungewöhnliches Schicksal lenkt?

DER UNBEKANNTE: Gerade das glaubte ich zu merken.

DIE MUTTER: Dann bist du ein Stück Wegs weiter.

DER UNBEKANNTE: Aber ich bin auch etwas anderes, ich bin bankrott, denn ich habe die Fähigkeit verloren zu dichten; zum zweiten kann ich nachts nicht schlafen ...

DIE MUTTER: Was noch?

DER UNBEKANNTE: Man nennt es gewiß Alpdrücken ... Und das Letzte, aber Schlimmste: ich wage nicht zu sterben, denn ich bin mir jetzt nicht mehr sicher, daß das Elend zu Ende ist, wenn einmal Schluß ist.

DIE MUTTER: So?

DER UNBEKANNTE: Aber das allerschlimmste ist, ich habe einen derartigen Abscheu vor mir selbst bekommen, daß ich frei von mir werden möchte, doch ich sehe keine Möglichkeit dazu. Wäre ich Christ, könnte ich das erste Gebot nicht erfüllen, meinen Nächsten wie mich selbst zu lieben, denn dann würde ich meinen Nächsten hassen, und das tue ich sicher. Es ist gewiß wahr, daß ich ein großer Lümmel bin, und das habe ich schon immer vermutet, da ich aber nicht des Lebens Narr sein wollte, habe ich ein waches Auge auf „die anderen" gehabt, und als ich sah, daß die anderen nicht besser als ich waren, wurde ich zornig, wenn sie mich belehren wollten.

DIE MUTTER: Ja sicher, aber du hast die Sache mißverstanden, wenn du glaubtest, daß es eine Angelegenheit zwischen dir und den anderen sei. Hier geht es um eine Angelegenheit zwischen dir und Ihm ...

DER UNBEKANNTE: Wem?

DIE MUTTER: Dem Unsichtbaren, der dein Schicksal gelenkt hat.

DER UNBEKANNTE: Könnte ich ihn sehen!

DIE MUTTER: Dann stirbst du!

DER UNBEKANNTE: O nein!

DIE MUTTER: Wo hast du diesen höllischen Aufruhrgeist her, und wenn du dich nie beugst wie wir anderen, dann mußt du wie ein Rohr gebrochen werden!

DER UNBEKANNTE: Ich weiß nicht, woher ich diesen höllischen Trotz habe. Es ist wahr, vor einer unbezahlten Rechnung kann ich zittern, aber um auf den Berg Sinai zu steigen und den Ewigen zu treffen, würde ich mein Gesicht nicht bedecken!

DIE MUTTER: Jesus Maria! – Wenn du so sprichst, dann glaube ich, du bist ein Kind des Bösen.

DER UNBEKANNTE: Das scheint man hier allgemein von mir zu glauben. Aber ich habe gehört, wer dem Bösen nahesteht, pflegt mit Ehre, Gut und Gold erfreut zu werden, besonders mit Gold! Meinst du denn, daß ich Grund zum Verdacht biete?

DIE MUTTER: Du ziehst den Fluch über mein Haus!

DER UNBEKANNTE: Dann werde ich dein Haus verlassen ...

DIE MUTTER: In der Nacht! Nein! – Wohin willst du gehen?

DER UNBEKANNTE: Ich werde die einzige aufsuchen, die ich nicht hasse.

DIE MUTTER: Bist du sicher, daß sie dich aufnimmt?

DER UNBEKANNTE: Vollkommen sicher!

DIE MUTTER: Doch ich bin nicht sicher.

DER UNBEKANNTE: Aber ich!

DIE MUTTER: Dann bin ich genötigt, deine Zweifel zu wecken.

DER UNBEKANNTE: Das kannst du nicht!

DIE MUTTER: Ich kann es.

DER UNBEKANNTE: Du lügst!

DIE MUTTER: Jetzt reden wir nicht mehr freundlich miteinander, nun hören wir auf. – Kannst du in der Bodenkammer schlafen?

DER UNBEKANNTE: Überall, ich finde doch keinen Schlaf!

DIE MUTTER: Dann wünsche ich dir eine gute Nacht! Magst du meinen Wunsch für aufrichtig halten oder nicht!

DER UNBEKANNTE: Es sind doch wohl keine Ratten auf dem Boden! Vor Gespenstern habe ich keine Angst, aber Ratten sind unangenehm.

DIE MUTTER: Es ist gut, daß du keine Angst vor Gespenstern hast, denn ..., keiner hat dort oben eine ganze Nacht geschlafen, woran es auch immer liegen mag.

DER UNBEKANNTE *zögert einen Augenblick, darauf äußert er*: Du bist der boshafteste Mensch, den ich je in meinem Leben getroffen habe, aber das kommt daher, daß du religiös bist!

DIE MUTTER: Gute Nacht!

Die Küche

Es ist dunkel, aber der Mond draußen wirft bewegliche Schatten von den Fenstergittern auf den Fußboden, wenn die Sturmwolken vorbeiziehen.
In der Ecke rechts unter dem Kruzifix, wo der Alte zu sitzen pflegte, hängen Jagdhorn, Büchse und Jagdtasche an der Wand. Ein ausgestopfter Raubvogel steht auf dem Tisch. Da die Fenster offenstehen, flattern die Gardinen, und Küchenlappen, Scheuerschürze und Handtücher, die an einer Leine vor dem Herd aufgehängt sind, bewegen sich im Wind. Man hört das Sausen des Windes; in der Ferne das Getöse eines Wasserfalls; ab und an klopft es gegen die Holzdielen.

DER UNBEKANNTE *kommt herein, halb angezogen, mit einem Licht in der Hand*: Ist dort jemand? – Niemand! *Geht weiter vor mit dem Licht, das das Spiel der Schatten etwas abschwächt.* Was bewegt sich auf dem Fußboden? Ist hier jemand? – *Er geht zum Tisch, aber als er den Raubvogel sieht, bleibt er wie versteinert stehen.* Jesus Christus!

DIE MUTTER *kommt herein, angezogen, mit einem Licht in der Hand*: Bist du noch auf?

DER UNBEKANNTE: Ja, ich konnte nicht schlafen!

DIE MUTTER *sanft*: Warum nicht, mein Sohn?

DER UNBEKANNTE: Es ging jemand über der Kammer.

DIE MUTTER: Unmöglich, es gibt keinen Boden darüber.

DER UNBEKANNTE: Gerade das beunruhigte mich! – Aber was bewegt sich dort auf dem Fußboden wie Schlangen? ...

DIE MUTTER: Das ist der Mondschein!

DER UNBEKANNTE: Ja, das ist der Mondschein! Und dort ist ein ausgestopfter Vogel. Und da sind Scheuertücher. Alles ist so einfach und natürlich, doch gerade das beunruhigt mich. – Wer klopft da in der Nacht, ist jemand ausgeschlossen worden?

DIE MUTTER: Nein, es ist ein Pferd, das im Stall schlägt.

DER UNBEKANNTE: Davon habe ich nie etwas gehört!

DIE MUTTER: Doch, es gibt Pferde, die von Alpträumen geplagt werden.

DER UNBEKANNTE: Was ist der Alptraum?

DIE MUTTER: Ja, wer weiß!

DER UNBEKANNTE: Darf ich mich einen Augenblick setzen?

DIE MUTTER: Setz dich und laß mich ernsthaft mit dir sprechen. Ich war gestern abend boshaft und bitte dich deswegen um Verzeihung, aber sieh, gerade weil ich so grenzenlos boshaft bin, brauche ich die Religion, wie ich das Büßerhemd und den Steinfußboden brauche. Um dich nicht zu verletzen, werde ich mir selbst antworten, was der Alptraum ist. Es ist mein böses Gewissen. Ob ich es selbst bin oder ein anderer, der mich straft, weiß ich nicht, und ich glaube, ich habe nicht das Recht, danach zu forschen! – Erzähl jetzt, was dir in der Kammer geschehen ist.

DER UNBEKANNTE: Eigentlich ..., ich weiß nicht ..., ich habe nichts gesehen, aber als ich in die Kammer kam, fühlte ich, daß jemand darin war. Ich habe mit dem Licht nachgesehen, aber niemand gefunden. Dann habe ich mich hingelegt. Da beginnt jemand mit schweren Schritten direkt über mir zu gehen ... Glaubst du an Spuk und Gespenster?

DIE MUTTER: Nein, das verbietet meine Religion, aber ich glaube an die Fähigkeit unseres eigenen Gerechtigkeitsgefühls, Strafmittel zu schaffen ...

DER UNBEKANNTE: Nun gut! Nach einer Weile richtet sich ein eiskalter Luftstrom gegen meine Brust, er sucht umher, bis er das Herz gefunden hat – und dann wird das kalt – und ich muß aus dem Bett ...

DIE MUTTER: Und dann?

DER UNBEKANNTE: Dann muß ich auf dem Fußboden stehenbleiben und mit ansehen, wie das gesamte Lebenspanorama aufgerollt wird, alles, alles ... Und das ist das schlimmste!

DIE MUTTER: Ja! Das kenne ich alles, denn ich habe es durchgemacht. Es gibt keinen Namen für diese Krankheit, und es gibt nur ein Heilmittel ...

DER UNBEKANNTE: Und das ist?

DIE MUTTER: Du weißt es! Du weißt, was die Kinder tun müssen, wenn sie gefehlt haben!

DER UNBEKANNTE: Was müssen sie tun?

DIE MUTTER: Zuerst um Verzeihung bitten!

DER UNBEKANNTE: Und dann?

DIE MUTTER: Versuchen, es wiedergutzumachen ...

DER UNBEKANNTE: Ist es nicht genug, daß man leidet, was man verdient?

DIE MUTTER: Nein, das ist ja nur Rache!

DER UNBEKANNTE: Ja, was sonst?

DIE MUTTER: Kannst du selbst ein Leben wiedergutmachen, das du zerstört hast? Kannst du eine schlechte Tat ungeschehen machen? Ungeschehen?

DER UNBEKANNTE: Nein, das ist wahr! – Aber ich wurde gezwungen, diese Tat zu begehen, ich wurde gezwungen zu nehmen, da mir niemand das Recht gab; doch Schande über den, der mich zwang! Wehe! *Mit der Hand auf der Brust.* Wehe! Jetzt ist er hier, hier im Zimmer; und er nimmt das Herz aus der Brust! Wehe!

DIE MUTTER: Beuge dich!

DER UNBEKANNTE: Ich kann nicht!

DIE MUTTER: Auf die Knie!

DER UNBEKANNTE: Ich will nicht!

DIE MUTTER: Christus, erbarme dich! Herr, erbarme dich! – *Zum Unbekannten*: Auf die Knie vor dem Gekreuzigten! Nur er kann es ungeschehen machen!

DER UNBEKANNTE: Nein, nicht vor ihm! Nicht vor ihm! Und wenn ich dazu gezwungen werde, dann widerrufe ich … später!

DIE MUTTER: Auf die Knie, mein Sohn!

DER UNBEKANNTE: Ich kann die Knie nicht beugen …, kann es nicht … Hilf mir, ewiger Gott!

Pause.

DIE MUTTER *murmelt hastig ein Gebet, dann*: Ist es besser?

DER UNBEKANNTE: Ja! … Aber weißt du, was das war? Das war nicht der Tod, das war die Vernichtung.

DIE MUTTER: Die Vernichtung des Göttlichen, was wir den geistigen Tod nennen.

DER UNBEKANNTE *ernst, ohne Ironie*: So meint ihr das …, dann beginne ich zu verstehen.

DIE MUTTER: Mein Sohn! Du hast Jerusalem verlassen, und du bist auf dem Wege nach Damaskus. Gehe dorthin! Denselben Weg, den du hierher gekommen bist, und setze ein Kreuz auf jeder Station, auf der siebenten jedoch bleibe; du hast nicht vierzehn, wie Er!

DER UNBEKANNTE: Du sprichst in Rätseln!

DIE MUTTER: Nun gut! Reise, suche die auf, denen du etwas zu sagen hast; zuerst deine Frau.

DER UNBEKANNTE: Wo?

DIE MUTTER: Such! Aber vergiß nicht, auf dem Weg auch zu ihm hineinzusehen – den du Werwolf nennst …

DER UNBEKANNTE: Niemals!

DIE MUTTER: Das sollst du auch gesagt haben, als es hierher gehen sollte … Und wie ich dir sagte, habe ich deine Ankunft erwartet.

DER UNBEKANNTE: Aus welchen Gründen hast du sie erwartet?

DIE MUTTER: Ich hatte keine bestimmten Gründe ...

DER UNBEKANNTE: Ebenso wie ich diese Küche in einer – Ekstase gesehen habe, wenn du so willst ...

DIE MUTTER: Deshalb reut es mich jetzt, daß ich dich von Ingeborg trennen wollte, denn ihr solltet einander treffen ... Geh jetzt und suche sie. Wenn du sie findest, ist es gut. Findest du sie nicht, so sollte vielleicht gerade das geschehen. – Doch jetzt graut der Tag, der Morgen ist da und die Nacht vergangen!

DER UNBEKANNTE: Und was für eine Nacht!

DIE MUTTER: Du wirst an sie denken!

DER UNBEKANNTE: Nicht alles, aber etwas werde ich behalten!

DIE MUTTER *sieht aus dem Fenster, spricht für sich*: Du schöner Morgenstern, wie bist du so vom Himmel gefallen?

Pause.

DER UNBEKANNTE: Hast du gemerkt, bevor die Sonne aufgeht, durchfährt ein Schaudern den Menschen. Sind wir Kinder der Finsternis, weil wir vor dem Licht erzittern?

DIE MUTTER: Wirst du nie müde zu fragen?

DER UNBEKANNTE: Nein, nie! Ich sehne mich nach dem Licht, siehst du!

DIE MUTTER: Geh denn und suche! Und Friede sei mit dir!

VIERTER AKT

Im Hohlweg

Die gleiche Landschaft wie zuvor, aber herbstlich, mit entlaubten Bäumen.
In der Schmiede wird geschmiedet; die Mühle geht.
Der Schmied steht in der Tür links; die Müllerin rechts.

Die Dame ist in Jacke und Glanzlederhut gekleidet, aber in Trauer.

Der Unbekannte ist in süddeutsche Alpentracht gekleidet: Lodenjoppe, Kniehose, Alpenschuhe, Bergstock; grüner Jägerhut mit Birkhahnfeder. Darüber trägt er einen braunen „Kaisermantel“ mit Pelerine und Kapuze.

DIE DAME *kommt, in Reisekleidung; müde und betrübt*: Ist hier ein Herr in Reisekleidung vorbeigekommen? *Der Schmied und die Müllerin schütteln verneinend den Kopf.* Kann ich über Nacht Unterkunft finden? *Der Schmied und die Müllerin schütteln ablehnend den Kopf. Die Dame zum Schmied*: Darf ich mich an der Tür hier einen Augenblick wärmen? *Der Schmied stößt sie zurück.* Möge Gott Sie nach Ihrem Verdienst belohnen! *Geht; erscheint gleich darauf auf dem Steg und verschwindet.*

DER UNBEKANNTE *kommt, in Reisekleidung*: Ist eine Dame in Reisekleidung über den Bach gegangen? *Der Schmied und die Müllerin schütteln verneinend den Kopf.* Kann ich ein Brot bei Ihnen kaufen, Frau Müllerin? Sehen Sie, hier ist Geld! *Die Müllerin weist das Geld zurück.* Keine Barmherzigkeit!

ECHO *in der Ferne ahmt seine Stimme nach*: Barmherzigkeit!

Der Schmied und die Müllerin brechen in ein langes, schallendes Gelächter aus, das schließlich vom Echo beantwortet wird.

DER UNBEKANNTE: Das mag ich: Auge um Auge, Zahn um Zahn! Das hat schon immer mein Gewissen etwas erleichtert! *Geht in den Hohlweg.*

Die Landstraße

Dieselbe Landschaft wie früher, aber herbstlich. Der Bettler sitzt an einer Bußkapelle mit einer Leimrute und einem Vogelkäfig, in dem ein Star ist.

DER UNBEKANNTE *kommt, gleiche Kleidung wie in der vorigen Szene*: Haben Sie eine Dame in Reisekleidung vorbeigehn sehen, Bettler?

DER BETTLER: Ich habe fünfhundert vorbeigegangene Reisedamen vorbeigehen sehen. Aber ich möchte nun doch allen Ernstes darum bitten, nicht mehr Bettler genannt zu werden, denn jetzt habe ich Arbeit bekommen.

DER UNBEKANNTE: Ach, Sie sind das!

DER BETTLER: Ille ego qui quondam ...

DER UNBEKANNTE: Was haben Sie für Arbeit?

DER BETTLER: Ich habe einen Star, der pfeift und spricht ...

DER UNBEKANNTE: Das heißt, der arbeitet?

DER BETTLER: Ja, ich bin mein eigener Herr geworden!

DER UNBEKANNTE: Fangen Sie auch Vögel?

DER BETTLER: Ach so, die Leimrute! Nein, das ist nur zum Schein!

DER UNBEKANNTE: Sie halten sich also an das Äußere?

DER BETTLER: Ja, woran soll man sich denn sonst halten; denn das, was drinnen ist, das ist nur reiner – Quatsch.

DER UNBEKANNTE: Und das ist die Zusammenfassung Ihrer ganzen Lebensphilosophie?

DER BETTLER: Die ganze Metaphysik! Die Auffassung mag sicher für etwas veraltet gehalten werden, aber ...

DER UNBEKANNTE: Sagen Sie ein einziges ernsthaftes Wort; sagen Sie etwas über Ihre Vergangenheit.

DER BETTLER: Ach, was hat das für einen Sinn, in altem Gerümpel zu wühlen! Nur weiter so, Herr, nur weiter so! Glauben Sie, ich bin immer so lustig? Nein, nur wenn ich Sie treffe, denn Sie sind verdammt komisch.

DER UNBEKANNTE: Wie können Sie lachen, wo Sie doch ein vollkommen verspieltes Leben hinter sich haben?

DER BETTLER: Nein, jetzt wird er zudringlich! – Aber wenn Sie nicht mehr über das Elend lachen können, nicht einmal über das anderer, so ist das Leben nichts mehr wert! – Hören Sie jetzt: Wenn Sie dieser Radspur da im Dreck folgen, dann kommen Sie an die See, und dort ist der Weg zu Ende! Setzen Sie sich dort und ruhen Sie sich aus, so werden Sie eine andere

Einstellung zu der Sache gewinnen! Hier sind so viele Unglücksfälle, religiöse Gegenstände und unangenehme Erinnerungen, die den Flug des Gedankens in die Rosenkammer hindern; doch folgen Sie nur der Spur, nur der Spur! Wenn es mitunter etwas schmutzig ist, dann heben Sie nur die Flügel und flattern Sie! – Was das Flattern betrifft, ich hörte einmal einen Vogel etwas vom Ring des Polykrates singen, und daß er die Herrlichkeit der ganzen Welt bekam, aber nicht wußte, was er mit ihr anfangen sollte, und so prophezeite er im Osten und im Westen das große Weltennichts, das er aus dem leeren All schaffen werde. Ich würde nicht behaupten, daß Sie das waren, wenn ich es nicht glaubte, so daß ich es beschwören könnte. Und als ich Sie einmal fragte, ob Sie wüßten, wer ich sei, antworteten Sie, das interessiere Sie nicht. Als Vergeltung bot ich Ihnen meine Freundschaft an, doch Sie lehnten sie mit dem einzigen kleinen Wort pfui ab!

Nun bin ich weder empfindlich noch nachtragend, deshalb gebe ich Ihnen ein gutes Wort als Wegzehrung: Folgen Sie der Spur!

DER UNBEKANNTE *weicht zur Seite*: Nein, du betrügst mich nicht noch einmal.

DER BETTLER: Herr! Sie glauben nur Böses und bekommen deshalb nur Böses! Versuchen Sie jetzt einmal, Gutes zu glauben! Versuchen Sie es!

DER UNBEKANNTE: Ich will es versuchen! Doch werde ich betrogen, dann habe ich das Recht, zu ...

DER BETTLER: Dazu haben Sie nie das Recht!

DER UNBEKANNTE *wie zu sich selbst*: Wer liest meine geheimen Gedanken? Wer krempelt meine Seele um, wer verfolgt mich? Warum verfolgst du mich?

DER BETTLER: Warum verfolgst du mich? Saul!

Der Unbekannte geht, mit einer Gebärde des Entsetzens. Der Akkord aus dem Trauermarsch ist wie früher zu hören.

DIE DAME *kommt*: Haben Sie einen Herrn in Reisekleidung hier vorbeigehen sehen?

DER BETTLER: Ja, eben war ein armer Teufel hier, der weitergehumpelt ist.

DIE DAME: Der, den ich suche, hinkt nicht.

DER BETTLER: Dieser hier auch nicht, doch er schien sich ein Hüftleiden zugezogen zu haben, das seinen Gang ein wenig unsicher machte. Nein, ich will nicht böse sein! – Sehen Sie dort im Straßenschmutz!

DIE DAME: Wo?

DER BETTLER *zeigt*: Dort! Dort sehen Sie eine Wagenspur, und daneben sehen Sie den Abdruck eines groben Schuhs, der schwer getreten hat ...

DIE DAME *untersucht die Spur*: Das ist er! Ja, das sind schwere Schritte ..., doch werde ich ihn einholen?

DER BETTLER: Folgen Sie der Spur!

DIE DAME *nimmt seine Hand und küßt sie*: Danke, mein Freund! *Geht.*

Am Meer

Dieselbe Landschaft wie zuvor, aber im Winter.

Das Meer liegt blauschwarz da. Am Horizont türmen sich Wolken in Form von Riesenköpfen. In der Ferne sind die drei weißen abgetakelten Masten eines gestrandeten Schiffes zu sehen, drei weißen Kreuzen ähnlich.

Der Tisch und die Bank unter dem Baum stehen noch dort, doch die Stühle sind fort.

Es liegt Schnee.

Man hört dann und wann eine Glockenboje anschlagen.

Der Unbekannte kommt von links, bleibt einen Augenblick stehen und blickt auf das Meer hinaus; darauf nach rechts ab h i n t e r die Hütte.

Die Dame kommt von links, scheint den Fußspuren des Unbekannten im Schnee zu folgen; dann ab nach rechts vor der Hütte.

Der Unbekannte kommt von rechts, geht nach links, entdeckt die Spur der Dame, bleibt stehen, blickt nach rechts zurück.

Die Dame kommt, wirft sich in seine Arme, stürzt aber zurück.

DIE DAME: Du stößt mich weg?

DER UNBEKANNTE: Nein! Aber es scheint jemand zwischen uns zu stehen!

DIE DAME: Das ist wohl auch so! – Aber dieses Wiedersehen!

DER UNBEKANNTE: Ja, es ist Winter geworden, wie du siehst!

DIE DAME: Und ich fühle, wie die Kälte von dir ausstrahlt!

DER UNBEKANNTE: Ich wurde dort in den Bergen zu Eis.

DIE DAME: Glaubst du, daß es nie mehr Frühling wird?

DER UNBEKANNTE: Nicht für uns! Vertrieben aus dem Paradies, bleibt uns nur, zwischen Steinen und Disteln zu wandern. Und wenn wir uns die Füße zerschnitten und die Hände zerstochen haben, kommt das Bedürfnis, einander Salz in die Wunden zu streuen. Und dann ist die Mühle in Gang, und sie bleibt nie stehen, denn an Wasser wird es nicht mangeln.

DIE DAME: Es ist wohl so, wie du sagst ...

DER UNBEKANNTE: Ja, doch vor dem Unvermeidlichen möchte ich nicht zurückweichen. Ich will nicht, daß wir uns gegenseitig zerfleischen, sondern ich werde mich selbst aufschlitzen, den Göttern als Sühne. Ich werde sagen: Mein ist die Schuld, ich war es, der dich lehrte, die Kette zu lösen; ich war es, der dich dazu verleitete, und dann kannst du alles auf mich abwälzen, alles, die Tat selbst und die Folgen der Tat ...

DIE DAME: Das kannst du nicht tragen!

DER UNBEKANNTE: Doch, es gibt Augenblicke, da habe ich das Gefühl, als trüge ich in mir die Sünde und das Leid und den Schmutz und die Schande der ganzen Welt. Es gibt Stunden, wo ich glaube, daß die schlechte Tat selbst, das Verbrechen selbst eine auferlegte Strafe ist! Weißt du, kürzlich lag ich krank an einem Fieber, und unter anderem, ja, es geschah so viel, sah ich im Traum ein Kruzifix ohne den Gekreuzigten. Und als ich den Dominikaner fragte – es war ein Dominikaner dort unter vielen anderen –, ja, ich fragte, was das bedeuten sollte, und da antwortete er: „Du willst nicht, daß er für dich leidet, so leide selbst!" Und deshalb sind die Menschen gegen eigene Leiden so empfindlich geworden!

DIE DAME: Und deshalb wird das Gewissen so schwer, wenn niemand tragen hilft ...

DER UNBEKANNTE: Bist du auch dahin gekommen?

DIE DAME: Noch nicht – aber ich bin auf dem Weg dahin!

DER UNBEKANNTE: Leg deine Hand in meine und laß uns gemeinsam von hier fortgehen.

DIE DAME: Wohin?

DER UNBEKANNTE: Zurück, denselben Weg, den wir gekommen sind! Bist du müde?

DIE DAME: Jetzt nicht mehr!

DER UNBEKANNTE: Ich bin oft vor Müdigkeit umgefallen. Doch dann traf ich einen sonderbaren Bettler ..., ja, du erinnerst dich vielleicht an ihn, der mir ähnlich sein soll. Und er bat mich, versuchsweise Gutes zu glauben von seinen Absichten. Ich glaubte ihm – versuchsweise, und ...

DIE DAME: Und ...

DER UNBEKANNTE: Da ging es mir gut! – Seitdem fühle ich die Kraft, die Reise fortzusetzen ...

DIE DAME: Setzen wir sie fort!

DER UNBEKANNTE *zum Meer gewandt*: Ja, es wird dunkel, und die Wolken ziehen sich zusammen ...

DIE DAME: Schau nicht zu den Wolken ...

DER UNBEKANNTE: Und darunter? Was ist das?

DIE DAME: Das ist nur ein gesunkenes Schiff!

DER UNBEKANNTE *flüstert*: Drei Kreuze! – Welches neue Golgatha steht uns jetzt bevor?

DIE DAME: Sie sind doch weiß, das bedeutet Gutes!

DER UNBEKANNTE: Kann uns noch etwas Gutes geschehen?

DIE DAME: Ja, doch nicht sofort.

DER UNBEKANNTE: Komm, wir wollen gehen!

Das Hotelzimmer

Wie zuvor. Die Dame sitzt neben dem Unbekannten und häkelt.

DIE DAME: Sag doch was!

DER UNBEKANNTE: Nein, ich habe nur Unangenehmes zu sagen, seitdem wir in dieses Zimmer gekommen sind.

DIE DAME: Weshalb hattest du keine Ruhe, bevor du nicht in dieses entsetzliche Zimmer ziehen konntest?

DER UNBEKANNTE: Ich weiß nicht! Es war das, was ich am wenigsten gewünscht habe, und deshalb begann ich, mich nach diesem Raum zu sehnen, um gepeinigt zu werden.

DIE DAME: Und du bist gepeinigt worden ...

DER UNBEKANNTE: Ja, ich höre keine Lieder mehr, sehe nichts Schönes. Am Tage höre ich die Mühle gehen und sehe das große Panorama, das sich zu einem Kosmorama ausgewachsen hat, und nachts ...

DIE DAME: Ja, weshalb hast du im Schlaf geschrien?

DER UNBEKANNTE: Ich hatte einen Traum ...

DIE DAME: Einen richtigen Traum ...

DER UNBEKANNTE: Von einer erschreckenden Wirklichkeit ..., aber siehst du jetzt den Fluch: ich habe das Bedürfnis, den Traum zu erzählen, und wem, wenn nicht dir? Aber dir darf ich davon nichts erzählen, denn dann rühre ich an die Tür zu dem verschlossenen Raum ...

DIE DAME: Die Vergangenheit ...

DER UNBEKANNTE: Ja!

DIE DAME *einfach*: Es ist immer etwas Törichtes mit so einem geheimen Winkel.

DER UNBEKANNTE: Das ist es wohl.

Pause.

DIE DAME: Erzähl!

DER UNBEKANNTE: Ich fürchte, ich muß! – Nun gut, ich träumte, ich sah – deinen früheren Mann, verheiratet mit – meiner früheren Frau. Meine Kinder, die also ihn zum Vater bekommen haben ...

DIE DAME: Auf so was kannst nur du kommen!

DER UNBEKANNTE: Wenn dem so wäre, ach! – Aber ich sah, wie er sie mißhandelte. *Erhebt sich.* Und als ich ihn natürlich erwürgte ..., nein, ich kann nicht mehr! Aber ich finde keine Ruhe, bevor ich nicht Gewißheit habe. Und deshalb muß ich ihn aufsuchen, in seinem eigenen Haus!

DIE DAME: Soweit ist es gekommen!

DER UNBEKANNTE: Es ist schon lange in diese Richtung gegangen, und jetzt gibt es kein Halten mehr ..., ich muß ihn sehen!

DIE DAME: Aber wenn er dich nicht empfängt?

DER UNBEKANNTE: Ich stehle mich als Patient hinein und spreche von meiner Krankheit ...

DIE DAME: Sprich nicht von deiner Krankheit ...

DER UNBEKANNTE: Ich verstehe, du meinst, er könnte sich veranlaßt sehen, mich als geistesgestört dazubehalten ... Ja, das muß ich riskieren ..., und ich habe das Bedürfnis, etwas zu riskieren ..., alles, Freiheit, Leben, Wohlergehen! Ich habe eine Gemütsbewegung nötig, so stark, daß die Erschütterung mein Selbst an den Tag bringt. Ich sehne mich nach einer Tortur, die das Gleichgewicht wiederherstellt, so daß ich nicht länger wie ein Schuldbeladener herumlaufen muß. Also: hinunter in die Schlangengrube, und so schnell wie möglich!

DIE DAME: Wenn ich dir doch folgen könnte ...

DER UNBEKANNTE: Das brauchst du nicht, meine Qualen werden sicher für beide reichen!

DIE DAME: Dann werde ich dich meinen Befreier nennen, und der Fluch, den ich einmal über dich ausgesprochen habe, der wird zum Segen werden! – Siehst du, daß wieder Frühling ist?

DER UNBEKANNTE: Ich habe es an der Christrose dort gesehen, die zu welken beginnt.

DIE DAME: Aber fühlst du denn nicht, daß Frühling in der Luft ist?

DER UNBEKANNTE: Doch! Dieses Kältegefühl in der Brust scheint abzunehmen ...

DIE DAME: Vielleicht kann der Werwolf dich vollkommen heilen!

DER UNBEKANNTE: Wir werden sehen! Vielleicht ist er nicht so gefährlich.

DIE DAME: So grausam wie du ist er bestimmt nicht!

DER UNBEKANNTE: Aber mein Traum! Wie ...

DIE DAME: ... wenn es nur ein Traum ist! – Doch jetzt ist mein Garn zu Ende und meine unnütze Arbeit ebenfalls! Schmutzig ist sie geworden ...

DER UNBEKANNTE: Man kann sie waschen!

DIE DAME: Oder färben!

DER UNBEKANNTE: Rosenrot!

DIE DAME: Nein, niemals!

DER UNBEKANNTE: Es sieht wie eine Handschriftenrolle aus ...

DIE DAME: Mit unserer Geschichte drauf ...

DER UNBEKANNTE: Im Schmutz der Landstraße, in Tränen und Blut ...

DIE DAME: Ja, die Geschichte ist bald aus! Geh und mach das letzte Kapitel!

DER UNBEKANNTE: Dann treffen wir uns an der siebenten Station! Wo wir angefangen haben!

FÜNFTER AKT

Beim Arzt

Die Dekoration ungefähr wie vorher, der Holzstoß jedoch um die Hälfte kleiner. Bei der Veranda stehen auf einer Bank chirurgische Instrumente, Messer, Sägen, Zangen usw.
Der Arzt ist damit beschäftigt, seine Instrumente zu putzen.

DIE SCHWESTER *kommt aus der Veranda*: Ein Patient möchte dich sprechen!

DER ARZT: Kennst du ihn?

DIE SCHWESTER: Ich habe ihn nicht gesehen, hier seine Karte.

DER ARZT *liest die Karte*: Weißt du ..., das hier übertrifft alles, was ich bisher erlebt habe ...

DIE SCHWESTER: Ist er es?

DER ARZT: Er ist es! Obwohl ich Courage keineswegs geringschätze, empfinde ich doch dieses Geradedraufzu als zynisch, als eine Herausforderung. Doch laß ihn herkommen!

DIE SCHWESTER: Ist das dein Ernst?

DER ARZT: Voll und ganz! Doch wenn du willst, kannst du dich ja ein wenig mit ihm auf deine einfache, offene Art unterhalten.

DIE SCHWESTER: Das habe ich schon tun wollen ...

DER ARZT: Gut! Mach du die grobe Arbeit, dann komme ich mit dem Furnierhobel.

DIE SCHWESTER: Ja, verlaß dich auf mich. Ich werde ihm all das sagen, was dir dein gutes Herz zu sagen verbietet.

DER ARZT: Sprich nicht von diesem Herzen und beeil dich, damit ich nicht schlechte Laune bekomme. Schließ die Türen! *Die Schwester geht.* Was machst du dort wieder bei der Mülltonne, Cäsar? *Der Irre kommt hervor.* Hör, Cäsar, wenn dein Feind kommt und seinen Kopf auf deine Knie legt, was machst du dann?

DER IRRE: Ich schneide ihm den Kopf ab!

DER ARZT: Das habe ich dich nicht gelehrt!

DER IRRE: Nein, du hast gesagt, man soll glühende Kohlen darauflegen. Doch das ist Sünde, finde ich.

DER ARZT: Das finde ich eigentlich auch, denn es ist grausamer und arglistiger. – Kannst du mir sagen, ob es nicht besser ist, sich ein bißchen zu rächen, denn dann erhält der andere Genugtuung und fühlt sich gewissermaßen befreit von der Sache.

DER IRRE: Wenn du das besser verstehst als ich, weshalb fragst du mich dann?

DER ARZT: Sei still, ich spreche jetzt nicht mit dir! – Also, nehmen wir ihm den Kopf ab ... Und dann werden wir weiter sehen!

DER IRRE: Es hängt davon ab, wie er sich benimmt.

DER ARZT: Vollkommen richtig! – Wie er sich benimmt! – Ruhe! – Verschwinde!

DER UNBEKANNTE *kommt aus der Veranda; aufgeregt, jedoch mit einer gewissen resignierten Fassung*: Herr Doktor!

DER ARZT: Ja!

DER UNBEKANNTE: Sicher wundern Sie sich, mich hier zu sehen ...

DER ARZT *ernst*: Ich habe seit langem aufgehört, mich zu wundern, doch ich sehe, ich muß wieder anfangen.

DER UNBEKANNTE: Gestatten Sie mir ein persönliches Gespräch?

DER ARZT: Über alle Dinge, die für wohlerzogene Personen als schicklich gelten können. Sind Sie krank?

DER UNBEKANNTE *zögernd*: Ja!

DER ARZT: Weshalb kommen Sie gerade zu mir?

DER UNBEKANNTE: Das dürften Sie erraten können.

DER ARZT: Das will ich nicht! – Was haben Sie für eine Krankheit?

DER UNBEKANNTE *unschlüssig*: Schlaflosigkeit.

DER ARZT: Das ist keine Krankheit; das ist ein Symptom. Sind Sie schon einmal bei einem anderen Arzt gewesen?

DER UNBEKANNTE: Ich habe in einer – Anstalt gelegen, im Fieber ... Aber es war ein sehr sonderbares Fieber ...

DER ARZT: Was war daran so eigenartig?

DER UNBEKANNTE: Darf ich folgende Frage stellen: Kann man auf sein und phantasieren?

DER ARZT: Ja, wenn man wahnsinnig ist, doch nur dann! – *Der Unbekannte erhebt sich, setzt sich dann wieder.* Wie hieß das Krankenhaus?

DER UNBEKANNTE: Es hieß „Die gute Hilfe"!

DER ARZT: So heißt kein Krankenhaus!

DER UNBEKANNTE: Ist es dann ein Kloster?

DER ARZT: Nein, es ist ein Irrenhaus! *Der Unbekannte erhebt sich. Der Arzt erhebt sich ebenfalls und ruft*: Schwester! Schließ die Tür zur Straße! Und die kleine Zauntür zur Landstraße! *Zum Unbekannten*: Bitte, nehmen Sie Platz! – Ich muß wegen der Landstreicher, die sich hier herumtreiben, alles zumachen.

DER UNBEKANNTE *beruhigt sich*: Herr Doktor, eine aufrichtige Frage: Halten Sie mich für geisteskrank?

DER ARZT: Auf diese Frage erhält man gewöhnlich keine aufrichtige Antwort, das wissen Sie, und keiner, der das Leiden hat, glaubt, was man sagt. Deshalb ist es für Sie vollkommen gleichgültig, was ich für eine Meinung habe. – Sind Sie dagegen selbst der Meinung, Ihre Seele sei krank, so suchen Sie einen Seelsorger auf.

DER UNBEKANNTE: Möchten Sie nicht diese Aufgabe für einen Augenblick übernehmen?

DER ARZT: Nein, mir fehlt die Berufung.

DER UNBEKANNTE: Wenn –

DER ARZT *unterbricht ihn*: Außerdem habe ich auch keine Zeit, denn hier im Haus wird zur Hochzeit gerüstet.

DER UNBEKANNTE: Mein Traum ...

DER ARZT: Ich habe gedacht, es könnte Sie beruhigen, zu hören, daß ich mich getröstet habe, wie man so sagt; daß es Sie geradezu freuen würde – so ist es ja gewöhnlich –, aber statt dessen sehe ich, daß Ihr Leiden sich verschlimmert! Da steckt etwas dahinter! Nun muß ich mich herantasten ... Wie kann es Sie unangenehm berühren, wenn ich mich mit einer Witwe verheirate.

DER UNBEKANNTE: Mit zwei Kindern?

DER ARZT: Warten Sie! Warten Sie! – Da habe ich es! Ein infernalischer Gedanke, Ihrer würdig! Hören Sie, sollte es eine Hölle geben, würden Sie deren Fürst sein, denn Ihre Erfindungsgabe für Strafen übersteigt meine kühnsten Kombinationen; und mich nennt man doch den Werwolf.

DER UNBEKANNTE: Es kann ja vorkommen –

DER ARZT *unterbricht ihn*: Lange Zeit habe ich Sie gehaßt, wie Sie vielleicht wissen, weil Sie durch eine unverzeihliche Tat mich unverdient in schlechten Ruf gebracht haben. Doch als ich älter und verständiger wurde, sah ich ein, wenn auch die Strafe damals ungerecht war, so hatte ich sie doch wegen anderer Streiche verdient, die nicht entdeckt wurden, und Sie waren ein Kind, das im übrigen genügend Gewissen hatte, sich selbst zu strafen. Also braucht Sie diese Sache auch nicht zu beunruhigen! War das vielleicht Ihr Anliegen?

DER UNBEKANNTE: Ja!

DER ARZT: Sind Sie dann zufrieden, wenn ich Ihnen freien Abzug gewähre? *Der Unbekannte sieht ihn fragend an.* Oder haben Sie vielleicht geglaubt, daß ich Sie einsperren will? Oder mit den Instrumenten dort bearbeiten? Sie vielleicht töten? Man sollte ja solche armen Teufel töten! *Der Unbekannte schaut auf die Uhr.* Sie erreichen das Schiff noch.

DER UNBEKANNTE: Wollen Sie mir die Hand geben?

DER ARZT: Nein, das kann ich nicht! Das darf ich nicht! Was hilft es übrigens, wenn ich Ihnen verzeihe, wenn Sie nicht die Kraft haben, sich selbst zu vergeben. – Es gibt ja Dinge, wo nur geholfen werden kann, wenn man sie ungeschehen macht. Hier ist nicht zu helfen!

DER UNBEKANNTE: „Die gute Hilfe".

DER ARZT: Die war gar nicht so übel! – Sie forderten das Schicksal heraus, und Sie wurden gebrochen; keine Schande in einem guten Kampf. Ich machte es auch so, aber wie Sie sehen, habe ich um meinen Holzstoß gefeilscht. Ich möchte den Donner nicht im Hause haben, und ich spiele nicht mehr mit dem Blitz.

DER UNBEKANNTE: Noch eine Station – und ich bin am Ziel.

DER ARZT: Niemals am Ziel, Herr! – Leben Sie wohl!

DER UNBEKANNTE: Leben Sie wohl.

An der Straßenecke

Wie im ersten Akt.

Der Unbekannte sitzt auf der Bank unter dem Baum und zeichnet im Sand.

DIE DAME *kommt*: Was machst du?

DER UNBEKANNTE: Ich schreibe im Sand, noch immer.

DIE DAME: Hörst du keine Lieder?

DER UNBEKANNTE *zeigt zur Kirche*: Doch, aber von dort drinnen! – Ich habe jemandem unrecht getan, ohne es zu wissen!

DIE DAME: Ich dachte, die Wanderung sei ihrem Ende nahe, als wir hierher zurückkamen ...

DER UNBEKANNTE: Wo wir begonnen haben ..., auf der Straße, zwischen der Gastwirtschaft, der Kirche und – dem Postamt. Das Postamt! POST ... Hör mal, habe ich nicht einen Einschreibebrief dort liegenlassen? ...

DIE DAME: Ja, und weil er nur Widerwärtiges enthielt ...

DER UNBEKANNTE: Oder Rechtssachen. *Schlägt sich vor die Stirn.* Das ist es!

DIE DAME: Geh hinein und glaube, daß es ein guter Brief ist.

DER UNBEKANNTE *ironisch*: Ein guter?

DIE DAME: Glaub es! Bilde es dir ein!

DER UNBEKANNTE *geht ins Postamt hinein*: Ich will's versuchen!

Die Dame wartet auf dem Bürgersteig. Der Unbekannte kommt mit einem Brief von der Post zurück.

DIE DAME: Nun?

DER UNBEKANNTE: Ich schäme mich! – Es war das Geld!

DIE DAME: Siehst du! – Und alle diese Sorgen, alle diese Tränen – umsonst ...

DER UNBEKANNTE: Nicht umsonst! – Es sieht böse aus, dieses Spiel, ist es aber wohl nicht! Es war der Unsichtbare, dem ich unrecht getan habe, als ich verkannte ...

DIE DAME: Still! Nicht so! Nicht beschuldigen!

DER UNBEKANNTE: Nein! Es war meine eigene Dummheit – oder Bosheit ... Ich wollte kein Narr des Lebens sein, und deshalb wurde ich es! – Aber die Elfen ...

DIE DAME: ... haben den Tausch gemacht! – Komm, gehen wir.

DER UNBEKANNTE: Ja, gehen wir, verbergen wir uns in den Bergen mit unserem Elend ...

DIE DAME: Ja! Die Berge verbergen! – Doch erst muß ich hineingehen und ein Licht anzünden für meine gute heilige Elisabeth ... *Der Unbekannte schüttelt ablehnend den Kopf.* Komm!

DER UNBEKANNTE: Nun ja, ich kann ja immer hindurchgehen, aber bleiben werde ich nicht!

DIE DAME: Das weißt du nicht! – Komm! – Dort drinnen wirst du neue Lieder hören!

DER UNBEKANNTE *folgt ihr zur Kirchentür*: Vielleicht!

DIE DAME: Komm!

Zweiter Teil

PERSONEN	Der Unbekannte	
	Die Dame	
	Die Mutter	
	Der Vater	
	Der Konfessor	
	Der Bettler	*dieselbe Person*
	Der Dominikaner	
	Der Arzt	
	Cäsar	
	u. a.	

ERSTER AKT

Vor dem Hause

Rechts eine Terrasse, auf der das Wohnhaus liegt. Unten verläuft die Landstraße zum Hintergrund, der einen dichten Nadelwald mit Höhen zeigt, deren Linien sich schneiden. Links ist das Ufer eines Flusses angedeutet, ohne daß der Fluß zu sehen ist.
Das Wohnhaus ist weiß, hat kleine Fenster, die von Sandsteinrahmen eingefaßt und mit Gittern versehen sind. Die Wand ist mit Weinranken und Kletterrosen bewachsen. Davor, oben auf der Terrasse, ein Brunnen; am Rand der Terrasse Kürbispflanzen, deren große gelbe Blüten überhängen. An der Landstraße Obstbäume und ein Gedenkkreuz, das an ein Unglück erinnert.
Von der Terrasse führt eine Treppe zur Landstraße hinunter, Blumentöpfe auf der Balustrade, unterhalb der Treppe eine Bank.
Die Landstraße kommt vom Vordergrund rechts, schlängelt sich an der Terrasse vorbei, die wie eine Landzunge hervorragt, und verläuft sodann in den Hintergrund.
Voller Sonnenschein von links.
Die Mutter sitzt auf der Bank unterhalb der Treppe. Der Dominikaner steht vor ihr.

DER DOMINIKANER, *dieselbe Person wie der Konfessor und der Bettler*: Sie haben mich wegen einer für Sie wichtigen Familienangelegenheit rufen lassen. Sprechen Sie, meine Tochter!

DIE MUTTER: Herr Konfessor, ich bin eine vom Leben hart geprüfte Frau und weiß nicht, wo ich gefehlt habe, daß ich von der Ungnade der Vorsehung so getroffen wurde.

DER DOMINIKANER: Es ist eine Gnade, Gegenstand der Prüfung des Ewigen zu werden, und der Triumph erwartet den Sieger!

DIE MUTTER: Das habe ich mir mitunter auch gesagt, doch es gibt Grenzen für das Leiden ...

DER DOMINIKANER: Es gibt keine Grenzen! Das Leiden ist grenzenlos, wie die Gnade!

DIE MUTTER: Erst verläßt mich mein Mann und geht mit einer anderen Frau fort.

DER DOMINIKANER: Lassen Sie ihn gehen, er wird wiederkommen, auf seinen bloßen Knien!

DIE MUTTER: Dann – daß meine einzige Tochter mit einem Arzt verheiratet war, wissen Sie, Herr Konfessor. Diesen Mann verläßt sie und kommt mit einem Fremden hierher, den sie als ihren neuen Mann vorstellt.

DER DOMINIKANER: Das verstehe ich nicht, Scheidung ist in unserer Kirche nicht zugelassen.

DIE MUTTER: Nein, doch sie fuhren über die Grenze, wo andere Gesetze gelten, und er, ein Altkatholik, fand einen Geistlichen, der sie traute.

DER DOMINIKANER: Das ist keine rechtmäßige Ehe, und sie kann nicht aufgelöst werden, weil sie nie existiert hat, doch sie kann für ungültig erklärt werden. – Wer ist Ihr jetziger Schwiegersohn?

DIE MUTTER: Offen gesagt – wenn ich das wüßte! Eins weiß ich, und das genügt, um das Elend vollzumachen: er ist ein geschiedener Mann; Frau und Kinder leben – halb in Not.

DER DOMINIKANER: Ein schwieriger Fall, aber wir werden auch ihn klären. Was macht er sonst?

DIE MUTTER: Er ist Dichter und soll in seinem Heimatort berühmt sein ...

DER DOMINIKANER: Und gottlos, natürlich?

DIE MUTTER: Ja, zumindest war er es. Doch seit der zweiten Hochzeit hat er keinen frohen Tag mehr gehabt. Das Schicksal, wie er es nannte, ergriff ihn mit harter Hand, und von der eisernen Rute wurde er hierher getrieben wie ein heruntergekommener Bettler. Schlag auf Schlag traf ihn das Unglück, so daß ich Mitleid empfand, gerade zu der Zeit, als er von hier floh. Er irrte durch die Wälder, und draußen auf dem Feld stürzte er schließlich. Barmherzige Menschen hoben ihn auf und brachten ihn in ein Asyl, wo er drei Monate krank lag, ohne daß wir wußten, wo er war!

DER DOMINIKANER: Warten Sie! Im vergangenen Jahr wurde ein Mann unter Umständen, wie Sie sie geschildert haben, im Kloster „Die gute Hilfe“ aufgenommen, wo ich Konfessor bin. Als er im Fieber lag, öffnete er mir sein Herz, und es gab kaum ein Verbrechen, das er nicht auf sich nahm. Nachdem er wieder zur Besinnung gekommen war, konnte er sich an nichts erinnern, so behauptete er. Um ihn auf Herz und Nieren zu prüfen, bediente ich mich der geheimen apostolischen Macht, die uns verliehen ist, und sprach versuchsweise den kleinen Bann aus. Wenn nämlich ein geheimes Verbrechen begangen worden ist, wird der Fluch des Deuteronomion über den Verdächtigen gesprochen. Ist er unschuldig, geht er unbeschadet aus der Sache hervor, doch wird er getroffen, dann geschieht, wie Paulus sagt, daß sein Fleisch der Plage des Satans ausgesetzt wird, damit sich seine Seele bessere und gerettet werde.

DIE MUTTER: O Gott, das ist er!

DER DOMINIKANER: Es ist derselbe, Ihr Schwiegersohn! Wunderlich sind die Wege der Vorsehung. – Doch wurde er gründlich getroffen?

DIE MUTTER: Ja, und dann ... Er schlief hier in der Nacht, wurde jedoch von einer unerklärlichen Kraft aus dem Schlaf gerissen, die sein Herz zu Eis erstarren ließ, sagte er ...

DER DOMINIKANER: Und dann bekam er Schreckensvisionen?

DIE MUTTER: Ja!

DER DOMINIKANER: Und wurde von Angstgedanken gejagt, von denen Hiob spricht: „Wenn ich dachte, mein Bett soll mich trösten, mein Lager soll mir meinen Jammer erleichtern, so erschrecktest du mich mit Träumen und machtest mir Grauen durch Gesichte, daß ich mir wünschte, erwürgt zu sein, und den Tod lieber hätte als meine Schmerzen.“ Dies ist alles so, wie es sein muß! Doch gingen ihm die Augen auf?

DIE MUTTER: Ja, jedoch nur, um geblendet zu werden. Denn als sich die Unglücksfälle häuften und er sie nicht länger auf natürlichem Wege zu erklären vermochte und da kein Arzt ihn heilen konnte, begann er zu begreifen, daß er gegen höhere bewußte Mächte kämpfte ...

DER DOMINIKANER: Die ihm etwas Böses wollten und deshalb böse waren. So ist der gewöhnliche Gang der Dinge ... Und dann?

DIE MUTTER: Dann bekam er einige Bücher in die Hand, die ihn lehrten, daß diese Mächte bekämpft werden könnten.

DER DOMINIKANER: So, so, er schaut also in das Verborgene, das verborgen sein soll! Nun, ist es ihm gelungen, die Strafgeister zu beschwören?

DIE MUTTER: Er behauptet es, und wie es scheint, hat er die Nachtruhe wiedergefunden.

DER DOMINIKANER: Ja, er glaubt es. Doch sehen Sie, Frau, weil er die Liebe zur Wahrheit nicht annahm, wird Gott ihm einen kräftigen Irrwahn senden, so daß er der Lüge glauben wird.

DIE MUTTER: Mag er die Folgen auf sich nehmen, doch er hat auch den Sinn meiner Tochter geändert! Zwar war sie zuvor weder Fisch noch Fleisch, doch jetzt ist sie auf dem Wege, böse zu werden!

DER DOMINIKANER: Wie leben die Eheleute zusammen?

DIE MUTTER: Den halben Tag wie Engel, und die andere Hälfte peinigen sie sich wie Teufel.

DER DOMINIKANER: Das ist der Weg, sie werden sich bis zum Kreuze hin plagen.

DIE MUTTER: Wenn sie nicht auseinandergehen.

DER DOMINIKANER: Schon!

DIE MUTTER: Sie sind jeder schon viermal fortgereist, doch sie sind zurückgekommen. Es scheint, als seien sie aneinandergekettet; und gut wäre es, denn ein Kind ist unterwegs.

DER DOMINIKANER: Dann lassen Sie das Kind kommen. Die Kleinen pflegen etwas mitzubringen, das dumpfe Seelen erfrischt!

DIE MUTTER: Wenn es so wäre! Doch hier scheint ein neuer Zankapfel zu wachsen. Sie streiten sich schon um den Namen des Kindes; sie streiten sich um seine Taufe; und die Mutter ist bereits eifersüchtig auf die Kinder aus der ersten Ehe des Mannes, und er kann nicht versprechen, dieses Kind ebenso zu lieben wie die ersten, und die Mutter will unbedingt, er soll das versprechen. Dieses Höllenleben hat kein Ende!

DER DOMINIKANER: O doch! Warten Sie nur! Hat er sich erst einmal mit den Mächten eingelassen, dann haben wir ihn, und unsere Gebete, Frau, sind stärker als sein Widerstand. Sie wirken ebenso außerordentlich wie geheimnisvoll!

Der Unbekannte erscheint oben auf der Terrasse. Er trägt einen Jägermantel und einen englisch-indischen Sommerhut. In der Hand hält er einen Bergstock.

DER DOMINIKANER: Ist er es, dort oben?

DIE MUTTER: Das ist mein jetziger Schwiegersohn.

DER DOMINIKANER: Erstaunlich ähnlich dem ersten! – Doch sehen Sie jetzt, wie er sich benimmt ... Er hat mich noch nicht bemerkt, aber er fühlt meine Nähe. *Er schlägt das Zeichen des Kreuzes.* Sehen Sie, wie unruhig er wird ... Und jetzt wird er starr wie ein Eiszapfen, so! Jetzt wird er gleich schreien.

DER UNBEKANNTE *ist plötzlich wie versteinert stehengeblieben, greift sich ans Herz und ruft*: Wer ist dort unten?

DIE MUTTER: Ich bin es!

DER UNBEKANNTE: Aber du bist nicht allein!

DIE MUTTER: Nein! Ich habe Gesellschaft!

DER DOMINIKANER *schlägt das Kreuz*: Jetzt wird er still werden und wie ein abgehauener Baum zu Boden fallen!

Der Unbekannte sinkt in sich zusammen und fällt zu Boden.

DER DOMINIKANER: Jetzt gehe ich, denn wenn er mich sähe, würde er bersten. Doch ich komme bald wieder. Sie sehen, er ist in guten Händen! Leben Sie wohl und Friede mit Ihnen! *Geht.*

DER UNBEKANNTE *erhebt sich und steigt die Treppe hinunter*: Wer war hier?

DIE MUTTER: Ein Wanderer! Setz dich doch, du siehst so blaß aus.

DER UNBEKANNTE: Das war ein Schwindelanfall ...

DIE MUTTER: Du findest immer wieder neue Namen, sagst deshalb aber nicht mehr. Setz dich hier auf die Bank!

DER UNBEKANNTE: Nein, ich mag dort nicht sitzen. Ständig kommen hier Leute vorbei.

DIE MUTTER: Hier habe ich gesessen seit meiner Kindheit und das Leben vorbeifließen sehen wie den Fluß da unten. Hier sah ich auf der Landstraße Menschen wandern, spielend, schachernd, bettelnd, fluchend, tanzend. Ich liebe diese Bank, und ich liebe den Fluß, obwohl er uns jedes Jahr Schaden zufügt und an unserem Erbgut nagt. Im letzten Frühjahr hat er alle Wiesen fortgeschwemmt, so daß wir das Vieh verkaufen mußten. Das Anwesen hat in den letzten Jahren die Hälfte seines Wertes verloren, und wenn jetzt die Absenkung des Sees oben in den Bergen abgeschlossen ist und das Moor in den Fluß abgelassen wird, wird er ansteigen und das Haus mit sich fortnehmen. Zehn Jahre haben wir prozessiert, in allen Instanzen verloren, und wir müssen untergehen: das ist unabwendbar wie das Schicksal.

DER UNBEKANNTE: Das Schicksal ist nicht unabwendbar!

DIE MUTTER: Hüte dich, wenn du glaubst, es bekämpfen zu können!

DER UNBEKANNTE: Das ist bereits geschehen!

DIE MUTTER: Wehe, wehe, bist du schon wieder dort! Du lernst nichts aus der Züchtigung der Vorsehung.

DER UNBEKANNTE: Doch, zu hassen. Kann man das Böse, das, was Böses tut, lieben?

DIE MUTTER: Ich bin sehr ungelehrt, wie du weißt, doch gestern las ich in einem Lexikon, daß Eumeniden die Wohlgesinnten bedeutet!

DER UNBEKANNTE: Das ist richtig; doch es ist eine Lüge, daß sie wohlwollend sind. Ich kenne nur eine wohlgesinnte Furie, und das ist meine!

DIE MUTTER: Nennst du Ingeborg eine Furie?

DER UNBEKANNTE: Ja, denn sie ist eine, und als solche ist sie groß. Ihre Erfindungsgabe, mich zu peinigen, übertrifft meine infernalsten Gedanken. Und sollte ich lebend ihren Händen entkommen, dann komme ich so rein wie Gold aus dem Feuer.

DIE MUTTER: Du hast bekommen, was du verdienst. Du wolltest

sie nach deinem Sinn umgestalten, hast du gesagt, und das ist dir geglückt!

DER UNBEKANNTE: Vollkommen! – Doch wo ist meine Furie?

DIE MUTTER: Sie ging vor einer Weile auf die Landstraße hinaus.

DER UNBEKANNTE: Nach dort? – Dann gehe ich meinem Untergang entgegen! *Geht in den Hintergrund.*

DIE MUTTER: Du kannst noch scherzen? Warte nur!

Die Mutter ist einen Augenblick allein, bis der Unbekannte verschwunden ist. Dann kommt die Dame von rechts. Sie ist sommerlich gekleidet und trägt die Posttasche sowie geöffnete Briefe in der Hand.

DIE DAME: Bist du allein, Mutter?

DIE MUTTER: Ja, seit kurzem!

DIE DAME: Hier ist die Post, und der ist an Hiob!

DIE MUTTER: Öffnest du seine Briefe?

DIE DAME: Ich öffne alle seine Briefe, denn ich will wissen, mit wem ich mein Schicksal vereinigt habe, und ich unterschlage alle Mitteilungen, die seinen Hochmut aufblasen könnten. Mit einem Wort: ich isoliere ihn, so daß er die elektrische Spannung behalten muß, auf die Gefahr hin, daß er zerspringt.

DIE MUTTER: Wie gelehrt du geworden bist!

DIE DAME: Ja, wenn er so unklug ist und mir nahezu alles anvertraut, so habe ich sein Schicksal bald in der Hand! Stell dir vor, er beschäftigt sich jetzt mit der Elektrizität und behauptet, er wolle das Gewitter zähmen, so daß es ihm Licht, Wärme und Triebkraft gibt. Das geht noch, aber heute sehe ich aus einem Brief, daß er mit Goldmachern korrespondiert.

DIE MUTTER: Will er jetzt Gold machen? Ist dieser Mann noch bei Sinnen?

DIE DAME: Das ist die große Frage; die kleinere, ob er ein Scharlatan ist.

DIE MUTTER: Hast du ihn in Verdacht?

DIE DAME: Ich traue dieser Person alles Böse zu, und alles Gute, am selben Tag.

DIE MUTTER: Noch etwas Neues?

DIE DAME: Ja, mein geschiedener Mann, dessen neue Heiratspläne sich zerschlagen haben, ist ins Grübeln verfallen, hat seine Praxis verlassen und treibt sich auf den Landstraßen herum.

DIE MUTTER: Wehe, wehe! – Er war doch mein Schwiegersohn, und unter einem rauhen Äußeren verbarg sich ein gutes Herz.

DIE DAME: Ja, so war es. Und der Name Werwolf, den ich ihm gab, betraf ihn nur in seiner Eigenschaft als mein Herr und Mann! Solange ich wußte, er ist ruhig und auf dem Wege, sich zu trösten, hatte ich Frieden. Jetzt wird er spuken wie das schlechte Gewissen.

DIE MUTTER: Du hast ein Gewissen?

DIE DAME: Früher hatte ich keins, doch seitdem ich die Schriften meines Mannes gelesen habe und mir die Augen aufgegangen sind, kann ich den Unterschied zwischen gut und böse erkennen!

DIE MUTTER: Er hatte dir verboten, seine Bücher zu lesen, und die Folgen deines Ungehorsams hatte er nicht bedacht.

DIE DAME: Wer kann schon alle Folgen einer Handlung bedenken?

DIE MUTTER: Hast du noch mehr Böses in der Büchse, Pandora?

DIE DAME: Das Schlimmste! Oh! – Kannst du dir vorstellen, Mutter, daß seine geschiedene Frau im Begriff ist, sich wieder zu verheiraten?

DIE MUTTER: Aber das dürfte doch ihn und auch dich beruhigen?

DIE DAME: Oh, weißt du nicht, daß sein schlimmster Traum ist, daß sich seine Frau wieder verheiratet und damit seine Kinder einen Stiefvater bekommen?

DIE MUTTER: Kann er das tragen, allein, dann muß ich mich über ihn wundern!

DIE DAME: Meinst du, er ist so empfindlich? Sagt er nicht selbst, daß ein gebildeter Gentleman Ende des neunzehnten Jahrhunderts sich nie verblüffen läßt!

DIE MUTTER: Man sagt so viel, aber wenn's ernst wird ...

DIE DAME: Doch auf dem Boden von Pandoras Büchse lag ein Geschenk, das kein Unglück ist! Sieh her, Mutter! Das ist das Porträt seines sechsjährigen Sohnes.

DIE MUTTER *betrachtet das Bild*: Ein Engelskind!

DIE DAME: Das ist so schön als Bild und Ausdruck, daß man sich gut fühlt, wenn man es betrachtet! – Glaubst du, daß mein Kind auch so schön wird! Sag, glaubst du es? – Antworte ja, sonst werde ich unglücklich! Ich liebe diese kleine Person schon, aber ich fühle, ich könnte ihn hassen, wenn mein Kind nicht ebensoschön wird! Ich bin schon eifersüchtig!

DIE MUTTER: Ich hatte gehofft, als ihr von eurer unglücklichen Hochzeitsreise hierherkamt, daß der Sturm vorbei sei. Doch jetzt sehe ich, daß das erst der Anfang war für das, was kommen wird.

DIE DAME: Nun bin auch ich auf alles gefaßt. Und ich glaube nicht, daß dieses Knäuel entwirrt werden kann, der Faden muß abgeschnitten werden.

DIE MUTTER: Doch du machst dir nur noch mehr Schwierigkeiten, wenn du seine Post unterschlägst ...

DIE DAME: Früher, als ich wie ein Schlafwandler durch mein Leben ging, konnte ich alles klären, wenn ich es nur anblies. Doch seitdem er meine Gedanken geweckt hat, gerate ich ins Schwanken. *Sie steckt die Briefe in die Tasche.* Da kommt er! Still jetzt!

DIE MUTTER: Noch eins! Weshalb läßt du ihn im Sommeranzug deines früheren Mannes herumspuken?

DIE DAME: Es macht mir Spaß, ihn zu plagen und zu erniedrigen. Ich habe ihm eingeredet, der Anzug kleide ihn und habe Vater gehört. – Wenn ich ihn jetzt im Anzug des Werwolfs sehe, glaube ich beide in meinen Klauen zu haben.

DIE MUTTER: Gott bewahre uns, wie boshaft du geworden bist!

DIE DAME: Vielleicht ist das meine Aufgabe, falls ich nämlich eine Aufgabe im Leben dieses Mannes habe!

DIE MUTTER: Manchmal wünsche ich, der Fluß möge ansteigen und uns alle nachts im Schlaf fortnehmen. Und wenn er dann tausend Jahre spülte und wüsche, vielleicht könnte so die Sünde, auf der dieses Haus gebaut ist, fortgespült werden.

DIE DAME: Es ist also wahr, daß mein Großvater, der Notar, fremdes Gut auf unrechtem Wege an sich gerissen hat? Man sagt, dieser Hof sei zustande gekommen aus dem Erbe von Witwen und Waisen, aus Pfändungen von Ruinierten, aus dem Nachlaß von Verstorbenen, aus den Bestechungen streitender Parteien ...

DIE MUTTER: Sprich nicht weiter davon. Die Tränen der Überlebenden haben sich zu einem See gesammelt, und dieser soll, wie die Leute sagen, jetzt abgelassen werden, was dazu führen wird, daß der Fluß uns fortspült.

DIE DAME: Kann man das nicht auf gesetzlichem Wege verhindern! Gibt es keine Gerechtigkeit auf Erden mehr?

DIE MUTTER: Nicht auf Erden, aber im Himmel, und er wird uns nun ertränken, die Kinder der Missetäter. *Geht die Treppe hinauf.*

DIE DAME: Es ist also nicht genug mit den eigenen Tränen, man erbt auch die Tränen anderer.

DER UNBEKANNTE *kommt*: Hast du mich gerufen?

DIE DAME: Nein, ich lockte nur, ohne direkt nach dir zu verlangen.

DER UNBEKANNTE: Ich spürte, daß du dich mit meinem Schicksal auf eine für mich unbehagliche Weise beschäftigtest. Du hast meine Künste schnell gelernt.

DIE DAME: Und noch vieles dazu.

DER UNBEKANNTE: Aber ich bitte dich, rühre nicht an mein Schicksal mit plumpen Händen. Sieh, ich bin Kain und stehe unter dem Fluch der Mächte, doch die Mächte gestatten es keinem Sterblichen, in ihr Rachewerk einzugreifen. Siehst du, ich bin gezeichnet! *Lüftet den Hut.* Dieses Zeichen bedeutet: Mein ist die Rache, spricht der Herr.

DIE DAME: Drückt dich der Hut?

DER UNBEKANNTE: Nein, aber er brennt! Der Mantel auch! Und wäre es nicht dir zu Gefallen, hätte ich alles in den Fluß geworfen. – Weißt du, wenn ich durch die Gegend wandere, nennen mich die Leute Herr Doktor. Sie meinen sicher deinen Mann, den Werwolf. Und Pech habe ich. Frage ich, wer diesen Baum gepflanzt hat, so antwortet man: Der Herr Doktor. Frage ich, wem der grüne Fischkasten gehört, so antwortet man: Dem Herrn Doktor. Und wenn es nicht der Herr Doktor ist, dann ist es die Frau Doktor. Das bist du! Diese Vermischung meiner Person mit einer anderen macht mir den Aufenthalt hier unerträglich. Und ich möchte fort ...

DIE DAME: Hast du nicht sechsmal versucht, diesen Ort zu verlassen, ohne daß es dir gelungen ist?

DER UNBEKANNTE: Ja, doch beim siebenten Mal wird es gelingen!

DIE DAME: Versuch es!

DER UNBEKANNTE: Du sagst das in einem Ton, als wärst du sicher, es wird mißlingen.

DIE DAME: Ich bin sicher!

DER UNBEKANNTE: Quäle mich auf eine andere Art, liebe Furie.

DIE DAME: Das kann ich auch! ...

DER UNBEKANNTE: Auf eine neue Art. Versuch, etwas Böses zu sagen, was „die andere“ noch nicht gesagt hat.

DIE DAME: „Die andere“ – das ist deine Frau! Es ist geschmackvoll, mich an die andere zu erinnern ...

DER UNBEKANNTE: Alles, was lebt und sich bewegt, alles, was tot ist und erstarrt, erinnert an das Vergangene ...

DIE DAME: Bis der kommt, der die dunkle Vergangenheit auslöschen und Licht mit sich bringen wird.

DER UNBEKANNTE: Du meinst dein Kind, das wir erwarten!

DIE DAME: Unser Kind!

DER UNBEKANNTE: Liebst du es?

DIE DAME: Heute habe ich begonnen, es zu lieben!

DER UNBEKANNTE: Heute? Was ist denn geschehen? Vor fünf Monaten wolltest du zum Rechtsanwalt, um dich von mir scheiden zu lassen, weil ich nicht mit dir zu einem Kurpfuscher gehen wollte, um das Ungeborene töten zu lassen.

DIE DAME: Das war damals! Jetzt ist es anders!

DER UNBEKANNTE: Jetzt? *Sieht sich um, gleichsam witternd.* Jetzt? – Ist die Post gekommen?

DIE DAME: Noch bist du listiger als ich, doch bald wird der Lehrling den Meister übertreffen.

DER UNBEKANNTE: Waren Briefe für mich dabei?

DIE DAME: Nein!

DER UNBEKANNTE: Gib mir dann die Drucksache!

DIE DAME: Wie hast du das hören können?

DER UNBEKANNTE: Gib mir also die Drucksache, wenn dein Gewissen einen feinen Unterschied zwischen Brief und Drucksache macht.

DIE DAME *holt die Posttasche hervor, die sie hinter der Bank versteckt hatte*: Sieh hier!

Der Unbekannte nimmt die Fotografie, betrachtet sie genau und steckt sie in die Brusttasche.

DIE DAME: Was war das?

DER UNBEKANNTE: Das Vergangene!

DIE DAME: War es schön?

DER UNBEKANNTE: Ja, so schön wie das Kommende nie werden kann.

DIE DAME *wird finster*: Das hättest du nicht sagen sollen!

DER UNBEKANNTE: Nein, das gebe ich zu, und es tut mir auch schon leid ...

DIE DAME: Kannst du leiden?

DER UNBEKANNTE: Jetzt doppelt, denn ich fühle, wenn du leidest. Und wenn ich dich in meiner Selbstverteidigung verletze, so bin ich es, der das Wundfieber bekommt.

DIE DAME: Das heißt, du bist mir gegenüber waffenlos?

DER UNBEKANNTE: Ja, und jetzt noch mehr, wo du durch das unschuldige Wesen geschützt bist, das du unter deinem Herzen trägst.

DIE DAME: Es wird mein Rächer werden.

DER UNBEKANNTE: Oder meiner!

DIE DAME *mit tränenerfüllter Stimme*: Armes Geschöpf, geboren in Sünde und Schande, geboren zur Rache, durch Haß.

DER UNBEKANNTE: Es ist lange her, daß ich diesen Tonfall in deiner Stimme gehört habe.

DIE DAME: O ja!

DER UNBEKANNTE: Es war diese Stimme, die mich einst gefangengenommen hat, weil sie der Stimme einer Mutter glich, die mit ihrem Kind spricht!

DIE DAME: Wenn du das Wort Mutter aussprichst, fühle ich mich imstande, dir nur Gutes zuzutrauen. Doch im nächsten Augenblick denke ich, das ist nur eine neue Art, mich zu täuschen.

DER UNBEKANNTE: Was habe ich dir eigentlich Böses getan? *Die Dame ist unschlüssig.* Sag, was habe ich dir Böses getan?

DIE DAME: Ich weiß es nicht.

DER UNBEKANNTE: Erfinde etwas! Sag: Ich hasse dich, weil ich dich nicht täuschen kann.

DIE DAME: Das kann ich nicht? Es ist schade um dich!

DER UNBEKANNTE: Dann hast du Gift in der Tasche deines Kleides!

DIE DAME: Ja, das habe ich!

DER UNBEKANNTE: Was kann das sein? – Wer kommt dort hinten auf der Landstraße?

DIE DAME: Das ist der Vorbote!

DER UNBEKANNTE: Ist das ein richtiger Mensch oder ein Gespenst!

DIE DAME: Aus der Vergangenheit!

DER UNBEKANNTE: Er ist im Frack und trägt einen Lorbeerkranz; aber er ist barfuß.

DIE DAME: Es ist Cäsar.

DER UNBEKANNTE *verwirrt*: Cäsar? Das war ja mein Spitzname in der Schule.

DIE DAME: Ja, aber es ist auch der Spitzname dieses Irren, der bei meinem – früheren Mann in Pension war; verzeih diesen Ausdruck.

DER UNBEKANNTE: Ist der Irre ausgebrochen?

DIE DAME: Es sieht so aus!

CÄSAR *kommt vom Hintergrund her, im Frack, ohne Hemdkragen, auf dem Kopf einen Lorbeerkranz; barfuß, im übri-*

gen bizarr: Warum grüßt du nicht! – Du mußt sagen: Ave Caesar! Denn jetzt bin ich der Herr! Der Werwolf hat nämlich den Verstand verloren, als der Große mit seiner Frau losgezogen ist, die er selbst ihrem ersten Geliebten, oder ihrem Verlobten, oder wie man ihn nennen will, weggeschnappt hatte.

DER UNBEKANNTE *zur Dame*: Das ist Strychnin für zwei Erwachsene! *Zu Cäsar*: Wo ist denn dein Herr, oder Sklave, oder Irrenarzt, oder Gefangenenwärter?

CÄSAR: Er kommt gleich nach. Aber hab keine Angst vor ihm, er hantiert weder mit Gift noch mit dem Messer. Er braucht sich jedoch nur zu zeigen, schon flieht alles Lebende vor ihm; die Bäume verlieren ihr Laub, und der Staub der Landstraße zieht in einem Wirbel vor ihm her wie die Staubsäule vor den Kindern Israels ...

DER UNBEKANNTE: Hör mal ...

CÄSAR: Ruhe, wenn ich rede ... Und manchmal glaubt er, der Werwolf zu sein, und behauptet, daß er ein kleines Kind verschlingen will, das noch nicht geboren ist und eigentlich sein ist, mit dem Recht des Ersten ... *Geht weiter.*

DIE DAME *zum Unbekannten*: Kannst du diesen Dämon beschwören?

DER UNBEKANNTE: Über Teufel, die das Sonnenlicht vertragen, habe ich keine Gewalt!

DIE DAME: Du hast heute morgen ein großes Wort ausgesprochen, und jetzt bekommst du es zurück. Du sagtest, Unsichtbare, die durch die Nacht schleichen und sich im Dunkeln schlagen, das ist illoyal. Doch kommt am Tage, wenn die Sonne scheint! – Jetzt sind sie gekommen!

DER UNBEKANNTE: Und darüber freust du dich?

DIE DAME: Ja, fast!

DER UNBEKANNTE: Wie schade, daß ich mich nicht freuen kann, wenn du deine Schläge bekommst! – Wir wollen uns hier auf die Bank setzen, auf die Anklagebank – es kommen gewiß noch mehr!

DIE DAME: Laß uns lieber gehen!

DER UNBEKANNTE: Nein, ich will sehen, wieviel ich ertrage. Und übrigens, bei jedem Peitschenhieb spüre ich, wie ein Schuldposten von meiner schwarzen Liste gestrichen wird.

DIE DAME: Aber ich kann nicht mehr. Sieh, dort kommt er selbst! – O Gott! Dieser Mann, den ich einmal zu lieben glaubte.

DER UNBEKANNTE: Glaubte? Ja, denn es ist nur Blendwerk alles zusammen, doch nicht nur! Geh jetzt! Ich sehe es als eine Pflicht an, ihm allein zu begegnen!

Die Dame geht die Treppe hinauf, gelangt jedoch nicht früher nach oben, als bis der Arzt vom Hintergrund her erscheint. Der Arzt mit langem, grauem, herabhängendem Haar, mit einem englisch-indischen Hut und einem Jägermantel bekleidet. Seine Kleidung gleicht der des Unbekannten. Der Arzt tut so, als bemerkte er den Unbekannten nicht; setzt sich auf einen Stein auf der anderen Seite der Landstraße, gegenüber der Bank, auf der der Unbekannte sitzt, nimmt den Hut ab und wischt sich den Schweiß von der Stirn.

DER UNBEKANNTE, *der ungeduldig geworden ist*: Was wünschen Sie?

DER ARZT: Ich wünsche nur, dieses Haus zu sehen, wo einmal mein Glück wohnte, wo m e i n e Rosen blühten ...

DER UNBEKANNTE: Ein aufgeklärter Gentleman würde für diesen Zweck einen Augenblick wählen, wo die gegenwärtigen Bewohner des Hauses sich auf einer kleinen Reise befinden, zum Beispiel, und das müßte er auch seinetwegen tun, um sich nicht lächerlich zu machen.

DER ARZT: Lächerlich? Ich überlege, wer von uns beiden am lächerlichsten ist.

DER UNBEKANNTE: Im Augenblick bin ich es wohl.

DER ARZT: Ja, aber ich glaube, Ihnen ist Ihre Kläglichkeit nicht in vollem Maße bewußt.

DER UNBEKANNTE: Was bedeutet das?

DER ARZT: Das bedeutet, Sie wollen besitzen, was ich besessen habe.

DER UNBEKANNTE: Fahren Sie nur fort!

DER ARZT: Haben Sie bemerkt, daß wir gleich gekleidet sind? –

Gut! Wissen Sie, woher das kommt? – Ja, weil Sie meine Sachen tragen, die ich bei der Katastrophe abzuholen vergaß. Solchem, sehen Sie, sollte sich ein aufgeklärter Gentleman vom Ende des neunzehnten Jahrhunderts nicht aussetzen.

DER UNBEKANNTE *wirft Hut und Mantel von sich*: Verfluchtes Weib!

DER ARZT: Nichts für ungut! Abgelegte Männerkleider sind immer fatal gewesen seit dem bekannten Nessusgewand. Gehen Sie jetzt hinein und ziehen Sie sich um, ich werde hier sitzen und zusehen, und ich werde zuhören, wie Sie diese Angelegenheit unter vier Augen mit dem verdammten Weib klären. – Vergessen Sie den Stock nicht!

Die Dame ist zum Haus hinaufgeeilt, fällt jedoch vor der Treppe hin. Der Unbekannte steht verlegen da.

DER ARZT: Den Stock! Den Stock!

DER UNBEKANNTE: Nicht wegen des Weibes, sondern wegen des Kindes bitte ich um Gnade!

DER ARZT *wild*: Ach, ein Kind also auch! Unser Haus, unsere Rosen, unsere Sachen, das Bettzeug auch, und unser Kind. Ich bin in eurem Haus, ich sitze an eurem Tisch, liege in eurem Bett; ich bin in eurem Blut, in euren Lungen, in eurem Gehirn; ich bin überall, und ihr könnt mir nicht beikommen. Wenn die Uhr Mitternacht schlägt, werde ich meinen kalten Atem auf dein Herz blasen, so daß es wie ein abgelaufenes Uhrwerk stehenbleiben wird. Wenn du bei deiner Arbeit sitzt, werde ich kommen mit einer Mohnblume, die du nicht sehen kannst, und sie wird deine Gedanken einschläfern, deinen Verstand verwirren, so daß du Gesichte bekommst, die du von der Wirklichkeit nicht unterscheiden kannst. Ich werde wie ein Stein auf deinem Weg liegen, so daß du strauchelst; ich werde der Dorn sein, der deine Hand sticht, wenn sie Rosen brechen will. Meine Seele wird sich wie ein Spinnennetz über deine ziehen, und durch die Frau, die du mir geraubt hast, werde ich dich wie einen Ochsen lenken. Dein Kind wird meins werden, und ich werde durch seinen Mund sprechen; in seinen

Augen wirst du meinen Blick erkennen, so daß du es wegstoßen wirst wie einen Feind. Und jetzt leb wohl, du kleines Haus, und leb wohl, du Rosenkammer. Dort wird kein Glück erblühen, das ich beneiden muß! *Geht.*

Der Unbekannte hat sich unterdessen auf die Bank gesetzt, wo er, ohne antworten zu können, wie ein Angeklagter zugehört hat.

ZWEITER AKT

Das Laboratorium

Ein Gartenpavillon im Rokokostil; hohe Fenster. In der Mitte des Raumes ein großer Schreibtisch mit diversen chemischen und physikalischen Apparaturen. Zwei Kupferdrähte verlaufen von der Decke zu einem Elektroskop, das mitten auf dem Tisch steht und mit kleinen Glocken versehen ist, um die Tension der Luftelektrizität anzuzeigen.
Auf einem Tisch links eine große altmodische Elektrisiermaschine mit Glasscheibe, Messingkonduktoren, Leydenbatterie; die Ständer sind rot und schwarz lackiert.
Rechts ein großer altmodischer Kamin mit Dreifüßen, Tiegeln, Zangen, Bälgen usw.
Im Hintergrund eine Tür zu einer Landschaft; es ist bewölkt und dunkel, doch hin und wieder fällt roter Sonnenschein ins Zimmer.
Ein brauner Mantel mit Pelerine und Kapuze hängt am Kamin; daneben stehen eine Reisetasche und ein Bergstock.
Der Unbekannte und die Mutter im Raum.

DER UNBEKANNTE: Wo ist – Ingeborg?

DIE MUTTER: Das weißt du besser!

DER UNBEKANNTE: Nun gut; sie ist beim Advokaten, um die Scheidung einzureichen ...

DIE MUTTER: Warum?

DER UNBEKANNTE: Darum; nein, das ist so verrückt, daß du glauben würdest, ich lüge.

DIE MUTTER: Sag es!

DER UNBEKANNTE: Ja, sie will sich scheiden lassen, weil ich es unterlassen habe, den geisteskranken Mann auszupeitschen. Sie sagt, das sei feige gewesen ...

DIE MUTTER: Das glaube ich nicht.

DER UNBEKANNTE: Siehst du! – Du glaubst nur, was dir gefällt, das andere ist Lüge. – Nun, meinst du, es sei mit deinen Interessen vereinbar, zu glauben, daß sie mir Briefe gestohlen hat?

DIE MUTTER: Davon weiß ich nichts.

DER UNBEKANNTE: Ich frage nicht, ob du das gewußt hast, sondern ob du es glaubst!

DIE MUTTER *unterbricht ihn*: Was hast du hier vor?

DER UNBEKANNTE: Das ist ein Versuch über die Elektrizität der Luft.

DIE MUTTER: Und das ist der Blitzableiter, den du zum Schreibtisch gezogen hast!

DER UNBEKANNTE: Ja, doch das ist nicht gefährlich, denn die Glocken klingeln, wenn die Luft unruhig wird.

DIE MUTTER: Das ist Lästerung und schwarze Magie! Sieh dich vor! – Und was machst du im Kamin dort?

DER UNBEKANNTE: Das ist Goldmacherei.

DIE MUTTER: Glaubst du daran?

DER UNBEKANNTE: Du gehst davon aus, daß ich ein Scharlatan bin? Das kann ich dir nicht verdenken, doch urteile nicht zu schnell; jederzeit kann ich ein beeidigtes Zeugnis über die Analyse bekommen.

DIE MUTTER: Das mag schon sein, doch was wirst du unternehmen, wenn Ingeborg nicht zurückkommt.

DER UNBEKANNTE: Noch einmal wird sie zurückkommen, doch dann, wenn das Kind da ist, löst sie sich vielleicht ...

DIE MUTTER: Du bist so sicher.

DER UNBEKANNTE: Wie ich gesagt habe, noch bin ich sicher ... Das fühlt man, solange das Band hält, aber wenn es gerissen ist, fühlt man auch das unangenehm deutlich.

DIE MUTTER: Doch wenn ihr euch getrennt habt, vielleicht seid ihr dann beide an das Kind gebunden. So was weiß man nicht im voraus.

DER UNBEKANNTE: Dagegen habe ich mir eine Garantie geschaffen durch ein großes Anliegen, das die Leere meines Lebens ausfüllen wird.

DIE MUTTER: Das Gold, meinst du, und die Ehre!

DER UNBEKANNTE: Genau das! Für einen Mann die dauerhaftesten von allen Illusionen.

DIE MUTTER: Du baust noch auf Illusionen?

DER UNBEKANNTE: Worauf sollte ich denn sonst bauen, wo alles Illusion ist?

DIE MUTTER: Wenn du einmal aus diesem Traum aufwachst, wirst du eine Wirklichkeit sehen, von der du dir nie hast träumen lassen.

DER UNBEKANNTE: Dann warte ich bis dahin.

DIE MUTTER: Warte! – Jetzt werde ich die Fenster schließen, bevor das Gewitter kommt. *Die Mutter geht in den Hintergrund.*

DER UNBEKANNTE: Das wird interessant. *In der Ferne ist ein Waldhorn zu hören.* Wer bläst dort wieder?

DIE MUTTER: Das weiß keiner, doch es verheißt nichts Gutes. *Geht.*

DER UNBEKANNTE *beschäftigt sich mit dem Elektroskop und wendet dabei den Rücken zu dem offenen Fenster, danach nimmt er ein Buch und liest laut*: „Als Adams Riesengeschlecht sich so vermehrt hatte, daß es sich für zahlreich genug hielt, einen Sturm gegen die Oberen zu wagen, begann es einen Turm zu bauen, der in den Himmel hinauf reichen sollte. Da wurden die Oberen von Furcht ergriffen, und um sich zu schützen, sprengten sie die Zusammenrottung, indem sie ihnen Zunge und Verstand verwirrten, so daß zwei Menschen, die sich trafen, einander nicht verstehen konnten, auch wenn sie dieselbe Sprache redeten. Seitdem herrschen die Oberen durch Zwietracht. Teilen und herrschen. Und die Zwietracht wird durch die Einbildung genährt, daß die Wahrheit gefunden sei; wenn aber einem von den Propheten geglaubt wird, so ist es ein Lügenprophet. Gelingt es dagegen einem Sterblichen, das Geheimnis der Oberen zu erforschen, so glaubt ihm niemand, und er wird mit Wahnsinn geschlagen, auf daß niemand ihm glauben soll. Die Sterblichen sind seitdem mehr oder weniger verrückt, und die, welche für weise gelten, am meisten, doch die Irren sind die einzigen Klugen; denn sie sehen, hören, fühlen das Unsichtbare, das Unhörbare, das Unfühlbare, können aber anderen ihre Erfahrungen niemals beibringen." – So sagt Sohar, das weiseste aller Bücher der Weisheit, dem deshalb kein Mensch glaubt. Ich werde keinen Turm zu Babel bauen, doch ich werde die Kräfte in meine Rattenfalle locken, und dann werde ich sie zu den Niederen, den Unterirdischen schicken, damit sie neutralisiert werden. Es sind die oberen Schedim, die sich zwischen die Sterblichen und den Herrn Zebaoth gestellt haben, und deshalb sind Freude, Friede und Glück von der Erde verschwunden.

DIE DAME *kommt herein, außer sich, wirft sich vor dem Unbekannten nieder, umarmt seine Füße und legt ihren Kopf auf den Fußboden*: Hilf mir! Hilf mir! Und verzeih!

DER UNBEKANNTE: Steh auf! Um Gottes willen! Steh auf! Nicht so! Was ist geschehen?

DIE DAME: Ach, ich habe töricht gehandelt in meinem Zorn, und ich sitze fest in meinem Netz!

DER UNBEKANNTE *hebt sie auf*: Steh auf, unverständiges Kind, und sage, worum es sich handelt!

DIE DAME: Ich fuhr zum Staatsanwalt und ...

DER UNBEKANNTE: ... verlangtest die Scheidung.

DIE DAME: ... ja, das hatte ich vor, doch als ich dort war, zeigte ich den Werwolf wegen Hausfriedensbruch und Mordversuch an ...

DER UNBEKANNTE: Ja, aber er hat doch nichts dergleichen getan ...

DIE DAME: Nein, aber ich habe ihn deswegen angezeigt ... Und während ich dort stehe, kommt er selbst und erhebt Klage gegen mich wegen falscher Anzeige. Da fuhr ich zum Advokaten, und er sagte, daß ich wenigstens einen Monat

Gefängnis erwarten kann ... Denk dir, mein Kind soll in einem Gefängnis geboren werden! Wie kann ich davon loskommen? Hilf mir! Du kannst mir helfen! Sprich, so sprich doch!

DER UNBEKANNTE: Ich kann dir helfen! Doch räche dich dann nicht an mir, weil ich dir geholfen habe.

DIE DAME: Wie du mich verkennst! Doch beeil dich und sprich!

DER UNBEKANNTE: Ja, wir werden die Schuld auf mich schieben und sagen, daß ich dich geschickt habe!

DIE DAME: Nein, wie gut du doch bist! – Und bin ich jetzt aus der ganzen Angelegenheit vollkommen heraus?

DER UNBEKANNTE: Trockne die Tränen, Kind, und sei unbesorgt; doch kläre mich über etwas auf, das nicht dazugehört. Hast du diese Geldbörse hierher gelegt? *Die Dame wird verlegen.* Sprich!

DIE DAME: Hat es das auch schon gegeben?

DER UNBEKANNTE: Ja, der andere wollte auf diese Weise herausbekommen, ob ich stehle. Beim vorigen Mal, als das geschah, weinte ich, weil ich noch ein Kind war.

DIE DAME: O nein!

DER UNBEKANNTE: Du bist im Augenblick wirklich der niederträchtigste Mensch, den ich kenne.

DIE DAME: Und deshalb liebst du mich?

DER UNBEKANNTE: Nein, nicht deshalb! – Du hast auch Briefe gestohlen? Antwort: ja! Und deshalb willst du mich zum Dieb machen, mit der Geldtasche.

DIE DAME: Was hast du auf dem Tisch dort?

DER UNBEKANNTE: Das ist das Gewitter. *Es blitzt, jedoch kein Donner.*

DIE DAME: Du hast Angst!

DER UNBEKANNTE: Ja, mitunter, jedoch nicht vor dem, was du fürchtest.

Das Gesicht des Arztes erscheint im Fenster, mit entstellten Zügen.

DIE DAME: Ist eine Katze im Zimmer? Ich fühle mich so unruhig.

DER UNBEKANNTE: Nein, das glaube ich nicht! Aber ich habe auch das Gefühl, daß jemand hier ist.

DIE DAME *dreht sich um und erblickt das Gesicht, schreit auf und stürzt auf den Unbekannten zu, um Schutz zu suchen*: Oh, da ist er!

DER UNBEKANNTE: Wo? Wer?

Das Gesicht des Arztes verschwindet.

DIE DAME: Dort, im Fenster! Er!

DER UNBEKANNTE: Ich sehe niemanden. Du hast dich geirrt!

DIE DAME: Nein, ich hab ihn gesehen! Den Werwolf! Kann man ihn nicht töten?

DER UNBEKANNTE: Ja, das könnte man schon, doch das hilft nicht, denn er hat eine unsterbliche Seele, die an deine gebunden ist.

DIE DAME: Wenn man das früher gewußt hätte.

DER UNBEKANNTE: Das steht gewiß im Katechismus!

DIE DAME: Laß uns dann sterben!

DER UNBEKANNTE: Das war einmal meine Religion, doch da ich jetzt nicht mehr glaube, daß der Tod das Ende ist, bleibt mir nur, auszuhalten – zu kämpfen und zu leiden!

DIE DAME: Wie lange müssen wir leiden?

DER UNBEKANNTE: Solange er leidet und unser Gewissen uns quält.

DIE DAME: Versuchen wir, uns vor dem Gewissen zu verteidigen. Laß uns Entschuldigungen für unser leichtsinniges Handeln finden. Laß uns seine Fehler suchen ...

DER UNBEKANNTE: Versuch es!

DIE DAME: Das sagst du! Seit ich weiß, daß er unglücklich ist, sehe ich nur Verdienste; du verlierst bei dem Vergleich.

DER UNBEKANNTE: Sieh, wie weise das eingerichtet ist! Und sein Leiden heiligt ihn, mich macht es jedoch verabscheuungswürdig und lächerlich. So steht man vor dem Unabänderlichen! Wir haben eine Seele ermordet, und wir sind Mörder.

DIE DAME: Wer hat die Schuld?

DER UNBEKANNTE: Der, der die Schicksale der Menschen so verkehrt lenkt.

Es blitzt; das elektrische Glockenspiel läutet.

DIE DAME: Jesus Maria! Was ist das?

DER UNBEKANNTE: Das war die richtige Antwort.

DIE DAME: Hast du den Blitzableiter im Zimmer?

DER UNBEKANNTE: Der Baalspriester will das Feuer des Blitzes vom Himmel herunterlocken ...

DIE DAME: Jetzt habe ich Angst, Angst vor dir ..., du Furchtbarer ...

DER UNBEKANNTE: Nun! Siehst du!

DIE DAME: Wer bist du, daß du es wagst, dem Himmel zu trotzen und mit Menschenschicksalen zu spielen?

DER UNBEKANNTE: Steh auf und nimm deinen Verstand zusammen! – Höre auf mich, glaube mir und bringe mir die Achtung entgegen, die ich verdiene, so werde ich dich und mich hoch über diesen Froschtümpel erheben, in den wir uns hinabbegeben haben! Ich werde auf dein krankes Gewissen hauchen, so daß es wie eine Wunde heilt. Wer ich bin? Ich bin der, der das tat, was keiner zuvor getan hat; ich bin der, der das goldene Kalb stürzen und die Wechseltische der Händler umstoßen wird; ich habe das Schicksal der Welt in meinem Tiegel, und in acht Tagen ist der Reichste der Reichen arm. Der falsche Wertmesser, das Gold, hat aufgehört zu herrschen, alle sind gleich arm, und die Menschenkinder werden irrend wie Ameisen umherkriechen, wenn der Haufen niedergetreten wurde.

DIE DAME: Was hilft uns das?

DER UNBEKANNTE: Glaubst du, ich mache Gold, um uns und die anderen zu bereichern? Nein, um die ganze Weltordnung zu vernichten, um zu zerstören, siehst du! Ich bin der Zerstörer, der Auflöser, der Weltverbrenner, und wenn alles zu Asche geworden ist, dann werde ich hungernd zwischen den Schutthaufen umherstreunen und mich bei dem Gedanken freuen:

Dies habe ich getan, ich, der das letzte Blatt in der Weltgeschichte geschrieben hat, die damit als abgeschlossen angesehen werden kann.

Das Gesicht des Dominikaners erscheint in dem offenen Fenster, ohne daß die Anwesenden es bemerken.

DIE DAME: Dies ist der eigentliche Sinn deines letzten Buches, das also keine Dichtung ist!

DER UNBEKANNTE: Ja! Aber um das tun zu können, muß ich meine Person durch die eines anderen verdoppeln, der in sich all das aufnehmen kann, was meinen Geist bindet ... So daß meine Seele ihre reine Feuerluft wiederbekommt, mit der sie in den Äther steigen, an den Mächten vorbeikommen und zum Thron gelangen kann, um die Klagen der Menschen zu Füßen des Ewigen niederzulegen ...

Der Dominikaner schlägt das Zeichen des Kreuzes und verschwindet.

DER UNBEKANNTE: Wer ist hier? Wer ist der Furchtbare, der mich verfolgt und meinen Gedanken lähmt? – Hast du jemand gesehen?

DIE DAME: Nein, niemand!

DER UNBEKANNTE: Doch ich fühle ihn. *Greift sich ans Herz.* Hörst du, hörst du, in der Ferne, weit, weit fort, betet man einen Rosenkranz, hörst du?

DIE DAME: Ja, ich höre es. Doch das ist keine Lobpreisung. Das ist der Fluch des Deuteronomion. Wehe uns!

DER UNBEKANNTE: Dann ist es im Kloster „Die gute Hilfe" ...

DIE DAME: Wehe! Wehe!

DER UNBEKANNTE: Geliebte! Was ist das!

DIE DAME: Sag noch einmal das Wort! Geliebte!

DER UNBEKANNTE: Bist du krank?

DIE DAME: Nein, doch ich leide; und ich freue mich zugleich. Geh und bitte meine Mutter, mein Bett zu bereiten! Doch segne mich erst!

DER UNBEKANNTE: Ich soll …

DIE DAME: Sag, daß du mir verzeihst, ich könnte ja sterben, wenn das Kleine mein Leben mit sich nimmt! Sag, daß du mich liebst!

DER UNBEKANNTE: Denk dir, ich kann dieses Wort nicht über die Lippen bringen!

DIE DAME: Dann liebst du mich nicht?

DER UNBEKANNTE: Wenn du es sagst, scheint es mir so! Es ist furchtbar, doch ich glaube, ich hasse dich!

DIE DAME: Gib mir wenigstens deine Hand, wie man sie einem reicht, der in Not ist!

DER UNBEKANNTE: Ich will, doch ich kann nicht. Jemand in mir freut sich über dein Leid; doch das bin nicht ich! Denn ich möchte dich auf meinen Armen tragen und deine Qualen leiden, aber ich darf nicht! Ich kann nicht!

DIE DAME: Hart wie Stein!

DER UNBEKANNTE *mit zurückgehaltener Bewegung*: Vielleicht nicht! Vielleicht nicht!

DIE DAME: Komm zu mir!

DER UNBEKANNTE: Ich kann mich nicht rühren. – Es ist, als hätte jemand meine Seele in Besitz genommen, und ich möchte mich umbringen, um dem anderen das Leben zu nehmen.

DIE DAME: Denk an dein Kind mit Freude …

DER UNBEKANNTE: Das kann ich auch nicht, denn es wird mich an die Erde binden!

DIE DAME: Haben wir gefehlt, so sind wir gestraft! Himmel, ist es nicht bald genug!

DER UNBEKANNTE: Noch nicht, doch sicher einmal!

DIE DAME *sinkt nieder*: Oh, hilf mir! Barmherzigkeit, ich vergehe!

Der Unbekannte reicht ihr die Hand, wie aus einem Starrkrampf gelöst.
Die Dame küßt seine Hand.
Der Unbekannte hebt sie auf und führt sie zur Tür.

Die Rosenkammer

(Siehe: Nach Damaskus I)
Ein Zimmer mit rosafarbenen Wänden, kleine Fenster mit Eisengittern und Topfgewächsen. Rosarote Gardinen, die Möbel in Weiß und Rosa.
Im Hintergrund eine Tür zu einem weißen Schlafgemach. Wenn die Tür geöffnet wird, sieht man ein großes Bett mit Himmel und weißen Vorhängen. Rechts eine Tür nach draußen. Links ein Herd mit Kohlenfeuer. Vor dem Feuer eine Badewanne, mit einem weißen Tuch überdeckt; eine Wiege in Weiß, Rosa und Hellblau.
Hier und dort kleine Kindersachen ausgebreitet. Ein grünes Kleid hängt an der Wand rechts.
Vier barmherzige Schwestern in der schwarzweißen Tracht der Augustinernonnen liegen auf Knien, der Tür im Hintergrund zugewandt. Die Hebamme, schwarzgekleidet, am Feuer. Die Amme in Bretagner Volkstracht, schwarz und weiß.
Die Mutter steht lauschend an der Tür im Hintergrund.
Der Unbekannte sitzt auf einem Stuhl rechts und liest in einem Buch. Neben ihm hängen ein Hut und ein brauner Mantel mit Pelerine und Kapuze, auf dem Fußboden steht eine kleine Reisetasche.
Die barmherzigen Schwestern psalmodieren; die anderen, außer dem Unbekannten, stimmen hin und wieder mit ein.

„Salve, Regina, mater misericordiae,
Vita dulcedo, et spes nostra, salve.
Ad te clamamus, exules filii Evae:
Ad te suspiramus gementes et flentes
In hac lacrymarum valle."

Der Unbekannte erhebt sich und geht zur Mutter.

DIE MUTTER: Bleib, wo du bist! – Ein Mensch wird geboren, ein anderer stirbt, alles ist dir gleichgültig.
DER UNBEKANNTE: Wer weiß! – Wenn ich hineingehen will, darf

ich nicht, und wenn ich nicht will, dann soll ich. Jetzt wünsche ich hineinzugehen.

DIE MUTTER: Sie will dich nicht sehen. Und übrigens ist deine Anwesenheit auch überflüssig. Jetzt ist das Kind die Hauptperson.

DER UNBEKANNTE: Für euch, ja, aber für mich bin ich weiterhin die Hauptperson!

DIE MUTTER: Der Arzt hat allen den Zutritt verboten, wer es auch sein mag, denn es besteht Lebensgefahr.

DER UNBEKANNTE: Welcher Arzt?

DIE MUTTER: Jetzt sind deine Gedanken wieder dort!

DER UNBEKANNTE: Ja, und du hast sie dorthin gelenkt! Vor einer Stunde gabst du mir zu verstehen, daß das Kind nicht meins sei! Damit machtest du deine Tochter zur Hure, doch das stört dich nicht, wenn du mich nur ins Herz treffen kannst! Du bist beinahe der niederträchtigste Mensch, den ich kenne!

DIE MUTTER *zu den Schwestern*: Schwestern! Betet für den Unglücklichen.

DER UNBEKANNTE: Macht Platz, so daß ich hineinkomme, zum letzten Mal – geht zur Seite!

DIE MUTTER: Verlaß dieses Zimmer und dieses Haus.

DER UNBEKANNTE: Wenn ich tun würde, was du sagst, dann würdest du mir nach zehn Minuten die Polizei hinterherschicken, weil ich Frau und Kind verlassen hätte!

DIE MUTTER: Das würde nur geschehen, um dich ins Asyl zu bringen, das du ja kennst.

DIE MAGD *kommt aus dem Hintergrund*: Die Frau bittet den Herrn um einen Dienst!

DER UNBEKANNTE: Sprich!

DIE MAGD: Ja, in dem Kleid der Frau, das hier im Zimmer hängt, soll ein Brief stecken.

DER UNBEKANNTE *sieht sich um, bemerkt das grüne Kleid, nähert sich und nimmt aus der Tasche einen Brief*: Dieser Brief ist an mich adressiert, vor zwei Tagen geöffnet: also erbrochen! Das ist schön!

DIE MUTTER: Du mußt einem kranken Menschen, wie deine Frau es ist, verzeihen!

DER UNBEKANNTE: Vor zwei Tagen war sie nicht krank!

DIE MUTTER: Nein, doch jetzt ist sie es!

DER UNBEKANNTE: Aber nicht vor zwei Tagen! *Liest den Brief.* Jetzt verzeihe ich auf jeden Fall, mit dem Edelmut des Siegers!

DIE MUTTER: Des Siegers?

DER UNBEKANNTE: Ja, ich habe getan, was keiner vor mir vollbracht hat.

DIE MUTTER: Es ist das Gold ...

DER UNBEKANNTE: Hier ist das Zeugnis der größten lebenden Autorität. Jetzt gehe ich, um sie persönlich zu treffen.

DIE MUTTER: Jetzt gehst du!

DER UNBEKANNTE: Auf deinen Befehl!

DIE MAGD: Die Frau bittet, der Herr möge hereinkommen!

DIE MUTTER: Hörst du!

DER UNBEKANNTE: Nein, jetzt will ich nicht! Du hast meine Frau, deine Tochter, zur Hure gemacht, und du hast mein ungeborenes Kind zum Bastard getauft! Behalt sie! Du hast meine Ehre hier gemordet; bleibt mir nur, sie woanders wieder aufzurichten!

DIE MUTTER: Du kannst nicht verzeihen!

DER UNBEKANNTE: Doch, ich verzeihe euch – und gehe! *Zieht den braunen Mantel an und setzt den Hut auf, ergreift die Reisetasche und den Stock.* Denn bliebe ich, würde ich bald schlechter werden, als ich bin. Das unschuldige Wesen, das dieses Verhältnis veredeln sollte, hast du im Mutterleib beschmutzt, und es wird zu einem Zankapfel werden, zu einem Strafer und Rächer. Warum sollte ich da hierbleiben, um mich in Stücke reißen zu lassen!

DIE MUTTER: Für dich gibt es keine Pflichten.

DER UNBEKANNTE: Doch, und die erste: meine Person vor dem völligen Untergang zu schützen. Leb wohl!

DRITTER AKT

Das Bankett im Wirtshaus

Ein Festsaal. Lange Tische, gedeckt mit Blumen, Leuchtern; Schüsseln mit Pfauen, Fasanen mit Federn; Wildschweinköpfe, ganze Hummer, Austern, Lachse, Spargel, Melonen, Trauben. Orchestergalerie mit acht Musikanten in der rechten Ecke des Hintergrunds.
Am Ehrentisch: Der Unbekannte im Frack, neben ihm eine Ziviluniform mit Orden, ein Professorenfrack mit Orden; sonst schwarze Fracks mit Bändern, mehr oder weniger glänzend.
Am zweiten Tisch einige Fracks zwischen schwarzen Gehröcken.
Am dritten Tisch saubere Alltagskleidung.
Am vierten Tisch schmutzige zerlumpte Figuren mit sonderbarem Aussehen.
Die Tische sind so angeordnet, daß der erste links außen und der vierte rechts außen steht, wodurch die Personen am vierten Tisch für den Unbekannten nicht zu sehen sind. Am vierten Tisch sitzen, der Rampe am nächsten, der Arzt und Cäsar, schäbig gekleidet.
Man ist beim Dessert angelangt, und goldene Pokale stehen vor den Gästen. Die Musik spielt pianissimo Mendelssohns Trauermarsch. Die Gäste unterhalten sich leise miteinander.

DER ARZT *zu Cäsar*: Die Stimmung ist etwas gedrückt, und das Dessert kam zu früh!

CÄSAR: Und das Ganze sieht ein wenig nach Schwindel aus … Parenthetisch: Gold hat er nicht gemacht; das ist sicher eine Lüge, wie alles andere.

DER ARZT: Ich weiß nicht, doch man behauptet es. Und in unseren aufgeklärten Zeiten kann man alles erwarten.

CÄSAR: Am Ehrentisch sitzt ein Professor, der soll wohl eine Autorität sein. Doch wofür ist er eigentlich Professor?

DER ARZT: Ich weiß es nicht, doch es müßte wohl Metallurgie und angewandte Chemie sein.

CÄSAR: Kannst du sehen, was für einen Orden er hat?

DER ARZT: Nein, ich kenne den Orden nicht; das ist wohl so ein ausländischer Scheißorden.

CÄSAR: Nun ja, auf solch einem subskribierten Fest ist die Gesellschaft immer etwas gemischt.

DER ARZT: Hm?

CÄSAR: Du meinst, daß wir ..., hm ..., ja, so fein sind wir nicht gekleidet, doch was die Intelligenz betrifft ...

DER ARZT: Hör mal, Cäsar, du bist als Irrenhäusler bei mir und solltest möglichst vermeiden, über Intelligenz zu sprechen!

CÄSAR: Das ist das Unverschämteste, was ich seit langem gehört habe! Weißt du nicht, du Idiot, daß ich eingesetzt bin, dich zu bewachen, seitdem du den Verstand verloren hast ...

DER PROFESSOR *klopft an den Pokal*: Meine Herren!

CÄSAR: Hört!

DER PROFESSOR: Meine Herren! – Unser kleiner Ort wird heute durch die Anwesenheit des großen Mannes geehrt, den wir als Ehrengast feiern, und als die Leitung ...

CÄSAR *zum Arzt*: Das ist die Regierung, weißt du!

DER PROFESSOR: ... als die Leitung mich ausersehen hatte, jene Gefühle, die sie bewegen, zum Ausdruck zu bringen, war ich zunächst unschlüssig, ob ich den ehrenvollen Auftrag annehmen sollte. Doch als ich mein eigenes Unvermögen mit dem anderer verglich, fand ich, daß eigentlich keine der beiden Parteien bei dem Vergleich verlor.

STIMMEN: Bravo!

DER PROFESSOR: Meine Herren! Das Jahrhundert der großen Erfindungen geht seinem Ende entgegen mit der größten aller Erfindungen – von den Pythagoreern geahnt, von Albertus und Paracelsus vorbereitet, von unserem Ehrengast ausgeführt. Gestatten Sie mir, daß ich unserer Bewunderung für den größten Mann des großen Jahrhunderts bescheiden Ausdruck verleihe. Von der Gesellschaft diesen Lorbeer! *Er legt einen Lorbeerkranz auf den Kopf des Unbekannten.* Von der Leitung – dies! *Er hängt ihm einen leuchtenden Orden um.* Meine Herren! Ein Hoch auf den Großen Goldmacher!

ALLE, *mit Ausnahme des Unbekannten*: Hoch!

Die Musik spielt die Akkorde aus dem Trauermarsch.
Während des letzten Teils der Rede haben Diener die goldenen Pokale gegen dunkle Blechbecher ausgetauscht. Sie beginnen jetzt, Pfauen, Fasane usw. hinauszutragen.
Die Musik spielt leise. Allgemeines Gespräch.

CÄSAR: Hör mal, sollten wir nicht davon kosten, bevor es hinausgetragen wird.

DER ARZT: Alles scheint Humbug zu sein, nur die Goldmacherei nicht.

DER UNBEKANNTE *klopft ans Glas*: Meine Herren! Es ist immer mein Stolz gewesen, daß ich nicht leicht zu düpieren ...

CÄSAR: Hört!

DER UNBEKANNTE: ... und nicht leicht zu begeistern bin, doch diese Aufrichtigkeit, die Ihre großartige Huldigung ausstrahlt, hat mich gerührt, wenn ich sage, gerührt, so meine ich das auch!

CÄSAR: Bravo!

DER UNBEKANNTE: Es gibt ja Zweifler, und es gibt Augenblicke im Leben jedes Menschen, wo der Zweifel selbst den Stärksten befällt. Ich will zugeben, auch ich habe Zweifel gehegt, doch nachdem mir diese aufrichtige und von Herzen kommende Huldigung zuteil wurde, nachdem ich dieses königliche Fest erlebt habe, ja, denn es ist königlich, und nachdem schließlich die Regierung selbst ...

EINE STIMME: Die Leitung! Die Leitung!

DER UNBEKANNTE: ... die Leitung, wenn man so will, meinem unbedeutenden Verdienst, das nur die Zukunft beurteilen kann, so glänzende Anerkennung gezollt hat, so zweifle ich nicht länger, sondern ich glaube! *Die Ziviluniform schleicht hinaus.* Ja, meine Herren! Dies ist der größte und schönste Augenblick in meinem Leben, denn er hat mir das Teuerste, was der Mensch besitzt, wiedergegeben: den Glauben an sich selbst.

CÄSAR: Großartig! Bravo!

DER UNBEKANNTE: Ich danke! Auf Ihr Wohl!

Der Professor erhebt sich. Alle erheben sich, die verschiedenen Gruppen vermischen sich. Die Musikanten entfernen sich zum Teil, nur zwei bleiben zurück.

EIN GAST *zum Unbekannten*: Sehr angenehm! Sehr angenehm!

DER UNBEKANNTE: Ausgezeichnet!

Alle Befrackten schleichen hinaus.

DER VATER, *ein alter stutzerhafter Herr mit Monokel und militärischer Haltung, geht auf den Arzt zu und begrüßt ihn*: Nein, guten Tag, du hier?

DER ARZT: Ja, Schwiegervater, ich bin hier und überall dort, wo er ist.

DER VATER: Du sollst mich zu dieser späten Stunde nicht Schwiegervater nennen, und außerdem bin ich jetzt ja sein Schwiegervater.

DER ARZT: Kennt er dich?

DER VATER: Nein, er hat noch nicht die Ehre gehabt, und ich bitte darum, mein Inkognito behalten zu dürfen. Ist es wahr, daß er Gold gemacht hat?

DER ARZT: Man behauptet es. Doch sicher ist, daß er seine Frau verlassen hat, als sie im Kindbett lag.

DER VATER: Das heißt, ich kann bald noch einen Schwiegersohn erwarten? Ja, Jungens, das ist nicht schön, das hier, und dieser Zustand der Unsicherheit flößt mir einen Ekel davor ein, Schwiegervater zu sein. Ja, ja; ich habe ja nichts zu sagen ..., natürlich, nachdem ...

Die Tische sind nun abgeräumt; die Tücher und Leuchter sind fort, so daß die Tische aus Brettern und Böcken nackt dastehen. Eine große irdene Schüssel und irdene Krüge einfachster Art sind hereingebracht und auf den Ehrentisch gestellt worden.

CÄSAR *klopft; die Zerlumpten nehmen den Ehrentisch neben dem Unbekannten ein; der Vater setzt sich rittlings auf einen*

Stuhl und starrt den Unbekannten unverwandt an: Meine Herren! Dieses Fest ist königlich genannt worden, nicht weil die Bewirtung so königlich gewesen wäre, im Gegenteil, sie war miserabel, doch der Mann, den wir gefeiert haben, ist ein König, ein König im Reiche des Geistes: das kann nur ich beurteilen ...

EIN ZERLUMPTER: Hihi, hihi!

CÄSAR: Still, du Lumpenkerl! – Doch er ist mehr als ein König, denn er ist ein Mann des Volkes, der kleinen Leute, ein Freund der Unterdrückten, Vormund der Irren, Freudenbringer der Narren. Ob er Gold gemacht hat, will ich nicht wissen, das kümmert mich nicht, und ich glaube es kaum ... *Gemurmel. Zwei Polizisten kommen herein und setzen sich an die Tür, die Musikanten kommen herunter und setzen sich an den Tisch*. ... doch angenommen, er hat es getan, dann hat er alle Fragen gelöst, die die Zeitungen in den letzten fünfzig Jahren vergeblich zu knacken versucht haben. Doch dies ist nur eine Annahme ...

DER UNBEKANNTE: Meine Herren!

EIN ZERLUMPTER: Nein, nicht unterbrechen.

CÄSAR: Eine bloße Annahme, ohne jeden reellen Grund, und die Analyse k a n n falsch sein!

EIN ANDERER ZERLUMPTER: Rede keinen Unsinn!

DER UNBEKANNTE: In meiner Eigenschaft als Gegenstand des Festes, es dürfte wohl nicht ohne Interesse für die Teilnehmer sein, zu hören, auf welche Gründe ich meinen Beweis aufgebaut habe ...

CÄSAR: Das wollen wir nicht hören! Wir wollen nicht!

DER VATER: Wartet! Ich meine, die Gerechtigkeit gebietet, daß der Angeklagte sich erklären darf. Möchte deshalb nicht der Gegenstand des Festes in wenigen Worten der Gesellschaft sein Geheimnis mitteilen?

DER UNBEKANNTE: Das Geheimnis will ich als Erfinder nicht von mir geben, und das scheint auch nicht erforderlich, da ich das Resultat einer vereidigten Autorität anvertraut habe!

CÄSAR: Dann ist alles Quatsch! Wir glauben keinen Autoritäten, denn wir sind Freidenker. – Hat man je so was Unverschämtes gehört, daß wir in gutem Glauben einen Geheimniskrämer feiern sollen, einen Patentschwindler, einen Scharlatan.

DER VATER: Liebe Leute, wartet noch ein wenig!

Während dieser Szene ist ein schön dekorierter Wandschirm – mit Palmen und Paradiesvögeln – weggenommen worden, so daß jetzt eine schäbige Wirtshauseinrichtung mit einer Theke sichtbar wird, hinter der die Wirtin steht und Schnaps eingießt. Kloakenreiniger und schmutzige Frauen gehen zur Theke und saufen.

DER UNBEKANNTE: Hat man mich hierher eingeladen, um mich zu beschimpfen?

DER VATER: Nein, keineswegs! Der Freund hier ist etwas redselig, aber noch hat er nichts Beleidigendes gesagt.

DER UNBEKANNTE: Ist die Beschuldigung Scharlatan keine Beleidigung!

DER VATER: Das war nicht ernst gemeint.

DER UNBEKANNTE: Auch als Scherz finde ich das Wort Patentschwindler höchst verunglimpfend.

DER VATER: Das Wort hat er nicht gebraucht.

DER UNBEKANNTE: Was? Ich wende mich an die Gesellschaft. Hat er Patentschwindler gesagt?

ALLE: Nein!

DER UNBEKANNTE: Dann weiß ich nicht, was ich tun soll! – Und in welche Gesellschaft ich geraten bin.

DER ZERLUMPTE: Ist an der Gesellschaft etwas nicht in Ordnung? Wie!

Gemurmel.

DER BETTLER *kommt auf Krücken nach vorn, schlägt mit der Krücke auf den Tisch, so daß Becher zerbrechen*: Herr Vorsitzender! – Ich bitte um das Wort! *Er schlägt noch mehr Geschirr entzwei.* Ich habe mich im Leben nicht leicht düpieren lassen, meine Herren, doch diesmal ging es schief. Mein Freund dort auf dem Ehrenplatz hat mich nämlich davon überzeugt, daß ich mich so gründlich über sein Urteilsvermögen und seinen gesunden Verstand getäuscht habe, daß ich mich gerührt finde. Es gibt ja Grenzen für das Mitleid, und es gibt Grenzen für die Grausamkeit – mir tut es weh, wirkliche Verdienste in den Schmutz gezogen zu sehen, und dieser Mann verdient ein besseres Schicksal, als seine Narrheit ihm zugezogen hat.

DER UNBEKANNTE: Was bedeutet das?

Der Vater und der Arzt sind während dieser Szene hinausgeschlichen. Die Zerlumpten nehmen nun allein den Ehrentisch ein. Die Gäste des Wirtshauses versammeln sich in Gruppen und begaffen den Unbekannten.

DER BETTLER: Sie, der Sie sich für den Mann des Jahrhunderts halten, nehmen die Einladung eines Trinkerordens an, um sich als Wissenschaftler feiern zu lassen …

DER UNBEKANNTE *erhebt sich*: Aber die Leitung …

DER BETTLER: Ja, die Leitung des Trinkerordens erteilte Ihnen ihren höchsten Grad durch das Abzeichen, das Sie selbst bezahlen müssen …

DER UNBEKANNTE: Und der Professor?

DER BETTLER: Er wird so genannt, doch er ist gar keiner. Er gibt sicher Stunden. Und diese Uniform, die Sie vielleicht am meisten düpiert hat, das war ein Bedienter der Schloßkanzlei.

DER UNBEKANNTE *reißt sich den Kranz und das Band ab*: Gut! – Doch wer war der alte Herr mit dem Monokel?

DER BETTLER: Das war Ihr Schwiegervater!

DER UNBEKANNTE: Wer hat sich diesen Scherz ausgedacht?

DER BETTLER: Es ist kein Scherz, es ist voller Ernst. Der Professor kam im Auftrage der Gesellschaft, sie nennen sich die Gesellschaft, und fragte, ob Sie das Fest annehmen möchten. Sie sagten zu, und so wurde es Ernst!

Zwei schmutzige Frauen kommen mit einer Mülltonne auf einer Stange und stellen die Tonne auf den Ehrentisch.

ERSTE FRAU: Bist du es, der Gold macht, so lade uns zu einem Schnaps ein.

DER UNBEKANNTE: Was bedeutet das?

DER BETTLER: Das ist die letzte Nummer des Empfangs. Und das soll bedeuten, Gold ist nichts anderes als – Dreck!

DER UNBEKANNTE: Wenn das nur wahr wäre, dann könnte man Dreck gegen Gold tauschen.

DER BETTLER: Nun ja, es ist ja bloß die Philosophie des Trinkerordens, und Sie müssen die Philosophie so nehmen, wie Sie sie vorfinden.

ZWEITE FRAU *läßt sich bei dem Unbekannten nieder*: Erkennst du mich wieder?

DER UNBEKANNTE: Nein!

ZWEITE FRAU: Ach was, so spät in der Nacht brauchst du dich nicht zu genieren!

DER UNBEKANNTE: Du sollst wohl eins meiner Opfer vorstellen. Ich bin sicher einer von deinen hundert ersten Verführern.

ZWEITE FRAU: Nein, nicht wie du denkst. Doch einmal fiel mir eine gedruckte Schrift in die Hand, gerade als ich konfirmiert wurde. Und in der stand, daß es die Pflicht der Persönlichkeit sei, alle Triebe blühen zu lassen. Nun, ich wuchs frei heran, blühte; und hier ist die Frucht meiner hoch entwickelten Persönlichkeit.

DER UNBEKANNTE *erhebt sich*: Jetzt darf ich vielleicht gehen!

DIE WIRTIN *kommt mit einer Rechnung*: Ja, das geht, doch erst muß die Rechnung bezahlt werden.

DER UNBEKANNTE: Ich soll bezahlen? Ich habe nichts bestellt!

DIE WIRTIN: Das weiß ich nicht, doch der Herr ist der letzte der Gesellschaft, die etwas verzehrt hat.

DER UNBEKANNTE: Gehört das auch zum Empfang?

DER BETTLER: Ja, so ist es. Und wie Sie wissen, alles kostet was, sogar die Ehre. –

DER UNBEKANNTE *zieht eine Visitenkarte hervor und überreicht sie*: Hier ist meine Karte. Morgen wird bezahlt!

DIE WIRTIN *legt die Karte in die Tonne*: Hm! Den Namen kenne ich nicht, und ich habe schon so viele Karten in die Mülltonne gelegt. Geld will ich haben.

DER BETTLER: Hören Sie, Madam, ich bürge dafür, daß dieser Mann bezahlt ...

DIE WIRTIN: Ach so, Sie wagen auch, mit mir Ihren Spaß zu treiben. – Herr Kommissar! Hören Sie einen Augenblick zu!

DER POLIZIST: Worum geht es? Ums Bezahlen, kann ich mir denken. Folgen Sie mir zur Wache, dort werden wir die Sache klären. *Er schreibt etwas in sein Notizbuch.*

DER UNBEKANNTE: Lieber das, als hier stehen und sich streiten ... *Zum Bettler*: Einen Scherz lasse ich mir gefallen, doch einen solch grausamen Ernst habe ich nicht erwartet.

DER BETTLER: Man kann alles erwarten, wenn man so mächtige Herren herausgefordert hat wie Sie. Und ich werde Ihnen zuflüstern: Seien Sie auf Schlimmeres gefaßt, auf das Schlimmste!

DER UNBEKANNTE: Daß ich mich so habe täuschen lassen ..., so ...

DER BETTLER: Balthasar-Feste enden immer damit, daß eine Hand sich vorstreckt und – eine Rechnung schreibt; und eine andere Hand legt sich auf die Schulter und führt den Konsumenten auf die Wache! Doch königlich muß es sein!

DER POLIZIST *legt dem Unbekannten die Hand auf die Schulter*: Jetzt ist's genug!

DIE FRAUEN *und* DIE ZERLUMPTEN: Der Goldmacher! Der Goldmacher kann nicht bezahlen! Hurra! Er wird eingelocht! Er wird eingelocht!

ZWEITE FRAU: Ja, doch es ist schade um ihn!

DER UNBEKANNTE: Du hast Mitleid mit mir! Danke, obwohl ich es nicht ganz verdiene! Du hast Mitleid!

ZWEITE FRAU: Ja, und das habe ich auch von dir gelernt.

Verwandlung auf offener Szene: Die Bühne im Dunkeln: Dekorationen in buntem Gewirr – Landschaften, Paläste, Zimmer – werden herabgelassen und nach vorn geschoben, darunter verschwinden Personen und Möbel, zuletzt der Unbekannte, der im Starrkrampf, schlafend, dazustehen scheint. Aus dem Wirrwarr tritt eine Gefängniszelle hervor.

Das Gefängnis

Rechts eine Tür, über der Tür eine vergitterte Öffnung, durch die ein Sonnenstrahl fällt, der einen hellen Fleck auf der linken Wand bildet, wo ein großes Kruzifix hängt.
Der Unbekannte, mit Hut und mit dem braunen Mantel bekleidet, sitzt am Tisch und betrachtet den Sonnenfleck.
Die Tür wird geöffnet, der Bettler wird hereingelassen.

DER BETTLER: Woran denken Sie?

DER UNBEKANNTE: Ich denke darüber nach, weshalb ich hier sitze, und dann denke ich darüber nach, wo ich gestern abend gewesen bin.

DER BETTLER: Was glauben Sie?

DER UNBEKANNTE: Ich glaube, ich war in der Hölle; oder ich habe alles nur geträumt.

DER BETTLER: Dann wachen Sie auf, denn jetzt kommt die Wirklichkeit.

DER UNBEKANNTE: Los dann, nur Gespenster erschrecken mich.

DER BETTLER *holt eine Zeitung hervor*: Erstens: Die große Autorität hat hier in der Zeitung ihr Zeugnis über Ihre Goldmacherei zurückgenommen und erklärt, von Ihnen hinters Licht geführt worden zu sein. Die Folge: Die Zeitung nennt Sie einen Scharlatan!

DER UNBEKANNTE: Zum Teufel! – Gegen wen kämpfe ich?

DER BETTLER: Gegen Schwierigkeiten, wie andere Menschen!

DER UNBEKANNTE: Nein, dies ist etwas anderes ...

DER BETTLER: Dann gegen Ihre eigene Leichtgläubigkeit?

DER UNBEKANNTE: Nein, ich bin nicht leichtgläubig, und ich weiß, daß ich recht habe!

DER BETTLER: Was hilft's, wenn das kein anderer weiß!

DER UNBEKANNTE: Wenn ich doch hier rauskäme, dann würde ich die Sache klären!

DER BETTLER: Der Fall ist beigelegt, nachdem bezahlt worden ist ...

DER UNBEKANNTE: Wer hat bezahlt?

DER BETTLER: Wahrscheinlich die Gesellschaft oder die Trinkerregierung.

DER UNBEKANNTE: Dann darf ich gehen!

DER BETTLER: Ja, aber wir haben noch eine Sache ...

DER UNBEKANNTE: Raus damit!

DER BETTLER: Aber ein aufgeklärter Gentleman darf sich nicht verblüffen lassen ...

DER UNBEKANNTE: Ich ahne ...

DER BETTLER: Die Annonce steht auf der ersten Seite.

DER UNBEKANNTE: Das heißt, sie ist schon wieder verheiratet und die Kinder haben einen Stiefvater bekommen. Wer ist es?

DER BETTLER: Wer es auch ist, ermorde ihn nicht, denn er ist ohne Schuld, er, der eine verlassene Frau aufnimmt.

DER UNBEKANNTE: Meine Kinder! – Herr Jesus, meine Kinder!

DER BETTLER: Der Fall war nicht vorausgesehen, merke ich. Doch man muß sich schon vorsehen, wenn man so alt ist! Und ein so aufgeklärter Gentleman!

DER UNBEKANNTE *außer sich*: O Herr Jesus, meine Kinder!

DER BETTLER: Aufgeklärte Gentlemen weinen nicht! Doch hör jetzt zu, mein Junge, bei einem solchen Bankrott pflegt ein Gentleman ..., entweder ..., nun, sprich!

DER UNBEKANNTE: Sich zu erschießen!

DER BETTLER: Oder?

DER UNBEKANNTE: Nein, das nicht!

DER BETTLER: Doch, mein kleiner Junge, gerade das! Er wirft einen Notanker, versuchsweise.

DER UNBEKANNTE: Das ist hoffnungslos, hoffnungslos!

DER BETTLER: Ja, das ist es! Absolut hoffnungslos. Und Sie können noch ein Mannesalter leben, um in Ruhe über Ihre Schurkenstreiche nachzudenken.

DER UNBEKANNTE: Schämen Sie sich!

DER BETTLER: Sie!

DER UNBEKANNTE: Hast du ein Menschenschicksal gesehen, das meinem gleicht?

DER BETTLER: Sehen Sie meins!

DER UNBEKANNTE: Ich kenne deins nicht.

DER BETTLER: Und es ist Ihnen während unserer langen Bekanntschaft nie eingefallen, nach meinen Verhältnissen zu fragen, Sie verschmähten einmal die Freundschaft, die ich Ihnen anbot, und Sie fielen unmittelbar in die Arme der Zechbrüder. Wohl bekomm's und auf baldiges Wiedersehen!

DER UNBEKANNTE: Geh nicht!

DER BETTLER: Vielleicht soll ich Ihnen Gesellschaft leisten, wenn Sie das Gefängnis verlassen?

DER UNBEKANNTE: Warum nicht?

DER BETTLER: Sie haben nicht vorausgesehen, daß ich mich nicht in Ihrer Gesellschaft zeigen möchte.

DER UNBEKANNTE: Nein, wirklich nicht.

DER BETTLER: Doch es ist so. Glauben Sie, ich will in den Verdacht geraten, an dem unsterblichen Goldmacherbankett teilgenommen zu haben, über das die Morgenzeitung berichtet?

DER UNBEKANNTE: Er will sich nicht in meiner Gesellschaft zeigen!

DER BETTLER: Auch der Bettler hat seinen kleinen Dünkel und fürchtet das Gelächter.

DER UNBEKANNTE: Er will sich nicht in meiner Gesellschaft zeigen! Bin ich denn so durch und durch schlecht?

DER BETTLER: Das müssen Sie sich selbst fragen, und darauf müssen Sie sich selbst antworten!

Man hört, wie in der Ferne ein trauriges Wiegenlied gesungen wird.

DER UNBEKANNTE: Was ist das?

DER BETTLER: Das ist das Lied einer Mutter an der Wiege des Kindes.

DER UNBEKANNTE: Weshalb muß ich gerade jetzt daran erinnert werden?

DER BETTLER: Wahrscheinlich, weil Sie recht lebhaft spüren sollen, was Sie einer Schimäre wegen verlassen haben.

DER UNBEKANNTE: Sollte es möglich sein, daß ich mich geirrt habe, dann ist es das Blendwerk des Teufels, und dann strecke ich die Waffen.

DER BETTLER: Bitte tun Sie es dann so schnell wie möglich ...

DER UNBEKANNTE: Noch nicht! *Man hört in der Ferne, wie ein Rosenkranz gebetet wird.* Was ist das? *Man hört einen langen Waldhornlaut.* Das ist der unbekannte Jäger! *Man hört den Akkord aus dem Trauermarsch.* Wo bin ich? *Er bleibt stehen, wie im hypnotischen Schlaf.*

DER BETTLER: Beuge dich oder zerbreche!

DER UNBEKANNTE: Ich kann mich nicht beugen!

DER BETTLER: Dann zerbreche!

Der Unbekannte fällt zu Boden.
Darauf dasselbe Gewirr von Dekorationen wie vorher.

Die Rosenkammer

Gleiches Bühnenbild wie im zweiten Akt. Die knienden barmherzigen Schwestern lesen jetzt aus Gebetsbüchern: „Exules filii Evae, ad te suspiramus gementes et flentes in hac lacrymarum valle."

Die Mutter an der Tür im Hintergrund.
Der Vater steht an der Tür rechts.

DIE MUTTER *nähert sich ihm*: So, du kommst jetzt wieder?

DER VATER *demütig*: Ja!

DIE MUTTER: Deine Schöne hat dich also verlassen?

DER VATER: Sei nicht grausamer als nötig!

DIE MUTTER: Das mußt du sagen, der meine Hochzeitsgeschenke zu seiner Geliebten fortgetragen hat, der so ehrlos war, mir zuzumuten, Geschenke für seine Hure auszuwählen, der von mir Farben und Fassons lernen wollte ... Was suchst du hier?

DER VATER: Ich habe gehört, daß meine Tochter ...

DIE MUTTER: Deine Tochter schwebt zwischen Leben und Tod, und du weißt, daß ihre Gefühle für dich feindlich geworden sind. Deshalb bitte ich dich, zu gehen, bevor sie deine Nähe ahnt.

DER VATER: Du hast recht, und ich weiß keine Antwort. Doch laß mich in der Küche sitzen, denn ich bin so müde, so müde.

DIE MUTTER: Wo warst du diese Nacht?

DER VATER: Ich war im Klub. Doch laß mich fragen, ist der Mann nicht hier?

DIE MUTTER: Muß ich das ganze Elend entblößen? Kennst du nicht das traurige Schicksal deiner Tochter …

DER VATER: Doch, doch …, ich kenne es …, und ein solcher Mann, ein solcher Mann …

DIE MUTTER: Solche Männer! Geh jetzt hinunter und schlaf deinen Rausch aus …

DER VATER: Der Väter Missetaten …

DIE MUTTER: Du faselst …

DER VATER: Ja, ich meine natürlich nicht meine Missetaten, sondern die unserer Eltern … Du weißt … Und jetzt sagen sie, der See dort oben soll abgelassen werden, so daß der Fluß ansteigen wird …

DIE MUTTER *schiebt ihn zur Tür hinaus*: Still! Das Unglück erreicht uns schon früh genug, ohne daß du es zu rufen brauchst.

DIE MAGD *kommt durch die Tür im Hintergrund herein*: Die gnädige Frau fragt nach dem Herrn.

DIE MUTTER: Sie meint ihren Mann!

DIE MAGD: Ja, den Herrn des Hauses! Den Mann der Frau!

DIE MUTTER: Er ist ausgegangen! Vor einer Weile!

DER UNBEKANNTE *kommt herein*: Ist das Kind geboren?

DIE MUTTER: Nein, noch nicht!

DER UNBEKANNTE *schlägt sich an die Stirn*: Was bedeutet das? – Kann das so lange dauern?

DIE MUTTER: Lange! Was meinst du?

DER UNBEKANNTE *schaut umher*: Ich weiß nicht, was ich meine! Doch …, wie geht es der Mutter?

DIE MUTTER: Unverändert, wie vorhin!

DER UNBEKANNTE: Vorhin!

DIE MUTTER: Willst du nicht zu deinem Goldmacher?

DER UNBEKANNTE: Jetzt verstehe ich nichts mehr! Doch noch gibt es eine Hoffnung: daß mein schlimmster Traum nur ein Traum gewesen ist.

DIE MUTTER: Du siehst wahrhaftig wie ein Schlafwandler aus!

DER UNBEKANNTE: Wirklich? Oh, wenn das doch wahr wäre! Das einzige, was ich fürchte, brauchte ich nicht mehr zu fürchten.

DIE MUTTER: Der, der dein Schicksal lenkt, scheint die verwundbaren Stellen zu kennen!

DER UNBEKANNTE: Zum Schluß, als nur noch eine übrig war, entdeckte er auch die, glücklicherweise nur im Traum. Blinde Mächte! Ohnmächte!

DIE MAGD *kommt wieder herein*: Die gnädige Frau bittet den Herrn um einen Dienst!

DER UNBEKANNTE: Sie liegt da wie ein elektrischer Aal und teilt ihre Schläge über bedeutende Entfernungen aus! Um was für einen Freundesdienst handelt es sich jetzt?

DIE MAGD: Es steckt ein Brief in der Tasche der grünen Jacke.

DER UNBEKANNTE: Wehe! Aus der Jacke kommt nichts Gutes! *Er holt einen Brief aus der grünen Jacke hervor, die neben dem Kleid am Kamin hängt.* Jetzt bin ich tot. Dies habe ich früher schon geträumt, doch nun ist es Wirklichkeit! – Meine Kinder haben einen Stiefvater bekommen.

DIE MUTTER: Wem wirst du jetzt die Schuld zuschieben?

DER UNBEKANNTE: Mir selbst! Am liebstem keinem! – Ich habe meine Kinder verloren!

DIE MUTTER: Du bekommst ein neues hier!

DER UNBEKANNTE: Wenn er grausam gegen sie wird ...

DIE MUTTER: Dann hast du ihr Leiden auf dem Gewissen, wenn du eins hast.

DER UNBEKANNTE: Wenn er sie – schlägt!

DIE MUTTER: Weißt du, was ich an deiner Stelle tun würde?

DER UNBEKANNTE: Ja, ich weiß, was du tun würdest; doch ich weiß jetzt nicht, was ich tue!

DIE MUTTER *zu den barmherzigen Schwestern*: Betet für diesen Mann.

DER UNBEKANNTE: Nein, nicht so! Das nicht! Denn es hilft nicht, und ich glaube nicht daran!

DIE MUTTER: Doch du glaubst an dein Gold?

DER UNBEKANNTE: Daran auch nicht, das ist zu Ende! Alles ist zu Ende!

DIE HEBAMME *kommt aus der Tür im Hintergrund herein*: Ein Kind ist geboren! Lobet den Herrn!

DIE MUTTER *und* DIE BARMHERZIGEN SCHWESTERN: Gelobt sei der Herr! –

DIE HEBAMME *zum Unbekannten*: Eine Tochter hat Ihre Frau Ihnen geschenkt!

DIE MUTTER *zum Unbekannten*: Willst du dein Kind nicht sehen?

DER UNBEKANNTE: Nein! Ich will mich an nichts mehr hier auf Erden binden. Ich fürchte, ich würde sie lieben, und dann würdet ihr mir das Herz aus dem Leibe reißen. Laßt mich gehen, raus aus dieser Luft, die für mich zu rein ist. Laßt das unschuldige Kind nicht in meine Nähe kommen, denn ich bin ein verlorenes Wesen, ein Verdammter, und für mich gibt es keine Freude, keinen Frieden, keine – Gnade!

DIE MUTTER: Mein Sohn, jetzt sprichst du Worte der Weisheit! Ohne Bosheit und ohne Falschheit; ich billige deinen Entschluß. Hier bist du überflüssig, und du würdest zu Tode gemartert werden zwischen den Frauen. Gehe deshalb in Frieden.

DER UNBEKANNTE: Der Friede ist sicher zu Ende, doch ich werde gehen. Lebt wohl!

DIE MUTTER: „Exules filii Evae! Unstet und flüchtig sollst du sein auf Erden."

DER UNBEKANNTE: Weil ich meinen Bruder ermordete!

VIERTER AKT

Das Wirtshaus

Wirtshaussaal des Banketts vom dritten Akt. Jedoch heruntergekommen, mit ungestrichenen Holztischen und Bänken. Bettler, Kloakenreiniger und lose Frauen. Hier und dort sitzen Krüppel und trinken bei Talglichtern.
Der Unbekannte und die zweite Frau trinken zusammen Branntwein, der in einer Karaffe auf dem Tisch steht.
Der Unbekannte trinkt unmäßig.

DIE FRAU: Trink nicht so viel!

DER UNBEKANNTE: Nein, sieh da! Moralisch bist du auch?

DIE FRAU: Nein, aber ich kann nicht mitansehen, wie ein Mann, den ich achte, sich erniedrigt.

DER UNBEKANNTE: Ich bin gerade hergekommen, um mich zu erniedrigen, um ein Schlammbad zu nehmen, das die Haut gegen die Stiche des Lebens hart macht, um eine unmoralische Stütze in meiner Umgebung zu finden. Und ich wählte deine Gesellschaft, weil du die am meisten Verachtete warst und dennoch einen Funken Menschlichkeit behalten hast. Du hattest Mitleid mit mir, als kein anderer es hatte, nicht einmal ich selbst. Warum?

DIE FRAU: Weiß man so was?

DER UNBEKANNTE: Weißt du, daß du auch Augenblicke hast, wo du fast schön bist.

DIE FRAU: Nein, hör jetzt auf!

DER UNBEKANNTE: Doch, und dann gleichst du einer, die mir lieb war.

DIE FRAU: Danke!

DIE WIRTIN: Redet nicht so laut, da drinnen liegt ein Kranker!

DER UNBEKANNTE: Sag, hast du jemals geliebt?

DIE FRAU: Wir gebrauchen das Wort nicht, doch ich verstehe trotzdem, was du meinst. Ja, ich hatte einen Geliebten, und wir hatten ein Kind.

DER UNBEKANNTE: Das war unverständig!

DIE FRAU: Ja, das fand ich auch, doch er sagte, die Zeit der Befreiung sei gekommen, alle Ketten würden gelöst, alle Schranken würden fallen und ...

DER UNBEKANNTE *gepeinigt*: Und dann ...

DIE FRAU: Dann hat er mich verlassen.

DER UNBEKANNTE: Ein Schurke also! *Trinkt.*

DIE FRAU *sieht ihn scharf an*: Meinst du?

DER UNBEKANNTE: Aber sicher!

DIE FRAU: Du bist jetzt so streng!

DER UNBEKANNTE *trinkt*: Bin ich das?

DIE FRAU: Trink nicht so viel. Ich möchte dich hoch oben sehen, hoch über mir, denn sonst kannst du mich nicht emporheben.

DER UNBEKANNTE: Mein Kind, was für Illusionen; ich und emporheben! Ich! Wo ich so tief unten bin. Nein, das bin ich nicht, und das bin nicht ich, der hier sitzt, denn ich bin tot. Ich weiß, daß meine Seele woanders ist, weit fort, weit, weit fort ... *Er starrt mit abwesendem Blick vor sich hin.* ..., dort, wo ein großes Wasser wie geschmolzenes Gold im Sonnenschein fließt, wo die Rosen und der Wein an einer Wand blühen. Und dort steht ein weißer Kinderwagen unter der Akazie, das Kind schläft, denn die Mutter sitzt daneben und häkelt, häkelt einen langen, langen Streifen, der von ihrem Munde ausgeht, und auf diesem Streifen steht geschrieben, laß uns sehen: „Selig sind die Betrübten, denn sie werden getröstet werden." Doch es ist sicher nicht so! Ich werde nie getröstet werden! ...

Sag mir, liegt nicht ein Gewitter in der Luft, es ist so schwül, so drückend ...

DIE FRAU *sieht aus dem Fenster*: Nein, ich sehe keine Wolken draußen ...

DER UNBEKANNTE: Das ist eigenartig ... Jetzt blitzt es ...

DIE FRAU: Nein, du täuschst dich!

DER UNBEKANNTE: Eins, zwei, drei, vier, fünf ... Jetzt müßte es donnern! Doch es donnert nicht. Ich habe nie Angst vor Gewitter gehabt bis zum heutigen Tag, bis heute nacht, wollte ich sagen ... Ja, ist jetzt Tag oder Nacht?

DIE FRAU: Nein, Lieber, es ist doch Nacht!
DER UNBEKANNTE: Ja, es ist Nacht! Nacht!

Der Arzt ist während dieser Szene hereingekommen und hat sich hinter den Unbekannten gesetzt, ohne daß dieser ihn bemerkt hat.

DIE WIRTIN: Redet nicht so laut, hier drinnen liegt ein Kranker.
DER UNBEKANNTE *zur Frau*: Reich mir deine Hand.
DIE FRAU *trocknet sie an der Schürze ab*: Oh, warum das?
DER UNBEKANNTE: Du hast eine weiße, schöne Hand. Doch ..., sieh dir meine an, sie ist ja vollkommen schwarz! Siehst du nicht, daß sie schwarz ist!
DIE FRAU: Ja, wirklich!
DER UNBEKANNTE: Schon schwarz geworden, vielleicht auch schon verwest? Ich möchte hören, ob das Herz stehengeblieben ist? *Legt die Hand aufs Herz.* Es ist stehengeblieben! Ich bin also tot, und ich weiß, wann das geschehen ist. – Daß man herumlaufen und tot sein kann. Aber wo bin ich dann? Sind diese hier auch alle gestorben? Sie sehen aus, als wären sie aus den Kloaken der Stadt heraufgestiegen oder als kämen sie aus dem Gefängnis, dem Armenhaus und der Heilanstalt. Arbeiter der Nacht, leidend, stöhnend, fluchend, streitend, einander quälend, einander schändend, einander beneidend, als ob sie etwas Beneidenswertes besäßen. Das Feuer des Schlafs brennt in den Adern, die Zungen kleben am Gaumen, der von den Flüchen trocken geworden ist, und so löschen sie den Brand mit Wasser, mit Feuerwasser, das neuen Durst erzeugt, mit Feuerwasser, das selbst mit blauer Flamme brennt und die Seele ausbrennt wie ein Moorbrand, bis nur der rote Sand übrig ist. *Trinkt.* Feuern! Löschen! Feuern! Löschen! Doch das, was nicht verbrennt, ist leider – die Erinnerung – an – die – Vergangenheit! Womit soll man die Erinnerung verbrennen?
DIE WIRTIN: Bitte, sprecht nicht so laut, hier drinnen liegt ein kranker Mensch. Ja, er ist so krank, daß er schon die Sakramente verlangt hat.

DER UNBEKANNTE: Möge er dann bald zur Hölle fahren!

Alle murmeln mißbilligend.

DIE WIRTIN: Hüten Sie sich! Hüten Sie sich!

DIE FRAU *zum Unbekannten*: Kennst du den Mann, der hinter dir sitzt und dich die ganze Zeit anstarrt?

DER UNBEKANNTE *dreht sich um, er und der Arzt starren sich einen Augenblick schweigend an*: Ja, ich habe ihn früher gekannt!

DIE FRAU: Er sieht aus, als wollte er dich von hinten auffressen.

Der Arzt setzt sich dem Unbekannten gegenüber und starrt ihn an.

DER UNBEKANNTE: Worauf sehen Sie?

DER ARZT: Auf Ihre grauen Haare!

DER UNBEKANNTE *zur Frau*: Habe ich auch graue Haare?

DIE FRAU: Ja, natürlich hast du die!

DER ARZT: Und jetzt schaue ich auf die schöne Begleiterin: mal haben Sie einen guten Geschmack, mal nicht.

DER UNBEKANNTE: Und manchmal haben Sie das Pech, daß wir den gleichen Geschmack haben.

DER ARZT: Das war nicht nett gesagt! Doch du hast mich zweimal in deinem Leben ermordet. Morde nur weiter!

DER UNBEKANNTE *zur Frau*: Laß uns von hier fortgehen!

DER ARZT: Du ahnst mich! Du spürst mich auf weite Entfernung! Doch ich erreiche dich, wie dich das Gewitter erreicht, wenn du dich auch in der Tiefe der Erde oder des Meeres verbergen würdest ... Versuch, mich zu erahnen!

DER UNBEKANNTE *zur Frau*: Komm mit mir raus! Führe mich, ich sehe nichts ...

DIE FRAU: Nein, ich will noch nicht gehen, ich will mich nicht langweilen!

DER ARZT: Da hast du recht, Freudenmädchen! Das Leben ist schon schwer genug, auch ohne daß man die selbstverschuldeten Leiden anderer auf sich nehmen muß. Doch dieser

Mann hier, er trägt sein Leiden nicht selbst, er bürdet es seiner Frau auf.

DER UNBEKANNTE: Was ist das? Warte! Ihre falsche Anzeige wegen Hausfriedensbruch und versuchten Mordes!

DER ARZT: Und nun schiebt er die Schuld auf sie!

Der Unbekannte legt den Kopf in die Hände und läßt ihn auf den Tisch sinken.

Auf einer Geige und einer Gitarre wird im Hintergrund folgende Melodie gespielt:

DER ARZT *zur Frau*: Ist er krank?

DIE FRAU: Er ist sicher verrückt, denn er behauptet, tot zu sein.

Man hört in der Ferne ein Wecksignal, zunächst getrommelt, dann geblasen, jedoch sehr leise.

DER UNBEKANNTE: Ist es Morgen? Die Nacht ist vorbei, die Sonne geht auf, und die Gespenster gehen wieder in ihre Gräber schlafen, deshalb gehe ich. Komm!

DIE FRAU *rückt dem Arzt näher*: Nein, habe ich gesagt!

DER UNBEKANNTE: Auch du, meine letzte Freundin! Bin ich denn so durch und durch schlecht, daß nicht einmal eine Prostituierte mir gegen Bezahlung Gesellschaft leisten will?

DER ARZT: Du mußt es wohl sein!

DER UNBEKANNTE: Ich glaube es trotzdem nicht, obwohl es alle sagen! Ich glaube überhaupt nichts, denn jedesmal wenn ich etwas geglaubt habe, bin ich hintergangen worden. – Doch sag mir eins: ist die Sonne nicht schon aufgegangen? Ich hörte vorhin den Hahn krähen und einen Hund bellen; und jetzt läutet es Angelus ... Hat man die Lichter gelöscht, da es so dunkel ist?

DER ARZT *zur Frau*: Er ist blind ...

DIE FRAU: Ja, wahrhaftig, das glaube ich auch!

DER UNBEKANNTE: Nein, ich sehe euch, doch die Lichter sehe ich nicht.

DER ARZT: Es beginnt für dich das Dunkel ... Du hast mit dem Gewitter gespielt und zu tief in die Sonne gesehen, und das darf man nicht ...

DER UNBEKANNTE: Man wird mit der Lust dazu geboren, aber man darf es nicht. Das ist doch nur Neid ...

DER ARZT: Was besitzt du, was des Neides wert ist?

DER UNBEKANNTE: Ich besitze das, was du nie verstehen wirst und was nur ich schätzen kann.

DER ARZT: Meinst du das Kind ...

DER UNBEKANNTE: Du weißt, daß ich das nicht meine, denn, hätte ich es gemeint, hätte ich mich so ausgedrückt: Ich besitze das, was du nicht bekommen konntest ...

DER ARZT: Bist du jetzt wieder dort! Dann werde ich mich ebenso deutlich ausdrücken: Du hast genommen, was ich zurückgelassen hatte.

DIE FRAU: Pfui! Nein, mit solchen Schweinen will ich nicht zusammen sein. *Erhebt sich und setzt sich auf einen anderen Platz.*

DER UNBEKANNTE: Wir sind schon schön tief heruntergekommen! Doch ich glaube, je tiefer ich sinke, desto näher komme ich einem Ziel: dem Ende!

DIE WIRTIN: Redet nicht so laut, hier drinnen liegt ein Sterbender.

DER UNBEKANNTE: Ja, ich finde auch, hier riecht es die ganze Zeit nach Leichen.

DER ARZT: Das sind wir vielleicht.

DER UNBEKANNTE: Kann man tot sein, ohne es zu wissen?

DER ARZT: Die Toten behaupten, daß man den Unterschied nicht merkt.

DER UNBEKANNTE: Du erschreckst mich! Sollte das möglich sein! Und alle diese Schattenfiguren, deren Gesichter ich wiederzuerkennen glaube als Jugenderinnerungen von der Schulbank, von der Schwimmschule, vom Turnen ... *Greift sich ans Herz.* Wehe! Wehe! Jetzt naht er, der Furchtbare, der das Herz aus der Brust saugt ... Er kommt, der Unsichtbare, der mich seit Jahren verfolgt ... Jetzt ist er hier! *Ist außer sich.*

Die Türen werden aufgerissen. Ein Chorknabe kommt herein mit einer Laterne aus blauem Glas, die einen blauen Schein auf die Gäste wirft. Er läutet mit einer silbernen Glocke. Alle geben einen Laut wie wilde Tiere von sich. Darauf erscheint der Dominikaner mit dem Sakrament. Die Wirtin und die Frau werfen sich auf die Knie, die anderen heulen. Der Dominikaner hebt die Monstranz; alle auf die Knie. Der Chorknabe und der Dominikaner gehen in den Raum links.

DER BETTLER *kommt herein, geht auf den Unbekannten zu*: Komm von hier fort! Du bist krank, und die Gerichtsdiener suchen dich mit Klagen.

DER UNBEKANNTE: Klagen? Von wem?

DER BETTLER: Von deiner Frau!

DER ARZT: Der elektrische Aal! Er teilt seine Schläge auf bedeutende Entfernung aus. Sie hat mich einmal wegen Beleidigung verklagt, weil sie nachts nicht woanders schlafen durfte.

DER UNBEKANNTE: Nachts woanders schlafen?

DER ARZT: Ja! Weißt du nicht, mit wem du vereinigt gewesen bist?

DER UNBEKANNTE: Man sagte, sie sei verlobt gewesen, bevor sie sich – mit dir verheiratete.

DER ARZT: Ja, so hat man es genannt, in Wirklichkeit war sie jedoch die Geliebte eines verheirateten Mannes, den sie später wegen Vergewaltigung anzeigte, nachdem sie selbst in sein Atelier eingedrungen war und ihm nackt Modell gestanden hatte.

DER UNBEKANNTE: Und diese Frau hast du geheiratet?

DER ARZT: Ja, sie zeigte mich wegen gebrochenem Eheversprechen an, nachdem sie mich verführt hatte, und da mußte ich sie heiraten. Doch sie hatte zwei Polizisten in Zivil, die aufpassen mußten, daß ich nicht floh. – Und diese Frau hast du geheiratet!

DER UNBEKANNTE: Das kommt daher, weil ich früh einsehen lernte, daß es unnötig ist zu wählen, wo alle gleich sind.

DER BETTLER: Komm fort von hier! Du bereust es sonst!

DER UNBEKANNTE *zum Arzt*: War sie immer religiös, diese Frau?

DER ARZT: Immer!

DER UNBEKANNTE: Und weich, gutherzig, aufopfernd ...

DER ARZT: Vollkommen!

DER UNBEKANNTE: Kann man aus ihr klug werden?

DER ARZT: Nein, man kann wahnsinnig werden, wenn man über sie nachdenkt. Deshalb nahm man sie so, wie sie war, charmant und berauschend!

DER UNBEKANNTE: Ja, sicher, aber deshalb ist man wehrlos gegen sein Mitleid, und deshalb will ich diese Prozesse nicht, denn ich kann mich nicht verteidigen, ohne anzuklagen, und das will ich nicht.

DER ARZT: Du warst schon einmal verheiratet – wie war das?

DER UNBEKANNTE: Genauso!

DER ARZT: Das ist ja wie Hyoscyamus, diese Liebe. Man sieht Sonnen, wo keine Sonnen sind, und Sterne, wo keine Sterne sind. Aber es ist angenehm, solange es andauert!

DER UNBEKANNTE: Doch am nächsten Tag? Oh, dieser Tag danach!

DER BETTLER: Komm, du unglücklicher Mensch! Er sitzt da und vergiftet dich, und du merkst es nicht. Komm!

DER UNBEKANNTE *erhebt sich*: Er vergiftet mich? Glaubst du, er lügt?

DER BETTLER: Jedes Wort hat er gelogen!

DER UNBEKANNTE: Das glaube ich nicht.

DER BETTLER: Nein, du glaubst nur den Lügen! Doch das geschieht dir recht.

DER UNBEKANNTE: Hat er gelogen? Hat er das?

DER BETTLER: Deinem Feind kannst du natürlich nicht glauben.

DER UNBEKANNTE: Er ist doch mein Freund, da er die bittere Wahrheit gesagt hat.

DER BETTLER: Ewige Mächte, rettet seinen Verstand, denn er glaubt, alles Böse sei wahr und alles Gute sei Lüge! Komm, oder du bist verloren!

DER ARZT: Verloren ist er schon – wie ein Ei, doch jetzt soll er zu Schaum geschlagen, in Atome aufgelöst und als Zutat in den großen Pfannkuchen getan werden. So, fahre zur Hölle jetzt! *Zu den Anwesenden*: Abgrundsgeheul der Opfer! *Die Gäste heulen auf.* Und kein weibliches Mitleid mehr! Heul, Weib!

Die Frau macht eine abweisende Handbewegung.

DER UNBEKANNTE *zum Bettler*: Dieser Mann lügt nicht!

Der Hohlweg

Ein Hohlweg, in der Mitte ein Bach, über diesen führt ein Steg. Im Vordergrund Ruinen einer Schmiede und einer Mühle. Umgestürzte Bäume liegen über dem Bach.
Im Hintergrund Sternhimmel über Fichtenwald, das Sternbild Orion ist deutlich zu sehen.
Der Unbekannte und der Bettler kommen auf die Bühne. Der Vordergrund als Schneelandschaft, der Hintergrund sommergrün.

DER UNBEKANNTE: Ich habe Angst! Die Sterne hängen heute abend so tief, und ich glaube, sie wollen auf mich herabfallen wie Tropfen geschmolzenen Silbers. Wo sind wir?

DER BETTLER: Beim Hohlweg und beim Bach, die mußt du doch kennen!

DER UNBEKANNTE: Oh, und ob ich sie kenne! Oh, und ob ich sie kenne! Ich erinnere mich doch an meine Hochzeitsreise! – Aber wo ist die Schmiede? Und die Mühle?

DER BETTLER: Ruinen! Ruinen! Vor acht Tagen wurde der

Tränensee abgelassen, der Bach schwoll an, der Fluß stieg, und alles wurde zerstört, die Wiesen, die Äcker und die Gärten.

DER UNBEKANNTE: Und das stille Haus?

DER BETTLER: Wurde von alter Sünde reingewaschen, doch die Mauern stehen noch.

DER UNBEKANNTE: Und seine Bewohner?

DER BETTLER: Sind in die Kolonien gegangen, diese Geschichte ist also nun zu Ende!

DER UNBEKANNTE: Dann ist auch meine Geschichte zu Ende und so gründlich, daß keine lichte Erinnerung geblieben ist. Die letzte wurde von dem Giftmischer beschmutzt ...

DER BETTLER: Für den du das Gift gekocht hast! Gib jetzt auf!

DER UNBEKANNTE: Ja, jetzt gebe ich mich geschlagen!

DER BETTLER: Dann kommt die Abrechnung.

DER UNBEKANNTE: Ich finde, es könnte jetzt genug sein; denn habe ich gefehlt, so bin ich gestraft.

DER BETTLER: Doch das finden die anderen gewiß nicht!

DER UNBEKANNTE: Ich habe aufgehört, mich um die anderen zu kümmern, seitdem ich sah, daß die Mächte, die das Schicksal der Menschen lenken, keine Mithelfer dulden. Und das Verbrechen meines Lebens war, daß ich befreien mußte ...

DER BETTLER: ... die Menschen von ihren Pflichten befreien und die Verbrecher von ihrem Schuldgefühl, so daß sie richtig gewissenlos wurden. Du bist nicht der erste und auch nicht der letzte, der dem Teufel ins Handwerk pfuscht: Lucifer a non lucendo! Doch wenn Lurifax alt ist, wird er Mönch, so weise ist es eingerichtet. Und da muß er sich von sich selbst trennen und Beelzebub mit seiner eigenen Baalsbuße austreiben.

DER UNBEKANNTE: Dorthin soll ich getrieben werden!

DER BETTLER: Ja! Dorthin, wohin du nicht willst! Auf Dachfirsten und Schornsteinen sollst du gegen dich selbst predigen. Dein Gewebe sollst du Faden für Faden aufreißen. Bei lebendigem Leibe sollst du dich an jeder Straßenecke zerreißen und zeigen, wie du inwendig aussiehst! Doch dazu muß man Courage haben, und wer mit dem Donner gespielt hat, hat keine Angst! Doch manchmal, wenn die Nacht hereinbricht und die Unsichtbaren kommen, die man nur im Dunkeln sieht, die sich einem auf die Brust setzen, dann bekommt er Angst, sogar vor den Sternen, doch am meisten vor der Sündenmühle, die mahlt und mahlt das Vergangene, das Vergangene, das Vergangene. Doch nun sagt einer der siebenundsiebzig Weisen: daß der größte Sieg der Sieg über sich selbst ist, doch das glauben die Törichten nicht, deshalb werden sie auch betrogen, denn sie glauben nur das, was die neunundneunzig Unweisen wohl tausendmal gesagt haben!

DER UNBEKANNTE: Es reicht jetzt! – Sag mir eins, ist das nicht Schnee hier auf der Erde?

DER BETTLER: Ja, es ist Winter hier!

DER UNBEKANNTE: Und dort hinten ist es grün?

DER BETTLER: Dort ist Sommer!

DER UNBEKANNTE: Und dort wird es hell?

Über dem Steg ist ein heller Lichtschein zu sehen.

DER BETTLER: Ja, dort ist es hell, und hier ist es dunkel.

DER UNBEKANNTE: Und was kommt dort? *Drei Kinder in Sommerkleidern – zwei Mädchen und ein blonder Junge – kommen von rechts zum Steg.* Hallo! Meine Kinder! *Die Kinder horchen auf und betrachten den Unbekannten mit fremden Blicken. Der Unbekannte ruft:* Gerda! Erik! Thyra! – Ich bin es! *Die Kinder scheinen ihn wiederzuerkennen, wenden sich ab nach rechts.* Sie kennen mich nicht mehr! Sie wollen mich nicht mehr kennen!

Der Herr und die Frau kommen von rechts; die Kinder hopsen nach links davon und verschwinden.
Der Unbekannte fällt vornüber zu Boden.

DER BETTLER: So etwas kann man erwarten! So kann der Zufall spielen! Wieder hoch!

DER UNBEKANNTE *erhebt sich*: Wo bin ich? Wo bin ich gewesen? Ist es Frühling, Winter oder Sommer? In welchem Jahrhundert lebe ich und in welchem Weltraum? Bin ich Kind oder Greis, Mann oder Frau, ein Gott oder ein Teufel? – Wer bist du? Bist du du oder bist du ich? Sind es meine Eingeweide, die ich um mich her sehe? Sind das Sterne oder Nervenbündel in meinem Auge, ist es Wasser, oder sind es meine Tränen? Still! Jetzt bin ich tausend Jahre in der Zeit vorgerückt, und ich beginne zusammenzuschrumpfen, mich zu verdichten und zu kristallisieren! Warte ein wenig, bald bin ich wieder neu erschaffen. Und aus den dunklen Wassern des Chaos reckt die Lotosblume ihr Haupt der Sonne entgegen und sagt: Ich bin es! – Ich muß wohl ein paar tausend Jahre geschlafen haben; und ich träumte, ich explodierte und wurde Äther, fühlte nichts mehr, litt nicht mehr, freute mich nicht, sondern war in den Zustand der Ruhe und des Gleichgewichts eingetreten! Doch jetzt! Oh, jetzt! Ich leide, als wäre ich das ganze Menschengeschlecht. Ich leide und habe nicht das Recht zu klagen …

DER BETTLER: Leide, desto eher ist der Schmerz zu Ende …

DER UNBEKANNTE: Nein, dies sind die ewigen Qualen …

DER BETTLER: Und es ist nur eine Minute vergangen …

DER UNBEKANNTE: Ich vermag's nicht zu tragen!

DER BETTLER: Dann mußt du dir Hilfe suchen …, da!

DER UNBEKANNTE: Was kommt jetzt? Es ist noch nicht zu Ende!

Über dem Steg wird es hell. Cäsar kommt, stürzt sich vom Steg. Darauf kommt der Arzt von rechts, barhäuptig, mit verwildertem Aussehen; gebärdet sich, als ob er sich in den Bach stürzen wolle.

DER UNBEKANNTE: Er hat sich so gründlich gerächt, daß er keine Gewissensqualen mehr weckt! *Der Arzt ab nach links. Die Schwester kommt von rechts, suchend.* Wer ist das?

DER BETTLER: Ja, das ist seine unverheiratete und unversorgte Schwester, die jetzt kein Zuhause mehr hat und verzweifelt ist, seitdem ihr Bruder geisteskrank wurde, und vor Kummer verfällt.

DER UNBEKANNTE: Das ist schwerer! Armer Mensch, was soll man dabei tun? Wenn ich auch ihre Qual erleide, ist ihr damit geholfen?

DER BETTLER: Nein!

DER UNBEKANNTE: Gewissensqualen, warum kommt ihr hinterher und nicht vorher – Kannst du mir da heraushelfen?

DER BETTLER: Nein, das kann kein Mensch! Komm, wir gehen weiter!

DER UNBEKANNTE: Wohin?

DER BETTLER: Komm nur!

Die Rosenkammer

Die Dame sitzt weißgekleidet an der Wiege und häkelt. Das grüne Kleid hängt an der Tür rechts.
Der Unbekannte kommt herein, sieht sich erstaunt um.

DIE DAME *einfach, mild, ohne eine Spur von Erstaunen*: Geh leise und komm her, dann siehst du etwas Schönes!

DER UNBEKANNTE: Wo bin ich?

DIE DAME: Still! Schau den kleinen Fremdling an, der gekommen ist, während du fort warst.

DER UNBEKANNTE: Man sagte mir, der Fluß sei übergetreten und habe alles mitgerissen.

DIE DAME: Warum glaubst du alles, was man dir einredet? Der Fluß ist übergetreten, doch dieser kleine Mensch hier hat jemand, der ihn und die Seinen schützt... Möchtest du deine Tochter nicht sehen? *Der Unbekannte nähert sich der Wiege. Die Dame hebt die Gardine.* Sieh, wie schön sie ist! Nicht wahr? *Der Unbekannte wird finster.* Sieh doch!

DER UNBEKANNTE: Alles ist vergiftet, alles!

DIE DAME: Ja, vielleicht!

DER UNBEKANNTE: Weißt du, daß er den Verstand verloren hat und in der Gegend umherirrt, gefolgt von seiner Schwester..., die ihn sucht. Dazu ist er in Not und trinkt...

DIE DAME: O Gott, mein Gott!

DER UNBEKANNTE: Mach mir einen Vorwurf!

DIE DAME: Das machst du selbst zur Genüge. Ich möchte dir eher einen guten Rat geben. Geh zum Kloster „Die gute Hilfe", dort ist ein Mann, der dich von dem Bösen, das du fürchtest, befreien kann.

DER UNBEKANNTE: Dort im Kloster, wo man verflucht und bindet ...

DIE DAME: Man löst auch!

DER UNBEKANNTE: Aufrichtig gesagt, ich glaube, du willst mich täuschen. Ich glaube dir nicht mehr.

DIE DAME: Und ich dir nicht! Deshalb betrachte dies als deinen Abschiedsbesuch ...

DER UNBEKANNTE: Das war auch so gedacht, doch ich möchte zuerst ergründen, ob wir uns einig sind ...

DIE DAME: Du siehst ja, daß wir auf den Leiden anderer kein Glück aufbauen können. Deshalb müssen wir uns trennen. Das ist die einzige Linderung für seine Qualen. Ich habe mein Kind, das mein Leben ausfüllt, und du hast das große Ziel deines Ehrgeizes ...

DER UNBEKANNTE: Du verhöhnst mich noch?

DIE DAME: Nein, wieso? Du hast ja das große Problem gelöst ...

DER UNBEKANNTE: Still! Kein Wort mehr darüber, auch wenn du daran glaubst!

DIE DAME: Wenn doch alle anderen glauben ...

DER UNBEKANNTE: Es glaubt keiner mehr ...

DIE DAME: Es steht doch heute in der Zeitung, daß man in England Gold gemacht hat und daß das bestätigt wurde!

DER UNBEKANNTE: Man hat dich hinters Licht geführt!

DIE DAME: Nein! – O Gott, er glaubt nicht an sein Glück!

DER UNBEKANNTE: Ich glaube an nichts mehr!

DIE DAME: Nimm die Zeitung aus der Tasche meines Kleides!

DER UNBEKANNTE: Das grüne Hexenkleid, das mich einmal verhexte zwischen Wirtshaus und Kirche an einem Sonntagnachmittag, das bringt nichts Gutes!

DIE DAME *geht und holt eine Zeitung und einen großen Briefumschlag hervor*: Sieh selbst!

DER UNBEKANNTE *zerreißt die Zeitung*: Ich brauch nicht zu sehen!

DIE DAME: Er glaubt nicht! Er glaubt nicht! Doch die Chemiker haben ja ein Bankett für dich zum nächsten Sonnabend vorbereitet.

DER UNBEKANNTE: Ach so, das steht dort auch! Das vom Bankett!

DIE DAME *übergibt ihm den Briefumschlag*: Und hier ist das Ehrendiplom! Lies doch, Mensch!

DER UNBEKANNTE *zerreißt den Brief*: Vielleicht ist auch der Orden der Regierung dabei!

DIE DAME: Ja, wen die Götter vernichten wollen, den schlagen sie mit Blindheit! Du hattest keine gute Absicht mit deiner Erfindung, und deshalb durftest du sie nicht allein machen!

DER UNBEKANNTE: Jetzt gehe ich, denn ich möchte hier nicht stehen und meine Schande zur Schau stellen! Lächerlich bin ich geworden, und deshalb will ich mich verbergen, mich lebendig begraben, denn ich wage nicht zu sterben.

DIE DAME: Geh, mein Freund! Wir fahren in einigen Tagen in die Kolonien!

DER UNBEKANNTE: Das ist wenigstens wahr! – Dann naht die Lösung.

DIE DAME: Die Lösung des Rätsels, warum wir uns treffen mußten?

DER UNBEKANNTE: Warum mußten wir uns treffen?

DIE DAME: Um einander zu quälen!

DER UNBEKANNTE: Ist das alles?

DIE DAME: Du solltest mich von einem Werwolf befreien, der keiner war, und so wurdest du selbst einer. Und dann sollte ich dich von dem Bösen befreien, indem ich all deine Bosheit aufnahm, und das tat ich auch, doch mit dem Ergebnis, daß du noch böser wurdest. Mein armer Befreier, jetzt stehst du da, gebunden an Händen und Füßen, und kein Zauberer kann dich erlösen.

DER UNBEKANNTE: Leb wohl und Dank für alles!

DIE DAME: Leb wohl und Dank für alles! *Sie deutet auf die Wiege.*

DER UNBEKANNTE *zieht sich in den Hintergrund zurück*: Vielleicht sollte ich mich dort drinnen zuerst verabschieden?

DIE DAME: Tu das, mein Freund!

Der Unbekannte geht durch die Tür im Hintergrund. Die Dame geht zur Tür rechts und läßt den Dominikaner (den Bettler) herein.

DER KONFESSOR: Ist er jetzt bereit?

DIE DAME: Für diesen armen Menschen bleibt nichts anderes, als die Welt zu verlassen und sich im Kloster zu vergraben.

DER KONFESSOR: Er glaubt also nicht, daß er der große Erfinder ist, der er ist?

DIE DAME: Nein, er kann von keinem etwas Gutes glauben, nicht einmal von sich selbst ...

DER KONFESSOR: Das ist ja die göttliche Strafe, er sollte die Lüge glauben, weil er die Wahrheit nicht haben wollte.

DIE DAME: Doch erleichtern Sie ihm die Bürde seiner Schuld etwas, wenn Sie können.

DER KONFESSOR: Nein, dann wird er sofort übermütig und klagt Gott der Bosheit und Ungerechtigkeit an. Und dieser Mann ist ein Dämon, der gefangengehalten werden muß; von der gefährlichen Art der Empörer, würde er seine Gabe, Böses zu tun, mißbrauchen, und die Kraft des Menschen im Bösen ist unermeßlich.

DIE DAME: Bei der Ergebenheit, die Sie für mich empfunden haben, erleichtern Sie ein wenig seine Bürde, in dem Punkt, wo er sich am meisten bedrückt fühlt, wo er jedoch am wenigsten Schuld trägt.

DER KONFESSOR: Nicht ich, aber Sie sollten es tun, so daß er von Ihnen in dem Glauben weggeht, daß Sie etwas Gutes in sich haben und daß Sie nicht so sind, wie Ihr früherer Mann Sie geschildert hat. Glaubt er Ihnen, dann werde ich ihn später lösen, so wie ich ihn einmal gebunden habe, als er mir während der Krankheit im Kloster „Die gute Hilfe" beichtete.

DIE DAME *geht zum Hintergrund und öffnet die Tür*: Nun gut!

DER UNBEKANNTE *kommt herein*: Dort ist der Furchtbare; wie ist er hierhergekommen? – Aber das ist ja der Bettler!

DER KONFESSOR: Ja, es ist dein furchtbarer Freund, der gekommen ist, um dich zu holen.

DER UNBEKANNTE: Habe ich ...

DER KONFESSOR: Ja. Du hast mir einmal deine Seele verschworen ..., als du krank warst und den Wahnsinn nahen fühltest. Danach gelobtest du, den guten Mächten zu dienen, doch als du wieder gesund warst, hast du das Versprechen gebrochen. Deshalb wurdest du mit Unruhe geschlagen und bist friedlos umhergeirrt, gequält vom Gewissen.

DER UNBEKANNTE: Wer bist du eigentlich, daß du es wagst, an meinem Schicksal zu rühren?

DER KONFESSOR: Frage sie!

DIE DAME: Dieser Mann war mein erster Bräutigam, der sein Leben später, als ich ihn verließ, in den Dienst des Herrn gestellt hat ...

DER UNBEKANNTE: Und wenn es so wäre ...?

DIE DAME: Dann brauchst du nicht so schlecht über deine Tat zu denken, da du zum Rächer für meine Treulosigkeit und für die Gewissenlosigkeit des anderen wurdest.

DER UNBEKANNTE: Sein Verbrechen kann meins nicht rechtfertigen! Im übrigen ist das wohl unwahr, wie alles andere, und ihr sagt das nur, um mich zu trösten!

DER KONFESSOR: Ein unseliger Geist ist er ...

DER UNBEKANNTE: Und ein Verdammter!

DER KONFESSOR: Nein! *Zur Dame*: Sag etwas Gutes über ihn!

DIE DAME: Er glaubt es nicht, wenn ich etwas Gutes sage, er glaubt nur Böses!

DER KONFESSOR: Dann werde ich ein gutes Wort sagen. Es kam einmal ein Bettler und bat ihn um einen Schluck Wasser, und er gab ihm Wein statt Wasser und ließ ihn an seinem Tische sitzen. Erinnern Sie sich daran?

DER UNBEKANNTE: Nein, solche Nichtigkeiten bewahre ich nicht in meinem Gedächtnis!

DER KONFESSOR: Hochmut! Hochmut!

DER UNBEKANNTE: Nenn es Hochmut! Das ist doch die letzte

Spur unseres göttlichen Ursprungs! Komm jetzt! Bevor die Dunkelheit anbricht!

DER KONFESSOR: „Die ganze Welt hatte helles Licht und ging in unverhinderten Geschäften; allein über diesen stand eine tiefe Nacht, welche war ein Bild der Finsternis, die über sie kommen sollte; aber sie waren ihnen selbst eine schwerere Last denn die Finsternis."

DIE DAME: Tu ihm nicht weh!

DER UNBEKANNTE *mit Leidenschaft*: Wie schön sie reden kann, und ist doch so boshaft! Sieh diese Augen, weinen können sie nicht, doch schmeicheln, stechen, lügen! Und dennoch: „Tu ihm nicht weh!" – Sieh da, jetzt hat sie Angst, ich könnte das Kind wecken, das kleine Unding, das sie mir wegnahm! Komm, Priester, bevor ich meinen Sinn ändere.

Dritter Teil

PERSONEN

- Der Unbekannte
- Die Dame
- Der Konfessor
- Der Prior
- Der Versucher
- Die erste Frau
- Ihr jetziger Mann
- Erik
- Thyra
- Gerda
- Nebenpersonen

Den Vordergrund bildet das eine Ufer des großen Flusses. Rechts eine vorspringende Landzunge mit alten Weiden. In der Mitte der Fluß, der still dahinfließt. Den Hintergrund bildet das andere Ufer des Flusses, ein hoher, mit Wald bewachsener Berg. Über den Kronen der Laubbäume erhebt sich das Kloster, ein kolossaler viereckiger Bau, vollkommen weiß, mit zwei Reihen kleiner Fenster. Die Fassade wird unterbrochen von der Klosterkirche mit zwei Türmen im Jesuitenstil. Die Kirchentür steht offen, so daß die Monstranz auf dem Altar in einem bestimmten Augenblick im Sonnenlicht zu sehen ist.

Im Vordergrund am Ufer, das flach und sandig ist, wachsen Königskerzen und Lysimachia. Dort liegt ein Kahn.

Links die Hütte des Fährmanns.

Es ist ein Frühsommerabend, die Sonne steht niedrig. Der Vordergrund und der Fluß sowie der untere Teil des Hintergrunds liegen im Schatten. Der Laubwald am anderen Ufer bewegt sich leicht im schwachen Wind. Nur das Kloster liegt im Sonnenschein.

Der Unbekannte und der Konfessor kommen von rechts. Der Unbekannte in Bergsteigerkleidung, brauner Mantel mit Pelerine und Kapuze, Bergstock und Reisetasche. Er hinkt ein wenig. Der Konfessor in schwarz-weißer Dominikanertracht. Sie bleiben so stehen, daß eine Weide die Aussicht aufs Kloster verbirgt.

DER UNBEKANNTE: Weshalb führst du mich diese krummen und steilen Wege, die nie ein Ende nehmen?

DER KONFESSOR: Der Weg hierher ist so, mein Freund! Doch jetzt sind wir bald da. *Führt den Unbekannten auf die Bühne. Der Unbekannte erblickt das Kloster, ist vom Anblick entzückt, nimmt den Hut ab, stellt die Reisetasche und den Stock hin.* Nun?

DER UNBEKANNTE: Etwas so Weißes habe ich nie auf dieser schmutzigen Erde gesehen, nur in meinen Träumen. Ja, dies ist mein Jugendtraum von einem Haus, wo Frieden und Reinheit wohnen! – Sei gegrüßt, weißes Haus ..., jetzt bin ich daheim.

DER KONFESSOR: Gut, doch wir müssen erst auf die Pilger warten, hier an diesem Ufer, das man das Ufer des Abschieds nennt, weil man hier gewöhnlich Abschied nimmt, bevor der Fährmann einen übersetzt.

DER UNBEKANNTE: Habe ich nicht genug Abschied genommen? War nicht mein ganzes Leben ein Dornenweg des Abschieds? Gasthöfe, Dampferanlegestellen, Bahnhöfe, wo man mit tränenfeuchten Taschentüchern winkt?

DER KONFESSOR: Und dennoch zittert die Stimme vom Schmerz des Verlusts!

DER UNBEKANNTE: Ich vermisse nichts, wünsche nichts zurück!

DER KONFESSOR: Nicht einmal die Jugend?

DER UNBEKANNTE: Die am allerwenigsten! Was sollte ich mit deren Kraft, zu leiden?

DER KONFESSOR: Und zu genießen?

DER UNBEKANNTE: Ich habe nie genossen, denn ich bin mit dem Pfahl im Fleisch geboren. Jedesmal wenn ich die Hand nach einem Vergnügen ausstreckte, schmerzte es, und Satan gab mir eine Ohrfeige!

DER KONFESSOR: Schlechte Vergnügungen!

DER UNBEKANNTE: Nicht so schlecht: eigener Herd, Frau, Kinder, Pflichten, Fürsorge für andere! – Nein, ich bin in Ungnade geboren, aufgewachsen als Stiefkind des Lebens, gehetzt, gejagt, mit einem Wort: verflucht.

DER KONFESSOR: Weil du Gottes Geboten nicht folgtest ...

DER UNBEKANNTE: Denen keiner folgen kann, wie Paulus sagt. Doch was keiner kann, das sollte ich können. Warum ich allein? Weil ich der Hundsfott sein sollte! Weil man von mir mehr verlangte als von den anderen. *Schreit*: Weil man ungerecht gegen mich war!

DER KONFESSOR: Bist du wieder da, Geist des Aufruhrs?

DER UNBEKANNTE: Ja, wieder da, immer da! – Laß uns über den Fluß setzen!

DER KONFESSOR: Glaubst du, man steigt unvorbereitet zu diesem weißen Haus hinauf?

DER UNBEKANNTE: Ich bin bereit, prüfe mich!

DER KONFESSOR: Gut! Das erste Klostergelübde heißt Demut!

DER UNBEKANNTE: Und das zweite heißt Gehorsam! Keins von beiden ist meine besondere Tugend gewesen. Aber gerade deshalb will ich die Kraftprobe machen.

DER KONFESSOR: Und deinen Hochmut in der Demut zeigen!

DER UNBEKANNTE: Was es auch immer sein mag, mir ist alles gleichgültig!

DER KONFESSOR: Alles? Die Welt und ihre besten Gaben, unschuldige Kinderfreude, gemütliche Wärme des Heims, Anerkennung durch die Mitmenschen, die Befriedigung durch erfüllte Pflichten, alles ist gleichgültig?

DER UNBEKANNTE: Für mich ..., denn ich bin ohne Sinn für die Freude geboren. Es gab Augenblicke, wo ich beneidet wurde, doch ich habe nicht verstanden, weshalb man mich beneidete, wegen meiner Qualen im Unglück, meiner Unruhe im Erfolg, daß er nicht lange währen würde?

DER KONFESSOR: Das ist wahr, das Leben gab dir alles, was du dir gewünscht hast, sogar etwas Gold zum Schluß. Und auch eine Büste hast du bekommen, wie ich mich erinnere?

DER UNBEKANNTE: Ich bekam eine Büste, ja!

DER KONFESSOR: Glaubst du an Büsten? Du?

DER UNBEKANNTE: Überhaupt nicht. Doch ein Monument drückt auf jeden Fall eine gut gegründete Anerkennung aus, die weder durch Neid noch durch Unverstand erschüttert werden kann.

DER KONFESSOR: Wirklich? Ich glaube zu bemerken, daß menschliche Größe von der Meinung der anderen abhängt, ändert sie sich, kann auch die Größe schnell geringer und kleiner als Null werden.

DER UNBEKANNTE: Die Meinung der anderen hat für meine eigene noch nie etwas bedeutet.

DER KONFESSOR: So?

DER UNBEKANNTE: Und niemand ist so streng gegen sich selbst gewesen wie ich! Und keiner so demütig! Alle forderten von mir Respekt, während alle mich getreten und angespuckt haben. Als ich schließlich fand, daß ich Verpflichtungen habe gegenüber der unsterblichen Seele, die ich zur Aufbewahrung bekommen hatte, begann ich Achtung vor dieser unsterblichen Seele zu fordern, und da wurde ich zum Hochmütigsten der Hochmütigen gestempelt – und von wem? Ja, von den Hochmütigsten unter den Demütigen und Kleinen.

DER KONFESSOR: Ich finde, du verwickelst dich in Widersprüche ...

DER UNBEKANNTE: Auch ich! Ja, denn das ganze Leben bestand nur aus Widersprüchen; die Reichen sind die geistig Armen; die vielen Kleinen besitzen die Macht, und die Großen dienen den vielen Kleinen. Ich habe nie so Hochmütige getroffen wie die Demütigen. Ich habe nie einen ungebildeten Menschen getroffen, der nicht glaubte, Bildung beurteilen und entbehren zu können. Ich habe immer die unangenehmste Todsünde bei den Heiligen angetroffen, ich meine die Selbstgefälligkeit, und ich bin selbst ein Heiliger gewesen in meiner Jugend, aber nie bin ich später so schlecht gewesen! Je besser ich mich fand, desto schlechter wurde ich!

DER KONFESSOR: Was suchst du dann hier?

DER UNBEKANNTE: Was ich vorhin sagte, ich füge aber hinzu: ich suche den Tod, ohne zu sterben!

DER KONFESSOR: Den Tod deines Fleisches, den Tod deines alten Ichs! Gut! – Verhalt dich still, nun kommen die Pilger auf ihren Flößen, um den Leib Christi zu feiern ...

DER UNBEKANNTE *sieht nach rechts, entsetzt*: Was ist das?

DER KONFESSOR: Das sind Menschen, die an etwas glauben ...

DER UNBEKANNTE: Hilf dann meinem Unglauben!

Jetzt fällt die Sonne auf die Monstranz oben in der Kirche, so daß sie wie eine Fensterscheibe im Sonnenuntergang leuchtet.

DER UNBEKANNTE: Ist die Sonne in die Kirche gegangen, oder ...

DER KONFESSOR: Die Sonne ist in die Kirche hineingegangen! ...

Das erste Floß kommt von rechts. Weißgekleidete Kinder mit Kränzen im Haar und brennenden Kerzen in den Händen stehen um einen blumengeschmückten Altar, auf dem eine weiße Fahne mit einer goldenen Lilie aufgestellt ist. Sie singen, während das Floß langsam vorbeigleitet.

„Wohl dem, der den Herrn fürchtet
Beati omnes qui timent Dominum
Und auf seinen Wegen geht!
Qui ambulant in viis eius
Du wirst dich nähren von deiner Hände Arbeit;
Labores manuum tuarum quia: manducabis
wohl dir, du hast's gut.
Beatus es et bene tibi erit."

Ab.
Das zweite Floß mit Jünglingen auf der einen und Mädchen auf der anderen Seite. Eine Fahne mit einer Rose.

„Dein Weib wird sein wie ein fruchtbarer
Weinstock
Uxor tua sicut vitis abundans
Drinnen in deinem Hause.
In lateribus domus tuae."

Ab.
Das dritte Floß mit Männern und Frauen. Eine Fahne mit Früchten: Feigen, Trauben, Granatäpfeln, Melonen, Ähren usw.

„Filii tui sicut novella olivarum
Deine Kinder wie junge Ölbäume
In circuitu mensae tuae
Um deinen Tisch her."

Ab.
Das vierte Floß mit älteren Frauen und Männern. Eine Fahne mit einer beschneiten Fichte.

„Siehe, so wird gesegnet der Mann,
Ecce sic benedicetur homo
Der den Herrn fürchtet.
Qui timet Dominum!"

Ab.

DER UNBEKANNTE: Was hat man da gesungen?

DER KONFESSOR: Das war ein Wallfahrtslied!

DER UNBEKANNTE: Wer hat es geschrieben?

DER KONFESSOR: Eine königliche Person ...

DER UNBEKANNTE: Hier? Wie heißt er, hat er noch etwas anderes geschrieben?

DER KONFESSOR: Er hat mindestens fünfzig Lieder geschrieben und heißt David, Isaaks Sohn. Aber er hat nicht immer Kirchenlieder geschrieben ... Als er jung war, tat er etwas anderes ... Ja, ja, so ist es!

DER UNBEKANNTE: Können wir jetzt gehen?

DER KONFESSOR: Gleich, doch ich muß erst noch einiges sagen!

DER UNBEKANNTE: Sprich!

DER KONFESSOR: Ja, aber werde nicht traurig oder böse.

DER UNBEKANNTE: Nein, gewiß nicht!

DER KONFESSOR: Ja, sieh, hier, auf dieser Seite bist du ein bekannter, laß uns sagen, ein berühmter Mann, aber dort, auf der anderen Seite, bist du vollkommen unbekannt unter den Brüdern, also nichts weiter als ein gewöhnlicher, ein einfacher Mensch.

DER UNBEKANNTE: So? Liest man dort im Kloster nicht?

DER KONFESSOR: Keinen Tand, nur ernste Bücher!

DER UNBEKANNTE: Man liest doch sicher Zeitungen?

DER KONFESSOR: Nicht solche, die über dich schreiben!

DER UNBEKANNTE: Also, dort jenseits des Wassers gibt es mein Lebenswerk nicht?

DER KONFESSOR: Welches Werk?

DER UNBEKANNTE: Ach so! Gut! Können wir jetzt gehen?

DER KONFESSOR: Gleich! Hast du niemand, von dem du Abschied nehmen möchtest?

DER UNBEKANNTE *nach einer Pause*: Doch, doch das liegt außerhalb der Grenzen des Möglichen.

DER KONFESSOR: Hast du je etwas Unmögliches gesehen?

DER UNBEKANNTE: Eigentlich nicht, nachdem ich mein eigenes Schicksal gesehen habe!

DER KONFESSOR: Also, wen möchtest du treffen?

DER UNBEKANNTE: Ich hatte einmal eine Tochter, ich nannte sie Sylvia, weil sie den ganzen Tag wie ein Laubsänger sang ... Es ist schon einige Jahre her, seit ich sie zum letztenmal sah. Sie müßte jetzt eine Jungfrau von sechzehn Jahren sein. Doch ich fürchte, wenn ich sie sehen könnte, würde das Leben für mich wieder einen Wert gewinnen.

DER KONFESSOR: Weiter fürchtest du nichts?

DER UNBEKANNTE: Was sollte das sein?

DER KONFESSOR: Daß sie sich verändert hat!

DER UNBEKANNTE: Das könnte nur zu ihrem Vorteil sein!

DER KONFESSOR: Bist du sicher?

DER UNBEKANNTE: Ja!

DER KONFESSOR: Sie wird kommen!

Geht zum Ufer hinunter und winkt nach rechts.

DER UNBEKANNTE: Warte! – Ich überlege, ob das klug ist!

DER KONFESSOR: Schaden kann es nicht! *Winkt wieder.*

Ein Boot, am Ruder ein junges Mädchen, erscheint auf dem Fluß. Das Mädchen ist sommerlich gekleidet, mit offenem blondem Haar. Sie steigt hinter der Weide aus dem Boot. Der Konfessor zieht sich hinter die Hütte des Fährmanns zurück, er bleibt für die Zuschauer jedoch sichtbar.
Der Unbekannte winkt dem Mädchen, das seinen Gruß erwidert.

DAS MÄDCHEN *kommt auf die Bühne, eilt in die Arme des Unbekannten und küßt ihn*: Papa, lieber Papa!

DER UNBEKANNTE: Sylvia, mein geliebtes Kind!

DAS MÄDCHEN: Wie in aller Welt kommst du hierher, hier draußen in den Bergen?

DER UNBEKANNTE: Und du, wie bist du hierhergekommen? Ich dachte, ich hätte mich so gut verborgen!

DAS MÄDCHEN: Warum wolltest du dich verbergen?

DER UNBEKANNTE: Frag sowenig wie möglich! ... Du bist ein großes Mädchen geworden ..., und ich bin grau geworden!

DAS MÄDCHEN: Nein, du bist nicht grau ... Du bist noch genauso jung wie damals, als wir uns trennten ...

DER UNBEKANNTE: Als wir uns trennten ...

DAS MÄDCHEN: Als du von uns fortgingst ... *Der Unbekannte schweigt.* Bist du nicht froh, daß wir uns wiedersehen?

DER UNBEKANNTE *matt*: Doch!

DAS MÄDCHEN: Nun, dann zeig es auch!

DER UNBEKANNTE: Wie soll ich mich freuen können, wenn dies unser Abschied für das ganze Leben ist!

DAS MÄDCHEN: Wohin willst du denn?

DER UNBEKANNTE *zeigt zum Kloster*: Dorthin!

DAS MÄDCHEN *altklug*: Ins Kloster? ... Ja, wenn ich es recht bedenke, so ist das vielleicht das beste.

DER UNBEKANNTE: Meinst du?

DAS MÄDCHEN *mitleidig, aber wohlwollend*: Ich meine, wenn man ein verfehltes Leben hinter sich hat ... *Schmeichelnd*: Nein, jetzt bist du traurig! Sag mir eins ...

DER UNBEKANNTE: Liebes Kind, sag mir eins, was mich mehr als alles andere beunruhigt hat ... Du hast jetzt einen Stiefvater ...

DAS MÄDCHEN: Ja!

DER UNBEKANNTE: Na, und!

DAS MÄDCHEN: Er ist ein wirklich guter Mensch ...

DER UNBEKANNTE: Der alle Vorzüge besitzt, die mir fehlen ...

DAS MÄDCHEN: Freut es dich nicht, daß wir in bessere Hände gekommen sind?

DER UNBEKANNTE: Gut, besser, am besten ... Warum kommst du mit bloßem Kopf?

DAS MÄDCHEN: Weil Georg meinen Hut aufhat.

DER UNBEKANNTE: Wer ist Georg, wo ist er?

DAS MÄDCHEN: Georg ist mein Freund, er wartet am Ufer dort unten.

DER UNBEKANNTE: Bist du verlobt?

DAS MÄDCHEN: Nein, natürlich nicht!

DER UNBEKANNTE: Willst du heiraten?

DAS MÄDCHEN: Nie!

DER UNBEKANNTE: Ich sehe es an deinen marmorierten Wangen, die wie die eines Kindes sind, das zu früh aufgestanden ist, ich höre es an deiner Stimme, die nicht mehr wie die einer Grasmücke klingt, sondern wie der Warnschrei eines Eichelhähers, ich fühle es an deinen Küssen, die kalt brannten wie die Sonne im Mai, deine schnellen, kalten Blicke verraten, daß du ein Geheimnis hast, dessen du dich schämst, mit dem du aber auch gerne angeben möchtest ... Und die anderen Geschwister, wie geht es ihnen?

DAS MÄDCHEN: Danke, gut!

DER UNBEKANNTE: Haben wir uns noch mehr zu sagen?

DAS MÄDCHEN *kalt*: Vielleicht nicht! ...

DER UNBEKANNTE: Jetzt bist du wie deine Mutter!

DAS MÄDCHEN: Wie kannst du das wissen, du konntest sie doch nie sehen, wie sie war?

DER UNBEKANNTE: Das hast du begriffen, so jung, wie du noch bist!

DAS MÄDCHEN: Ich habe verstehen gelernt – von dir! Wenn du dich doch nur selbst verstehen könntest!

DER UNBEKANNTE: Hast du mir noch mehr beizubringen?

DAS MÄDCHEN: Vielleicht, doch das galt ja als unpassend zu deiner Zeit.

DER UNBEKANNTE: Meine Zeit, sie ist vergangen, sie ist nicht mehr; ebenso wie Sylvia nicht mehr ist, nur noch ein Name, eine Erinnerung. *Holt einen Reiseführer aus der Tasche.* Sieh hier, diesen Reiseführer! Siehst du die kleinen Flecken dort von kleinen Fingern und dort von kleinen feuchten Lippen? Sie stammen von dir, als du fünf Jahre alt warst und bei mir auf den Knien im Zuge saßt, damals, als wir zum erstenmal die Alpen sahen. Du glaubtest, das sei der Himmel, doch als ich dir erklärte, daß das „Die Jungfrau" sei, batest du, diesen Namen küssen zu dürfen, der hier im Buche steht!

DAS MÄDCHEN: Ich erinnere mich nicht daran!

DER UNBEKANNTE: Die schönen Erinnerungen vergehen, doch die bösen bleiben! Erinnerst du dich an nichts von mir?

DAS MÄDCHEN: Doch!

DER UNBEKANNTE: Still! Ich weiß, was du meinst. Eine Nacht, ja ..., oh, diese entsetzliche, diese schreckliche Nacht! Sylvia, mein Kind, wenn ich die Augen schließe, sehe ich einen kleinen bleichen Engel, der in meinen Armen schlief, wenn er krank war, der sich bei mir bedankte, wenn er ein Geschenk bekam ... Wo ist er jetzt, wo ist er, nach dem ich mich sehne und den es nicht mehr gibt, obwohl er nicht tot ist ... Du dort, du bist eine fremde Person, die ich nie gekannt zu haben glaube, die wiederzusehen ich nicht begehre. Wenn Sylvia wenigstens im Grabe läge und tot wäre, dann hätte ich einen Friedhof, zu dem ich mit meinen Blumen gehen könnte ... Wie seltsam! Sie ist nicht im Totenreich und nicht hier auf Erden! Vielleicht hat es sie nie gegeben, nur im Traum, wie alles andere!

DAS MÄDCHEN *schmeichelnd*: Mein lieber Papa!

DER UNBEKANNTE: Da ist sie! ... Nein, das war nur die Stimme ... Du meinst, mein Leben sei verfehlt?

DAS MÄDCHEN: Ja, doch weshalb jetzt davon sprechen ...

DER UNBEKANNTE: Weil ich mich jetzt daran erinnere, daß ich d e i n Leben einmal gerettet habe. – Du lagst einen Monat lang mit Nervenfieber und mußtest dich quälen. Deine Mutter, die eine denkende Frau war, bat den Arzt, dich von deinem qualvollen Dasein durch ein starkes Gift zu befreien. Ich trat dazwischen und rettete dich so vor dem Tode, und deine Mutter bewahrte ich vor dem Zuchthaus!

DAS MÄDCHEN: Das glaube ich nicht!

DER UNBEKANNTE: Eine Tatsache kann doch wahr sein, auch wenn du es nicht glaubst!

DAS MÄDCHEN: Das hast du geträumt!

DER UNBEKANNTE: Vielleicht habe ich alles nur geträumt und träume immer noch! Wenn's doch nur so wäre!

DAS MÄDCHEN: Ich muß jetzt gehen, lieber Papa!

DER UNBEKANNTE: Dann lebe wohl!

DAS MÄDCHEN: Darf ich dir niemals schreiben?

DER UNBEKANNTE: Eine Tote an einen Toten schreiben? Mich erreichen keine Briefe mehr! Und Besuche dürfen nicht empfangen werden. Ich bin jedoch froh, daß wir uns getroffen haben, denn jetzt bindet mich nichts mehr auf Erden. *Geht nach links.* Leb wohl, Fräulein oder Frau, was soll ich sagen ... Es ist nicht nötig zu weinen!

DAS MÄDCHEN: Daran habe ich auch nicht gedacht, obwohl ich glaube, daß der Anstand so etwas fordert. Also leb wohl! *Geht nach rechts.*

DER UNBEKANNTE *zum Konfessor*: Da bin ich gut davongekommen, Herr Konfessor! Zur gegenseitigen Befriedigung voneinander scheiden zu können ist eine Gnade des Himmels. Jedoch, die Menschheit schreitet voran mit großen Schritten, die Selbstbeherrschung wächst im Verhältnis zur Abnahme des Tränenflusses. Ich habe in meinem Leben so viele Tränen gesehen und fühle mich fast enttäuscht in dieser Trockenheit. Ein starker junger Mensch war das, so wie ich einmal zu sein wünschte! Und dies war das Schönste, was das Leben gab ..., das Kind, der Engel in den weißen Schleiern der Wiege, und ein blaues Verdeck war darüber, wenn es schlief, blau und wie der Himmel gewölbt ... Das war das Beste! Wie muß da das Schlechteste aussehen?

DER KONFESSOR: Du mußt dich nicht aufregen, sondern du mußt heiter sein. Doch wirf erst einmal diesen dummen Reiseführer fort, denn dies ist die letzte Reise!

DER UNBEKANNTE: Du meinst den hier? ... Nun gut! *Er öffnet das Buch, küßt eine Seite und wirft es in den Fluß.* ... Noch was?

DER KONFESSOR: Ja, wenn du etwas aus Gold oder Silber hast, mußt du es den Armen schenken.

DER UNBEKANNTE: Ich habe eine silberne Uhr, zu Gold bin ich nie gekommen.

DER KONFESSOR: Gib sie dem Fährmann, dann bekommst du ein Glas Wein.

DER UNBEKANNTE: Der letzte Becher! Das ist hier ja wie eine Hinrichtung. Vielleicht wird auch das Haar geschoren?

DER KONFESSOR: Ja, später!

Er nimmt die Uhr und reicht sie in die Hütte des Fährmanns hinein, flüstert an der Tür einige Worte, bekommt eine Flasche Wein und ein Glas herausgereicht, stellt die Flasche und das Glas auf den Tisch.

DER UNBEKANNTE *füllt das Glas, läßt es aber stehen*: Bekomme ich dort oben nie Wein?

DER KONFESSOR: Niemals Wein sehen und niemals Frauen sehen. Lieder darfst du hören, doch nicht solche, die zu Wein und Weib passen.

DER UNBEKANNTE: Von Weibern habe ich genug, da gibt es keine Versuchung mehr!

DER KONFESSOR: Nein?

DER UNBEKANNTE: Nein, absolut nicht ... Doch sage mir, was haltet ihr von der Frau, wenn sie nicht einmal ihren Fuß über die geweihte Schwelle setzen darf?

DER KONFESSOR: Mußt du immer noch fragen?

DER UNBEKANNTE: Und weshalb darf eine Äbtissin nicht die Beichte abnehmen, die Messe lesen und predigen? ...

DER KONFESSOR: Darauf antworte ich nicht.

DER UNBEKANNTE: Weil die Antwort mit meinen Gedanken in – dieser Sache übereinstimmen muß.

DER KONFESSOR: Wenn wir wirklich in einem Punkt einig sein sollten, wäre das ja kein Unglück!

DER UNBEKANNTE: Sehr gut!

DER KONFESSOR: Trink jetzt deinen Wein aus.

DER UNBEKANNTE: Nein, ich möchte ihn nur anschauen, zum letztenmal. Er ist schön ...

DER KONFESSOR: Vertiefe dich nicht in Betrachtungen, auf dem Grund liegen Erinnerungen!

DER UNBEKANNTE: Und Vergessen und Lieder und Macht – eingebildete, dafür aber um so intensiver ...

DER KONFESSOR: Wart ein wenig, ich will gehen und die Fähre bestellen.

DER UNBEKANNTE: Still, ich höre ein Lied, und ich sehe! Ich sehe es ..., ja, ich sah es einen Augenblick, wie eine Fahne, die sich bei einem Windstoß entrollt, um dann wieder wie ein Lappen an der Stange zu hängen; man sieht dann nichts weiter als einen Lappen. In einer Sekunde sah ich das ganze Leben, mit seinen Freuden und Sorgen, mit seiner Schönheit und Erbärmlichkeit, doch jetzt sehe ich nichts mehr!

DER KONFESSOR *geht nach links*: Warte einen Augenblick, ich gehe und bestelle die Fähre!

Der Unbekannte geht so weit auf die Bühne hinauf, daß die Strahlen der untergehenden Sonne, die zwischen den Bäumen hindurch von rechts einfallen, seinen Schatten über das Ufer und den Fluß werfen.

Die Dame kommt in Trauerkleidung von rechts und geht so weit, daß ihr Schatten sich allmählich vor dem des Unbekannten befindet.

DER UNBEKANNTE *sieht zunächst nur seinen eigenen Schatten*: Ha, die Sonne! Sie schafft ein blutloses Bild von mir, einen Riesen, der über das Wasser des Flusses geht, den Berg hinaufklettert, über das Dach der Klosterkirche steigt und ..., nun geht er in den Weltenraum hinaus ..., zu den Sternen ..., ha, jetzt bin ich oben bei den Sternen ... *Bemerkt den Schatten der Dame vor seinem eigenen.* Doch wer verfolgt mich, wer stört meine Himmelfahrt und versucht, auf meine Schultern zu steigen? *Dreht sich um.* Du?

DIE DAME: Ich!

DER UNBEKANNTE: So schwarz! Schwarz und böse!

DIE DAME: Nicht mehr böse; traurig ...

DER UNBEKANNTE: Wen betrauerst du?

DIE DAME: Unsere Mizi ...

DER UNBEKANNTE: Meine Tochter!

Die Dame streckt die Arme aus, um sich in seine Arme zu werfen, er weicht jedoch zurück.

DER UNBEKANNTE: Ich beglückwünsche die tote Kleine, ich bedaure dich, ich selber stehe außerhalb!

DIE DAME: Tröste mich auch!

DER UNBEKANNTE: Wie schön! Ich soll meine Furie trösten, mit meinem Henker weinen, meinem Quälgeist aufspielen!

DIE DAME: Hast du absolut kein Gefühl?

DER UNBEKANNTE: Absolut nicht! Die Gefühle, die ich besaß, habe ich bei dir und anderen vergeudet.

DIE DAME: Du hast recht. Beschuldige mich!

DER UNBEKANNTE: Nein, dazu habe ich weder Zeit noch Lust! Wohin willst du?

DIE DAME: Ich will mit der Fähre mit.

DER UNBEKANNTE: Welch ein Pech für mich, ich habe denselben Weg! *Die Dame weint und schneuzt sich ins Taschentuch. Er nimmt das Taschentuch und trocknet ihre Tränen.* Trockne deine Tränen, Kind, und sei du selbst! Sei hart und gefühllos, wie du bist! *Die Dame will ihren Arm um seinen Hals legen. Der Unbekannte schlägt ihr leicht auf die Finger.* Rühre mich nicht an! Wenn deine Worte und Blicke nichts mehr auszurichten vermochten, wolltest du immer die Berührung. Verzeih eine etwas banale Frage. Bist du hungrig?

DIE DAME: Nein, danke!

DER UNBEKANNTE: Du bist müde, setz dich!

Die Dame setzt sich an den Tisch. Der Unbekannte wirft die Flasche und das Glas in den Fluß.

DER UNBEKANNTE: Nun, wofür willst du jetzt leben?

DIE DAME *betrübt*: Ich weiß nicht!

DER UNBEKANNTE: Wohin willst du reisen?

DIE DAME *schluchzt*: Ich weiß nicht!

DER UNBEKANNTE: Vollkommen verzweifelt also? Siehst keinen Zweck im Dasein und kein Ende des Elends! Welche Sympathie! Wie schade, daß es keine gemeinsamen Klöster für Männer und Frauen gibt, dann würden wir zwei ein Paar bilden ... Lebt der Werwolf?

DIE DAME: Du meinst ...

DER UNBEKANNTE: Deinen ersten Mann!

DIE DAME: Er stirbt nie!

DER UNBEKANNTE: Wie ein gewisser Wurm! ... Da wir jetzt weit von der Welt mit ihren kleinen Gesichtspunkten entfernt sind, sag mir, weshalb hast du ihn damals verlassen und bist mir gefolgt?

DIE DAME: Weil ich dich liebte!

DER UNBEKANNTE: Wie lange hat es gedauert?

DIE DAME: Bis ich dein Buch las, und bis das Kind kam.

DER UNBEKANNTE: Und dann?

DIE DAME: Haßte ich dich! Das heißt, all das Böse, was ich von dir nahm, wollte ich loswerden, konnte es aber nicht!

DER UNBEKANNTE: So ist es wohl gewesen, doch wie es wirklich war, wird man nie erfahren!

DIE DAME: Hast du gemerkt, daß man eigentlich nie etwas richtig erfährt, daß man zwanzig Jahre mit einem Menschen zusammenleben kann, mit seinen Geschwistern, seinen Eltern, ohne etwas über sie zu wissen.

DER UNBEKANNTE: Du hast es also auch bemerkt! – Wenn du alles so gut merkst, dann sag mir auch, wie kamst du dazu, mich zu lieben?

DIE DAME: Das weiß ich nicht, doch ich werde versuchen, mich daran zu erinnern! *Pause.* Ja, du hattest den männlichen Mut, unhöflich gegen eine Dame zu sein! Du hast die Gesellschaft eines Menschen bei mir gesucht und nicht die einer Frau! Das ehrte mich – und dich, fand ich!

DER UNBEKANNTE: Dann kannst du mir auch sagen, ob du mich für einen Misogyn gehalten hast?

DIE DAME: Einen Frauenfeind, wie man sagt? Das ist jeder gesunde Mann im Innersten seines Herzens; Frauenverehrer sind alle verschrobenen Männer.

DER UNBEKANNTE: Es ist wohl nicht deine Absicht, mir Komplimente zu machen?

DIE DAME: Die Frau, die einem Mann Komplimente macht, ist nicht gesund.

DER UNBEKANNTE: Du hast viel nachgedacht, höre ich!

DIE DAME: Das habe ich am wenigsten getan, und wenn ich nicht nachgedacht habe, habe ich meistens verstanden ... Im übrigen, was ich jetzt gesagt habe, ist vielleicht nur improvisiert, wie du es nennst, und braucht überhaupt nicht wahr zu sein.

DER UNBEKANNTE: Ja, aber wenn es mit meinen vielfältigen Beobachtungen übereinstimmt, so ist das sehr wahrscheinlich für mich! *Die Dame weint ins Taschentuch.* Jetzt weinst du wieder!

DIE DAME: Ich denke an Mizi! – Das Schönste ist fort!

DER UNBEKANNTE: Nein, das Schönste warst du, wenn du die ganze Nacht dasaßest und dein Kind anschautest, das in deinem Bett lag, weil die Wiege zu kalt war! *An der Tür des Fährmanns drei harte Schläge.* Sei still!

DIE DAME: Was ist das?

DER UNBEKANNTE: Mein Begleiter, der auf mich wartet.

DIE DAME *knüpft wieder an das Vorhergehende an*: Ich habe nicht geglaubt, daß das Leben etwas so Liebliches zu geben vermag wie ein Kind!

DER UNBEKANNTE: Und gleichzeitig etwas so Bitteres!

DIE DAME: Wieso Bitteres?

DER UNBEKANNTE: Du bist ja selbst einmal Kind gewesen, und du erinnerst dich sicher, wie wir als Neuverheiratete zerlumpt, schmutzig und ohne Geld nach Hause zu deiner Mutter kamen. Ich weiß es noch, sie fand uns nicht so lieblich!

DIE DAME: Das ist wahr!

DER UNBEKANNTE: Und ich – ja, ich traf vorhin meine Sylvia! Ich hatte erwartet, all das Schöne und Gute des Kindes sei nun bei der Jungfrau zu voller Blüte gelangt ...

DIE DAME: Und?

DER UNBEKANNTE: Ich fand eine verwelkte Rose, die zu früh verblüht schien ... Ihre Brust war eingesunken, ihr Haar war verfilzt wie bei einem vernachlässigten Kind, und ihre Zähne waren zerfressen ...

DIE DAME: Oh!

DER UNBEKANNTE: Traure nicht! Traure nicht um die Kleine; du hättest vielleicht um die Große trauern müssen, wie ich!

DIE DAME: So ist also das Leben!

DER UNBEKANNTE: Ja, so ist das Leben! Und deshalb gehe ich und werde mich lebendig begraben!

DIE DAME: Wo?

DER UNBEKANNTE *zeigt zum Kloster hinauf*: Dort oben!

DIE DAME: Im Kloster? – Nein, geh nicht von mir fort! Leiste mir Gesellschaft, ich bin so allein auf der Welt und so arm, so arm! Als das Kind starb, verstieß mich meine Mutter, und ich wohnte in einer Bodenkammer zusammen mit einer Näherin. Zuerst war sie anständig und freundlich, doch dann wurden ihr die einsamen Abende zu lang, und sie ging aus und suchte sich Gesellschaft ..., und so trennten wir uns. Jetzt stehe ich auf der Landstraße und besitze weiter nichts als die Kleider, die ich anhabe, weiter nichts als meine Trauer; sie esse ich, sie trinke ich, sie nährt mich und schläfert mich ein. Um nichts in der Welt möchte ich sie verlieren! *Der Unbekannte weint.* Du weinst, du! – Laß mich deine Augen küssen!

DER UNBEKANNTE: Das hast du meinetwegen gelitten!

DIE DAME: Durchaus nicht deinetwegen! Und du hast mir nie etwas Böses getan. Doch ich habe dich von Haus, Hof und Kind fortgetrieben!

DER UNBEKANNTE: Daran erinnere ich mich nicht, aber da du's sagst! Du liebst mich also noch?

DIE DAME: Wahrscheinlich! Ich weiß es nicht!

DER UNBEKANNTE: Und möchtest noch einmal beginnen?

DIE DAME: Noch einmal beginnen? Die Kämpfe? Nein!

DER UNBEKANNTE: Du hast recht, die Kämpfe würden nur von neuem beginnen! – Und dennoch ist es so schwer, sich zu trennen!

DIE DAME: Sich zu trennen? Das Wort allein ist schrecklich genug!

DER UNBEKANNTE: Was sollen wir dann tun?

DIE DAME: Ich weiß es nicht!

DER UNBEKANNTE: Nein, man weiß nichts und kaum das. Deshalb, verstehst du, werde ich jetzt nur noch glauben!

DIE DAME: Wie weißt du, daß du glauben kannst, wo der Glaube doch eine Gabe ist?

DER UNBEKANNTE: Man kann doch eine Gabe bekommen, wenn man darum bittet.

DIE DAME: Wohl dem, der bitten kann, ich habe nie betteln können …

DER UNBEKANNTE: Ich hab's lernen müssen, warum solltest du es nicht können?

DIE DAME: Man muß sich erst selbst erniedrigen …

DER UNBEKANNTE: Das besorgt das Leben so gut …

DIE DAME: Mizi, Mizi, Mizi! – *Sie rollt einen Schal, den sie auf dem Arm getragen hat, zusammen und legt ihn wie ein Wickelkind auf ihre Knie.* Schlaf jetzt, schlaf! – Denk dir, ich sehe sie … Sieh, hier! Sie lächelt mich an, aber sie ist schwarz gekleidet, sie hat wohl auch Trauer! Wie dumm ich bin! Wo ihre Mutter doch auch Trauer hat …, und zwei Zähne hat sie unten, und weiß sind sie …, Milchzähne, nie sollte sie andere bekommen … Nein, aber kannst du sie nicht sehen, wenn ich sie sehe, es ist keine Vision, sie ist es …

DER KONFESSOR *kommt durch die Tür des Fährmanns, streng zum Unbekannten*: Komm! Alles ist bereit!

DER UNBEKANNTE: Nein, noch nicht. Ich muß erst mein Haus besorgen und meine Angelegenheiten für diese Frau ordnen, die einmal meine Frau war.

DER KONFESSOR: So, du willst also hierbleiben?

DER UNBEKANNTE: Nein, das will ich nicht, aber ich möchte keine unerledigten Pflichten zurücklassen! Diese Frau steht einsam und verlassen auf der Landstraße, ohne Zuhause, ohne Geld!

DER KONFESSOR: Was geht das uns an! Laß die Toten ihre Toten begraben!

DER UNBEKANNTE: Sind das deine Lehren?

DER KONFESSOR: Nein, deine! – Meine hingegen gebieten mir, eine barmherzige Schwester hinabzuschicken, die sich dieser Unglücklichen annehmen soll, die …, die … Und die Schwester kommt sofort!

DER UNBEKANNTE: Ich verlasse mich darauf!

DER KONFESSOR *nimmt den Unbekannten bei der Hand und zieht ihn mit sich fort*: Komm jetzt!

DER UNBEKANNTE *verzweifelt*: Herr Jesus Christus, hilf uns!

DER KONFESSOR: Amen!

Die Dame hat nicht zum Konfessor und zum Unbekannten hinübergesehen, doch jetzt blickt sie auf und schaut dem Unbekannten nach, als ob sie hinterherlaufen und ihn zurückhalten wollte, aber durch das vermeintliche Kind gehindert würde, das sie an ihre Brust gelegt hat.

....

Ein Kreuzweg oben in den Bergen. Rechts Hütten. Links ein Teich, um den kranke Menschen in blauen Kleidern und mit zinnoberroten Händen sitzen. Aus dem Teich steigen ab und an blaue Dämpfe und blaue Flämmchen auf. Wenn das geschieht, halten die Kranken die Hände vor den Mund und husten. Den Hintergrund bildet ein Berg mit Nadelwald, der nach oben hin von einem stillstehenden grauen Nebel abgeschnitten wird.
Der Unbekannte sitzt an einem Tisch vor einer Hütte.
Der Konfessor kommt von rechts aus dem Hintergrund.

DER UNBEKANNTE: Endlich!

DER KONFESSOR: Wieso endlich?

DER UNBEKANNTE: Vor acht Tagen hast du mich hier zurückgelassen und gesagt, warte, bis ich wiederkomme.

DER KONFESSOR: Nun ja, habe ich dich nicht darauf vorbereitet, daß der Weg hinauf zu dem weißen Haus lang und schwer ist?

DER UNBEKANNTE: Das kann ich nicht leugnen! Wie weit sind wir gekommen?

DER KONFESSOR: Fünfhundert Meter! – Fünfzehnhundert haben wir noch vor uns!

DER UNBEKANNTE: Aber wo ist die Sonne?

DER KONFESSOR: Dort oben, über den Wolken …

DER UNBEKANNTE: Wir müssen also durch die Wolken hindurch?

DER KONFESSOR: Gewiß!

DER UNBEKANNTE: Aber diese Kranken? Was für eine Gesellschaft? Weshalb diese roten Hände?

DER KONFESSOR: Ich möchte mich und dich nicht mit unreinen Worten beschmutzen, deshalb werde ich in schönen Rätseln sprechen, die du als Dichter verstehen mußt!

DER UNBEKANNTE: Ja, sprich in schönen Worten, hier ist so viel Häßliches!

DER KONFESSOR: Du hast sicher bemerkt, daß die Zeichen der Planeten denen bestimmter Metalle entsprechen? Gut! Dann hast du gesehen, daß die Venus mit einem Spiegel bezeichnet wird. Dieser Spiegel war früher einmal aus Kupfer, und dieses Metall wurde Venus genannt und trug ihr Zeichen. Doch jetzt ist die Rückseite des Venusspiegels mit Quecksilber oder Merkur belegt!

DER UNBEKANNTE: Die Rückseite der Venus ist Merkur! ... Nein, so was!

DER KONFESSOR: Das Quecksilber ist also die Kehrseite der Venus. Das Quecksilber ist an sich blank wie die Meeresstille, wie ein See im Hochsommer, doch wenn Merkur auf den Feuerschein trifft und sich verbrennt, errötet er, wird rot wie frisches Blut, wie das Tuch des Schafotts, wie die Lippen der Hure, die gemalten Lippen der Hure, die mit Zinnober bemalten Lippen der Hure! Verstehst du jetzt – oder nicht?

DER UNBEKANNTE: Warte! Zinnober ist Quecksilber und Schwefel ...

DER KONFESSOR: Ja! Merkur muß ins Feuer, wenn er Venus zu nahe gekommen ist! Haben wir jetzt genug darüber geredet?

DER UNBEKANNTE: Das sind also Schwefelquellen hier?

DER KONFESSOR: Ja! Und die Schwefelflamme reinigt oder frißt alles, was faul ist! Wenn also die Quelle des Lebens modrig geworden ist, wird man zur Schwefelquelle geschickt ...

DER UNBEKANNTE: Und wie wird die Quelle des Lebens modrig?

DER KONFESSOR: Wenn Aphrodite, geboren aus dem reinen Schoß des Meeres, sich auf der Erde wälzt! Wenn Aphrodite Urania, die Himmlische, sich zu Pandemos, der Straßen-Venus, erniedrigt.

DER UNBEKANNTE: Warum wird die Begierde geboren?

DER KONFESSOR: Reine Begierde, um befriedigt zu werden, unreine, um erstickt zu werden.

DER UNBEKANNTE: Was ist rein, und was ist unrein?

DER KONFESSOR: Bist du schon wieder dort angelangt? ...

DER UNBEKANNTE: Frage diese hier ...

DER KONFESSOR: Hüte dich! *Fixiert den Unbekannten scharf, der in sich zusammenkriecht.*

DER UNBEKANNTE: Du erwürgst mich ..., meine Brust!

DER KONFESSOR: Ja, ich werde dir die Luft nehmen, die du zu aufrührerischen Worten gebrauchst, zu stinkenden Fragen ... Bleib jetzt dort sitzen, dann werde ich wiederkommen ... Wenn du Geduld gelernt und die Prüfung bestanden hast! Doch vergiß nicht, ich höre dich, sehe dich, fühle dich, wo ich auch bin!

DER UNBEKANNTE: Eine Prüfung also! Es ist gut, das zu wissen!

DER KONFESSOR: Doch du darfst nicht mit den Venusanbetern sprechen!

Die alte Maja erscheint im Hintergrund.

DER UNBEKANNTE *erhebt sich, entsetzt*: Wen treffe ich hier endlich? Wen? ...

DER KONFESSOR: Von wem sprichst du?

DER UNBEKANNTE: Von der Frau dort, der Alten!

DER KONFESSOR: Wer ist es denn?

DER UNBEKANNTE *ruft*: Maja! – Höre mich! *Die alte Maja ist verschwunden. Der Unbekannte eilt ihr nach.* Maja, meine Freundin, hör mich an! – Sie ist verschwunden!

DER KONFESSOR: Wer war das?

DER UNBEKANNTE *setzt sich*: O Gott! ... Als ich sie schließlich wiederfand, ging sie, oder ... Sieben lange Jahre suche ich sie durch Annoncen, durch Briefe ...

DER KONFESSOR: Warum?

DER UNBEKANNTE: So hängt ihr Schicksal mit meinem zusammen! ... Maja war das Kindermädchen meiner ersten Kinder ..., in den harten Jahren ... Ich kämpfte gegen die

Unsichtbaren, die meine Arbeit nicht segneten! Ich schrieb, so daß Hirn und Nerven sich wie Fett in Alkohol auflösten... Doch es reichte nie, ich gehörte zu den Leuten, für die nichts reicht ... Nun, und dann kam der Tag, wo ich dem Gesinde den Lohn nicht zahlen konnte ... Das war entsetzlich ..., ich wurde zum Diener der Diener, und sie wurden meine Herren! Schließlich ..., ja, um wenigstens meine Seele zu retten, floh ich vor der Übermacht ..., floh hinaus in die Wüste, sammelte meinen Geist in der Einsamkeit und kam wieder auf die Beine! – Mein erster Gedanke war – die Schulden! Sieben Jahre suchte ich die alte Maja, jedoch vergebens! Sieben Jahre sah ich ihren Schatten, vom Fenster des Zuges, vom Deck des Dampfschiffs, in fremden Städten, in fernen Ländern, doch ohne sie finden zu können. Sieben Jahre träumte ich von ihr, sieben Jahre schämte ich mich, und wenn ich ein Glas Wein trank, errötete ich vor Scham beim Gedanken an die alte Maja, die vielleicht Wasser in einem Armenhaus trank! Ich habe versucht, an Arme die Summe zu verschenken, die ich ihr schuldete, doch das half nichts! Und jetzt – wiedergefunden und verloren im selben Augenblick. *Erhebt sich und geht suchend zum Hintergrund.* Erklär mir das! Ich will meine Schuld bezahlen, kann sie endlich bezahlen, darf es aber nicht.

DER KONFESSOR: Dummheiten! – Beuge dich vor diesem Unerklärlichen, und du wirst sehen, die Erklärung kommt später! – Leb wohl! *Wendet sich zum Gehen.*

DER UNBEKANNTE: Später? – Alles kommt später!

DER KONFESSOR: Was nicht jetzt kommt! *Geht.*

Die Dame kommt, in Gedanken, setzt sich dem Unbekannten gegenüber an den Tisch.

DER UNBEKANNTE: Du schon wieder!... Dieselbe und doch nicht dieselbe ... Wie schön du geworden bist; schön wie damals, als ich dich zum erstenmal sah und dich bat, dein Freund sein zu dürfen, dein Hund ...

DIE DAME: Daß du mich schön findest, was ich nicht bin, zeigt, daß du den Schönheitsspiegel im Auge wiederbekommen hast ... Der Werwolf sah nie etwas Schönes an mir, denn er besaß nichts Schönes, mit dem er es sehen konnte.

DER UNBEKANNTE: Aber weshalb hast du mich damals geküßt – weshalb mußtest du das tun?

DIE DAME: Das hast du mich oft gefragt, doch nie habe ich antworten können, denn ich wußte es nicht! Jetzt, wo ich von dir fort war – und den Weg bis hier hinauf zu den Höhen gekommen bin, wo die Luft reiner ist – und die Sonne näher, still! Jetzt sehe ich den Sonntagnachmittag, als du wie ein hilfloses, ausgesperrtes Kind mit gebrochenen Augen dasaßest und auf dein Schicksal starrtest, da stieg in mir das Muttergefühl auf, das sich nie hatte entwickeln können – und das Erbarmen, das Erbarmen mit einer Menschenseele erfüllte mich, daß ich mich vergaß ...

DER UNBEKANNTE: Ich schäme mich! Und ich fühle jetzt, daß es so gewesen ist ...

DIE DAME: Doch du meintest, es sei – etwas anderes! Es sei ...

DER UNBEKANNTE: Sprich das Wort nicht aus! – Ich schäme mich!

DIE DAME: So schlecht hast du von mir gedacht! Hast du nicht gespürt, daß ich einen Schleier zwischen mir und dir herabließ, das Schwert des Ritters im Brautbett ...

DER UNBEKANNTE: Ich schäme mich ... Meine schlechten Gedanken habe ich in dich hineingelegt! – Ingeborg, du bist aus besserem Holz als ich ... Ich schäme mich!

DIE DAME: Jetzt bist du schön! Und wie schön! ...

DER UNBEKANNTE: O nein! Nicht ich! Du bist's!

DIE DAME *ekstatisch*: Du! ... Oh, jetzt habe ich hinter die Maske und den falschen Bart geschaut ..., jetzt sehe ich ..., jetzt sehe ich ..., wen du verborgen hast ... Den, den ich in dir zu finden glaubte ... Den ich gesucht und gesucht habe ... Mitunter glaubte ich, du seist ein Heuchler, doch wir sind keine Heuchler, nein, nein, nein, wir können nicht heucheln ...

DER UNBEKANNTE: Ingeborg ..., jetzt auf der anderen Seite des Flusses und mit dem Leben unter uns, hinter uns ..., wie sieht doch alles anders aus ... Jetzt sehe ich deine Seele, das Urbild, den Engel, der der Sünde wegen ins Gefängnis des Fleisches geworfen wurde ... Es gibt also ein Oben, ein Vorher ... Es war nicht der Anfang, als wir begannen, und es ist nicht das Ende, wenn wir aufhören. Es ist ein Fragment, das Leben, ohne Anfang und ohne Ende! Und deshalb ist es so schwer zu durchschauen.

DIE DAME *mild*: So schwer, so schwer! ... Sag, zum Beispiel – nun, da wir jenseits von Schuld oder Nichtschuld stehen –, wie kamst du dazu, die Frauen zu hassen?

DER UNBEKANNTE: Laß mich nachdenken! ... Hassen – die Frauen? – Hassen? ... Das habe ich nie getan! Leider ... Vom achten Jahr an habe ich immer für irgend jemand geschwärmt, vollkommen unschuldig, und wie ein feuerspeiender Berg habe ich dreimal geliebt ... Doch warte, immer habe ich gefühlt, daß mich die Frauen hassen ..., und sie haben mich immer gequält!

DIE DAME: Wie seltsam!

DER UNBEKANNTE: Laß mich noch etwas mehr nachdenken ... Vielleicht war ich auf mich eifersüchtig ..., vielleicht habe ich Angst gehabt, einem Einfluß zu erliegen. – Meine erste Geliebte machte sich zur Gouvernante, zum Kindermädchen. Übrigens, es gibt Männer, die keine Kinder ertragen, und Männer, die keine Frauen vertragen – über sich.

DIE DAME *freundlich*: Doch du hast die Frauen Feinde der Menschheit genannt, meinst du das?

DER UNBEKANNTE: Natürlich meine ich das, denn ich habe es geschrieben! Und ich habe auf der Grundlage von Erfahrungen, nicht von Theorien geschrieben ... Ich suchte in der Frau einen Engel, der mir seine Flügel leihen sollte, und ich fiel in die Arme des Erdgeistes, der mich unter Kissen erstickte, die er mit den Federn der Flügel gestopft hatte – ich suchte einen Ariel und fand einen Caliban, wenn ich nach oben wollte, zog sie mich hinab ..., und sie beschwor immer den Sündenfall herauf ...

DIE DAME *mild*: Weißt du, was der große Frauenkenner Salomo sagte? „Und ich fand, bitterer als der Tod sei ein Weib, das ein Fangnetz ist und Stricke ihr Herz und Fesseln ihre Hände.

Wer Gott gefällt, der wird ihr entrinnen; aber der Sünder wird durch sie gefangen.“

DER UNBEKANNTE: Und ich habe Gott nie gefallen! Eine Strafe also? Das läßt sich hören! Aber ich habe nie jemandem gefallen und habe nie ein gutes Wort bekommen! Habe ich nie etwas Gutes getan? Ist es möglich, daß ein Mensch nie etwas Gutes getan hat? – Es ist schrecklich, nie ein gutes Wort zu bekommen!

DIE DAME: Du hast es bekommen. Doch wenn man etwas Gutes über dich sagte, lehntest du es ab, als ob du darunter leiden würdest!

DER UNBEKANNTE: Das ist wahr; jetzt erinnere ich mich! Doch kannst du das erklären?

DIE DAME: Erklären? Immer verlangst du Erklärungen für das Unerklärbare.

„Ich richtete mein Herz darauf, zu erkennen die Weisheit … Und ich sah alles Tun Gottes, daß ein Mensch das Tun nicht ergründen kann, das unter der Sonne geschieht. Und je mehr der Mensch sich müht zu suchen, desto weniger findet er. Und auch wenn der Weise meint: ‚Ich weiß es‘, so kann er's doch nicht finden.“

DER UNBEKANNTE: Wer sagt das?

DIE DAME *holt eine Puppe aus ihrer Tasche*: Der Prediger Salomo! Dies ist Mizis Puppe … Siehst du, sie sehnt sich nach ihrer kleinen Mutter. Wie blaß sie geworden ist …, und sie scheint zu wissen, wo Mizi ist, denn sie schaut immer zum Himmel, wie ich sie auch halte … Siehst du – ihre Augen folgen den Sternen wie die Kompaßnadel …, sie ist mein Kompaß, sie zeigt mir immer, wo der Himmel ist … Doch sie müßte natürlich schwarze Kleider tragen, denn sie hat ja Trauer, doch wir sind so arm … Weißt du, warum wir immer kein Geld hatten? Ja, weil Gott wegen unserer Sünden böse auf uns war. „Die Gerechten leiden keinen Mangel.“

DER UNBEKANNTE: Wo hast du das gelernt?

DIE DAME: In dem Buch, in dem alles geschrieben steht. – Alles! – *Sie hüllt die Puppe in ihren Mantel.* Siehst du, sie beginnt zu frieren – das ist aber die Wolke dort oben …

DER UNBEKANNTE: Wie kannst du es wagen, allein hier in die Berge zu gehen?

DIE DAME: Der Herr ist bei mir; was können mir da Menschen tun?

DER UNBEKANNTE: Quälen dich die Kranken dort am Teich nicht?

DIE DAME *wendet sich zum Teich*: Ich sehe sie nicht – ich sehe nichts Häßliches mehr!

DER UNBEKANNTE: Ingeborg! Ich habe dir weh getan, und du bist dabei, mir Gutes zu tun! – Weißt du, daß mein Traum immer gewesen ist, Versöhnung zu finden durch – eine Frau? Du glaubst es nicht! Es ist aber so! Wie früher nichts für mich Wert besaß, wenn ich es nicht einer Frau zu Füßen legen konnte! Doch als Opfer für die Schönheit und Güte, nicht als Tribut an die herrschsüchtige Herrin ... Das war meine Lust zu geben, doch sie wollte nehmen, nicht empfangen; deshalb haßte ich sie. Wenn ich am hilflosesten war und glaubte, das Ende sei nahe, wuchs das Verlangen, auf dem Schoß einer Mutter einschlafen zu dürfen an einer Riesenbrust, wo ich mein müdes Haupt vergraben und die Zärtlichkeit trinken könnte, die ich immer entbehrt habe ...

DIE DAME: Du hast keine Mutter gehabt?

DER UNBEKANNTE: Kaum! – Und ich habe mich nie mit meinem Vater oder mit meinen Geschwistern verwandt gefühlt ... Ingeborg, ich bin der Sohn einer Magd, von dem geschrieben steht: „Treibe diese Magd aus mit ihrem Sohn; denn der Sohn dieser Magd soll nicht erben mit meinem Sohn Isaak."

DIE DAME: Weißt du, warum Ismael ausgetrieben wurde? Das steht unmittelbar darüber ..., weil er ein Spötter war! Und dann steht noch: „Er wird ein wilder Mensch sein; seine Hand wider jedermann und jedermanns Hand wider ihn, und er wird wohnen all seinen Brüdern zum Trotz."

DER UNBEKANNTE: Das steht auch dort?

DIE DAME: Ja, mein Kind, denn alles steht dort!

DER UNBEKANNTE: Alles?

DIE DAME: Alles! Dort bekommst du Antwort auf alle deine Fragen, auch auf die brennendsten!

DER UNBEKANNTE: Nenne mich dein Kind, dann habe ich dich gern – und wenn ich jemand gern habe, dann will ich dienen, gehorchen, mißhandelt werden, leiden, duiden ...

DIE DAME: Du sollst nicht mich lieben, sondern deinen Schöpfer ...

DER UNBEKANNTE: Er ist unbescheiden ..., wie mein Vater!

DIE DAME: Er ist die Liebe selbst – und du bist der Haß!

DER UNBEKANNTE: Du bist seine Tochter, ich aber sein verstoßener Sohn ...

DIE DAME *schmeichelnd*: Still! Sei still! Du ...

DER UNBEKANNTE: Wenn du wüßtest, was ich diese letzten acht Tage gelitten habe ... Ich weiß nicht, in was ich da geraten bin!

DIE DAME: Wieso?

DER UNBEKANNTE: Ich habe eine Wirtin dort in der Hütte ..., die mich ansieht, als wäre ich gekommen, ihr letztes Scherflein zu verzehren ... Sie sagt nichts, das ist das schlimmste! – Ich glaube aber, sie betet, wenn sie mich erblickt ...

DIE DAME: Was für Gebete denn?

DER UNBEKANNTE: Solche, die man hinter dem Rücken jener spricht, die einen bösen Blick haben und Unglück bringen.

DIE DAME: Wie seltsam! – Hast du davon gehört, daß man einem den Blick verdrehen kann?

DER UNBEKANNTE: Ja, aber wer kann das tun?

DIE WIRTIN *kommt zum Tisch*: Nein, sieh da! – Sicher Ihre Schwester, Herr!

DER UNBEKANNTE: Jetzt ja, das können wir sagen!

DIE WIRTIN *zur Dame*: Daß ich doch noch jemand treffe, dem ich das sagen kann! Der Herr ist so schweigsam, so daß man direkt Respekt vor ihm hat, besonders da er Kummer zu haben scheint ... Aber seiner Schwester will ich sagen – und er soll's auch hören –, seit der Stunde, da er in mein Haus kam, bin ich gesegnet. Das Unglück hat mich verfolgt; ich hatte keinen Mieter, meine einzige Kuh war gestorben, der Mann war in der Trinkerheilanstalt, und die Kinder hatten nichts zu essen. Ich betete zu Gott, er möge mir Hilfe von dort oben senden – denn von unten erwartete ich keine ... Da kam dieser Mann. – Er gab mir nicht nur das Doppelte von dem, was ich verlangt hatte, sondern brachte auch Glück mit – und mein Haus ward gesegnet! ... Gott segne Sie, guter Herr!

DER UNBEKANNTE *erhebt sich empört*: Still, Weib, du lästerst!

DIE DAME: Er glaubt nicht! O Gott, er glaubt nicht! – Sieh mich an!

DER UNBEKANNTE: Jetzt, wo ich dich sehe, glaube ich! – Sie segnet mich! ... Und ich, der Verdammte, habe Segen gebracht. Wie soll ich das glauben können? ... Ich! Ich! *Er fällt am Tisch nieder und weint.*

DIE DAME: Er weint! Tränen, Regen vom Himmel, der den Fels erweicht, gefallen auf sein steinernes Herz! – Er weint!

DIE WIRTIN: Oh, dieser Gutherzige, diese offene Hand, wie gut er zu meinen Kindern ist!

DIE DAME: Hörst du? Hörst du?

DIE WIRTIN: Nur eins habe ich bei dem Herrn nicht verstanden, ich will deshalb aber nichts Böses sagen.

DIE DAME: Und das ist?

DIE WIRTIN: Eine kleine Sache, doch auf jeden Fall ...

DIE DAME: Sagen Sie's.

DIE WIRTIN: Er mag meine Hunde nicht!

DIE DAME: Das finde ich schön von ihm, daß er gegen das unreine Tier Widerwillen hat. Ich verabscheue alles Tierische, bei mir selbst und bei anderen Menschen. Deshalb hasse ich Tiere nicht, denn ich hasse nichts, was geschaffen worden ist ...

DER UNBEKANNTE: Danke, Ingeborg!

DIE DAME: Siehst du, ich habe ein Auge für deine Verdienste, auch wenn du es nicht glaubst! – Dort ist der Konfessor!

Der Konfessor kommt.

DIE WIRTIN: Dann muß ich gehen! Der Konfessor mag mich nicht.

DIE DAME: Der Konfessor liebt die ganze Menschheit!

DER KONFESSOR *kommt heran und spricht zur Dame*: Und dich am meisten, mein Kind, denn du bist die Güte. Ob du äußerlich schön bist, kann ich nicht sehen, aber ich weiß, daß du es bist, denn du bist gut ... Ja, du bist die Braut meiner Jugend – und meine Frau im Geiste, wirst es immer bleiben, denn du gabst mir, was die anderen nie bekommen konnten. Ich habe im Geiste dein Leben gelebt, ich habe deine Qualen gelitten, deine Freuden genossen – nein, denn du hast weiter keine gehabt als dein Kind ... Die Schönheit deiner Seele, die habe ich gesehen – dieser Freund hier ahnte sie, deshalb zog es ihn zu dir, doch seine Bosheit war zu stark, du mußtest sie aufnehmen, um ihn zu befreien. – Du mußtest alle Höllenqualen leiden unter dem Bösesein, um seinetwillen leiden und Versöhnung erlangen! – Dein Werk ist vollbracht! Gehe in Frieden!

DIE DAME: Wohin?

DER KONFESSOR: Dort hinauf! Wo immer die Sonne scheint!

DIE DAME *erhebt sich*: Gibt es denn dort auch ein Zuhause für mich?

DER KONFESSOR: Für alle! – Ich zeige dir den Weg! *Er begleitet sie zum Hintergrund. Der Unbekannte macht eine Bewegung.* Bist du ungeduldig? Sei es nicht! *Geht.*

Der Unbekannte bleibt allein sitzen.
Die Verehrer der Venus erheben sich, nähern sich dem Unbekannten und bilden einen Kreis um ihn.

DER UNBEKANNTE: Was will man von mir?

DIE VENUSVEREHRER: Heil! Vater!

DER UNBEKANNTE *äußerst gequält*: Warum?

ERSTE STIMME: Weil wir deine Kinder sind! Deine Schoßkinder!

DER UNBEKANNTE *versucht zu fliehen, ist aber umringt*: Laßt mich! Laßt mich gehen!

ZWEITE STIMME, *ein blasser Jüngling*: Erkennst du mich nicht wieder, Vater?

DER VERSUCHER *erscheint im Hintergrund am linken Scheideweg*: Haha!

DER UNBEKANNTE *zur zweiten Stimme*: Wer bist du? Ich glaube, ich erkenne dich wieder!

ZWEITE STIMME: Ich bin Erik, dein Sohn!

DER UNBEKANNTE: Erik? – Du hier?

ZWEITE STIMME: Hier bin ich!

DER UNBEKANNTE: Gott, erbarme dich! ... Und du, mein Kind, verzeih mir!

ZWEITE STIMME: Niemals! ... Den Weg zur Schwefelquelle hast du gezeigt. Ist es weit bis zum See?

Der Unbekannte fällt nieder.

DER VERSUCHER: Haha! Jubilate temptatores!

DIE VENUSVEREHRER: Sulphur! Sulphur! Sulphur! Und Merkur!

DER VERSUCHER *tritt vor, berührt mit dem Fuß den Unbekannten*: Der Wurm! ... Dem kann man alles einreden! Doch das kommt von seinem unglaublichen Hochmut! Bildet er sich nicht ein, er sei der Motor des Universums, der Urheber alles Bösen? Der Narr glaubt, er habe die Jugend gelehrt, zur Venus zu gehen, als ob die Jugend das nicht konnte, bevor er geboren war ... Sein Hochmut ist unerträglich, er ist vermessen genug gewesen, mir ins Handwerk pfuschen zu wollen ... Gib ihm noch eine Salve, falscher Erik! *Die zweite Stimme, der Jüngling, beugt sich zum Unbekannten hinunter und flüstert ihm etwas ins Ohr.* Sieben Todsünden gab es, acht sind es geworden. Die achte habe ich erfunden! Verzweiflung heißt sie. Denn die Güte bezweifeln und nicht auf Vergebung hoffen, heißt ... *Er zögert vor dem Wort Gott, das er auf eine Art ausspricht, als ob es die Lippen verbrenne.* ... Gott böse nennen. Das ist Verleumdung, Verleugnung, Lästerung ... Sieh, wie er sich windet!

DER UNBEKANNTE *erhebt sich hastig, sieht dem Versucher in die Augen*: Wer bist du?

DER VERSUCHER: Dein Bruder! – Sind wir nicht gleich? – Ich finde, bestimmte Züge bei dir erinnern an mein Porträt.

DER UNBEKANNTE: Wo habe ich dein Porträt gesehen?

DER VERSUCHER: Überall ein wenig! ... In den Kirchen gibt es mich oft, doch nicht bei den Heiligen ...

DER UNBEKANNTE: Ich kann mich nicht erinnern ...

DER VERSUCHER: Ist es so lange her, daß du eine Kirche besucht hast? ... Ja, ich werde gewöhnlich zusammen mit Sankt Georg abgebildet ... *Der Unbekannte zittert am ganzen Körper und will fliehen, kann aber nicht.* Auch Michael und ich sind mitunter in einer Gruppe zu sehen, wo ich zwar nicht die vorteilhafteste Position habe, aber das kann sich ändern. Alles kann sich ändern, so daß einmal die letzten die ersten sein werden ... Ebenso steht's mit dir! Du bist zur Zeit etwas am Boden, aber das kann sich ebenfalls ändern ..., wenn du Verstand genug hättest, dir eine bessere Gesellschaft zu wählen ... Du hast mit zuviel Röcken zu tun gehabt, mein Junge! Röcke wirbeln Staub auf, und Staub legt sich auf die Augen und auf die Brust. – Komm, setz dich, junger Mann, wir wollen uns ein wenig unterhalten ... *Er nimmt den Unbekannten spaßhaft am Ohr und führt ihn zum Tisch.* Setz dich und zittre, setz dich und zittre, junger Mann! *Sie setzen sich.* Nun? Was soll's sein? Etwas Wein – und ein Weibchen? Nein? Zu alt, zu alt, wie Doktor Faust! Bon! Wir Modernen suchen intellektuelle Ausschweifungen ... Also, du bist unterwegs hinauf zu den heiligen Männern, die glauben, wer schläft, sündigt nicht? Zu den Mutlosen, die den Kampf des Lebens aufgegeben haben, weil sie einige Niederlagen erlitten. Zu jenen, die Seelen binden, statt sie zu erlösen! Hat jemals ein heiliger Mann dich von der Sündenlast erlöst? Nein! ... Weißt du, warum dich seit einiger Zeit die Sünde bedrückt? Ja, siehst du, durch Askese und Abstinenz bist du in einen Zustand der Schwäche geraten, wo jeder sich auf deine Seele werfen und sich in ihr einnisten kann. Und das können sie sogar aus der Ferne! ... Du hast deine Persönlichkeit ausgelöscht, so daß du mit den Augen anderer siehst, mit den Ohren anderer hörst, mit den Gedanken anderer denkst. Mit einem Wort, du hast Selbstmord an deiner Seele begangen. Hast du nicht vorhin hier gesessen und Gutes gesagt über den Feind des Menschengeschlechts, die Frau, die das Paradies zu einer Hölle machte! Du brauchst nicht zu antworten, ich lese die Antwort in deinen Augen und höre sie auf deinen Lippen ... Du sprichst von reiner Liebe zu einer Frau? Das ist die Lust, Junge, die Lust auf jede Frau, die wir so teuer bezahlen müssen. Du sagst, daß du sie nicht begehrst! Warum willst du dann ihre Nähe? Du willst einen Freund haben? – Nimm doch einen Mann, viele Männer! ... Du hast dir einreden lassen, kein Frauenhasser zu sein! Die kleine Frau antwortete darauf richtig: Jeder gesunde Mann ist ein Frauenhasser, kann aber nicht leben, ohne Bund mit dem Feind und ohne Kampf! Alle perversen und unmännlichen Männer sind Frauenverehrer! Wie steht es nun mit dir? ... Und dann hast du die Kranken hier gesehen und geglaubt, du hättest sie ins Elend gebracht. Das sind flinke Burschen, das kannst du mir glauben, die nach einigen Tagen entlassen werden und zu ihren Beschäftigungen zurückkehren ... Ja, ja, ja, der falsche Erik ist ein Schelm! Aber es ist so weit mit dir gekommen, daß du deine Kinder nicht von fremden unterscheiden kannst ... Ist es nicht schön, aus dieser Sache herauszukommen? Was? Siehst du, ich kann erlösen ... Aber ich bin kein heiliger Mann ... Jetzt wollen wir die alte Maja rufen! – *Er pfeift auf den Fingern. Die alte Maja kommt.* Siehe da! – Nun, was treibst du dich hier herum? Hast du noch eine Rechnung offen mit diesem Burschen hier?

DIE ALTE MAJA: Nein! Er ist so gut, ist es immer gewesen, doch er hatte eine garstige Frau.

DER VERSUCHER *zum Unbekannten*: Sieh einer an! ... Das hast du früher nie zu hören bekommen ..., aber wohl das Gegenteil! Sie, der gute Engel, den du verdorben hast ..., das haben wir alle gehört! ... Nun, meine alte Maja, wovon redet er hier? Sieben Jahre hat ihn die Reue geplagt, weil er dir Geld schuldig ist.

DIE ALTE MAJA: Er war mir einmal etwas schuldig, doch das habe ich bekommen, mit schönen Zinsen sogar, ja, mit viel höheren Zinsen als auf der Sparkasse. Das war anständig und gut!

DER UNBEKANNTE *fährt auf*: Was sagst du? Ist es möglich, daß ich das vergessen habe?

DER VERSUCHER: Hast du die Quittungen bei dir, alte Maja, dann nur raus damit!

DIE ALTE MAJA: Die Quittung müßte wohl der Herr haben, aber ich habe das Sparkassenbuch, wo er das Geld auf meinen Namen eingezahlt hat. *Sie holt ein Sparkassenbuch hervor, gibt es dem Unbekannten, der darin liest.*

DER UNBEKANNTE: Ja, das stimmt, und jetzt erinnere ich mich! ... Aber warum diese siebenjährigen Qualen der Schmach und der Schande, diese Vorwürfe in langen, schlaflosen Nächten ... Warum? Warum? Warum?

DER VERSUCHER: Alte Maja, du kannst jetzt gehen! ... Aber vorher sag noch was Gutes über diesen Selbstquäler. Erinnerst du dich nicht an irgendeinen menschlichen Zug dieses wilden Tieres hier, das die Menschen jahrelang gehetzt haben? ...

DER UNBEKANNTE *zur alten Maja*: Still! Sag nichts! *Hält die Hände vor die Ohren.*

DER VERSUCHER: Nun, Maja!

DIE ALTE MAJA: Ja, ich weiß wohl, was sie über ihn reden, aber das bezieht sich darauf, was er schreibt – und das habe ich nicht gelesen, denn ich kann nicht lesen ... Und niemand braucht zu lesen, was er nicht lesen will ... Doch der Herr war jedenfalls so gut ... Sieh, er hält sich die Ohren zu ... Ja, ich vertrage auch keine Schmeicheleien ..., doch Ihnen werd ich's sagen ... *Sie flüstert dem Versucher etwas zu.*

DER VERSUCHER: Ja, alle leicht gerührten Menschen werden gehetzt wie wilde Tiere! Das ist die Regel! Adieu, alte Maja!

DIE ALTE MAJA: Adieu, gute Herren! – *Geht.*

DER UNBEKANNTE: Warum habe ich sieben Jahre unschuldig gelitten?

DER VERSUCHER *mit einem Finger nach oben zeigend*: Frage dort!

DER UNBEKANNTE: Wo ich nie Antwort bekam!

DER VERSUCHER: Tja! So was gibt's! ... Findest du, daß ich gut aussehe?

DER UNBEKANNTE: Das kann ich nicht behaupten!

DER VERSUCHER: Du siehst auch furchtbar böse aus! Weißt du, warum wir so aussehen?

DER UNBEKANNTE: Nein!

DER VERSUCHER: Haß und Bosheiten unserer Mitmenschen sind

an uns hängengeblieben. Weißt du, daß es dort oben wirkliche Heilige gibt, die nie selbst etwas Böses getan haben, aber für andere leiden, für Verwandte, die ungesühnte Verbrechen begangen haben und so? Diese Engel, die fremde Verworfenheit in sich aufgenommen haben, ähneln schließlich Banditen. Was gibst du mir dafür?

DER UNBEKANNTE: Ich weiß nicht, wer du bist, doch du bist der erste, der auf die Fragen antwortet, die mich mit dem Leben versöhnen könnten ... Du bist ...

DER VERSUCHER: Sprich's aus!

DER UNBEKANNTE: Du bist der Befreier!

DER VERSUCHER: Und deshalb ...

DER UNBEKANNTE: Deshalb hast du den Geier bekommen! ... Doch höre mal, hast du nie daran gedacht, daß es dafür einen hinreichenden Grund gibt, wie für alles andere? Nimm an, die Erde sei ein Gefängnis, in dem gefährliche Verbrecher eingesperrt sind. Ist es dann wohlbedacht, sie freizulassen, ist das richtig?

DER VERSUCHER: Was sagst du? ... Darüber habe ich wirklich noch nicht nachgedacht. Hm! Hm!

DER UNBEKANNTE: Und hast du daran gedacht? Wir können mit Schuld geboren sein ...

DER VERSUCHER: Das geht mich nichts an ... Ich halte mich an das Gegenwärtige ...

DER UNBEKANNTE: Gut! Glaubst du nicht, daß wir mitunter an falscher Stelle gestraft werden und daß uns deshalb der logische Zusammenhang fehlt, obwohl er existiert?

DER VERSUCHER: Logik fehlt nicht, aber das ganze Leben ist ein solches Gewebe von Verstößen, Versehen, Irrtümern, die relativ unschuldig im Verhältnis zur menschlichen Schwäche sind, aber doch von der konsequentesten Rache getroffen werden. Alles rächt sich, auch unsere unverständigen Taten. Wer verzeiht? Der hochherzige Mensch zuweilen, doch die göttliche Gerechtigkeit nie! *Ein Pilger erscheint im Hintergrund.* Sieh dort! Ein Büßer! Ich möchte wissen, was der getan hat. Wir wollen ihn fragen! ... Willkommen in unseren Fluren des Friedens, friedlicher Wanderer! Laß dich am einfachen Tisch der Asketen nieder, wo es keine Versuchungen mehr gibt!

DER PILGER: Danke, meine Wanderbrüder im Jammertal …

DER VERSUCHER: Was ist es denn für ein Jammer?

DER PILGER: Kein besonderer, im Gegenteil! … Die Stunde der Befreiung hat geschlagen, und ich gehe dort hinauf, um die Absolution zu empfangen!

DER UNBEKANNTE: Sagen Sie mal, haben wir uns nicht schon gesehen?

DER PILGER: Ich glaube schon!

DER UNBEKANNTE: Cäsar! Es ist Cäsar!

DER PILGER: Er war es, ist es aber nicht mehr!

DER VERSUCHER: Haha! Kaiserliche Bekanntschaften … Na danke! Doch erzähle, erzähl!

DER PILGER: Ihr sollt es hören, jetzt habe ich ein Recht zu sprechen – die Buße ist zu Ende.

Als wir uns bei einem gewissen Arzt trafen, war ich dort als Irrer eingesperrt, von dem behauptet wurde, er leide an der Einbildung, Cäsar zu sein. Jetzt soll der Unbekannte erfahren, wie es sich wirklich verhielt. Ich habe das nie geglaubt, doch ich wurde von Gewissensskrupeln gezwungen, gute Miene zu machen … Ein Freund, ein schlechter Freund hatte schriftliche Beweise, daß ich Opfer eines Mißverständnisses geworden war, doch er schwieg, als er reden sollte, und ich faßte sein Schweigen als eine Aufforderung an mich auf, zu schweigen und – zu leiden. – Warum ich geschwiegen und gelitten habe? Ja! … In meiner Jugend war ich einmal in großer Not. Wurde als Gast in einem Haus weit draußen auf einer Insel im Meer aufgenommen, bei einem Mann, der trotz ungewöhnlicher Gaben nicht befördert worden war wegen seines unsinnigen Hochmuts. In der Einsamkeit hatte dieser Mann durch Grübeln recht eigenartige Gedanken über seine Person entwickelt. Das merkte ich und schwieg. – Doch eines Tages vertraute mir seine Frau an, er sei zeitweise geistesgestört und glaube, Julius Cäsar zu sein. Viele Jahre hütete ich sorgsam dieses Geheimnis, denn ich bin von Natur aus nicht undankbar. Doch das Leben ist ein Schelm. Nach einigen Jahren geschieht es, daß dieser Cäsar mit harter Hand in mein ureigenstes Schicksal eingreift. Im Zorn enthülle ich das Geheimnis seiner Cäsarmanie und mache damit meinen ehemaligen Wohltäter lächerlich, so daß ihm sein Dasein unerträglich wird. – Und hören Sie jetzt, wie die Nemesis kommt! Ein Jahr später schrieb ich ein Buch – ich bin nämlich ein Schriftsteller ohne Namen. – In diesem Buch schilderte ich einige Episoden meines Familienlebens, wie ich mit meiner Tochter Julia – sie hieß Julia, wie Cäsars Tochter – und mit meiner Frau, die wir Cäsars Weib nannten, weil niemand von ihr sprach, spielte ... Nun ja, dieses Spiel, an dem auch meine Schwiegermutter teilnahm, kam mir teuer zu stehen ... Als ich Korrektur las, erkannte ich die Gefahr ... Ich sagte mir, darüber fällst du! Ich wollte es streichen, aber, stellen Sie sich vor, die Feder weigerte sich, und eine innere Stimme sagte mir: Das muß stehenbleiben! – Es blieb stehen! Und ich fiel!

DER UNBEKANNTE: Warum ließen Sie den Freund nicht den Brief veröffentlichen, der Aufklärung gebracht hätte?

DER PILGER: Nein! Als das Unglück geschehen war, fühlte ich sofort: das ist ein Fingerzeig Gottes, das mußt du wegen deiner Undankbarkeit erleiden.

DER UNBEKANNTE: Und sie litten?

DER PILGER: Nicht eine Spur! Ich lächelte insgeheim und machte gute Miene dazu! Und weil ich meine Strafe ruhig und in Demut aufnahm, erleichterte der Herr meine Bürde. Ich fühlte mich nicht lächerlich.

DER VERSUCHER: Eine seltsame Geschichte! Doch so was gibt's! ... Wollen wir jetzt los? Wollen wir uns jetzt nicht zusammenschmeißen, nachdem wir die Stürme hinter uns haben! ... Reißt euch mit euren Wurzeln aus, dann besteigen wir die Höhen!

DER UNBEKANNTE: Ich soll auf den Konfessor warten, hat er gesagt!

DER VERSUCHER: Er findet dich immer! Und hier oben im Dorf ist heute Gerichtstag. Ein besonders interessanter Fall soll verhandelt werden, und ich muß dabei vielleicht aussagen. Komm, komm, komm!

DER UNBEKANNTE: Ja, ob ich hier oder dort oben sitze, das kann wohl egal sein!

DER PILGER *zum Unbekannten*: Wer ist das?

DER UNBEKANNTE: Ich weiß es nicht! Sieht aus wie ein Anarchist!

DER PILGER: Ein interessantes Äußeres auf jeden Fall!

DER UNBEKANNTE: Ein skeptischer Gentleman, der das Leben gesehen hat.

DER VERSUCHER: Kommt jetzt, Kinder, auf dem Weg erzähl ich euch Geschichten. Kommt, kommt, kommt!

Sie gehen auf den Hintergrund zu.

....

Eine Terrasse auf dem Klosterberg. Rechts ein Felsvorsprung, ein ähnlicher links. Der Hintergrund eine Aussicht aus der Vogelperspektive, eine Flußlandschaft mit Städten, Dörfern, Äckern, Wäldern, ganz in der Ferne ist das Meer zu sehen. Vorn auf der Bühne steht ein Apfelbaum mit Früchten. Darunter ein langer Tisch mit einem Stuhl an der Schmalseite, an den Längsseiten Bänke.

Rechts vorn auf der Bühne eine Ecke vom Rathaus des Dorfes.

Die Wolke scheint nun direkt über dem Dorf zu hängen.

Am Tisch sitzen der Amtmann als Richter an der Stirnseite, die Beisitzer an den Längsseiten. Der Angeklagte steht rechts vom Richter, die Zeugen links, unter ihnen der Versucher.

Die Zuhörer, unter ihnen der Pilger und der Unbekannte, stehen um den Richtertisch herum.

DER AMTMANN: Ist der Angeklagte anwesend?

DER ANGEKLAGTE: Anwesend!

DER AMTMANN: Das hier ist eine höchst betrübliche Geschichte, die Kummer und Schande über unsere kleine Gemeinde gebracht hat. Florian Reicher, dreiundzwanzig Jahre, ist angeklagt, die Verlobte von Fritz Schlipitska erschossen zu haben, in voller Absicht, sie zu töten. Wir haben es hier mit einem vorsätzlichen Mord zu tun. Und die Bestimmungen des Gesetzes sind einfach und klar. – Hat der Angeklagte etwas zu seiner Verteidigung anzuführen oder einen mildernden Umstand vorzutragen?

DER ANGEKLAGTE: Nein!

DER VERSUCHER: Holla!

DER AMTMANN: Wer sind Sie?

DER VERSUCHER: Der Anwalt des Angeklagten.

DER AMTMANN: Der Angeklagte hat allerdings das Recht, einen Anwalt zu nehmen, doch in dem hier vorliegenden klaren Fall, glaube ich, ist die Meinung des Volkes bereits durch Fakten bestimmt, und der Mörder kann schwerlich die Sympathien zurückgewinnen, nicht wahr?

DIE LEUTE: Er ist bereits verurteilt!

DER VERSUCHER: Durch wen?

DIE LEUTE: Durch das Gesetz und durch seine Tat!

DER VERSUCHER: Paßt mal auf! – Als Anwalt des Angeklagten bin ich sein Stellvertreter und nehme somit die Anklage auf mich. – Ich bitte also ums Wort!

DER AMTMANN: Das kann nicht verweigert werden!

DIE LEUTE: Florian ist bereits verurteilt!

DER VERSUCHER: Muß erst angehört werden! – Nun ja, ich hatte mein achtzehntes Lebensjahr erreicht – es ist Florian, der spricht –, mein Sinn, unter dem wachen Auge einer frommen Mutter ausgebildet, war rein, und nichts Falsches war in meinem Herzen, nein, denn ich hatte nichts Böses gesehen oder vernommen. Da traf ich – es ist Florian! – auf meinem Weg ein junges Mädchen, das in meinen Augen das Schönste war, was ich auf dieser sündigen Erde gesehen hatte – denn sie war die Güte selbst. Ich bot ihr meine Hand, mein Herz und meine Zukunft ... Sie nahm an und versprach mir die Treue. Fünf Jahre sollte ich dienen für meine Rachel – und ich diente, trug Zweig für Zweig für das kleine Nest zusammen, wo wir wohnen sollten ... Mein ganzes Leben war auf die Liebe dieser Frau gebaut. Und da ich selbst ihr die Treue hielt, hegte ich kein Mißtrauen ... Im fünften Jahr – ich hatte die Hütte fertig und Hausrat gesammelt –, da entdeckte ich, daß sie mit mir gespielt hatte und mit mindestens dreien ein Verhältnis hatte ...

DER AMTMANN: Sind Zeugen da?

DER VOGT: Drei zuverlässige. Ich, der Vogt, bin einer!

DER AMTMANN: Der Vogt allein reicht voll und ganz!

DER VERSUCHER: Da erschoß ich sie; nicht aus Rache, sondern um mich von den ungesunden Gedanken zu befreien, die mir durch ihre Untreue gekommen waren. Wie ich auch versuchte, ihr Bild aus meinem Sinne zu vertreiben, immer stiegen die Bilder ihrer Liebhaber auf und schlichen sich in mein Blut, so daß ich schließlich glaubte, in einem unerlaubten Verhältnis zu drei Männern zu leben – durch eine Frau als Zwischenglied!

DER AMTMANN: Das war also die Eifersucht!

DER ANGEKLAGTE: Ja, die Eifersucht!

DER VERSUCHER: Ja, die Eifersucht, dieses Gefühl der Reinlichkeit, das die Gedanken nicht mit fremder Vermischung besudeln will ... Hätte ich mich abgefunden oder wäre ich nicht eifersüchtig gewesen, dann wäre ich einer Gesellschaft des Lasters beigetreten, und das wollte ich nicht. Deshalb mußte sie sterben und meine Gedanken mußten von der Todsünde gereinigt werden, die allein schon zur Verdammnis führt. Ich habe gesprochen!

DIE LEUTE: Die Tote ist schuldig! Die Tote liege ungesühnt!

DER AMTMANN: Die Tote hat die Schuld als Verursacher des Verbrechens!

DER VATER DER TOTEN: Herr Amtmann, Richter meines toten Kindes, und ihr, meine Landsleute, laßt mich sprechen!

DER AMTMANN: Der Vater der Toten möge sprechen!

DER VATER DER TOTEN: Ihr klagt die Tote an; ich möchte antworten! – Maria, mein Kind, hat sich ohne Zweifel schwer vergangen und ist schuldig am Verbrechen dieses Mannes! Ohne Zweifel!

DIE LEUTE: Ohne Zweifel! Sie ist die Schuldige!

DER VATER DER TOTEN: Laßt einen Vater ein Wort zur Erklärung sagen, wenn nicht zur Verteidigung ... Als sie fünfzehn war, geriet meine Maria an einen Mann, der es sich scheinbar zur Aufgabe gemacht hatte, junge Mädchen anzulocken, wie ein Vogelfänger kleine Vögel anlockt. Er war kein Verführer im gewöhnlichen Sinne, denn er begnügte sich damit, ihre Sinne zu binden, ihre Gefühle zu umgarnen, um sie dann von sich zu stoßen und zuzusehen, wie sie mit gebrochenem Herzen und versengten Flügeln leiden – an Herzensqualen leiden, die alle anderen Qualen übertreffen.

Drei Jahre wurde Maria in einer Anstalt für Geisteskranke gepflegt. Als sie wieder herauskam, war sie zerbrochen, zerbrochen in mehrere Stücke, man kann sagen, in mehrere Personen. Sie war ein guter Engel, und sie fürchtete Gott mit einem Geist, und mit einem anderen war sie ein Dämon, der alles Heilige schmähte. Ich habe gesehen, wie sie von Tanz und Rausch zu ihrem geliebten Florian ging, ich habe erlebt, wie sie in seiner Nähe die Stimme wechselte und ihr Gesicht so verwandelte, daß ich beteuern möchte, sie war nicht mehr derselbe Mensch. Doch sie schien mir gleich aufrichtig – in beiden Fällen ... Hat sie schuld – oder ihr Verführer?

DIE LEUTE: Sie hat keine Schuld! Wer ist der Verführer?

DER VATER DER TOTEN: Hier steht er!

DER VERSUCHER: Ja, ich war's!

DIE LEUTE: Steinigt ihn!

DER AMTMANN: Achtet das Gesetz! Er soll gehört werden!

DER VERSUCHER: Bon! Hört, Argiver! – Also! – Unterzeichneter, geboren von armen aber einigermaßen ehrlichen Eltern, gehörte ursprünglich zu den seltsamen Vögeln, die in der Jugend ihren Schöpfer suchen – doch ohne ihn zu finden, natürlich! – Sonst suchen alte Käuze ihn gewöhnlich erst im Alter – aus gewissem Grunde! Dieses jugendliche Suchen war jedoch von einer Reinheit des Herzens begleitet und von einer Schüchternheit, die sogar bei seinen Kindermädchen ein Lächeln hervorrief. – Ja, wir lachen jetzt, wenn wir hören, daß er die Wäsche nur in der dunklen Kleiderkammer wechseln wollte! Aber wenn wir jetzt auch von der Roheit des Lebens vollkommen korrumpiert sind, müssen wir doch etwas Schönes, und wenn wir älter werden, auch etwas Rührendes dabei finden. Doch so, wie wir jetzt sind und hier stehen, lachen wir über die kindliche Unschuld! – Hohnlacht, Zuhörer!

DER AMTMANN *ernst*: Sie verkennen die Zuhörer!

DER VERSUCHER: Dann muß ich mich schämen! – Nun ja, aus ihm, dem Unterzeichneten, wurde ein Jüngling, und er geriet in ein System von Schlingen, die seiner Unschuld gelegt wurden! Ein alter Sünder bin ich, doch in diesem Augenblick erröte ich – *Nimmt den Hut ab.* –, ja, seht mich an, wenn ich an den Einblick denke, den der junge Mann in die Potipharsfrauenwelt erhielt, die ihn umgab! Es gab nicht eine Frau ... Nein, ich schäme mich für die Menschheit und das weibliche Geschlecht ..., entschuldigen Sie mich! – Es gab Augenblicke, in denen ich meinen Augen nicht traute, sondern meinte, der Dämon habe meinen Blick verwirrt. – Die heiligsten Bande ... *Kneift sich in die Zunge.* Nein, still! Die Menschheit muß sich verleumdet fühlen! – Genug, bis zum fünfundzwanzigsten Jahr bestand ich den Kampf, fiel noch nicht durch das Lächeln, nicht durch ... Ja, man nannte mich Josef, und ich war Josef! – Ich wachte eifersüchtig über meine Tugend, ich fühlte mich von den Blicken einer unkeuschen Frau verletzt ... Doch schließlich fiel ich, verführt auf eine hinterlistige Art! Und so wurde ich zum Sklaven meiner Leidenschaften. Ich saß zu wiederholten Malen bei Omphale und spann, wurde zutiefst gedemütigt durch die größte Erniedrigung und litt, litt, litt! Aber eigentlich war es mein Körper, der erniedrigt wurde, meine Seele lebte ihr eigenes Leben – ihr reines Leben, kann ich sagen. Und ich schwärmte in aller Unschuld für junge, reine Jungfrauen, die sicherlich diese Sympathie empfanden, die uns anzog. Denn ohne Prahlerei, oder mit, sie wurden angezogen. – Doch die Grenze wollte ich nicht überschreiten, aber sie wollten es. Und wenn ich vor der Gefahr floh, brachen ihre Herzen, wie sie behaupteten. Mit einem Wort: ich habe nie ein unschuldiges Mädchen verführt! Ich schwöre es! – Bin ich dann schuldig am Herzenskummer dieses jungen Mädchens, der zu einer seelischen Krankheit wurde? Habe ich nicht im Gegenteil das Verdienst, vor dem Schritt zurückgeschreckt zu sein, der sie zu Fall gebracht hätte? – Wer wirft den ersten Stein auf mich? Niemand! Dann habe ich meine Zuhörer verkannt! Und ich habe geglaubt, zum Spott der Leute zu werden, wenn ich hier für meine männliche Unschuld plädiere ... Ich fühle mich wieder jung und möchte die Menschheit ein wenig um Entschuldigung bitten! Wenn ich nicht zufälligerweise ein zynisches Lächeln auf den Lippen jener Frau sehen würde, die die Verführerin meiner Jugend war. Tritt vor, Weib, und sieh dein Zerstörungswerk, sieh, wie es seinen Samen verbreitet hat ...

DIE FRAU *tritt vor, zurückhaltend, würdig*: Das bin ich gewesen! – Man höre mich und lasse mich meine einfache Geschichte berichten über den Verführer meiner Jugend, der glücklicherweise anwesend ist ...

DER AMTMANN: Liebe Leute! Ich muß die Verhandlung abbrechen, denn sonst kommen wir noch bis zu Eva im Paradies ...

DER VERSUCHER: Die Adam in der Jugend verführt hat! Gerade dahin wollten wir kommen! Eva! Her mit Eva! Eva! *Er macht ein Zeichen mit dem Stock. Der Baumstamm wird durchsichtig, Eva erscheint, in ihr Haar gehüllt und mit einem Gürtel um die Lenden.* Nun, Eva, Mutter, du hast unseren Vater verführt. Angeklagte, was hast du zu deiner Verteidigung vorzubringen?

EVA *einfach und würdig*: Die Schlange hat mich betrogen!

DER VERSUCHER: Gut geantwortet! Eva hat sich freigesprochen! Her mit der Schlange! Schlange! *Eva verschwindet.* Die Schlange muß her! *Die Schlange erscheint im Baumstamm.* Hier seht ihr unser aller Verführer! Nun, Schlange, wer hat dich verführt?

ALLE *entsetzt*: Still, Lästerer!

DER VERSUCHER: Antworte! Schlange! *Ein Donnerschlag mit Blitz; alle fliehen, nur der Versucher, der umgefallen ist, bleibt; ebenso der Pilger, der Unbekannte und die Dame.*

DER VERSUCHER, *liegend, kommt wieder zu sich, setzt sich und nimmt eine Stellung ein, die der antiken Statue „Der Schlei-*

fer" oder „Der Sklave" gleicht: Causa finalis oder der letzte Grund – ja, den darf man nicht erfahren! ... Aber wenn die Schlange die Schuld hat, dann sind wir relativ unschuldig – doch das darf man den Menschen nicht sagen! Der Angeklagte scheint jedenfalls davongekommen zu sein! Und das Gericht hat sich wie Rauch aufgelöst! Ja, ja, richte nicht; richte nicht, Richter!

DIE DAME *zum Unbekannten*: Komm und geh mit mir!

DER UNBEKANNTE: Aber ich möchte diesem Mann zuhören ...

DIE DAME: Warum? Er ist ja wie ein kleines Kind; fragt nach allem, worauf man nicht antworten kann. – Hast du nicht gehört, wie neugierig kleine Kinder sind? „Papa, warum geht die Sonne im Osten auf?" – Kannst du darauf antworten?

DER UNBEKANNTE: Hm!

DIE DAME: Oder aber, „Mama, wer hat Gott geschaffen?" – Du meinst, das ist tiefsinnig! – Komm mit mir!

DER UNBEKANNTE *kämpft mit seiner Bewunderung für den Versucher*: Ja, aber das mit Eva, das war neu ...

DIE DAME: Oh, keineswegs, das habe ich in der biblischen Geschichte gelesen, als ich acht Jahre alt war, und daß wir die Schulden der Eltern erben, das steht ja im Reichsgesetz. – Komm, mein Kind!

DER VERSUCHER *erhebt sich, reckt die Glieder und steigt hinkend auf die Felswand rechts*: Komm, ich werde dir die Welt zeigen, die du zu kennen meinst, aber doch nicht kennst!

DIE DAME *steigt auf die Felswand links*: Komm hierher, mein Kind, ich werde dir Gottes schöne Welt zeigen, wie ich sie zu sehen gelernt habe, nachdem die Tränen des Kummers meine Augen vom Staub reingewaschen haben. – Komm zu mir!

Der Unbekannte steht unschlüssig zwischen beiden.

DER VERSUCHER: Wie hast du die Welt durch Tränen gesehen? Wie die Weiden am Ufer sich im bewegten Wasser spiegeln! Ein Chaos von krummen Linien, und die Bäume scheinen auf dem Kopf zu stehen ... Nein, Kind, mit meinen Ferngläsern, getrocknet am Feuer des Hasses, mit meinem Erdfernrohr sehe ich alles richtig herum, exakt und scharf, genau wie die Dinge sind!

DIE DAME: Was weißt du denn schon über die Dinge, Kind? Es ist nicht das Ding, das in dein Auge hineingeht, sondern das Bild des Dinges. Und Bild ist Schein, ist nicht die Sache selbst. Du streitest also über Bilder – und über Schein!

DER VERSUCHER: Nein, hör dir das an! Ein kleiner Philosoph in Röcken ... Beim Kronion des Zeus, solch eine Disputation in der Riesenaula der Berge, dazu gehört auch ein entsprechendes Auditorium! Hallo!

DIE DAME: Mein Auditorium ist hier, mein Freund, mein Mann, mein Kind! Will er mich hören, gut, dann ist mir wohl, und auch ihm! – Komm hierher, mein Freund, denn hier geht der Weg! Hier ist der Berg Garizim, wo man segnet! – Und dort ist Ebal, wo man verflucht!

DER VERSUCHER: Ja, hier ist Ebal, wo man verflucht:
„Verflucht sei die Erde um deinetwillen, Weib. Unter Schmerzen sollst du Kinder gebären. Und dein Verlangen soll nach deinem Manne sein, aber er soll dein Herr sein!" – Und so: „... verflucht sei der Acker um deinetwillen, Mann. Mit Mühsal sollst du dich von ihm nähren dein Leben lang. Dornen und Disteln soll er dir tragen, und du sollst das Kraut auf dem Felde essen. Im Schweiße deines Angesichts sollst du dein Brot essen!" So sprach der Herr, nicht ich!

DIE DAME: Und Gott segnete das erste Paar; und Gott segnete den siebenten Tag, als er das Werk beendet hatte – das gut war. Doch du, doch wir machten es zu etwas Bösem, und deshalb, deshalb ...
Doch wer die Gebote des Herrn befolgt, wohnt auf Garizim, wo noch Segnungen verteilt werden. So spricht der Herr: „Gesegnet wirst du sein in der Stadt, gesegnet wirst du sein auf dem Acker. Gesegnet wird sein dein Korb und dein Backtrog. Gesegnet wirst du sein bei deinem Eingang und gesegnet bei deinem Ausgang. Und der Himmel wird deinem Land Regen geben zur rechten Zeit, und alle Werke deiner Hände werden erblühen. Und du wirst vielen Völkern leihen, aber von niemandem borgen. Und du wirst immer

aufwärts steigen und nicht heruntersinken, weil du gehorsam bist den Geboten des Herrn, deines Gottes. – Also komm, mein Freund, leg deine Hand in meine! *Sie fällt mit gefalteten Händen auf die Knie.* Ich bitte bei der Liebe, die uns einst vereinte, bei der Erinnerung an das Kind, das uns verband, mit der Macht der Liebe einer Mutter – einer Mutter, einer Mutter, einer Mutter –, denn so habe ich dich geliebt, du verirrtes Kind, das ich in den dunklen Verstecken des Waldes gesucht habe und das ich schließlich verhungert wiederfand, verwelkt aus Mangel an Liebe. Komm zurück, Sorgenkind, und verbirg dein müdes Haupt an meinem Herzen, wo du ruhtest, bevor du das Licht der Sonne erblicktest! *Sie verwandelt sich während dieser Szene: ihre Tracht fällt, und sie steht als weißgekleidete Frau mit aufgelöstem Haar und einem üppigen, mütterlichen Busen da.*

DER UNBEKANNTE: Meine Mutter!

DIE DAME: Ja, Kind, deine Mutter! Im Leben durfte ich dich niemals liebkosen. – Der Wille hoher Mächte war dagegen! – Warum? Ich erkühne mich nicht zu fragen ...

DER UNBEKANNTE: Meine Mutter? Sie ist doch tot!

DIE DAME: Sie war es, doch die Toten sind nicht tot. Und die Mutterliebe besiegt den Tod! Weißt du das nicht? Komm, mein Kind, und ich werde vergelten, was ich einst gebrochen. Auf meinen Knien werde ich dich zur Ruhe wiegen; ich werde dich von den ... *Sie läßt das Wort aus, das sie nicht über ihre Lippen bringt.* ... des Hasses und der Sünde reinwaschen. Ich werde dein Haar ordnen, das vom Angstschweiß verklebt ist. Und weißes Leinen werde ich am Feuer des Hauses wärmen; denn niemals hattest du ein Zuhause, friedlos, heimatlos bist du gewesen, Sohn der Hagar, der Magd, von einer Unfreien geboren, gegen die jedermanns Hand erhoben war! – Die Pflüger, die pflügten auf deinem Rücken und zogen tiefe Furchen ... Komm, ich will deine Wunden heilen und deine Leiden tragen ... Komm!

DER UNBEKANNTE *hat so geweint, daß er am ganzen Körper zittert. Geht jetzt zur Klippe links, wo die Mutter mit offenen Armen steht*: Ich komme!

DER VERSUCHER: Da kann ich nichts ausrichten! – Aber wir treffen uns ein andermal wieder. *Verschwindet hinter der Klippe.*

Höher in den Bergen.
In der Wolke eine Felsenlandschaft, umgeben von einem See. Die Mutter zunächst auf einem Felsen, steigt höher, so daß sie in der Wolke verschwindet. Der Unbekannte bleibt wie verloren stehen.

DER UNBEKANNTE: O Mutter, Mutter! Warum verläßt du mich denn? In dem Augenblick, als mein schönster Traum fast in Erfüllung ging!

DER VERSUCHER *tritt vor*: Was hast du geträumt? Sprich!

DER UNBEKANNTE: Meine süße Hoffnung, mein dunkles Sehnen und mein letzter Wunsch! – Die Versöhnung mit der Menschheit durch die Frau ...

DER VERSUCHER: Mit der Frau, die dich hassen lehrte ...

DER UNBEKANNTE: Gewiß, weil sie mich an die Erde band; der runden Kugel gleich, die der Sklave am Fuß schleppt, damit er nicht entfliehen kann ...

DER VERSUCHER: Ha, die Frau, immer die Frau!

DER UNBEKANNTE: Ja, die Frau! Anfang und Ende – für uns Männer zumindest. Unter sich sind sie überhaupt nichts.

DER VERSUCHER: Also, nichts an und für sich, alles für uns, durch uns! Unsere Ehre und unsere Schande; unsere höchste Freude, unser tiefster Schmerz, unsere Erlösung und unser Fall, unser Lohn und unsere Strafe, unsere Stärke und unsere Schwäche.

DER UNBEKANNTE: Unsere Schande! Du sagst es! Verrate mir, du weiser Mann, dieses Rätsel. Immer wenn ich eine Frau, meine eigene, schöne, angebetete Frau, immer wenn ich sie an meinem Arm vor die Augen der Menschen führte, schämte ich mich, wie wegen einer Schwäche! Löse mir dieses Rätsel!

DER VERSUCHER: Du hast dich geschämt? ... Ich weiß es nicht!

DER UNBEKANNTE: Du kannst nicht antworten?

DER VERSUCHER: Ich kann nicht antworten, nein! – Doch in Gesellschaft meiner Frau unter Menschen habe ich immer gelitten, denn ich fühlte, wie sie durch die Blicke der Menschen besudelt wurde – und ich durch sie.

DER UNBEKANNTE: Und als sie die schändliche Tat beging, war es deine Schande! Warum?

DER VERSUCHER: Die Eva der Griechen hieß Pandora, von Zeus aus Bosheit erschaffen, um die Männer zu quälen und sie zu beherrschen! Als Hochzeitsgeschenk bekam sie eine Büchse, die alles Unglück der Welt enthielt. Vielleicht wird das Rätsel dieser Sphinx besser gelöst, wenn man es vom Olymp sieht, statt vom Lustgarten des Paradieses! Vollständig wird es nie gelöst werden! Und ich bin ebenso klug wie du! Und während ich darüber nachdenke, genieße ich noch heute das Schönste, was die Schöpfung uns gegeben hat! – Geh und tu desgleichen!

DER UNBEKANNTE: Das schönste Blendwerk des Satans, meinst du! Denn sie, die die Schönste für mich ist, kann für andere erschreckend häßlich sein! Aber auch für mich, denn wenn sie böse ist, kann sie häßlicher sein als jede andere Frau! – Was ist da Schönheit?

DER VERSUCHER: Ein Schein, ein Widerschein deiner Güte. *Hält die Hand vor den Mund.* Verdammt! Jetzt ist es herausgerutscht ... Und jetzt ..., jetzt ist der Dämon los!

DER UNBEKANNTE: Der Dämon? Ja! Doch wie, wenn sie ein Dämon ist, wie kann ein Dämon mir Lust zu Tugend und Güte geben? Denn so geschah es mir zuerst, als ich ihre Schönheit sah und von dem Verlangen ergriffen wurde, ihr gleich und damit ihrer würdig zu werden. Versuchte es zunächst mit Bewegung und mit Bädern, mit Kosmetik und schöner Kleidung, doch ich wurde nur lächerlich. Dann begann ich von innen her, gewöhnte mich daran, gut zu denken, schön zu sprechen und edel zu handeln! Und siehe da, eines Tages, als das Äußere auch die Seele geformt hatte, wurde ich zu ihrem Abbild – wie sie behauptete! – Und sie sprach als erste das liebliche Wort aus: Ich liebe dich! Wie kann ein Teufel uns veredeln. Wie kann ein Geist des Abgrunds uns Güte eingeben. Wie ... Nein, das war ein Engel! Ein gefallener allerdings. Und ihre Liebe war ein gebrochener Strahl von dem großen Licht, dem ewigen, das wärmt und das liebt! – Liebt! – Liebt!

DER VERSUCHER: Nein, hör mal, alter Junge, wollen wir hier wie Jünglinge über das Problem Liebe stammeln ...

DER KONFESSOR *tritt hinzu*: Was sagt der Schwätzer? Sein ganzes Leben hat er verschwatzt, er ist nie dazu gekommen, etwas zu tun!

DER VERSUCHER: Ich sollte Pfarrer werden, wurde jedoch nicht berufen!

DER KONFESSOR: Während du darauf wartest, hilf mir einen Trunkenbold zu suchen, der sich hier im See ertränkt hat. Er muß hier sein, denn ich habe seine Spur bis hierher verfolgt.

DER VERSUCHER: Dann ist es der, der dort unter dem Reisig liegt!

DER KONFESSOR *hebt ein paar Zweige hoch. Man sieht eine bekleidete Leiche mit einem weißen, jungen Gesicht*: Ja, er ist es! – *Betrachtet den Toten.*

DER VERSUCHER: Wer war der Tote?

DER KONFESSOR: Wunderbar! – Wunderbar! –

DER VERSUCHER: Er war ein schöner Mann, ein Jüngling fast!

DER KONFESSOR: Nein, liebe Leute. Er war vierundfünfzig Jahre! Und als ich ihn vor einer Woche sah, schien er vierundsechzig zu sein. Seine Augen waren graugelb wie der Schleim der Gartenschnecke, und die Augenwinkel bluteten vor Trunkenheit, aber auch, weil er Blut und Wasser weinte über seine Bürde und sein Elend. Sein Gesicht war braun und geschwollen wie eine Leber auf dem Schlächtertisch, und er verbarg sich vor den Blicken der Menschen aus Scham – noch bis zuletzt scheint er sich wegen des zersprungenen Spiegels seiner Seele geschämt zu haben, deshalb hat er sein Gesicht unter dem Reisig verborgen. Ich habe ihn gegen seine Bürde kämpfen sehen. Ich habe gesehen, wie er, nachdem er aus seiner Lehrerstelle entlassen worden war, auf den Knien Gott um Erlösung anflehte ... Aber! ... Ja, jetzt ist er erlöst! Und seht, jetzt, wo das Böse von ihm genommen wurde, seht, jetzt ist seine Güte und Schönheit wiedergekehrt. So hat er mit neunzehn Jahren ausgesehen! – Das ist die Sünde, als Strafe auferlegt... Warum? Das bekommen wir nicht zu wissen..., „die den Gerechten hassen, fallen in Schuld", heißt es andeutungsweise ... Oder – ich kannte ihn als jungen Menschen! Und jetzt erinnere ich mich ..., er war immer und im höchsten Grade boshaft denjenigen gegenüber, die nicht tranken. Urteilte und verurteilte und stellte seinen Traubenkult immer auf den Altar der Lebensfreude! – Jetzt ist er frei! Frei von der Sünde! Von der Schande, der Häßlichkeit ... Ja, er ist schön im Tode! Der Befreier Tod! – Hör zu, du Befreier, der nicht einmal einen Trinker von seiner bösen Begierde befreien kann! ...

DER VERSUCHER: Verbrechen als Strafe? Ja, das ist nicht schlecht! Das ist sehr tiefsinnig!

DER KONFESSOR: Ja, das denke ich auch! Da hast du einen neuen Diskussionsstoff!

DER VERSUCHER: Jetzt verlasse ich die Herren für eine Weile ... Wir sehen uns bald wieder! *Geht.*

DER KONFESSOR: Nun, ich hab dich kürzlich zusammen mit Frauenzimmern gesehen! Es gibt also noch Versuchungen?

DER UNBEKANNTE: Nicht in der Richtung, die du meinst!

DER KONFESSOR: In welcher Richtung?

DER UNBEKANNTE: Ich könnte mir gewiß noch eine Versöhnung mit der Menschheit und der Frau vorstellen – durch die Frau! Und durch die Frau, die einst mein Weib war, und jetzt, gereinigt und erhoben durch Kummer und Not, das geworden ist, wofür ich sie einst hielt. Aber ...

DER KONFESSOR: Aber ...?

DER UNBEKANNTE: Die Erfahrung hat gelehrt, je näher, desto ferner – und je weiter voneinander entfernt, um so näher.

DER KONFESSOR: Das habe ich von Anfang an gewußt – das wußte schon Dante, der sein ganzes Leben die Seele von Beatrice besaß, und das wußte Beethoven, der aus der Ferne mit Therese von Brunswick – der Frau eines anderen – vermählt war ...

DER UNBEKANNTE: Und dennoch ... Die Glückseligkeit ist nur in ihrer Nähe zu finden!

DER KONFESSOR: Dann sei ihr nahe!

DER UNBEKANNTE: Du vergißt eines, wir sind geschieden!

DER KONFESSOR: Gut, dann beginnt eine ganz neue Ehe! Die um so mehr verspricht, denn ihr seid beide neue Menschen.

DER UNBEKANNTE: Glaubst du – es würde uns jemand trauen?

DER KONFESSOR: Ich? Das ist zuviel verlangt!

DER UNBEKANNTE: Das hatte ich vergessen! Aber es wird sich sicher schon ergeben! ... Etwas anderes ist es, ein Heim zu finden! ...

DER KONFESSOR: Du hast manchmal Glück, obwohl du das nicht sehen willst. Dort unten am Fluß steht ein kleines Haus, vollkommen neu, der Besitzer hat es nie gesehen ... Es war ein Engländer, der heiraten sollte, doch dann löste sie in letzter Stunde die Verlobung ... Sein Sekretär hat es gebaut, keiner von den Gatten hat je einen Blick darauf geworfen. Vollkommen intakt also!

DER UNBEKANNTE: Zu vermieten?

DER KONFESSOR: Zu vermieten!

DER UNBEKANNTE: Gut, dann wage ich's! Und versuche, das Leben noch einmal zu beginnen!

DER KONFESSOR: Und hinabzusteigen?

DER UNBEKANNTE: Aus den Wolken! ... Dort unten scheint noch die Sonne, und hier oben ist die Luft etwas dünn.

DER KONFESSOR: Gut! So trennen wir uns wieder – für eine Zeit!

DER UNBEKANNTE: Wohin gehst du?

DER KONFESSOR: Hinauf!

DER UNBEKANNTE: Und ich hinunter, zur Erde, zur Mutter mit der weichen Brust und dem warmen Schoß ...

DER KONFESSOR: Bis du dich wieder nach dem Steinharten, dem Kalten, dem Weißen sehnst. – Leb wohl! Grüß dort unten!

Jeder geht in seine Richtung.

Ein schönes getäfeltes Eßzimmer mit einem Kachelofen aus Majolika. In der Mitte ein Eßtisch, überfüllt mit Blumen in Vasen, zwei Leuchter mit vielen brennenden Kerzen. Ein großes geschnitztes Büfett links. Rechts zwei Fenster. Im Hintergrund zwei Türen; die links steht offen und gibt den Blick frei in den Salon der Hausfrau in Hellgrün und Mahagoni, eine Stehlampe aus Messing mit einem großen zitronengelben Schirm brennt. Die rechte Tür ist geschlossen. Links, hinter dem Büfett, ist der Eingang vom Flur.
Von links treten der Unbekannte, als Bräutigam gekleidet, und die Dame, gekleidet als Braut, ein, strahlend vor Jugend und Schönheit.

DER UNBEKANNTE: Willkommen in meinem Haus, Geliebte, in deinem und meinem Heim, meine Braut, in deiner Wohnung, meine Frau.

DIE DAME: Hab Dank, liebster Freund! Es ist ja wie ein Märchen!

DER UNBEKANNTE: Ja, ein Märchen! Eine Sammlung von Märchen, Kind, die ich erdichtet habe.

Sie setzen sich an beiden Enden des Tisches.

DIE DAME: Ist das wirklich wahr? Es scheint mir allzu schön zu sein.

DER UNBEKANNTE: So jung, so schön, wie ich dich noch nie gesehen habe!

DIE DAME: Das sind deine Augen ...

DER UNBEKANNTE: Die gelernt haben! Ja, und deine Güte war die Lehrerin ...

DIE DAME: Die aus dem Kummer lernte ...

DER UNBEKANNTE: Ingeborg!

DIE DAME: Das erste Mal, daß du meinen Namen nennst!

DER UNBEKANNTE: Das erste Mal? Ich habe Ingeborg noch nie getroffen, ich habe dich nie zuvor gekannt, so wie du hier in unserem Heim sitzt. Heim! – Ein schönes Wort, etwas Schönes, das ich nie besessen habe. Heim und Frau! Du bist meine erste, meine einzige, denn das, was früher einmal gewesen ist, existiert nicht mehr, ebensowenig wie die Stunde, die gerade vergangen ist!

DIE DAME: Orpheus! Leben und Schönheit hast du in diese toten Steine gesungen! Sing auch Leben in mich ...

DER UNBEKANNTE: ... Eurydike, die ich aus der Unterwelt geholt habe! Ich will Leben in dich lieben, ich will dich dichten, und jetzt wird das Glück zu uns kommen, denn jetzt kennen wir die Gefahren, die wir meiden müssen!

DIE DAME: Ja, die Gefahren! ... Wie wunderbar ist es hier! Es ist, als wären die Zimmer voller unsichtbarer Gäste, die uns willkommen heißen! Gute Geister, segnet uns und unser Heim!

DER UNBEKANNTE: Die Flammen der Lichter stehen still vor Andacht, die Blumen denken ..., aber dennoch ...

DIE DAME: Still! ... Dort draußen ruht die Sommernacht, warm und dunkel; die Sterne hängen groß, tränenvoll an den Tannen wie Weihnachtslichter ... Dies ist die Glückseligkeit! Halt sie fest!

DER UNBEKANNTE *in Gedanken*: Dennoch ...

DIE DAME: Still!

DER UNBEKANNTE *erhebt sich*: Ich höre ein Gedicht kommen ... Es ist dein Gedicht! ...

DIE DAME: Sprich es nicht, denn ich sehe es ..., in deinen Augen!

DER UNBEKANNTE: Ich habe es in deinen gelesen! ... Übrigens, ich kann es nicht sagen, denn es hat keine Worte! ... Es hat Duft, es hat Farbe ... Und wenn ich es sagte, würde es sterben! Ungeboren ist es am schönsten! Ungewonnen am liebsten!

DIE DAME: Still! ... Oder unsere Gäste gehen! *Schweigen.*

DER UNBEKANNTE: Das ist das Glück ..., doch ich kann es nicht fassen!

DIE DAME: Sieh es an, atme es ein, denn es läßt sich nicht fassen! *Schweigen.*

DER UNBEKANNTE: Du schaust auf dein kleines Zimmer!

DIE DAME: Hellgrün wie eine Mittsommerwiese! Und da drin ist jemand! Mehrere!

DER UNBEKANNTE: Meine Gedanken!

DIE DAME: Deine guten, schönen Gedanken ...

DER UNBEKANNTE: Die du mir gegeben hast!

DIE DAME: Hatte ich dir denn etwas zu geben!

DER UNBEKANNTE: Du? – Alles! Aber ich hatte früher die Hände nicht frei, um es zu empfangen! Keine reinen Hände, dein kleines Herz zu streicheln ...

DIE DAME: Geliebter, jetzt naht die Versöhnung ...

DER UNBEKANNTE: Mit der Menschheit, und mit der Frau – durch die Frau? Ja, sie ist geschehen, und gesegnet seist du unter den Frauen!

Die Lichter und die Lampe verlöschen; es wird dunkel im Zimmer, nur von der gelben Messinglampe im Zimmer der Frau sieht man einen schwachen Lichtschein.

DIE DAME: Woher dieses Dunkel? Wehe!

DER UNBEKANNTE: Wo bist du, Geliebte? Reich mir deine Hand! Ich habe Angst!

DIE DAME: Hier, mein Freund!

DER UNBEKANNTE: Diese kleine Hand, die mir in der Finsternis gereicht wurde, die mich über Steine und Dornen führte! Diese kleine weiche, liebe Hand! Führ mich zum Licht, in dein warmes, helles Zimmer, hellgrün wie die Hoffnung.

DIE DAME *führt ihn zum hellgrünen Zimmer*: Du fürchtest dich?

DER UNBEKANNTE: Du weiße Taube, bei dir sucht der bange Adler Schutz, wenn die Donner des Himmels den Tag verdunkeln, denn die Taube ist sicher, sie hat die Donner des Himmels nicht gereizt ...

Sie haben die Türöffnung erreicht. Der Vorhang fällt.

Dasselbe Zimmer; der Tisch ist abgeräumt. Die Dame sitzt am Tisch und macht nichts, scheint sich zu langweilen. Im Vordergrund rechts steht ein Fenster offen. Stille.

DER UNBEKANNTE *kommt herein, mit einem Papier in der Hand*: Jetzt sollst du hören!

DIE DAME *zerstreut, ergeben*: Bist du schon fertig?

DER UNBEKANNTE: Schon? Meinst du das im Ernst? Ich habe ja sieben Tage für dieses einzige kleine Gedicht gebraucht. *Schweigen.* Das ermüdet dich vielleicht?

DIE DAME *trocken*: Nein, gewiß nicht! *Der Unbekannte setzt sich an den Tisch und betrachtet die Dame.* Warum siehst du mich an?

DER UNBEKANNTE: Ich möchte deine Gedanken sehen!

DIE DAME: Du hast sie doch gehört!

DER UNBEKANNTE: Das ist nichts, ich möchte sie sehen! ... *Pause.* Denn das, was man sagt, ist meistens wertlos ... *Pause.* Darf ich lesen? – Nein, das darf ich nicht! Denn du willst nichts mehr von mir haben. *Die Dame macht eine Miene, als ob sie etwas sagen wollte.* Dein Gesicht sagt mir: Genug! Jetzt hast du mich aufgesogen, mich leergefressen, mein Ich, meine Persönlichkeit getötet ... Da antworte ich: Wie denn, meine Geliebte? Ich hätte dein Ich getötet, ich, der ich dir mein ganzes Ich geben wollte, der dich den Rahm von all meinen Schalen abschöpfen ließ, gefüllt mit den Erfahrungen eines langen Lebens und den Erfahrungen der Streifzüge durch die Wüsten und Haine der Kunst und der Poesie ...

DIE DAME: Das leugne ich nicht, aber das war nicht meins!

DER UNBEKANNTE: Deins? Was ist deins? Fremdes!

DIE DAME: Und deins? Fremdes!

DER UNBEKANNTE: Nein, was ich erlebt habe, ist meins und gehört keinem anderen! Was ich gelesen habe, ist meins geworden, weil ich es wie Glas zerschlug, umschmolz, und aus der Masse blies ich neue Gläser in neuen Formen.

DIE DAME: Gut! Aber ich kann nicht dein werden ...

DER UNBEKANNTE: Ich bin dein geworden!

DIE DAME: Was hast du von mir bekommen?

DER UNBEKANNTE: Das fragst du?

DIE DAME: Und doch – ich sehe nicht, daß du das denkst! Aber ich fühle, daß du das fühlst! Du wünschst mich weit fort!

DER UNBEKANNTE: Ich muß einen gewissen Abstand zu dir

haben, um dich sehen zu können! Jetzt bist du innerhalb des Brennpunktes, und dein Bild ist undeutlich!

DIE DAME: Je näher, desto ferner!

DER UNBEKANNTE: Du sagst es! ... Doch wenn wir auseinandergehen, sehnen wir uns nacheinander; und wenn wir uns wieder treffen, dann sehnen wir uns voneinander fort.

DIE DAME: Glaubst du denn, daß wir uns lieben?

DER UNBEKANNTE: Ja, doch nicht wie gewöhnliche Menschen, sondern wie außergewöhnliche. Wir sind zwei Wassertropfen, die fürchten, einander zu nahe zu kommen, um nicht aufzuhören, zwei zu bleiben und eins zu werden.

DIE DAME: Diesmal kannten wir die Gefahren und wollten sie meiden. Es scheint, man kann ihnen nicht ausweichen!

DER UNBEKANNTE: Und vielleicht waren es keine Gefahren, sondern harte Notwendigkeiten, als Gesetze im Rat der Unsterblichen geschrieben. *Schweigen.* Deine Liebe fühlte man immer als Haß. Und wenn du mich glücklich gemacht hattest, hast du mich um das Glück beneidet, das du mir geschenkt hattest! – Wenn du mich aber recht unglücklich sahst, dann hast du mich geliebt!

DIE DAME: Soll ich dich verlassen?

DER UNBEKANNTE: Dann sterbe ich!

DIE DAME: Und wenn ich bleibe, dann sterbe ich!

DER UNBEKANNTE: Laß uns zusammen sterben und in einem höheren Leben unsere Liebe leben, unsere Liebe, die nicht von dieser Welt zu sein scheint, in einem anderen Raum, wo Ferne und Nähe nicht existieren, wo zwei eins ist, wo Zahl, Zeit und Raum etwas anderes sind als hier!

DIE DAME: Ich möchte sterben! Aber ich will nicht ... Ich glaube, ich bin schon tot!

DER UNBEKANNTE: Die Luft ist zu stark hier oben!

DIE DAME: Du liebst mich nicht, wenn du so etwas sagen kannst!

DER UNBEKANNTE: Aufrichtig gesagt – es gibt Augenblicke, in denen du nicht für mich existierst. Aber es gibt auch Zeiten, wo ich deinen Haß wie erstickenden Rauch empfinde, buchstäblich.

DIE DAME: Und ich habe, wenn du auf mich böse bist, das Gefühl, als ob das Herz aus der Brust kriechen würde.

DER UNBEKANNTE: Also hassen wir uns ...

DIE DAME: Und lieben uns ...

DER UNBEKANNTE: Und hassen uns, weil wir uns lieben. Wir hassen uns, weil wir aneinander gebunden sind. Wir hassen das Band, wir hassen die Liebe. Wir hassen das Lieblichste, das das Bitterste ist, das Beste, was dieses Leben gibt. Wir sind am Ende.

DIE DAME: Ja!!

DER UNBEKANNTE: Welch ein Scherz, wenn man das Leben ernst nimmt. Und welch ein Ernst, wenn man scherzt! – Du wolltest mich an deiner kleinen Hand zum Licht führen. Dein milderes Schicksal sollte meins milder machen. Ich wollte dich über den Sumpf und den Flugsand heben ... Doch du sehntest dich wieder nach unten, und du wolltest mich überzeugen, daß unten oben sei. Ist es möglich, frage ich mich, daß du meine Bosheit übernommen hast, als ich davon befreit wurde, und daß deine Güte auf mich überging? Habe ich dir jetzt weh getan, so sage ich, verzeih! Und ich küsse die kleine Hand, die liebkoste und kratzte ..., die kleine Hand, die mich in der Finsternis führte ..., die mich die lange Reise nach Damaskus führte ...

DIE DAME: Ist das der Abschied? *Schweigen.* Also Abschied?

Schweigen. Sie geht ihres Wegs. Der Unbekannte läßt sich auf einen Stuhl am Tisch fallen.

DER VERSUCHER *steckt den Kopf durchs Fenster, stützt sich auf die Ellenbogen, eine Zigarette rauchend*: Ja, ja! – C'est l'amour! Das Geheimnisvollste von allem Geheimnisvollen, das Unerklärlichste von allem Unerklärlichen, das Unsicherste von allem Unsicheren.

DER UNBEKANNTE: Sind Sie da?

DER VERSUCHER: Ich bin immer da, wenn es nach Krach riecht! Und in Liebesverhältnissen, da gibt es doch immer Krach!

DER UNBEKANNTE: Immer?

DER VERSUCHER: Immer! Gestern war ich auf einer Silberhochzeit! Fünfundzwanzig Jahre sind nicht leicht wegzuwischen – und dort hatte es fünfundzwanzig Jahre lang gekracht... Das ganze Liebesverhältnis war ein einziger großer Krach gewesen, mit vielen kleinen dazwischen! Und dennoch, sie liebten sich, sie dankten einander für alles Gute. Das Schlechte war vergessen, ausgelöscht – denn ein Augenblick Glück wiegt zehn Tage einfache Hölle mit Nadeln und Ruten auf. Ja! Wer das Schlechte nicht will, bekommt nicht das Gute! Die Schale ist bitter, bitter, doch der kleine, kleine Kern drinnen ist süß!

DER UNBEKANNTE: Ungemein klein ist er!

DER VERSUCHER: Mein lieber Freund, er ist klein, aber gut! – Doch sage, warum ist die Madonna weggerannt? – Keine Antwort, weil er es nicht weiß. Jetzt vermieten wir das Hotel natürlich wieder! – Das Schild ist hier! Jetzt hänge ich es raus! „Zu vermieten!" Der eine kommt, der andere geht! C'est la vie, quoi? Zimmer für Reisende!

DER UNBEKANNTE: Sind Sie verheiratet gewesen?

DER VERSUCHER: Ja, sicher!

DER UNBEKANNTE: Warum ging es auseinander?

DER VERSUCHER: Hauptsächlich – ja, das ist vielleicht eine Eigentümlichkeit von mir –, hauptsächlich weil ..., ja du weißt ja, daß der Mann heiratet, um nach Hause zu kommen, in ein Heim zu kommen, und die Frau, um rauszukommen. Sie wollte hinaus und ich hinein! Ich war so beschaffen, daß ich sie nicht begleiten konnte, weil ich dachte, sie würde von den Blicken der Männer verunreinigt. Und unter Menschen wurde meine große, herrliche Frau eine kleine, fratzenschneidende Meerkatze, die ich nicht anschauen konnte! – Nun gut, ich blieb zu Hause! Und dann blieb sie fort. Und als ich sie traf, war sie eine andere; sie, mein weißes, reines Blatt, war mit Krähenfüßen vollgeschmiert; ihre schönen, klaren Züge waren von den Satyrmienen fremder Männer verunstaltet. Ich sah die Miniaturphotographien von Ochsenschlächtern und Gardisten in ihren Augen. Ich hörte den fremden Tonfall fremder Herren in ihrer Stimme. Auf unserem Flügel, wo nur die Harmonien der Großen gespielt worden waren, spielte sie jetzt nur den Tingeltangel fremder Herren. Und auf unserem Tisch lag jetzt nur noch die Lieblingslektüre fremder Herren. Mit einem Wort, mein ganzes Dasein begann, in ein geistiges Konkubinat mit fremden Herren verkehrt zu werden – was wider meine Natur war, die immer nach der Frau verlangte! Und – muß ich das sagen? – die Sympathien dieser fremden Herren waren immer meine Antipathien. Sie entwickelte ein wirkliches Genie, um das aufzuspüren, was ich verabscheute! Das nannte sie, „ihre Persönlichkeit retten". Verstehst du das?

DER UNBEKANNTE: Ich versteh's, aber ich möchte nicht versuchen, es zu erklären!

DER VERSUCHER: Und doch behauptete diese Frau, sie liebe mich und ich würde sie nicht lieben. Und doch liebte ich sie so, daß ich nicht mit einem anderen Menschen sprechen wollte, weil ich meinte, ihr untreu zu sein, wenn ich Vergnügen an anderem Umgang fand, ja sogar, wenn ich mit Männern sprach. Ich hatte geheiratet, um weibliche Gesellschaft zu haben, und um diese Gesellschaft zu bekommen, verließ ich meine Freunde. – Ich hatte geheiratet, um Gesellschaft zu finden, aber ich fand die absolute Einsamkeit! Und ich unterhielt Haus und Heim, um fremden Herren eine Gesellschaftsdame zu verschaffen! C'est l'amour, mein lieber Freund!

DER UNBEKANNTE: Man sollte niemals von seiner Frau sprechen!

DER VERSUCHER: Nein, denn sagt man Gutes über sie, lachen die Leute, sagt man Schlechtes über sie, gewinnt sie die Sympathien aller. Und fragt man im ersten Fall, warum sie lachen, erfährt man nichts.

DER UNBEKANNTE: Ja! Man erfährt nie, mit wem man verheiratet ist! Man kriegt sie nie zu fassen – es ist, als sei sie niemand! – Was ist die Frau?

DER VERSUCHER: Ich weiß es nicht! Vielleicht eine Larve oder eine Puppe, aus deren Schlaf einmal ein Mann auferstehen wird. Sie gleicht einem Kind, ist aber keins. Sie ist eine Art

Kind, gleicht ihm aber nicht. Sie zieht nach unten, wenn der Mann nach oben zieht! Zieht nach oben, wenn der Mann nach unten zieht.

DER UNBEKANNTE: Sie wünscht immer anderer Meinung zu sein als ihr Mann. Sie hegt Sympathie, wo er Antipathie empfindet: das Roheste unter der feinsten Oberfläche, das Böseste unter dem Besten! Und dennoch! Jedesmal wenn ich geliebt habe, habe ich mich verfeinert ...

DER VERSUCHER: Du ja, aber sie?

DER UNBEKANNTE: Sie? Sie hat sich während der Zeit, da unsere Liebe wuchs, immer rückwärts entwickelt. Und ist immer roher und boshafter geworden!

DER VERSUCHER: Kannst du das erklären?

DER UNBEKANNTE: Nein. Doch einmal, als ich die Lösung des Rätsels suchte, indem ich mir selbst unrecht gab, nahm ich an, sie sauge meine Bosheit in sich auf und ich ihre Güte.

DER VERSUCHER: Glaubst du, die Frau ist besonders falsch?

DER UNBEKANNTE: Ja, und nein. – Daß sie ihre Schwächen zu verbergen sucht, bedeutet ja nur, daß sie Ehrgeiz hat und Schamgefühl. Nur die Hure ist aufrichtig, und deshalb ist sie zynisch.

DER VERSUCHER: Sag noch mehr Schönes über die Frau!

DER UNBEKANNTE: Ich hatte einmal eine Freundin. Sie merkte bald, wenn ich trank, wurde ich häßlicher als gewöhnlich ... Sie beschwor mich deshalb, nicht zu trinken! ... Ich erinnere mich an einen Abend ..., wir hatten uns viele Stunden lang in einem Café unterhalten. Als es auf zehn Uhr zuging, bat sie mich, nach Hause zu gehen und nicht mehr zu trinken. Wir trennten uns, nachdem wir uns gute Nacht gesagt hatten. Einige Tage später erfuhr ich, daß sie an diesem Abend von mir zu einer großen Gesellschaft gegangen war, wo sie bis zum Morgen durchzechte. – „Nun gut", sagte ich, suchte ich damals doch nur Gutes bei der Frau, „sie wollte mir wohl und mußte sich selbst wegen ihrer Geschäfte beschmutzen."

DER VERSUCHER: Das ist nobel gedacht, das kann man verteidigen! Sie wollte, Sie sollten besser sein als sie selbst, höher und reiner, damit sie zu Ihnen aufschauen könnte! Können

Sie dies ebenso schön wegräsonieren? Die Frau ist ihrem Mann gegenüber immer böse und unzufrieden, und der Mann ist immer gut und dankbar gegen sie. Er tut alles, um es ihr recht zu machen, und sie alles, um ihn zu quälen.

DER UNBEKANNTE: Das ist nicht wahr! – Sicher, es kann mitunter so aussehen! ... Ja, ich hatte einmal eine Freundin, die mir alle Fehler aufbürdete, die sie besaß. Zum Beispiel war sie sehr in sich selbst verliebt und nannte mich deshalb den selbstgefälligsten Menschen. Sie trank und nannte mich einen Trunkenbold. Sie wechselte selten ihre Wäsche, mich nannte sie schmutzig. Sie war eifersüchtig, sogar auf meine Freunde, und mich nannte sie einen Othello. Sie war herrschsüchtig, mich nannte sie einen Nero. Sie war geizig, mich nannte sie einen Harpagon.

DER VERSUCHER: Weshalb haben Sie denn darauf nicht geantwortet?

DER UNBEKANNTE: Das wissen Sie sehr gut! ... In dem Moment, wo ich sie darüber aufgeklärt hätte, wie sie wirklich ist, hätte ich ihre Zuneigung verloren – und ihre Zuneigung wollte ich ja gerade besitzen ...

DER VERSUCHER: A tout prix! Ja, dort allein liegt die Quelle der Erniedrigung! Sie gewöhnten sich daran zu schweigen und fanden sich schließlich in einem Netz von Falschheiten ...

DER UNBEKANNTE: Warten Sie! ... Glauben Sie nicht, daß Eheleute ihre Persönlichkeit miteinander vermischen, so daß sie mein und dein nicht unterscheiden können, ihre Personen voneinander nicht trennen und die eigenen Fehler nicht von denen des anderen unterscheiden können? Meine eifersüchtige Freundin, die mich einen Othello nannte, verwechselte mich mit sich, identifizierte mich mit sich selbst ...

DER VERSUCHER: Das klingt überzeugend!

DER UNBEKANNTE: Ja, sehen Sie, man kommt sehr oft am weitesten in der Erklärung, wenn man die Frage: Wer hat schuld? streicht. – Wenn sich deswegen Eheleute uneinig werden, so ist es das Reich, das sich selbst zerschlägt, und das ist die größte der Disharmonien.

DER VERSUCHER: Es gibt Augenblicke, wo ich glaube, eine Frau kann keinen Mann lieben!

DER UNBEKANNTE: Vielleicht! Denn lieben ist ein Verbum aktivum, und Frau ein Substantivum passivum. Er liebt, sie wird geliebt; er fragt, sie antwortet nur!

DER VERSUCHER: Was ist dann die Liebe einer Frau?

DER UNBEKANNTE: Die des Mannes! ...

DER VERSUCHER: Gut! – Und deshalb löst sie sich von dem Mann, wenn er aufhört, sie zu lieben!

DER UNBEKANNTE: Dann, aber auch ...

DER VERSUCHER: Still! Hier kommt jemand ... Ein Mieter!

DER UNBEKANNTE: Eine Dame oder ein Herr?

DER VERSUCHER: Eine Dame! ... und ein Herr! ... Doch der Herr bleibt dort draußen ..., kehrt um und geht in den Wald! – Interessant!

DER UNBEKANNTE: Wer ist es?

DER VERSUCHER: Ja, sehen Sie selbst!

DER UNBEKANNTE *schaut durch das Fenster*: Das ist sie! – Meine erste Frau, meine erste Liebe ...

DER VERSUCHER: Die offensichtlich ihren zweiten Mann verlassen hat – und nun mit Nummer drei kommt, der, nach gewissen Bewegungen des Rückens und der Waden zu urteilen, sich nach einer etwas stürmischen Szene davonmachen will ... Jaja! – Doch sie hat seine heimliche Absicht nicht gemerkt! Das ist hochinteressant! ... Jetzt werde ich lauschen!

Verschwindet. Die Frau klopft.

DER UNBEKANNTE: Herein! *Die Frau kommt herein.*

Schweigen.

DIE FRAU *erregt*: Ich bin gekommen, um eine Wohnung zu mieten ...

DER UNBEKANNTE: Bitte!

DIE FRAU: Hätte ich gewußt, von wem, wäre das nicht geschehen!

DER UNBEKANNTE: Was macht das schon?

DIE FRAU: Darf ich mich einen Augenblick setzen? Ich bin müde.

DER UNBEKANNTE: Bitte, gern!

Sie setzen sich einander gegenüber an den Tisch, auf dieselben Plätze, auf denen der Unbekannte und die Dame im vorhergehenden Bild saßen.

DER UNBEKANNTE: Es ist lange her, daß wir so dagesessen haben!

DIE FRAU: Mit Blumen und Kerzen auf dem Tisch ..., an einem Abend ...

DER UNBEKANNTE: Ich als Bräutigam gekleidet und du als Braut ...

DIE FRAU: Und die Flammen der Kerzen standen still vor Andacht, und die Blumen dachten ...

DER UNBEKANNTE: Ist dein Mann draußen?

DIE FRAU: Nein!

DER UNBEKANNTE: Du suchst noch immer – das, was es nicht gibt?

DIE FRAU: Gibt es das nicht?

DER UNBEKANNTE: Nein! Und das habe ich dir immer gesagt! Aber du hast mir nicht geglaubt, sondern wolltest es selbst erfahren!

Hast du es jetzt erfahren?

DIE FRAU: Noch nicht!

DER UNBEKANNTE: Warum hast du deinen Mann verlassen? *Schweigen.* Hat er dich geschlagen?

DIE FRAU: Ja!

DER UNBEKANNTE: Wie konnte er sich so vergessen?

DIE FRAU: Er war böse!

DER UNBEKANNTE: Warum war er böse?

DIE FRAU: Wegen nichts!

DER UNBEKANNTE: Warum war er böse wegen nichts?

DIE FRAU *erhebt sich*: Nein danke! Ich sitze doch nicht hier und lasse mich heruntermachen! – Wo ist deine Frau?

DER UNBEKANNTE: Sie ist vorhin fortgegangen!

DIE FRAU: Warum?

DER UNBEKANNTE: Warum bist du von mir fortgegangen?

DIE FRAU: Weil ich fühlte, daß du von mir fortgehen wolltest, und um nicht verlassen zu werden, ging ich selbst!

DER UNBEKANNTE: Das war gewiß so! Doch wie konntest du meine Gedanken kennen?

DIE FRAU *setzt sich wieder*: Wie? Wir brauchten ja nicht zu sprechen, um unsere Gedanken zu offenbaren.

DER UNBEKANNTE: Doch wir begingen einen Fehler in unserem Zusammenleben, als wir uns gegenseitig wegen unserer bösen Gedanken anklagten, bevor sie Taten wurden. Statt im Wirklichen zu leben, lebten wir in Hintergedanken ... Ich sah zum Beispiel einmal, mit welchem Vergnügen du die unreinen Blicke eines Fremden entgegennahmst, und ich beschuldigte dich der Untreue.

DIE FRAU: Du hattest unrecht und du hattest recht, denn meine Gedanken sündigten.

DER UNBEKANNTE: Glaubst du nicht, daß meine Gewohnheit, „dir zuvorzukommen", den Ausbruch deines bösen Willens verhinderte?

DIE FRAU: Laß mich nachdenken! – Doch, es war so! Aber vor Ärger darüber, einen ständigen Spion zu haben, der mein Inneres überwachte, das mir gehörte ...

DER UNBEKANNTE: Nein, es gehörte nicht dir, es gehörte uns ...

DIE FRAU: Gut! Aber ich meinte, es sei meins und du hättest kein Recht, dort einzudringen. Und als du es dennoch tatest, haßte ich dich. Und aus Selbstverteidigung nannte ich dich krankhaft mißtrauisch! ... Jetzt kann ich es sagen! Dein Mißtrauen ging nie fehl ..., dein Mißtrauen war Scharfsinn!

DER UNBEKANNTE: Oh! – Weißt du, nachts, wenn wir uns gute Nacht gesagt hatten und als Freunde eingeschlafen waren, erwachte ich manchmal und fühlte, wie dein Haß Gift auf mich verspritzte, so daß ich nahe daran war, das Bett zu verlassen, um nicht zu ersticken ... Eines Nachts erwachte ich und fühlte einen Druck auf meiner Stirn. – Ich sah, daß du wach warst und deine Hand in die Nähe meines Mundes hieltest ... Ich glaubte, du ließest mich Gift aus einer Flasche einatmen, und um Gewißheit zu bekommen, ergriff ich deine Hand!

DIE FRAU: Ich erinnere mich daran! –

DER UNBEKANNTE: Was hast du damals getan?

DIE FRAU: Nichts! Ich habe dich nur gehaßt!

DER UNBEKANNTE: Warum hast du mich gehaßt?

DIE FRAU: Weil du mein Mann warst! Weil ich dein Brot aß!

DER UNBEKANNTE: Glaubst du, das ist immer so?

DIE FRAU: Ich weiß nicht, doch ich ahne es!

DER UNBEKANNTE: Aber du hast mich manchmal auch verachtet!

DIE FRAU: Ja, wenn du lächerlich warst! Ein verliebter Mann ist immer lächerlich! – Weißt du, was ein Laffe ist? – Ein Verliebter! Wie ein Hahn!

DER UNBEKANNTE: Wenn jeder Mann, der euch liebt, lächerlich ist, wie könnt ihr ihn dann wiederlieben?

DIE FRAU: Das tun wir nicht! ... Wir ertragen ihn – und suchen einen anderen, der uns nicht liebt!

DER UNBEKANNTE: Aber wenn der euch auch zu lieben beginnt, sucht ihr dann einen dritten?

DIE FRAU: Vielleicht!

DER UNBEKANNTE: Wie seltsam! *Schweigen.* Ich erinnere mich, du schwärmtest immer für etwas, das du den Toreador nanntest, was ich mit Roßschlächter übersetzte! Du bekamst schließlich deinen Toreador. Er gab dir keine Kinder und kein Brot, nur Schläge! – Der Toreador schlägt immer! *Schweigen.* Einmal ließ ich mich dazu verleiten, mit dem Toreador zu konkurrieren. Ich fing an radzufahren, Sport zu treiben, zu fechten und ähnliches. Doch da begannst du mich zu verabscheuen! Also: der Mann darf es nicht tun, doch der Liebhaber darf! – Dann schwärmtest du für Pagen! – Der auf dem Brüsseler Teppich saß und schlechte Verse las ... Meine guten Verse taugten nicht für dich! ... Hast du jetzt den Pagen gekriegt?

DIE FRAU: Ja, aber seine Verse sind nicht schlecht!

DER UNBEKANNTE: Doch, meine Freundin, denn ich kenne ihn! Und er hat meine Rhythmen genommen und für Leierkasten gesetzt.

DIE FRAU *erhebt sich und geht zur Tür*: Schäme dich!

DER VERSUCHER *kommt zur Tür herein, mit einem Brief in der Hand*: Ein Brief! Für Frau ... *Gibt der Frau den Brief. Sie liest ihn und sinkt auf einen Stuhl.* Ein kleiner Abschiedsbrief! Jaja! – Aller Anfang ist schwer – in Liebesverhältnissen! – Und wer keine Geduld hat, die Schwierigkeiten des Anfangs zu überwinden – der büßt die goldenen Früchte ein! Die Pagen sind immer ungeduldig! – Unbekannter Jüngling, hast du jetzt genug?

DER UNBEKANNTE *erhebt sich, nimmt seinen Hut*: Arme Anna!

DIE FRAU: Verlaß mich nicht!

DER UNBEKANNTE: Doch, meine Freundin! Ich muß!

DIE FRAU: Geh nicht! Du warst doch der Beste!

DER VERSUCHER: Wollt ihr vielleicht auch noch mal von neuem beginnen? Nun, das wäre eine sichere Art, dem hier ein Ende zu machen. Denn bekommen sie sich, verlieren sie sich! ... Was ist die Liebe? Sage jeder noch etwas Geistreiches, bevor wir uns trennen!

DIE FRAU: Ich weiß nicht, was sie ist. Dieses Höchste und Schönste, das zum Niedrigsten und Häßlichsten hinunter-soll!

DER UNBEKANNTE: Eine Karikatur der göttlichen Liebe.

DER VERSUCHER: Eine einjährige Pflanze, die in der Verlobungszeit blüht, in der Ehe Samen ansetzt und sich dann zur Erde beugt, um zu welken und zu sterben!

DIE FRAU: Die schönsten Blumen geben keinen Samen! Die Rose ist die Blume der Liebe!

DER UNBEKANNTE: Die Lilie die der Unschuld! Sie kann Samen bilden, will ihren weißen Kelch aber für nichts anderes als für Küsse öffnen!

DER VERSUCHER: Pflanzt sich aber durch Knospen fort, aus denen neue Lilien entstehen, so wie die keusche Minerva fertig aus dem Haupt des Zeus hervorging, nicht aus seinen königlichen Lenden! – Ja, Kinder, viel habe ich verstanden, doch dies nicht: Was die Geliebte meiner Seele mit … *Zögert.*

DER UNBEKANNTE: Sprich's aus!

DER VERSUCHER: … was die mächtige Liebe, die die Hochzeit der Seelen ist, mit der Fortpflanzung zu tun hat!

DER UNBEKANNTE *und* DIE FRAU: Jetzt hat er es ausgesprochen!

DER VERSUCHER: Ich habe nie verstanden, wie ein Kuß, der ein ungeborenes Wort ist, eine lautlose Rede, eine stille Sprache der Seelen, durch eine heilige Handlung ausgetauscht werden kann gegen – eine chirurgische Operation, die immer mit Tränen und Zähneknirschen endet. Ich habe nie begriffen, wie die heilige Nacht, die erste, in der zwei Seelen sich in Liebe küssen sollen, wie sie enden kann mit Blutvergießen, Zank, Haß, gegenseitiger Verachtung – und Charpie. *Hält sich den Mund zu.*

DER UNBEKANNTE: Wenn das mit dem Sündenfall wahr wäre? Mit Schmerzen sollst du Kinder gebären …

DER VERSUCHER: Ja, dann könnte man verstehen …

DIE FRAU: Wer ist der Mann, der spricht?

DER VERSUCHER: Nur ein Wanderer auf dem Flugsandfeld des Lebens! *Die Frau erhebt sich.* Bereit zu gehen! – Wer geht zuerst?

DER UNBEKANNTE: Ich!

DER VERSUCHER: Wohin?

DER UNBEKANNTE: Nach oben! Und du?

DER VERSUCHER: Ich bleibe hier unten, in der Mitte …

…………………………………………

Gotischer Kapitelsaal. Im Hintergrund offene Arkaden zum Kreuzgang und zum Klosterhof. Mitten auf dem Hof ein Springbrunnen mit Marienbild, von hochstämmigen weißen Rosen umgeben. An den Wänden des Saals eingebautes Chorgestühl aus Eiche. Der Sitz des Priors befindet sich rechts in der Mitte und ist etwas erhöht. Mitten im Saal ein kolossales Kruzifix.

Die Sonne scheint auf das Marienbild im Hof.
Der Unbekannte kommt aus dem Hintergrund. Er trägt eine grobe, schwarze Mönchskutte mit einem Strick um den Leib und Sandalen an den Füßen. Er bleibt im Eingang stehen und betrachtet den Saal; dann geht er zum Kruzifix und bleibt davor stehen. Von der anderen Seite des Hofes hört man die letzte Strophe eines Kirchenliedes.
Der Konfessor kommt aus dem Hintergrund, schwarz-weiß gekleidet, mit langem Haar und Bart und einer sehr kleinen Tonsur, die kaum zu bemerken ist.

DER KONFESSOR: Friede! –

DER UNBEKANNTE: Und mit dir!

DER KONFESSOR: Wie findest du das weiße Haus?

DER UNBEKANNTE: Noch sehe ich nur Schwarzes ...

DER KONFESSOR: Du bist noch schwarz, doch du sollst so weiß werden, so weiß! – Hast du diese Nacht ruhig geschlafen?

DER UNBEKANNTE: Wie ein müdes Kind, ohne Träume ... Doch sag, warum treffe ich auf so viele verschlossene Türen?

DER KONFESSOR: Du wirst sie allmählich öffnen lernen.

DER UNBEKANNTE: Es ist ein großes Gebäude.

DER KONFESSOR: Es ist unendlich. Ein Teil stammt von Karl dem Großen, durch fromme Stiftungen ist es ungestört gewachsen, und unberührt von geistigen Stürmen und Veränderungen verschiedener Zeiten, steht es auf seiner Felsenklippe als ein Monument abendländischer Bildung, das ist: christlicher Glaube und Wissen von Hellas und Rom.

DER UNBEKANNTE: Also nicht nur Religion?

DER KONFESSOR: Auch alle Wissenschaften und schönen Künste, Bibliotheken und Museen, Observatorien und Laboratorien ..., die du noch sehen wirst. Hier werden auch Landwirtschaft und Gartenbau betrieben, und zum Kloster gehören ein Krankenhaus für Laien und unsere eigenen Schwefelquellen ...

DER UNBEKANNTE: Ein Wort, bevor das Kapitel kommt! – Wer ist der Prior?

DER KONFESSOR *lächelt*: Das ist der Prior! – Einsam, ohne

seinesgleichen, auf der Höhe menschlichen Wissens, und ..., ja, du wirst ihn gleich zu sehen bekommen!

DER UNBEKANNTE: Ist es wahr, daß er so alt ist?

DER KONFESSOR: Er hat ein ungewöhnlich hohes Alter erreicht ... Geboren wurde er zu Beginn dieses Jahrhunderts, das jetzt zu Ende geht ...

DER UNBEKANNTE: Und hat nicht immer im Kloster gelebt?

DER KONFESSOR: Er war nicht immer Mönch, gehörte aber immer zum geistlichen Stand ... Er ist einmal Minister gewesen, siebzig Jahre ist das her; zweimal Universitätskanzler, Erzbischof ... Still, die Messe ist zu Ende!

DER UNBEKANNTE: Er ist doch wohl nicht so ein vorurteilsloser Priester, der Laster heuchelt, die er nicht besitzt?

DER KONFESSOR: Überhaupt nicht! Doch er hat das Leben und die Menschen gesehen und ist mehr menschlich als priesterlich ...

DER UNBEKANNTE: Und die Väter, die Patres?

DER KONFESSOR: Weise Männer, sonderbare Schicksale, keins gleicht dem anderen ...

DER UNBEKANNTE: Die das Leben nie gelebt haben ...

DER KONFESSOR: Alle haben das Leben gelebt, mehrmals, haben Schiffbruch erlitten, wieder begonnen, sind zugrunde gegangen, sind wieder hochgekommen ... Warte nur!

DER UNBEKANNTE: Mich wird doch der Prior ausfragen ... Glaube aber nicht, daß ich allem beipflichten werde ...

DER KONFESSOR: Im Gegenteil, du mußt so sein, wie du bist, und deine Auffassungen bis zum äußersten verteidigen!

DER UNBEKANNTE: Verträgt man denn Widerspruch hier?

DER KONFESSOR: Hier? ... Du bist ein Kind, das in einer kindlichen Welt gelebt hat, wo du mit Gedanken und Worten gespielt hast. Und du hast in dem Irrtum gelebt, daß die Sprache, etwas so Materielles, ein Ausdruck für etwas so Subtiles wie Gefühle und Gedanken werden könnte. Wir, die wir diesen Irrtum entdeckt haben, sprechen so wenig wie möglich, denn wir empfinden und sehen das Innerste des anderen. Wir haben durch „geistige Übungen" unser Wahrnehmungsvermögen so ausgebildet, daß wir eine einzige Kette bilden und ein Gefühl der Lust und Harmonie empfinden, wenn vollständige Übereinstimmung herrscht. Der Prior, der sich am meisten ausgebildet hat, fühlt, wenn die Gedanken eines anderen auf Abwege geraten. Er gleicht – merke dir, er gleicht – in bestimmter Hinsicht dem Galvanometer des Telegrafeningenieurs, das anzeigt, wann und wo sich in der Leitung eine Unterbrechung befindet. Deshalb können wir keine Geheimnisse voreinander haben, deshalb brauchen wir auch keine Beichte. Erinnere dich genau daran, wenn du vor dem prüfenden Auge des Priors stehst!

DER UNBEKANNTE: Soll ich verhört werden?

DER KONFESSOR: O nein! Nur einige gewöhnliche Fragen ohne tiefere Bedeutung, die den praktischen Prüfungen vorausgehen ... Still, jetzt sind sie da! *Zieht sich zur Seite hin zurück.*

Der Prior kommt aus dem Hintergrund, ganz in Weiß gekleidet, die weiße Kapuze ist aufgeschlagen. Er ist ein hochgewachsener Mann mit langem weißem Haar und langem weißem Bart (Zeus-Kopf); sein Gesicht ist bleich, aber voll und ohne Runzeln; die Augen sind groß, von Schatten umgeben, gewaltige Augenbrauen. Eine stille, majestätische Ruhe liegt über seiner ganzen Persönlichkeit. Zwölf Patres folgen ihm, schwarz und weiß gekleidet, die schwarzen Kapuzen hochgeschlagen. Alle verbeugen sich vor dem Kruzifix und gehen dann zu ihren Plätzen.

DER PRIOR *betrachtet den Unbekannten eine Weile*: Was suchst du hier?

Der Unbekannte ist verwirrt, sucht nach einer Antwort, findet aber keine.

DER PRIOR *mild, überlegen, nachsichtig*: Frieden, nicht wahr? *Der Unbekannte gibt mit Kopf und Mund ein bejahendes Zeichen.* Aber wenn das ganze Leben Kampf ist, wie willst du dann Frieden bei den Lebenden finden. *Der Unbekannte vermag nicht zu antworten.* Du willst dem Leben den Rücken kehren, weil du dich von ihm betrogen, vielleicht verletzt fühlst?

DER UNBEKANNTE *mit schwacher Stimme*: Ja!

DER PRIOR: Also verletzt, ungerecht behandelt! Und diese Ungerechtigkeiten begannen bereits so früh in deiner Kindheit, daß du, ein unschuldiges Kind, dir nicht vorstellen konntest, irgendein Verbrechen begangen zu haben, das eine Strafe verdient hätte! Nun gut, einmal bist du zu Unrecht beschuldigt worden, einige Früchte entwendet zu haben; gequält, dieses Vergehen auf dich zu nehmen, gefoltert, dich selbst zu belügen und um Vergebung für einen Fehler zu bitten, den du nicht begangen hattest. Ist es so?

DER UNBEKANNTE *sicher*: So war es!

DER PRIOR: Gut, so war es, und du hast es niemals vergessen können! Niemals! ... Hör mal, du hast ja ein gutes Gedächtnis, erinnerst du dich an den „Schweizer Robinson"?

DER UNBEKANNTE *fährt zusammen*: Der Schweizer ... Robinson?

DER PRIOR: Ja! ... Deine Foltergeschichte ist 1857 datiert, doch Weihnachten 1856, also ein Jahr davor, hast du einen „Schweizer Robinson" zerrissen und aus Angst vor der Strafe unter einem Schrank in der Kammer versteckt ... *Der Unbekannte bestürzt und vernichtet.* Der Schrank war wie Eichenholz gestrichen, im oberen Teil hingen Kleider, und unten standen Schuhe. Er schien dir unendlich groß, denn du warst ein kleines Kind und konntest dir nicht vorstellen, daß er einmal abgerückt werden könnte ... Doch der Schrank konnte abgerückt werden, und bei einem Großreinemachen zu Ostern kam das Verborgene an den Tag! Die Angst trieb dich dazu, einen Kameraden zu beschuldigen. Und nun mußte dieser die Torturen durchmachen, weil der Schein gegen ihn sprach und du als glaubwürdig galtest ... Deine schlimme Geschichte kam n a c h diesem Ereignis als eine logische Folge. Siehst du die Logik?

DER UNBEKANNTE: Ja, strafe mich!

DER PRIOR: Nein, ich strafe nicht, und ich habe als Kind

selbst ... ähnliches begangen ... Aber willst du jetzt versprechen, deine eigene schlimme Geschichte für alle Zeiten zu vergessen und sie nie wieder zu erzählen?

DER UNBEKANNTE: Ich verspreche es! Wenn doch nur der, den ich verletzt habe, mir verzeihen könnte!

DER PRIOR: Das hat er bereits getan! Nicht wahr, Pater Isidor?

PATER ISIDOR, *der Arzt aus dem ersten Teil, erhebt sich*: Von ganzem Herzen!

DER UNBEKANNTE: Du bist es?

PATER ISIDOR: Ich bin's!

DER PRIOR *zu Pater Isidor*: Pater Isidor, sag noch ein Wort, ein einziges!

PATER ISIDOR: Gut! Es war 1856, als ich die Qual durchlebte! Doch bereits 1854 ... mußte schon einer meiner Brüder dieselbe Qual erleiden wegen einer falschen Beschuldigung von meiner Seite ... *Zum Unbekannten*: Also sind wir alle schuldig, nicht ein einziger ist rein. Ich glaube zu wissen, daß mein Opfer ebenfalls kein reines Gewissen hatte! *Setzt sich.*

DER PRIOR: Wenn wir doch aufhören wollten, miteinander abzurechnen und vor allem mit der Ewigen Gerechtigkeit! ... Denn wir werden mit Schuld geboren und mit Adams Veranlagung! ... Doch – *zum Unbekannten* – du wolltest etwas wissen, nicht wahr?

DER UNBEKANNTE: Ich wollte den innersten Sinn des Lebens wissen!

DER PRIOR: Den allerinnersten? Du willst also wissen, was keiner wissen darf! Pater Uriel! *Pater Uriel, blind, erhebt sich. Der Prior zum Unbekannten*: Sieh diesen blinden Vater! Wir nennen ihn Uriel, zur Erinnerung an Uriel Acosta, den du vielleicht kennst? *Der Unbekannte macht eine verneinende Geste.* So! Den sollten alle jungen Leute kennen! Uriel Acosta war ein Portugiese jüdischer Herkunft, der aber in der christlichen Lehre erzogen wurde. In ziemlich jungen Jahren begann er zu forschen ... Du verstehst, er begann danach zu forschen, ob Christus wirklich Gott war, was zur Folge hatte, daß er zur jüdischen Lehre übertrat. Danach begann er, über die mosaischen Schriften und über die Unsterblichkeit der

Seele zu forschen, was zur Folge hatte, daß er von den Rabbinern der christlichen Priesterschaft zur Bestrafung übergeben wurde. Nach geraumer Zeit kehrte er zur Synagoge und zum Judentum zurück. Doch seine Wißbegierde kennt keine Grenzen, und er setzt seine Forschungen fort, bis er vor dem stummen Nichts steht. Und aus Verzweiflung darüber, das innerste Geheimnis nicht erfahren zu haben, nimmt er sich durch einen Pistolenschuß das Leben ... Sieh jetzt hier unseren guten Pater Uriel ... Er war einmal sehr jung und wollte wissen. Er wollte immer an der Spitze moderner Bewegungen stehen, und er entdeckte neue Weltanschauungen. Nebenbei gesagt, er ist mein Jugendfreund und fast genausoalt wie ich ... So um 1820 begann er die sogenannte Aufklärungsphilosophie zu entdecken, die schon zwanzig Jahre lang im Grabe lag. Mit Hilfe dieser Philosophie, die ein Universaldietrich war, konnte man alle Schlösser öffnen, alle Fragen lösen und alle Gegner besiegen. Alles war so klar und so einfach. Er war jetzt ein entschiedener Gegner jeder Religion, und er verfolgte vor allem die Mesmeristen, wie die Hypnotiseure der damaligen Zeit genannt wurden. Im Jahre 1830 wurde unser Freund Hegelianer, etwas spät natürlich. Und nun fand er Gott wieder, aber Gott in der Natur und im Menschen, und er entdeckte, daß er ein kleiner Gott sei. Doch nun wollte das Unglück, daß es zwei Hegel gab, ebenso wie es zwei Voltaire gibt; und der späte oder rechtsstehende Hegel hatte seine All-Gottheit zu einem Kompromiß mit dem Christentum entwickelt, und so wurde Vater Uriel, der nie hinter seiner Zeit zurück sein wollte, ein rationalistischer Christ, dem die undankbare Aufgabe zugefallen war, den Rationalismus und sich selbst zu bekämpfen. – Ich will diese lange schmerzliche Geschichte Vater Uriels wegen verkürzen. Im Jahre 1850 wurde er wieder Materialist und Feind des Christentums. 1870 wurde er Hypnotiseur, 1880 Theosoph und 1890 hatte er die Absicht, sich zu erschießen! Damals traf ich ihn. Er saß auf einer Bank in Berlin Unter den Linden und war blind. Der Uriel blind – Uriel heißt „Gott, mein Licht" –, der ein Jahrhundert mit der Fackel der Aufklärung an der

Spitze aller modernen Bewegungen geschritten war! *Zum Unbekannten*: Siehst du, er wollte wissen, und er konnte nicht! Und deshalb glaubt er jetzt! ... Willst du noch etwas wissen?

DER UNBEKANNTE: Ich möchte nur eine Frage stellen!

DER PRIOR: Sprich!

DER UNBEKANNTE: Wäre Vater Uriel bei seinem ersten Glauben von 1810 geblieben, hätten ihn die Menschen konservativ oder altmodisch genannt, und jetzt, da er der Entwicklung seiner Zeit folgte und somit seinen Jugendglauben aufgab, sagen die Leute, er sei fahnenflüchtig geworden, das heißt, wie er sich auch verhalten hätte, die Leute würden etwas an ihm auszusetzen haben.

DER PRIOR: Kümmerst du dich darum, was die Leute sagen? ... Vater Clemens, darf ich von dir erzählen, wie du dich darum gekümmert hast, was die Leute sagten? *Pater Clemens erhebt sich und macht ein bejahendes Zeichen.* Vater Clemens ist unser größter Figurenmaler ... Draußen in der Welt hat er einen anderen Namen, einen sehr berühmten! Nun gut! Vater Clemens war um 1830 jung. Er fühlte sich zum Maler berufen und gab sich dem mit ganzer Seele hin. Als er zwanzig war, stellte er aus. Publikum, Kritiker, Lehrer, Eltern, alle waren sich einig, daß er sich in seiner Berufung geirrt habe. Und der junge Clemens kümmerte sich darum, was die Leute sagten, zog sich zurück und ging ins Handwerk. Er wurde Buchdrucker. Als er fünfzig war und das Leben hinter ihm lag, wurden die Malereien seiner Jugend von einem Unbekannten wiederentdeckt. Und jetzt wurden sie als anerkannte Meisterwerke von Publikum, Kritik, Lehrern und Angehörigen gefeiert. Doch nun war es zu spät! Und als sich Vater Clemens über die Bosheit der Welt beklagte, antwortete die Welt mit einem herzlosen Grinsen: „Warum hast du dich anführen lassen?" Das verdroß Vater Clemens so, daß er hierher zu uns kam. Und jetzt grämt er sich nicht mehr! Nicht wahr, Vater Clemens?

PATER CLEMENS: Nein! Doch die Geschichte ist noch nicht zu Ende. Meine Gemälde von 1830 hingen bewundert in einem

Museum bis 1880. Da änderte sich der Geschmack ganz plötzlich, und eines Tages stand in einer angesehenen Zeitung, meine Gemälde seien eine Schande für das Museum. Und so kamen sie auf den Boden!

DER PRIOR *zum Unbekannten*: Das ist doch eine gute Geschichte!

PATER CLEMENS: Sie ist noch nicht zu Ende! ... Im Jahre 1890 hatte sich der Geschmack erneut geändert, so daß ein Professor der Kunstakademie schrieb, es sei eine Schande der Nation, daß meine Meisterwerke auf dem Dachboden liegen. Die Gemälde kamen wieder herunter und sind jetzt klassisch. Doch wie lange! ... Da siehst du, junger Mann, woraus die Ehre der Welt besteht. Vanitas vanitatum vanitas!

DER UNBEKANNTE: Ist es da wert zu leben?

DER PRIOR: Frage Vater Melcher, der nicht nur in der Welt der Täuschungen, sondern auch in der Welt der Irrtümer, der Unwahrheiten und der Widersprüche geprüft wurde. Folge ihm, er wird dir die Gemäldegalerie zeigen und Geschichten erzählen!

DER UNBEKANNTE: Wer mich etwas lehren kann, dem folge ich gerne!

Pater Melcher nimmt den Unbekannten an die Hand und führt ihn aus dem Saal.

Eine Gemäldegalerie im Kloster; meistens Porträts, aber alle mit zwei Köpfen.

PATER MELCHER: Also, zunächst ein kleines Landschaftsbild von einem unbekannten Meister ... mit dem Titel „Die zwei Türme“. Vielleicht bist du in der Schweiz gewesen und hast die Vorbilder gesehen?

DER UNBEKANNTE: Ich bin in der Schweiz gewesen!

PATER MELCHER: Gut! Bei der Station Amsteg der Gotthardbahn hast du einen Turm gesehen, der Zwing-Uri heißt, den Schiller im „Wilhelm Tell“ besingt. Er steht dort als Denkmal der grausamen Unterdrückung der Bewohner von Uri durch die deutschen Kaiser! Schön! – Auf der italienischen Seite des Sankt Gotthard liegt die Station Bellinzona, wie du weißt! Dort gibt es viele Türme, der merkwürdigste heißt Castel d'Uri. Dies ist das Denkmal über die grausame Unterdrükkung der italienischen Kantone durch die Bewohner von Uri! Hast du begriffen?

DER UNBEKANNTE: Die Freiheit! Gleich: die Freiheit, unterdrücken zu können. Das ist für mich das Neueste!

PATER MELCHER: Dann gehen wir gleich zur Porträtsammlung weiter ... Nummer eins im Katalog: Boccaccio, mit zwei Köpfen, alle unsere Porträts haben mindestens zwei Köpfe. Die Geschichte ist bekannt! Der Große begann seine Laufbahn mit liederlichen und gottlosen Novellen, der Königin Johanna von Neapel gewidmet, die den Sohn der heiligen Birgitta verführte. Boccaccio endete als Heiliger in einem Kloster und hielt Vorlesungen über Dantes Hölle und die Teufel, die er einst in seiner Jugend austreiben zu können glaubte, auf höchst eigentümliche Weise. – Du bemerkst sicher, wie sich die beiden Gesichter bei der Konfrontation betrachten.

DER UNBEKANNTE: Ja! Doch es fehlt jener Zug von Humor, den man bei einem Mann mit solcher Selbsterkenntnis wie dem Freund Boccaccio erwartet!

PATER MELCHER: Nummer zwei im Katalog. Ja, das ist der zweiköpfige Doktor Luther. Der junge Streiter für Toleranz und der alte Streiter für Intoleranz! Reicht das?

DER UNBEKANNTE: Vollkommen!

PATER MELCHER: Nummer drei im Katalog. Der große Gustav Adolf, wie er die katholischen Gelder des Kardinals Richelieu entgegennimmt, um für den Protestantismus zu kämpfen, unter Beibehaltung der Neutralität gegenüber der katholischen Liga!

DER UNBEKANNTE: Wie erklären die Protestanten diesen dreifachen Widerspruch?

PATER MELCHER: Sie sagen, das sei eine Lüge! ... Nummer vier im Katalog. Schiller, Dichter der „Räuber", 1792 von den

Führern der Französischen Revolution zum Ehrenbürger von Paris ernannt, doch schon 1790 Hofrat in Meiningen und 1791 königlich dänischer Stipendiat ... Die Szene stellt den Hofrat – und Freund der Exzellenz Goethe – dar, als er, 1798, das Ehrendiplom der Männer der Französischen Revolution entgegennimmt. Stell dir vor, das Diplom der Schreckensregierung vom Jahre 1798 unter dem Direktorium, als die Revolution zu Ende war! Ich hätte den Hofrat da sehen mögen und seinen Freund, die Exzellenz! – Doch das macht nichts, denn zwei Jahre später, 1800, quittiert er die Ernennung mit der „Glocke“, mit der er sich bedankt und die Revolutionäre bittet, sich ruhig zu verhalten. – Ja, so ist das Leben! Doch das macht nichts. Wir sind aufgeklärte Menschen und lieben sowohl „Die Räuber“ als auch „Die Glocke“, sowohl Schiller als auch Goethe!

DER UNBEKANNTE: Das Werk besteht, der Meister vergeht!

PATER MELCHER: Goethe, ja! Nummer fünf des Katalogs. Begann mit dem Straßburger Münster und Götz von Berlichingen, zwei Streitrufen für eine gotische germanische Kunst gegen Griechenland und Rom. Bekämpfte später in seinem Leben den Germanismus und stritt für den Klassizismus, Goethe gegen Goethe! Sieh nun dort das traditionell Göttlich-Ruhige, das Harmonische und so weiter in der größten Disharmonie mit sich selbst. Doch die Verstimmung wird Beklemmung, als die junge romantische Schule auftaucht und mit Goethes Götz-Theorien den Goethe der Iphigenie bekämpft. Daß der „Große Heide“ damit endet, Faust im zweiten Teil zu bekehren und ihn von der Jungfrau Maria und den Engeln erretten läßt, das wird gewöhnlich von seinen Bewunderern übergangen. – Ebenso die Tatsache, daß der „Glasklare“ gegen Ende beginnt, alles so „wunderbar“ und so „seltsam“ zu finden, auch die einfachsten Tatsachen, die er vorher durchschaute. Sein letzter Wunsch war auch, mehr Licht! Ja, ja! – Aber das macht nichts! Wir sind aufgeklärt und lieben dennoch unseren Goethe!

DER UNBEKANNTE: Mit Recht!

PATER MELCHER: Nummer sechs im Katalog. Voltaire! Der hat

mehr als zwei Köpfe! ... Der Gottlose, der sein ganzes Leben darauf verwendet, Gott zu verteidigen! Der Verhöhner, der selbst verhöhnt wird, weil er „wie ein Kind an Gott glaubte". Der Dichter des zynischen Candide, der singt:

„Wollust, in der Jugend Wonnen
sucht' ich deine Süßigkeit;
doch das Süße, bald zerronnen,
kehrte sich in Bitterkeit.
Schließlich an des Alters Bronnen
fand ich deine Eitelkeit."

Doktor Allwissend, der alles zwischen Himmel und Erde durch Vernunft und Wissenschaft erfassen wollte, singt dann:

„Kenntniswelten zu durchjagen,
das Genie sich stolz versteigt,
Maulwurfsblick erdreistet sich zu fragen
nach des Himmels Meßbarkeit! –
Was ich weiß, kann mich nur plagen:
Kenntnis ist nur Eitelkeit."

Aber das macht nichts! Voltaire kann für vieles benutzt werden. Die Juden benutzen ihn gegen Christus, die Christen benutzen ihn gegen die Juden, weil er Antisemit war – wie Luther! Chateaubriand hat ihn für den Katholizismus benutzt, und die Protestanten benutzen ihn noch heute gegen den Katholizismus! Ein flotter Mann!

DER UNBEKANNTE: Und was meint ihr denn?

PATER MELCHER: Wir haben keine Meinung hier! Wir haben den Glauben, wie ich bereits vorhin sagte! Deshalb haben wir nur einen Kopf, der genau über dem Herzen sitzt! ... Nun Nummer sieben im Katalog. Ja, das ist Napoleon! – Die eigene Schöpfung der Revolution! Der Kaiser des Volkes, der Nero der Freiheit, der Unterdrücker der Gleichheit und der „große Bruder" der Brüderlichkeit. Doch er ist der Schlauste aller Zweiköpfigen, denn er konnte über sich selbst lachen, sich über seine Disharmonien erheben, Haut und Seele wechseln und bei jeder Wandlung klar sein, wie eine neue Inkarnation, überzeugt, selbstverständlich! – Es gibt nur einen Menschen, der in dieser Hinsicht mit ihm verglichen werden kann. Das ist der Däne Kierkegaard. Er war sich von Anfang an dieser Parthenogenesis der Seele bewußt, ihrer Fähigkeit, bereits im Leben ohne Zeugung zu gebären, Stecklinge anzusetzen. Deshalb, und um nicht zum Narren des Lebens zu werden, schrieb er unter einer Reihe von Pseudonymen, jedes bedeutete ein „Stadium auf dem Weg des Lebens". Doch hast du gesehen? Der Herr des Lebens machte ihn trotz all seiner Vorsicht zum Narren. Kierkegaard, der sein ganzes Leben lang das Pfaffentum und die Brotprediger der Staatskirche bekämpfte, wurde schließlich durch die Not dazu gezwungen, selbst Brotprediger zu werden! Ja, ja, so kann es gehen!

DER UNBEKANNTE: Die Mächte treiben ihr Spiel ...

PATER MELCHER: Die Mächte treiben ihr Spiel mit Gauklern, sie foppen die Hochmütigen, besonders jene, die behaupten, allein Wahrheit und Erkenntnis zu besitzen! ... Nummer acht im Katalog. Victor Hugo. Vervielfältigte sich bis ins Unendliche. Pair von Frankreich, Grande von Spanien, Freund von Königen, sozialistischer Dichter der Unglückskinder der Gesellschaft. Die Pairs nennen ihn natürlich einen Abtrünnigen und die Sozialisten einen Reformator. – Nummer neun. Graf Friedrich Leopold von Stolberg. Schrieb ein fanatisches Buch für den Protestantismus, und gleich darauf trat er zum Katholizismus über! ... Für einen klugen Menschen unerklärlich! Ein Mirakel? Eine kleine Reise nach Damaskus vielleicht? – Nummer zehn. La Fayette. Der Freiheitsheld, der Revolutionär. Mußte Frankreich als vermeintlicher Reaktionär verlassen, weil er Ludwig XVI. helfen wollte; wurde von den Österreichern ergriffen und als Revolutionär in Ölmütz eingekerkert! Was war er nun?

DER UNBEKANNTE: Beides!

PATER MELCHER: Tja! Beides, erst das macht ein Ganzes, einen ganzen Mann! – Nummer elf. Bismarck. Das Paradoxon! Der ehrliche Diplomat, der behauptete, entdeckt zu haben, es sei die größte List, wenn man die Wahrheit sage, wurde gezwungen – von den Mächten, was? –, die letzten sechs Jahre seines

Lebens dafür zu verwenden, sich selbst als bewußten Lügner zu entlarven ... Du bist müde! Machen wir Schluß!

DER UNBEKANNTE: Ja, mein Freund; hat man immer dieselben Gedanken, hält man an seinen Auffassungen das ganze Leben lang fest, so veraltet man nach der Ordnung der Natur, wird man konservativ, altmodisch, stillstehend genannt. Und folgt man dem Gesetz der Entwicklung, schreitet man mit seiner Zeit voran, erneuert man sich durch die immer jungen Impulse des Zeitgeistes, wird man als schwankend und abtrünnig bezeichnet.

PATER MELCHER: Das ist sicher so alt wie die Welt! Doch kümmert sich ein verständiger Mann darum, wie er genannt wird? Was man ist im Werden, das ist man!

DER UNBEKANNTE: Wer redigiert dann den periodischen, immer seine Auffassungen ändernden Zeitgeist?

PATER MELCHER: Du müßtest eigentlich selbst darauf antworten, und zwar so: Der Zeitgeist wird verbreitet durch die sich selbst in scheinbaren Kreisen entwickelnden Mächte! ... Hegel, der Philosoph der Gegenwart, dimorph, weil man auf einen linken und einen rechten Hegel schwört, hat die Widersprüche des Lebens, der Geschichte und des Geistes am besten gelöst, durch die Zauberformel: These – bejahen; Antithese – verneinen; Synthese – zusammenfassen! ... Junger Mann! Relativ junger Mann! Du hast das Leben damit begonnen, daß du alles bejahtest; danach hast du dann prinzipiell alles verneint. Beende das Leben jetzt mit der Zusammenfassung! Also: sei nicht mehr exklusiv! Sag nicht: entweder – oder, sondern: sowohl – als auch! Mit einem Wort, oder mit zwei: Humanität und Resignation!

Im Chor der Kapelle steht ein offener Sarg mit Bahrtuch und zwei brennenden Kerzen. Der Konfessor kommt, er führt den Unbekannten, der das weiße Hemd des Novizen trägt.

DER KONFESSOR: Du hast dir also den Schritt, den du zu tun gedenkst, genau überlegt?

DER UNBEKANNTE: Genau!

DER KONFESSOR: Hast nichts mehr zu fragen?

DER UNBEKANNTE: Fragen? Nein!

DER KONFESSOR: Bleib dann hier, während ich das Kapitel mit den Vätern und Brüdern hole, damit dann die feierliche Handlung beginnen kann.

DER UNBEKANNTE: Gut! Es soll so sein!

Der Konfessor geht. Der Unbekannte bleibt allein, meditiert.

DER VERSUCHER *kommt*: Fertig?

DER UNBEKANNTE: So fertig, daß ich keine Antwort weiß.

DER VERSUCHER: Am Rande des Grabes, ich verstehe. Du sollst in dem Sarg dort liegen und so tun, als seist du gestorben. Drei Schaufeln Erde wird man auf den alten Menschen werfen, und man wird das De Profundis singen. Dann wirst du von den Toten auferstehen. Deinen alten Namen hast du abgelegt, und du wirst wieder getauft werden, wie ein neugeborenes Kind! – Wie wirst du heißen? *Der Unbekannte antwortet nicht.* Dort steht es geschrieben: Johannes; Bruder Johannes, weil er in der Wüste gepredigt hat, und ...

DER UNBEKANNTE: Stör mich nicht!

DER VERSUCHER: Rede noch etwas mit mir, bevor du in das lange Schweigen gehst. Du darfst ja dann ein ganzes Jahr nicht sprechen!

DER UNBEKANNTE: Um so besser! Reden wurde schließlich zu einem Laster wie Trinken. Und warum reden, wenn die Worte nicht dem Gedanken entsprechen?

DER VERSUCHER: Du am Rande des Grabes, war das Leben denn so bitter?

DER UNBEKANNTE: Ja, mein Leben!

DER VERSUCHER: Hast du nie Freude erlebt?

DER UNBEKANNTE: Doch, viel Freude, aber so kurz, und sie schien nur da zu sein, um den Kummer des Vermissens um so tiefer fühlbar zu machen!

DER VERSUCHER: Kann man nicht umgekehrt sagen, der Kummer war dazu da, die Freude hervorzuheben!

DER UNBEKANNTE: Man kann alles sagen ...

Eine Frau mit einem Taufkind geht über die Bühne.

DER VERSUCHER: Sieh dort einen kleinen Sterblichen, der dem Leiden geweiht werden soll!

DER UNBEKANNTE: Armes Kind!

DER VERSUCHER: Eine Menschengeschichte beginnt ... *Ein Brautpaar geht über die Bühne.* Und dort ... Das Schönste – das – Bitterste! Adam und Eva im Paradies, das nach acht Tagen eine Hölle sein wird und nach vierzehn Tagen wieder ein Paradies ...

DER UNBEKANNTE: Das Schönste! Das Lichteste! ... Das erste, das einzige, das letzte, das, was dem Leben einen Wert gab. Auch ich saß einmal mitten in der Sonne – an einem Wochentag, auf einer Veranda – unter dem ersten grünen Baum, und eine kleine Krone krönte ein Haupt, und ein weißer Schleier lag wie ein leichter Morgennebel über einem Gesicht, das nicht das eines Menschen war ... Dann kam die Dunkelheit! ...

DER VERSUCHER: Woher?

DER UNBEKANNTE: Aus dem Licht selbst! ... Sonst weiß ich nicht!

DER VERSUCHER: Es war wohl ein Schatten nur, denn zu einem Schatten gehört Licht, doch die Dunkelheit braucht kein Licht!

DER UNBEKANNTE: Hör auf, sonst nimmt es nie ein Ende!

Der Konfessor und das Kapitel erscheinen im Prozessionszug.

DER VERSUCHER *verschwindet*: Leb wohl!

DER KONFESSOR *mit einem großen schwarzen Bahrtuch*: Herr, gib ihm den ewigen Frieden!

CHOR: Und das ewige Licht leuchte ihm!

DER KONFESSOR *hüllt den Unbekannten in das Bahrtuch*: Ruhe in Frieden!

CHOR: Amen!

Rausch

(Brott och brott)

Komödie

PERSONEN

Maurice, *Dramatiker*
Jeanne, *seine Freundin*
Marion, *beider Tochter, fünf Jahre alt*
Adolphe, *Maler und Künstler*
Henriette, *seine Freundin*
Emile, *Arbeiter, Jeannes Bruder*
Frau Cathérine
Abbé

ERSTER AKT

Obere Zypressenallee auf dem Friedhof Montparnasse in Paris. Man sieht im Hintergrund Grabkapellen und Steinkreuze mit der Inschrift: „O crux! Ave spes unica!" sowie die efeubewachsene Mühlenruine.

Eine gutgekleidete Frau in Trauer kniet an einem blumengeschmückten Grab und murmelt Gebete.

Jeanne geht hin und her, als erwarte sie jemand.

Marion spielt mit verwelkten Blumen, die sie aus einem Abfallhaufen am Weg nimmt.

Der Abbé geht ganz hinten in der Allee und liest in seinem Brevier.

WÄRTER *herein, zu Jeanne*: Hören Sie, das ist kein Spielplatz hier.

JEANNE *demütig*: Ich warte nur auf jemand, der bald hier sein muß ...

WÄRTER: Das ist in Ordnung, aber man darf keine Blumen nehmen ...

JEANNE *zu Marion*: Leg die Blumen weg, mein Kind!

ABBÉ *tritt herzu, wird vom Wärter gegrüßt*: Darf das Kind nicht mit den weggeworfenen Blumen spielen, Wärter?

WÄRTER: Das Reglement verbietet es, auch die weggeworfenen Blumen zu berühren, weil sie Krankheitserreger enthalten sollen – ob das so ist, weiß ich nicht.

ABBÉ *zu Marion*: Dann müssen wir gehorchen! Wie heißt du, meine kleine Freundin?

MARION: Ich heiße Marion.

ABBÉ: Und dein Papa?

Marion schweigt und beißt sich in den Finger.

ABBÉ: Verzeiht meine Frage, Frau, sie war nicht böse gemeint, ich habe nur mit der Kleinen gesprochen, um sie zu beruhigen.

Wärter ist gegangen.

JEANNE: Das habe ich gleich verstanden, ehrwürdiger Vater, und ich wünschte, Sie würden auch mir etwas Beruhigendes sagen, wo ich so unruhig bin, nachdem ich hier zwei Stunden gewartet habe.

ABBÉ: Zwei Stunden, und auf ihn? Nein, wie die Menschen einander quälen können. „O crux! Ave spes unica!"

JEANNE: Ja, das steht überall hier geschrieben, was bedeutet das?

ABBÉ: Es bedeutet: O Kreuz! Unsere einzige Hoffnung!

JEANNE: Ist das unsere einzige?

ABBÉ: Unsere einzige, sichere!

JEANNE: Ich glaube fast, Sie haben recht, mein Vater!

ABBÉ: Darf ich fragen warum?

JEANNE: Sie haben es schon erraten. Wenn er die Frau und das Kind zwei Stunden auf einem Friedhof warten läßt, dann ist das Ende nicht mehr weit.

ABBÉ: Und wenn er Sie verlassen hat, dann ...

JEANNE: Müssen wir ins Wasser gehen!

ABBÉ: O nein, o nein!

JEANNE: Doch, doch!

MARION: Ich möchte gern nach Hause gehen, Mama, ich habe Hunger.

JEANNE: Mein geliebtes Kind, noch ein bißchen Geduld, dann gehen wir gleich.

ABBÉ: Wehe dem, der Böses gut nennt und Gutes böse!

JEANNE: Was macht die Frau dort an dem Grab?

ABBÉ: Sie scheint mit dem Toten zu sprechen.

JEANNE: Das kann man wohl nicht?

ABBÉ: Sie scheint es zu können.

JEANNE: Demnach würde das Elend nicht aufhören, wenn einmal Schluß ist?

ABBÉ: Und das wissen Sie nicht?

JEANNE: Wo bekommt man das zu wissen?

ABBÉ: Hm. Wenn Sie das nächste Mal das Bedürfnis nach Aufklärung darüber verspüren, dann suchen Sie mich in der

„Liebfrauen-Kapelle" zu Saint-Germain auf. – Dort kommt sicher der, den Sie erwarten?

JEANNE *verlegen*: Der ist es nicht, aber ich kenne ihn ...

ABBÉ *zu Marion*: Leb wohl, kleine Marion! Gott schütze dich! *Küßt das Kind. Im Abgehen zu Jeanne*: In Saint-Germain-des-Prés!

EMILE *kommt*: Guten Tag, Schwester; was machst du hier?

JEANNE: Ich erwarte Maurice.

EMILE: Da wirst du wohl warten müssen, ich habe ihn vor einer Stunde auf dem Boulevard in Gesellschaft frühstücken sehen. – Guten Tag, kleine Marion! *Küßt das Kind.*

JEANNE: Waren Frauenzimmer dabei?

EMILE: Ja, natürlich, aber dagegen ist nichts zu sagen. Er ist ja Theaterschriftsteller, und heute abend wird sein neues Stück aufgeführt. Wahrscheinlich waren das welche von seinen Schauspielerinnen.

JEANNE: Hat er dich wiedererkannt?

EMILE: Nein, er weiß nicht, wer ich bin, und das muß auch nicht sein. Ich kenne meinen Platz als Arbeiter und mag nicht Herablassung von denen, die über mir sind.

JEANNE: Aber wenn er uns verläßt und wir vor dem Nichts stehen?

EMILE: Ja, siehst du, wenn diese Stunde kommt, werde ich mich wohl vorstellen müssen. Aber so etwas hast du doch nicht zu befürchten, wo er dich doch wirklich gern hat und vor allem an der Kleinen hängt.

JEANNE: Ich weiß nicht, aber ich ahne, daß mir etwas Schreckliches bevorsteht!

EMILE: Hat er dir die Ehe versprochen?

JEANNE: Nein, nicht versprochen, aber er hat mir Hoffnungen gemacht.

EMILE: Ja, Hoffnungen! Weißt du noch, was ich dir am Anfang gesagt habe: hoffe nichts, denn die Oberen heiraten nicht unter ihrem Stand!

JEANNE: Aber man hat das doch schon erlebt.

EMILE: Das hat man allerdings, aber würdest du dich selbst in seiner Umgebung wohl fühlen? Das glaube ich nicht, weil du nicht einmal verstehen würdest, was sie sagen. Ich esse manchmal in seinem Stammlokal – in der Küche! –, und ich begreife nicht ein Wort von dem, was sie reden.

JEANNE: Ach, du ißt dort?

EMILE: Ja, in der Küche!

JEANNE: Stell dir vor, er hat mich noch nie dorthin eingeladen.

EMILE: Das kannst du ihm zugute halten, das bedeutet nämlich, daß er die Mutter seiner Marion respektiert, denn die Damengesellschaft dort ist merkwürdig.

JEANNE: Soo?

EMILE: Aber Maurice kümmert sich nie um die Damen; nein, dieser Mann hat etwas Korrektes an sich.

JEANNE: Das meine ich auch, aber wenn ihm eine Frau in den Weg läuft, da kann ein Mann doch verrückt werden.

EMILE *lächelt*: Was du nicht sagst! – Aber hör mal – brauchst du Geld?

JEANNE: Nein, das nicht.

EMILE: Dann geht es noch an. – Sieh dort! Sieh dort! Unten in der Allee – nun kommt er! Da gehe ich. Leb wohl, mein Kind!

JEANNE: Er kommt? Ja, das ist er!

EMILE: Mach ihn jetzt nicht verrückt – mit deiner Eifersucht, Jeanne! *Geht.*

JEANNE: Gewiß nicht!

Maurice tritt auf.

MARION *läuft ihm entgegen, und er nimmt sie in die Arme*: Papa! Papa!

MAURICE: Guten Tag, guten Tag, mein geliebtes Kind! *Begrüßt Jeanne.* Jeanne! Kannst du mir verzeihen, daß ich euch so hab warten lassen, kannst du das?

JEANNE: Gewiß kann ich das.

MAURICE: Aber sage es so, daß ich hören kann, daß du mir verzeihst!

JEANNE: Komm, ich werde es dir zeigen.

Maurice nähert sich. Jeanne küßt ihn auf die Wange.

MAURICE: Ich habe nichts gehört.

Jeanne küßt ihn auf den Mund.

MAURICE: Nun habe ich es gehört! – Na! – Du weißt doch, daß sich an diesem Tag mein Schicksal entscheiden wird; mein Stück wird gespielt und hat alle Aussichten auf Erfolg – oder Mißerfolg …

JEANNE: Ich werde für dich beten, dann wirst du Erfolg haben.

MAURICE: Danke; wenn es nichts nützt, schaden kann es nichts. Siehst du dort unten im Tal, wo der Sonnenrauch steht – dort liegt Paris! Heute weiß Paris nicht, wer Maurice ist, aber in vierundzwanzig Stunden werden sie es wissen. Die Rauchwolke, die mich dreißig Jahre lang verborgen hat, wird sich zerteilen, wenn ich hineinblase, und ich werde erscheinen, ich werde Gestalt annehmen und beginnen, jemand zu sein. Die Feinde, das heißt alle, die das tun wollen, was ich tat, sollen sich winden vor Schmerz, der mir Wollust sein wird, denn sie sollen leiden, was ich gelitten habe.

JEANNE: Sprich nicht so, nicht so!

MAURICE: Doch, weil es so ist.

JEANNE: Ja, aber sag es nicht! – Und dann?

MAURICE: Dann sind wir unter Dach und Fach, und du und Marion, ihr sollt den Namen tragen, den ich berühmt gemacht habe.

JEANNE: Du liebst mich also?

MAURICE: Ich liebe euch beide gleichstark, doch vielleicht Marion am meisten …

JEANNE: Das freut mich, denn du kannst meiner überdrüssig werden, aber ihrer nicht!

MAURICE: Du traust meinen Gefühlen für dich nicht?

JEANNE: Ich weiß nicht, aber ich fürchte etwas, fürchte etwas Schreckliches …

MAURICE: Du bist müde und verstimmt vom langen Warten, für das ich dich noch einmal um Verzeihung bitte. Was hast du zu fürchten?

JEANNE: Das Unvorhergesehene, das man ahnen kann, ohne bestimmte Gründe zu haben ...

MAURICE: Aber ich ahne nur Erfolg, und aus bestimmten Gründen: der sichere Instinkt der Theaterleute und ihre Erfahrung mit dem Publikum, nicht zu reden von ihren persönlichen Beziehungen zu den Kritikern. So, nun wirst du dich beruhigen ...

JEANNE: Ich kann nicht, ich kann nicht! Weißt du, daß eben ein Geistlicher hier war und so schön mit uns gesprochen hat. Mein Glauben stand mir nicht zur Verfügung, weil du ihn, wenn nicht ausgelöscht, so doch überstrichen hast, wie wenn man Fenster kreidet; aber der Alte fuhr mit der Hand über die Kreide, das Licht fiel herein und man kann wieder sehen, daß die Herrschaft zu Hause ist. – Ich werde heute abend in Saint-Germain für dich beten.

MAURICE: Nun fürchte ich mich!

JEANNE: Die Furcht vor Gott ist der Anfang der Weisheit.

MAURICE: Gott? Was ist das? Wer ist er?

JEANNE: Er ist der, der deiner Jugend Freude und deinem Mannesalter Kraft schenkte! Und er ist der, der uns eine Stütze sein wird in dem Schrecklichen, das bevorsteht.

MAURICE: Was steht uns bevor? Was weißt du? Wo hast du das her? Das, was ich nicht weiß?

JEANNE: Das kann ich nicht sagen; ich habe nichts geträumt, nichts gesehen, nichts gehört, doch in diesen zwei entsetzlichen Stunden habe ich so unendlich viel Schmerzliches durchlebt, daß ich auf das Allerschlimmste gefaßt bin.

MARION: Ich will jetzt nach Hause gehen, Mama, ich habe Hunger.

MAURICE: Du darfst nach Hause gehen, mein geliebtes Kind. *Nimmt sie in den Arm.*

MARION *jammert*: Oh! Du tust mir weh, Papa.

JEANNE: Wir müssen nach Hause zum Essen. Also, leb wohl, Maurice! Und viel Glück!

MAURICE *zu Marion*: Wo habe ich dir wehgetan; mein kleines Mädchen weiß doch, daß ich ihm nur Gutes tun will!

MARION: Dann komm mit uns nach Hause, wenn du gut bist.

MAURICE *zu Jeanne*: Weißt du, wenn ich das Kind das sagen höre, dann ist mir, als ob ich ihm folgen sollte, aber dann kommt die Vernunft und die Pflicht ... Leb wohl, meine Tochter! *Küßt das Kind, das die Arme um seinen Hals legt.*

JEANNE: Wann treffen wir uns wieder?

MAURICE: Morgen, mein Schatz, treffen wir uns. Und dann werden wir uns nie mehr trennen.

JEANNE *umarmt ihn*: Nie, niemals mehr trennen. *Sie macht das Kreuzzeichen über seiner Stirn.* Gott schütze dich!

MAURICE *gegen seinen Willen gerührt*: Meine geliebte, teure Jeanne!

Jeanne und Marion gehen nach rechts, Maurice nach links. Nach ein paar Schritten drehen sich beide gleichzeitig um und werfen sich Kußhände zu.

MAURICE *kommt zurück*: Jeanne! Ich schäme mich! Immer vergesse ich dich, und du bist die letzte, die sich in Erinnerung bringt. Hier ist doch das Billett für heute abend!

JEANNE: Danke, mein Freund, aber – du mußt allein auf deinem Posten sein; und ich werde auf meinem sein – bei Marion.

MAURICE: Dein Verstand ist genauso groß wie die Güte deines Herzens. Ja, ich bin sicher, daß keine andere Frau ein Vergnügen opfern würde, um ihrem Mann einen Dienst zu erweisen ... Ich muß mich heute abend frei bewegen können, auf das Schlachtfeld nimmt man Frauen und Kinder nicht mit, und das hast du verstanden!

JEANNE: Maurice! Denke nicht zu hoch von einer unbedeutenden Frau, wie ich es bin, denn das erspart dir Enttäuschungen. Aber nun sollst du sehen, daß ich genauso vergeßlich war wie du. Hier – ich habe doch ein Halstuch und ein Paar Handschuhe gekauft, ich dachte, daß du sie mir zu Ehren tragen würdest – an deinem Ehrentag ...

MAURICE *küßt ihre Hand*: Danke, mein Kind.

JEANNE: Und dann, Maurice, vergiß nicht, wie so oft ..., zum Friseur zu gehen – ich will, daß du schön bist, damit du auch anderen gefällst ...

MAURICE: Du bist nicht eifersüchtig, du!

JEANNE: Nenne das Wort nicht, weil es böse Gedanken weckt.

MAURICE: Weißt du, daß ich in diesem Augenblick auf den Sieg des Abends verzichten könnte – ja, ich werde siegen! …

JEANNE: Still! Still! Still!

MAURICE: … und mit euch nach Hause gehen!

JEANNE: Aber das sollst du nicht! – Geh, dein Schicksal wartet auf dich!

MAURICE: Dann leb wohl! Und mag geschehen, was geschehen soll!

JEANNE *allein mit Marion*: O crux! Ave spes unica!

Bistro. Rechts ein Büfett, darauf ein Aquarium mit Goldfischen; Gemüse, Früchte, Konserven etc. Weiter hinten die Eingangstür. Im Hintergrund die Tür zur Küche, wo sich Arbeiter aufhalten; die Küche hat einen sichtbaren Ausgang zum Garten. Links im Hintergrund, etwas erhöht, die Theke, Regale mit allerhand Flaschen. Rechts entlang der Wand ein langer Tisch mit Marmorplatte, parallel dazu ein zweiter; an den Tischen Stühle mit Strohgeflecht. Die Wände sind mit Malereien übersät. Frau Cathérine sitzt hinter der Theke. Maurice steht an die Theke gelehnt. Er hat einen Hut auf und raucht eine Zigarette.

FRAU CATHÉRINE: Heute abend geht es also los für Sie, Herr Maurice?

MAURICE: Ja, heute abend!

FRAU CATHÉRINE: Sind Sie denn nicht unruhig?

MAURICE: Ganz ruhig!

FRAU CATHÉRINE: Ich wünsche Ihnen auf jeden Fall Glück, und Sie verdienen es, Herr Maurice, wo Sie mit soviel Schwierigkeiten zu kämpfen hatten.

MAURICE: Danke, Frau Cathérine, Sie sind sehr gut zu mir gewesen, und ohne Ihre Hilfe wäre ich schon untergegangen.

FRAU CATHÉRINE: Davon wollen wir jetzt nicht sprechen; ich

helfe dort, wo ich Fleiß und guten Willen sehe, aber ich mag es nicht, wenn man mich ausnutzt. – Können wir uns darauf verlassen, daß Sie nach dem Theater herkommen und ein Glas mit uns trinken?

MAURICE: Darauf können Sie sich verlassen, natürlich, ich habe es Ihnen ja zuerst versprochen!

Henriette kommt von rechts herein.
Maurice dreht sich um, lüftet den Hut, mustert Henriette, die ihn eingehend betrachtet.

HENRIETTE *zu Frau Cathérine*: Herr Adolphe ist nicht da?

FRAU CATHÉRINE: Nein, Madame! Aber er kommt gleich. Bitte, setzen Sie sich.

HENRIETTE: Danke. Aber ich warte lieber draußen auf ihn. *Geht.*

MAURICE: Wer – war – das?

FRAU CATHÉRINE: Das ist doch die Freundin von Herrn Adolphe.

MAURICE: Die – war – das?

FRAU CATHÉRINE: Sie kennen sie nicht?

MAURICE: Nein, er hat sie ja die ganze Zeit vor mir versteckt, als hätte er Angst, ich könnte sie ihm wegnehmen.

FRAU CATHÉRINE: Haha! – Wie fanden Sie denn, daß sie aussah?

MAURICE: Aussah? Mal überlegen: ich kann es nicht sagen. – Ich habe sie nicht gesehen, weil es so war, als flöge sie mir plötzlich in die Arme, als käme sie mir so nahe, daß ich keinen Abstand hatte, um sie zu betrachten. Und sie hat Spuren in der Luft hinterlassen: ich sehe sie immer noch, wie sie dort steht. *Er geht zur Tür und macht eine Geste, als legte er jemand den Arm um die Taille....* Au! *Macht eine Geste, als hätte er sich in den Finger gestochen.* Sie hat Nadeln in der Taille. Sie ist eine von denen, die stechen!

FRAU CATHÉRINE *lächelt*: Sie sind zu verrückt mit Ihren Damen.

MAURICE: Ja, es ist verrückt, es ist verrückt! Aber wissen Sie was, Frau Cathérine? Ich gehe, bevor sie wiederkommt, denn sonst, sonst ..., was für eine entsetzliche Frau!

FRAU CATHÉRINE: Sie haben Angst?

MAURICE: Ja, ich habe Angst um mich und Angst um einige andere ...

FRAU CATHÉRINE: Na, dann gehen Sie doch!

MAURICE: Man muß sich das vorstellen: als sie aus der Tür schlüpfte, entstand ein kleiner Wirbelwind, der mich mitzog ... Sie lachen ... Aber sehen Sie doch, wie sich die Palme dort auf der Theke immer noch bewegt! Welch ein Teufelsweib!

FRAU CATHÉRINE: Aber so gehen Sie doch, Mann, bevor Sie völlig verrückt werden!

MAURICE: Ich will gehen, doch ich kann nicht ... Glauben Sie an das Schicksal, Frau Cathérine?

FRAU CATHÉRINE: Nein, ich glaube an den lieben Gott, der uns gegen böse Mächte hilft, wenn wir ihn schön darum bitten.

MAURICE: Also: böse Mächte auf jeden Fall! – Hören wir sie nicht schon jetzt, draußen auf dem Flur?

FRAU CATHÉRINE: Ganz gewiß, um die da zischt es, wie wenn der Krämer ein Stück Leinwand mitten durchreißt. Gehen Sie! Raus, raus! Durch die Küche!

Maurice stürzt zur Küchentür, prallt aber auf Emile.

EMILE: Bitte tausendmal um Entschuldigung! *Zieht sich zurück.*

ADOLPHE *tritt ein, danach Henriette*: Nein, du Maurice! Guten Tag, guten Tag! Darf ich meinem besten und ältesten Freund meine Freundin vorstellen – Fräulein Henriette, Herr Maurice.

MAURICE *steif*: Höchst angenehm.

HENRIETTE: Wir haben uns schon gesehen.

ADOLPHE: Soo? Wann denn, wenn ich fragen darf?

MAURICE: Gerade eben. Hier drinnen.

ADOLPHE: Ach so. – Na, jetzt darfst du nicht gehen, ein bißchen müssen wir uns doch unterhalten.

MAURICE *nach einem Wink von Frau Cathérine*: Ach, wenn ich nur Zeit dazu hätte!

ADOLPHE: Nimm sie dir! Wir wollen nicht lange sitzen.

HENRIETTE: Ich will nicht stören, wenn die Herren Geschäftliches zu besprechen haben.

MAURICE: Wir haben nur schlechte Geschäfte, über die man nicht spricht.

HENRIETTE: Dann sprechen wir von etwas anderem! *Nimmt Maurices Hut und hängt ihn auf.* So, seid nun nett, damit ich die Bekanntschaft des großen Schriftstellers machen kann.

Frau Cathérine gibt Maurice einen Wink, den dieser nicht bemerkt.

ADOLPHE: Das ist recht, Henriette, fang ihn nur ein!

Sie setzen sich an einen Tisch.

HENRIETTE *zu Maurice*: Sie haben einen guten Freund in Adolphe, Herr Maurice. Er spricht von nichts anderem als von Ihnen, und so, daß ich mich oft zurückgesetzt gefühlt habe ...

ADOLPHE: Ja, red du nur! Henriette selbst hat mir deinetwegen keine Ruhe gelassen, Maurice. Sie hat deine Schriften gelesen und will wissen, wo du dieses herhast und jenes. Sie hat mich gefragt, wie du aussiehst, wie alt du bist, was du am meisten magst, mit einem Wort: wir haben dich zum Morgen, Mittag und Abend gehabt, so daß wir gleichsam zusammen gelebt haben, wir drei.

MAURICE *zu Henriette*: Liebes Herz, warum sind Sie nicht hergekommen und haben das Wunderwerk angeschaut, dann wäre Ihre Neugier mit einem Schlag gestillt worden?

HENRIETTE: Adolphe wollte es nicht.

Adolphe macht ein verlegenes Gesicht.

HENRIETTE: Nicht, daß er eifersüchtig wäre ...

MAURICE: Warum sollte er das sein, wo er doch weiß, daß meine Gefühle anderweitig gebunden sind ...

HENRIETTE: Er muß der Dauerhaftigkeit Ihrer Gefühle nicht getraut haben.

MAURICE: Das verstehe ich nicht; ich bin berüchtigt für die Beständigkeit meiner Neigungen.

ADOLPHE: Das war es auch nicht ...

HENRIETTE *unterbricht ihn*: Vielleicht deshalb, weil Sie noch keiner Feuerprobe ausgesetzt waren ...

ADOLPHE: O, da kennst du –

HENRIETTE *unterbricht ihn*: ..., denn einen treuen Mann hat die Welt bisher noch nicht gesehen.

MAURICE: Dann wird sie einen zu sehen bekommen.

HENRIETTE: Wo?

MAURICE: Hier!

Henriette lacht.

ADOLPHE: Ja, das klingt ja –

HENRIETTE *unterbricht ihn, wendet sich nach wie vor an Maurice*: Glauben Sie, ich traue meinem guten Adolphe länger als ein Vierteljahr?

MAURICE: Ich habe keinen Grund, Ihrem Mangel an Vertrauen zu widersprechen, aber für Adolphes Treue bürge ich!

HENRIETTE: Das brauchen Sie nicht ..., ich schwatze so daher, und ich nehme es zurück ..., nicht bloß, weil ich vor mir selbst nicht schlechter erscheinen will als Sie, sondern weil ich es auch nicht bin ... Das ist eine Unsitte, die ich mir angewöhnt habe, immer nur Schlechtes zu sehen, und ich höre damit nicht auf, wider besseres Wissen. Aber wenn ich längere Zeit mit euch beiden umgehen würde, dann würde ich in eurer Gesellschaft wieder gut werden. Verzeih, Adolphe! *Sie legt die Hand an seine Wange.*

ADOLPHE: Du sprichst immer so böse und handelst immer recht; was du denkst – das weiß ich nicht.

HENRIETTE: Wer weiß so etwas?

MAURICE: Wenn man sich für seine Gedanken verantworten müßte, wer würde da bestehen?

HENRIETTE: Haben Sie auch böse Gedanken?

MAURICE: Ja, natürlich, wie ich auch im Traum die grausamsten Taten begehe ...

HENRIETTE: Im Traum, ja! Stellen Sie sich vor, daß ich ..., nein, ich schäme mich, darüber zu sprechen ...

MAURICE: Nur zu! Nur zu!

HENRIETTE: Ich habe heute nacht geträumt, daß ich völlig ruhig Adolphes Brustmuskeln sezierte – ich bin nämlich Bildhauerin –, und er, nett wie er immer ist, leistete keinen Widerstand, sondern half mir, wenn es schwierig wurde, weil er mehr von Anatomie versteht als ich.

MAURICE: War er denn nicht tot?

HENRIETTE: Nein, er lebte.

MAURICE: Wie scheußlich. Und Sie haben dabei nicht gezittert?

HENRIETTE: Überhaupt nicht, und das ist gerade das, was mich verwundert, denn ich bin ziemlich empfindlich gegenüber den Leiden anderer – stimmt's, Adolphe?

ADOLPHE: Völlig, und zwar ungewöhnlich empfindlich, ja, nicht zuletzt gegenüber Tieren.

MAURICE: Dagegen bin ich recht unempfindlich, sowohl gegenüber eigenen wie auch gegenüber den Leiden anderer ...

ADOLPHE: Nun belügt er sich selbst. Ist es nicht so, Madame Cathérine?

FRAU CATHÉRINE: Herr Maurice ist der gutmütigste Narr, den ich kenne. Kann man sich vorstellen, daß er drauf und dran war, die Polizei zu holen, weil ich den Goldfischen kein frisches Wasser gegeben hatte ..., ja, genau denen, die da auf dem Tisch stehen ..., schau, schau, als ob sie gehört hätten, was ich gesagt habe ...

MAURICE: Hört mal, wir sitzen hier und waschen uns rein wie die Engel, und dabei sind wir im großen und ganzen zu jeder gepflegten Untat bereit, sobald es nur um die Ehre, das Gold oder die Frau geht. – Sie sind also Bildhauerin, mein Fräulein?

HENRIETTE: Ein bißchen. Doch ausreichend, um eine Büste zu machen; und eine von Ihnen zu machen, was lange mein Traum war, dazu halte ich mich durchaus für fähig.

MAURICE: Bitte sehr. Dieser Traum kann jedenfalls sehr schnell verwirklicht werden.

HENRIETTE: Ich will Sie aber nach dem Erfolg dieses Abends zu sehen anfangen, erst wenn Sie der sind, der Sie werden sollen.

MAURICE: Wie siegesgewiß Sie sind!

HENRIETTE: Ja! Es steht in Ihrem Gesicht geschrieben, daß Sie in dieser Schlacht siegen werden, und Sie müßten das selbst fühlen ...

MAURICE: Wieso?

HENRIETTE: Weil ich es fühle! Wissen Sie, daß ich heute morgen krank war, und nun bin ich gesund.

Adolphe fängt an verstimmt zu werden.

MAURICE *verlegen*: Hört mal, ich habe ein Theaterbillett übrig, aber bloß eins. Ich stelle es Adolphe zur Verfügung.

ADOLPHE: Danke, mein Freund, aber ich trete es an Henriette ab.

HENRIETTE: Na aber, wird das angehen?

ADOLPHE: Warum nicht? – Übrigens gehe ich ja niemals ins Theater, weil ich die Hitze nicht vertrage.

HENRIETTE: Kommst du wenigstens und holst mich nach der Vorstellung ab?

ADOLPHE: Wenn du sehr darauf bestehst. Ansonsten kommt Maurice hierher zurück, wo wir ihn erwarten.

MAURICE: Du kannst dir gern die Ungelegenheit machen zu kommen, ich bitte dich darum, ich flehe, hörst du ..., und wenn du nicht vor dem Theater auf uns warten willst, dann in der „Auberge des Adrets" ... Ist das abgemacht?

ADOLPHE: Warte doch, du hast ein Talent, Fragen zu deinem Vorteil zu entscheiden, bevor man überhaupt dazu gekommen ist, über die Sache nachzudenken.

MAURICE: Was gibt es darüber nachzudenken, ob du deine Dame abholen sollst oder nicht.

ADOLPHE: Du weißt nicht, was diese unbedeutende Handlung bedeuten kann, aber ich ahne es.

HENRIETTE: Sch – sch – sch! Keine Gespenster am hellichten Tage! Mag er kommen oder nicht, wir finden immer zurück.

ADOLPHE *ist aufgestanden*: Ich muß jetzt jedenfalls gehen – ich habe ein Modell bestellt. Lebt wohl – viel Glück, Maurice. Morgen bist du am anderen Ufer! Leb wohl, Henriette.

HENRIETTE: Willst du wirklich gehen?

ADOLPHE: Ich muß!

MAURICE: Dann leb wohl. Wir sehen uns wieder!

Adolphe geht, Frau Cathérine grüßend.

HENRIETTE: Daß wir uns schließlich doch noch getroffen haben!

MAURICE: Finden Sie das so merkwürdig?

HENRIETTE: Es sieht so aus, als ob es geschehen mußte, da Adolphe alles getan hat, um es zu verhindern.

MAURICE: Hat er das?

HENRIETTE: Das haben Sie wohl gemerkt.

MAURICE: Ich habe es gemerkt, aber warum sprechen Sie es aus?

HENRIETTE: Ich mußte!

MAURICE: Ich muß Ihnen nicht sagen, daß ich eben noch durch den Hinterausgang hinauswollte, um Ihnen nicht zu begegnen, aber ein Gast schloß die Tür und hinderte mich daran.

HENRIETTE: Warum sprechen Sie jetzt davon?

MAURICE: Weiß nicht.

Frau Cathérine wirft Gläser und Flaschen um.

MAURICE: Nur ruhig, Frau Cathérine, es besteht keine Gefahr.

HENRIETTE: Sollte das ein Signal sein oder eine Warnung?

MAURICE: Wahrscheinlich beides.

HENRIETTE: Bin ich eine Lokomotive, daß ich einen Bahnwärter brauche ...

MAURICE: Und Weichensteller! An den Weichen ist es am gefährlichsten!

HENRIETTE: Wie boshaft Sie sein können.

FRAU CATHÉRINE: Herr Maurice ist gar nicht boshaft; bisher ist er der Freundlichste und Pflichttreueste gegenüber den Seinen und gegenüber allen gewesen, zu denen er Verbindung hatte.

MAURICE: Still, ts, ts!

HENRIETTE *zu Maurice*: Die Alte ist aufdringlich.

MAURICE: Wir können ja hinunter zum Boulevard gehen, wenn Sie wollen.

HENRIETTE: Gern! Das hier ist nicht der rechte Platz für mich. Ich spüre, wie der Haß mich stachelt ... *Geht.*

MAURICE *folgt ihr*: Adieu, Frau Cathérine.

FRAU CATHÉRINE: Einen Augenblick! Darf ich ein Wort sagen? Herr Maurice!

MAURICE *bleibt unwillig stehen*: Was ist?

FRAU CATHÉRINE: Tun Sie's nicht! Tun Sie's nicht!

MAURICE: Was?

FRAU CATHÉRINE: Tun Sie's nicht!

MAURICE: Sie brauchen nichts zu befürchten. Diese Dame ist nicht mein Genre, aber sie interessiert mich. Ein wenig.

FRAU CATHÉRINE: Verlassen Sie sich nicht auf sich!

MAURICE: Doch, ich verlasse mich auf mich. – Leben Sie wohl! *Geht.*

ZWEITER AKT

„Auberge des Adrets". Ein Lokal im theatralischen Stil des 17. Jahrhunderts. Tische und Lehnstühle in Ecken und Nischen. Die Wände sind mit Waffen und Rüstungen dekoriert, Borde mit Gläsern und Humpen etc.
Maurice im Frack und Henriette in Abendrobe an einem Tisch, auf dem eine Champagnerflasche und drei Gläser stehen. Die beiden sitzen sich gegenüber. Das dritte Glas steht an der der Bühne zugewandten Seite des Tisches, wo ein dritter Stuhl auf den abwesenden „dritten Mann" zu warten scheint.

MAURICE *legt seine Uhr auf den Tisch*: Wenn er in fünf Minuten nicht hier ist, kommt er nicht. Wollen wir inzwischen mit seinem Geist anstoßen? *Stößt mit dem dritten, unbenutzten Glas an.*

HENRIETTE *folgt seinem Beispiel*: Prosit, Adolphe!

MAURICE: Er kommt nicht!

HENRIETTE: Er kommt!

MAURICE: Nicht!

HENRIETTE: Kommt!

MAURICE: Welch ein Abend, welch ein wunderbarer Tag! Ich kann es noch nicht fassen, daß ein neues Leben begonnen hat. Stellen Sie sich vor – hunderttausend Francs, meint der Direktor, seien mir sicher …
Ich kaufe ein Haus außerhalb der Stadt für zwanzigtausend, dann habe ich immer noch achtzigtausend übrig! Ich werde es erst morgen richtig fassen können, jetzt bin ich müde, müde, müde. *Sinkt in den Stuhl.* Sind Sie jemals glücklich gewesen?

HENRIETTE: Niemals! – Wie ist das?

MAURICE: Ja, was soll ich sagen. Ich kann es nicht erklären; aber ich denke am meisten daran, wie sich meine Gegner grämen. Das ist zwar scheußlich, aber es ist so.

HENRIETTE: Ist das Glück, an seine Gegner zu denken?

MAURICE: Der Sieger zählt die toten und die verwundeten Feinde, um eine Vorstellung von seinem Sieg zu bekommen.

HENRIETTE: Sind Sie so blutdürstig?

MAURICE: Eigentlich nicht, aber wenn man jahrelang die Stiefel anderer auf der Brust gespürt hat, dann ist es schön, den Feind abzuwerfen und zu atmen!

HENRIETTE: Finden Sie es nicht sonderbar, daß Sie hier mit mir allein sitzen, mit einem fremden, unbedeutenden Mädchen, an einem Abend wie diesem, da Sie das Bedürfnis haben müßten, sich als Triumphator vor allen Leuten zu zeigen, auf den Boulevards, in den großen Restaurants …

MAURICE: Eigentlich ist das etwas sonderbar, aber ich fühle mich wohl hier, und Ihre Gesellschaft genügt mir vollauf.

HENRIETTE: Sie sind nicht froh?

MAURICE: Nein, ich bin eher traurig, und ich hätte Lust, ein bißchen zu weinen.

HENRIETTE: Was ist es denn?

MAURICE: Es ist das Glück, das seine Nichtigkeit spürt oder auf das Unglück wartet.

HENRIETTE: So traurig, so traurig – was fehlt Ihnen?

MAURICE: Mir fehlt das, was allein dem Leben Wert gibt ...

HENRIETTE: Sie lieben sie also nicht mehr?

MAURICE: Nein, nicht so, wie ich Liebe verstehe. Glauben Sie, daß sie mein Drama gelesen hätte oder daß sie es sehen möchte? Ach, sie ist so gut, so aufopfernd und feinfühlig, aber mit mir auszugehen und zu feiern, wie heute nacht, das würde sie für sündig halten. Ich habe sie einmal zu Champagner eingeladen, wissen Sie, und statt sich zu freuen, nahm sie die Weinkarte und sah nach, wieviel er kostete. Und als sie den Preis sah, da weinte sie! Sie weinte, weil Marion neue Strümpfe brauchte! Das ist ja schön, wenn man so will, das ist rührend, aber es ist kein Genuß für mich. Und ich will genießen, bevor das Leben verrinnt! Bis jetzt habe ich unter Entbehrungen gelebt, aber nun, nun – fängt das Leben für mich an! *Die Uhr schlägt zwölf.* Nun beginnt ein neuer Tag, eine neue Zeitrechnung.

HENRIETTE: Adolphe kommt nicht!

MAURICE: Nein, nun kommt er nicht mehr. Und jetzt ist es zu spät, um zum Bistro zu fahren.

HENRIETTE: Aber man erwartet Sie.

MAURICE: Dann soll man warten! Man hat mir das Versprechen zu kommen abverlangt, und ich nehme es zurück. – Zieht es Sie dorthin?

HENRIETTE: Nein, in keiner Weise.

MAURICE: Wollen Sie mir dann Gesellschaft leisten?

HENRIETTE: Gern, wenn Sie mit meiner vorliebnehmen.

MAURICE: Ich bitte Sie darum! – Ach, der Siegerkranz ist wertlos, wenn man ihn nicht einer Frau zu Füßen legen darf; ach, alles ist wertlos, wenn man nicht eine Frau hat ...

HENRIETTE: Müssen Sie ohne Frau sein? Sie?

MAURICE: Eine Frage!

HENRIETTE: Wissen Sie nicht, daß ein Mann im Augenblick des Erfolges und des Ruhmes unwiderstehlich ist?

MAURICE: Das weiß ich nicht, weil ich es nicht erprobt habe.

HENRIETTE: Sie sind ein sonderbarer Mensch; in dieser Stunde, da Sie der am meisten beneidete Mann in Paris sind, sitzen Sie hier und grübeln, haben vielleicht ein schlechtes Gewissen, weil Sie die Einladung zum Zichorienkaffee bei der Alten im Milchladen versäumt haben.

MAURICE: Ja, das Gewissen plagt mich in diesem Punkt, und ich fühle bis hierher ihren Unwillen, ihre gekränkten Gefühle, ihre berechtigte Entrüstung. Meine Gefährten im Unglück hatten heute abend Anspruch auf mich; die gute Frau Cathérine hatte in erster Linie das Recht, an meinem Erfolg teilzuhaben – er hätte einen Hoffnungsschein über die Armen werfen können, die bisher kein Glück gehabt haben ... Und ich habe sie in ihrem guten Glauben an mich betrogen. Ich höre, wie sie auf mich schwören: Maurice kommt, denn er ist eine gute Seele, er verachtet uns nicht, und er steht zu seinem Wort. Nun haben sie auf den Falschen geschworen! *Während dieser Replik hat man im Nebenraum das Finale aus Beethovens d-Moll-Sonate opus 31, Nr. 2 zu spielen begonnen. Das Allegretto zuerst piano, dann immer mehr forte, leidenschaftlich, erregt, schließlich wild.* Wer spielt hier mitten in der Nacht?

HENRIETTE: Sicher ein paar Nachtvögel wie wir. – Aber hören Sie, Ihre Darstellung der Sache ist nicht richtig! Vergessen Sie nicht, daß Adolphe versprochen hat, uns abzuholen; wir haben gewartet, und er hat sein Versprechen nicht gehalten. Sie sind somit unschuldig ...

MAURICE: Reden Sie nur! Ich glaube Ihnen, wenn Sie sprechen, aber wenn Sie aufhören, macht mir mein Gewissen wieder zu schaffen. – Was haben Sie dort in dem Paket?

HENRIETTE: Ach, das ist nur ein Lorbeerkranz. Ich wollte ihn auf die Bühne schicken, aber ich fand keine Gelegenheit dazu. Lassen Sie mich ihn nun überreichen – man sagt, er kühle heiße Stirnen. *Sie erhebt sich und setzt ihm den Kranz auf; küßt ihn auf die Stirn.* Heil dem Sieger!

MAURICE: Nein, nicht so!

HENRIETTE *fällt auf die Knie*: Heil dem König!

MAURICE *erhebt sich*: Nein! Ich habe Angst!

HENRIETTE: Du – ängstlich? Du Kleinmütiger, der sogar das Glück fürchtet, wer hat dir dein Selbstgefühl genommen und dich zum Zwerg gemacht?

MAURICE: Zwerg? Ja, du hast recht – ich arbeite nicht wie der Riese in den Wolken mit Donner und Getöse, ich schmiede meine Schwerter in der stillen Tiefe der Berge! Glaubst du, ich scheue den Siegerkranz? Nein, aber ich mißachte ihn, weil er zu gering ist für mich; glaubst du, ich fürchte das Gespenst dort, das mit den grünen Augen der Eifersucht dasitzt und meine Gefühle bewacht, von deren Stärke du keine Ahnung hast. – Hinweg! Gespenst! *Er fegt das dritte, unberührte Champagnerglas vom Tisch.* Hinweg, unbefugter Dritter, du Abwesender, du hast dein Recht verloren, wenn du es jemals besessen hast! Du bist dem Schlachtfeld ferngeblieben, weil du dich schon geschlagen fühltest! Wie ich dieses Glas mit meinen Füßen zertrete, so werde ich das Bild in Stücke schlagen, das du dir in einem kleinen Tempel errichtet hast, der nicht mehr dein sein soll!

HENRIETTE: Gut! So soll es sein! Gut, mein Held!

MAURICE: Nun habe ich meinen besten Freund, meinen treuesten Helfer geopfert – auf deinem Altar, Astarte! Bist du zufrieden?

HENRIETTE: Astarte, das ist ein schöner Name, ich behalte ihn. – Du mußt mich wohl lieben, Maurice.

MAURICE: Natürlich! – Unglücksweib, das Mannesmut weckt und Blut wittert, woher kommst du, und wohin willst du mich führen? Ich liebte dich, ehe ich dich sah, denn wenn man von dir sprach, schauderte mich, und als ich dich in der Tür sah, drang dein Geist in mich; als du gingst, behielt ich dich in meinen Armen zurück. Ich wollte dir entfliehen, aber jemand hinderte mich, und heute abend wurden wir zusammengetrieben wie Wild in einem Fangnetz. Wer trägt die Schuld? Dein Freund, der uns zusammenbrachte!

HENRIETTE: Schuld oder nicht Schuld – was soll das hier? Und was ist das überhaupt? – Adolphes Schuld ist es, daß er uns nicht eher zusammengeführt hat; er hat das Verbrechen begangen, uns zwei Wochen glückseligen Lebens zu rauben; dazu hatte er nicht das Recht, ich bin deinetwegen eifersüchtig auf ihn; ich hasse ihn, weil er dich um deine Geliebte betrogen hat; ich möchte ihn, das soll er wissen, aus der Schar der Lebenden streichen, ihn auslöschen aus der Vergangenheit, ihn ungeschehen machen, ungeboren!

MAURICE: Schon gut, wir werden ihn unter unseren eigenen Erinnerungen begraben, wir werden im wilden Wald Reisig und Steine auf seinen Grabhügel häufen, so daß er niemals mehr hervorschauen kann. *Hebt sein Glas.* Unser Schicksal ist besiegelt. Weh uns! Was wird nun kommen?

HENRIETTE: Jetzt kommt eine neue Zeitrechnung! – Was hast du in dem Paket dort?

MAURICE: Ich erinnere mich nicht.

HENRIETTE *öffnet das Paket und holt ein Halstuch und ein Paar Handschuhe heraus*: Was für ein gräßliches Halstuch! Das hat wohl fünfzig Sous gekostet.

MAURICE *reißt die Sachen an sich*: Rühr es nicht an!

HENRIETTE: Es ist von ihr?

MAURICE: Ja, von ihr.

HENRIETTE: Gib es mir!

MAURICE: Nein! Sie ist besser als wir, als alle anderen!

HENRIETTE: Das glaube ich nicht, sie ist nur einfältiger und geiziger! Eine, die weint, weil Champagner getrunken wird ...

MAURICE: Wenn das Kind keine Strümpfe hat. Ja, sie ist ein guter Mensch.

HENRIETTE: Bürger! Du wirst niemals ein Künstler! Aber ich bin Künstler, und ich werde deine Büste machen – mit der Mütze eines Ladenbesitzers ..., statt des Lorbeerkranzes. – Sie heißt Jeanne?

MAURICE: Ja, woher weißt du das?

HENRIETTE: So heißen doch alle Haushälterinnen!

MAURICE: Henriette!

Henriette nimmt Handschuhe und Halstuch und wirft sie in den Kamin.

MAURICE *schlaff*: Astarte! Jetzt willst du ein Frauenopfer haben. Du sollst es bekommen, aber wenn du unschuldige Kinder haben willst, dann mußt du gehen!

HENRIETTE: Kannst du mir sagen, was dich an mich bindet?

MAURICE: Wenn ich das wüßte, würde ich mich losreißen! Aber ich glaube, es sind die schlechten Eigenschaften, die du besitzt und die mir fehlen; ich glaube, es ist das Böse in dir, das mich mit dem unwiderstehlichen Reiz des Neuen lockt ...

HENRIETTE: Hast du niemals ein Verbrechen begangen?

MAURICE: Nein, kein richtiges. Und du?

HENRIETTE: Ja.

MAURICE: Na, und wie war es?

HENRIETTE: Es war größer, als eine gute Handlung zu begehen, denn die stellt uns auf eine Stufe mit anderen; es war größer als eine Heldentat, denn die stellt uns über die anderen und wird belohnt; das Verbrechen stieß mich aus, auf die andere Seite des Lebens, der Gesellschaft und der Mitmenschen. Seit jener Stunde lebe ich nur ein halbes Leben, ein Traumleben, und deshalb fängt mich die Wirklichkeit niemals ein.

MAURICE: Was hast du denn getan?

HENRIETTE: Das will ich nicht sagen, weil du dann wieder Angst bekommst.

MAURICE: Kann es niemals aufgedeckt werden?

HENRIETTE: Niemals! Aber das hindert nicht, daß ich oftmals die fünf Steine auf dem Roquetteplatz vor mir sehe, wo man das Schafott aufstellt, und deshalb wage ich nie, Spielkarten in die Hand zu nehmen, denn da kommt Karo fünf immer nach oben ...

MAURICE: War es so ein Verbrechen?

HENRIETTE: Es war so eins.

MAURICE: Das ist ja entsetzlich, aber interessant. Schlägt dir niemals das Gewissen?

HENRIETTE: Niemals, aber wenn wir über etwas anderes sprechen könnten, wäre ich dir dankbar.

MAURICE: Wollen wir über – die Liebe sprechen?

HENRIETTE: Über die spricht man nicht, bevor sie zu Ende ist!

MAURICE: Hast du Adolphe geliebt?

HENRIETTE: Ich weiß nicht. Seine natürliche Güte hat mich wie eine schöne, entschwundene Kindheitserinnerung angezogen. Aber es gab so viel an seiner Person, woran sich mein Auge stieß, daß ich lange radieren, ändern, hinzufügen, wegnehmen mußte, um eine leidliche Figur aus ihm zu machen. Wenn er etwas sagte, konnte ich merken, daß er von dir gelernt und oft schlecht verstanden hatte, es plump anwendete. Du kannst dir denken, wie jämmerlich mir jetzt die Kopie erscheinen muß, da ich das Original sehe. – Deshalb hatte er solche Angst, daß wir zwei uns treffen könnten, und als es geschehen war, verstand er sofort, daß seine Zeit abgelaufen war.

MAURICE: Armer Adolphe!

HENRIETTE: Ich bedaure ihn auch, denn er leidet grenzenlos ...

MAURICE: Still! Es kommt jemand.

HENRIETTE: Wenn er es wäre.

MAURICE: Das wäre unerträglich!

HENRIETTE: Er ist es nicht, aber wenn er es gewesen wäre, wie würdest du dir die Situation vorstellen?

MAURICE: Zuerst wäre er etwas ärgerlich auf dich, weil er sich im Café geirrt hat – uns vergeblich an den falschen Orten gesucht hat –, aber die Verärgerung würde sogleich zur Freude darüber, uns zu sehen – zu sehen, daß wir ihn nicht zum Narren gehalten haben. Und vor Freude darüber, daß er uns mit seinem Mißtrauen unrecht getan hat, würde er uns alle beide lieben, und dann würde er entzückt darüber sein, daß wir so gute Freunde sind. Das ist immer sein Traum gewesen – hm! Jetzt hält er eine Rede! – Sein Traum, daß wir ein Triumvirat bilden und der Welt das große Beispiel einer Freundschaft vorführen, die nichts fordert ... Ja, ich vertraue dir, Maurice, teils weil du mein Freund bist, teils weil deine Gefühle anderweitig gebunden sind!

HENRIETTE: Bravo! Bist du schon in einer solchen Situation gewesen, nachdem du sie so haargenau wiedergeben kannst? Weißt du, daß Adolphe so ein Dritter ist, der sich niemals mit seiner Geliebten vergnügen kann, ohne daß ein Freund dazu gehört!

MAURICE: Deshalb wurde ich herzugerufen, um dich zu zerstreuen! – Still, da draußen ist jemand! – Das ist er!

HENRIETTE: Nein, du mußt wissen, daß die Geisterstunde begonnen hat, und da hört man so viel und sieht es auch manchmal. In der Nacht wach zu sein, wenn man eigentlich schlafen müßte, das hat für mich den gleichen Charme wie das Verbrechen: man hat sich über das Naturgesetz und somit außerhalb gestellt.

MAURICE: Aber die Strafe ist scheußlich ..., mich friert oder graust, was es nun auch sein mag.

HENRIETTE *nimmt ihr Theatercape und legt es ihm um*: Nimm es um, das wärmt.

MAURICE: Das ist schön – als ob ich in deiner Haut wäre, als ob mein vom Wachen aufgelöster Körper in deine Form gegossen würde; ich fühle, wie ich umgegossen werde, aber ich bekomme auch eine neue Seele, neue Gedanken, und hier, wo deine Brust eine Wölbung hinterlassen hat, beginnt es sich zu heben. *Der Pianist im Raum nebenan hat während dieser ganzen Szene die d-Moll-Sonate geübt, manchmal pianissimo, manchmal wütend fortissimo: gelegentlich war es still, gelegentlich hat man nur die Takte 96–107 aus dem Finale gehört.* Welches Ungeheuer sitzt hier in der Nacht und übt auf dem Piano! Ich werde krank davon! Weißt du was: wir fahren hinaus ins Boulognewäldchen und frühstücken im Pavillon und sehen zu, wie die Sonne über den Seen aufgeht.

HENRIETTE: Gut!

MAURICE: Aber erst muß ich zu Hause Bescheid geben, daß meine Post und die Morgenzeitungen etc. per Boten hinausgebracht werden. Hör mal, Henriette: wollen wir Adolphe einladen?

HENRIETTE: Ja, das wäre verrückt, aber sei's drum. Der Esel kann ja auch vor den Triumphwagen gespannt werden. Laß ihn kommen.

Sie stehen auf.

MAURICE *legt das Cape ab*: Dann rufe ich also an!

HENRIETTE: Warte einen Augenblick! *Sie wirft sich in seine Arme.*

Ein großer, prachtvoller Raum in einem Restaurant im Boulognewäldchen; Teppiche, Spiegel, Chaiselongues, Diwans. Im Hintergrund Glastüren und Fenster mit Blick auf die Seen. Davor ein gedeckter Tisch mit Blumendekoration, Fruchtschalen, Weinkaraffen, Austernschüsseln, vielen Sorten Weingläsern und zwei Kandelabern mit brennenden Kerzen. Rechts ein Diwantisch mit Zeitungen und Telegrammen.
Maurice und Henriette sitzen sich an diesem Tisch gegenüber. Draußen beginnt die Sonne aufzugehen.

MAURICE: Es gibt keinen Zweifel mehr: die Zeitungen schreiben es, und die Telegramme enthalten Gratulationen zum Erfolg! Ein neues Leben beginnt, und mein Schicksal ist dem deinen verbunden durch diese Nacht, da du allein Hoffnungen und Triumph mit mir teiltest. Ich empfing den Lorbeer aus deiner Hand, und mir scheint, ich habe alles zusammen von dir bekommen!

HENRIETTE: Welch wunderbare Nacht! Haben wir all das geträumt, oder ist es erlebt?

MAURICE *erhebt sich*: Und welch ein Morgen nach dieser Nacht! Ich meine, es ist der Schöpfung erster Tag, den die aufgehende Sonne beleuchtet; jetzt erst wurde die Erde erschaffen, riß sie sich los aus diesen weißen Nebeln, die sich verflüchtigen; der Garten Eden liegt da im Rosenlicht der Morgenröte, und hier ist das erste Menschenpaar ... Weißt du, ich bin so glücklich, daß ich weinen möchte bei dem Gedanken, daß nicht die ganze Menschheit genauso glücklich ist wie ich ... Hörst du, wie es in der Ferne rauscht, wie Meereswogen an einem steinigen Strand, wie Wind im Walde – weißt du, was das ist? Es ist Paris, das meinen Namen raunt! Siehst du die Rauchsäulen in den Himmel steigen. Tausende, Zehntausende! Das sind meine Altarfeuer, und wenn sie es nicht sind, dann müssen sie es werden, weil ich es will! Alle Telegrafen Europas hämmern in diesem Augenblick meinen Namen, der Orientexpreß bringt die Nachricht in den Fernen Osten, der aufgehenden Sonne entgegen, und der Ozeanriese trägt sie in den entferntesten Westen. – Die Erde ist mein, und deshalb ist sie schön! Jetzt möchte ich Flügel haben für uns beide, daß sie uns hochheben und weit, weit forttragen, bevor man mein Glück beschmutzt, bevor mich der Neid aus meinem Traum weckt – denn sicher ist es ein Traum!

HENRIETTE *reicht ihm die Hand*: Hier, fühle, daß du nicht träumst!

MAURICE: Es ist kein Traum, aber es ist einer gewesen. Weißt du, wenn ich früher als armer junger Mann hier unten durch den Wald gegangen bin und zu diesem Pavillon hinaufgesehen habe, da ist er mir wie ein Märchenschloß vorgekommen, und in Gedanken habe ich mich immer in diesen Raum mit dem Balkon und den schweren Gardinen versetzt, das war für mich die höchste Glückseligkeit! Hier mit einer geliebten Frau zu sitzen und die Sonne aufgehen zu sehen, während die Kerzen in den Kandelabern noch brennen – das war mein kühnster Jugendtraum. Nun ist er wahr, und nun habe ich nichts mehr im Leben zu wünschen! – Willst du jetzt sterben, gemeinsam mit mir?

HENRIETTE: Nein, du Tor, jetzt will ich anfangen zu leben!

MAURICE *erhebt sich*: Leben: das ist leiden! – Nun kommt die Wirklichkeit; ich höre seine Schritte auf der Treppe, er keucht vor Unruhe, sein Herz klopft vor Angst, das Teuerste verloren zu haben. Glaub mir, Adolphe ist unter diesem Dach. In einer Minute steht er hier vor uns.

HENRIETTE *unruhig*: Es war ein dummer Einfall, ihn hierher zu bitten, und ich bereue es schon. – Übrigens werden wir sehen, ob sich deine Analyse als richtig erweist.

MAURICE: Man kann sich ja in den Gefühlen der Menschen irren!

Oberkellner kommt herein, überreicht eine Karte.

MAURICE: Lassen Sie den Herrn eintreten. *Zu Henriette*: Das werden wir noch bereuen, glaube ich.

HENRIETTE: Zu spät bedacht! – Still!

Adolphe kommt herein, er wirkt sehr bleich und hohläugig.

MAURICE *versucht unbefangen zu reden*: Sieh da! Wo hast du gestern abend gesteckt?

ADOLPHE: Ich habe euch im „Hotel des Arrêts" gesucht und eine Stunde gewartet ...

MAURICE: Also an der falschen Stelle. Wir haben ein paar Stunden in der „Auberge des Adrets" auf dich gewartet und warten immer noch, wie du siehst.

ADOLPHE *erleichtert*: O Gott!

HENRIETTE: Guten Morgen, mein Freund! Du bist ein Pechvogel, immer mußt du dich selbst unnötig quälen. Nun hast du dir wohl eingebildet, daß wir deine Gesellschaft meiden wollten, und obwohl du siehst, daß wir nach dir geschickt haben, glaubst du immer noch, daß du überflüssig bist.

ADOLPHE: Verzeiht mir; ich hatte unrecht, aber diese Nacht war entsetzlich.

Sie setzen sich. Bedrücktes Schweigen.

HENRIETTE *zu Adolphe*: Na, willst du Maurice nicht zu seinem großen Erfolg gratulieren?

ADOLPHE: Ach ja. – Du hast einen soliden Erfolg gehabt, den selbst der Neid dir lassen muß. Alles verneigt sich vor dir, und ich selbst fühle mich ganz klein in deiner Gegenwart.

MAURICE: Wie du sprichst! – Henriette, gib Adolphe ein Glas Wein.

ADOLPHE: Danke, nein! Nichts!

HENRIETTE *zu Adolphe*: Was ist dir? Bist du krank?

ADOLPHE: Nein, aber kurz davor.

HENRIETTE: Deine Augen ...

ADOLPHE: Was ist damit?

MAURICE: Wie war es im Bistro gestern abend? Man ist wohl böse auf mich?

ADOLPHE: Böse ist keiner auf dich, aber deine Abwesenheit hat eine Verstimmung ausgelöst, die ich schmerzlich empfunden habe. Doch, glaube mir, böse ist keiner gewesen; verständnisvolle Freunde haben dir und deinem Fernbleiben voller Sympathie Nachsicht entgegengebracht. Frau Cathérine selbst hat dich verteidigt und auf dein Wohl getrunken. Wir haben uns alle über deinen Erfolg gefreut, als wenn es unser eigener gewesen wäre.

HENRIETTE: Was für nette Menschen! Denk doch, was für gute Freunde du hast, Maurice.

MAURICE: Ja, bessere, als ich verdiene!

HENRIETTE: Niemand hat andere Freunde, als er verdient, und du bist ein liebenswürdiger Mann... Fühlst du nicht, wie mild die Luft dich heute umweht, voll von lauter wohlwollenden Gedanken und Grüßen, die dir Tausende von Herzen senden.

Maurice erhebt sich, um seine Rührung zu verbergen.

ADOLPHE: ... Tausende von Herzen, die du von dem Alptraum befreit hast, der sie ein Menschenalter bedrückte. Die Menschheit ist verleumdet worden ..., und du hast sie rehabilitiert, deshalb sind dir die Menschen dankbar. Heute heben sie ihre Köpfe wieder und sagen: Seht, wir sind ein wenig besser als unser Ruf, und dieser Gedanke macht sie besser ... *Henriette versucht, ihre Rührung zu verbergen.* – Störe ich euch? Ich möchte mich nur einen kleinen Augenblick an deiner Sonne wärmen, Maurice, dann werde ich wieder gehen.

MAURICE: Warum willst du gehen – du bist doch eben erst gekommen?

ADOLPHE: Warum? Weil ich gesehen habe, was ich niemals sehen wollte; weil ich nun weiß, daß meine Zeit abgelaufen ist. *Schweigen.* Daß ihr nach mir geschickt habt, ist für mich ein Ausdruck von Rücksicht, ein Bekennen von dem, was geschehen ist, eine Aufrichtigkeit, die weniger verletzt als Betrug. Du hörst, daß ich gut von den Menschen denke,

Maurice, und das hast du mich gelehrt. *Schweigen.* Aber, mein Freund, ich bin eben durch die Kirche Saint-Germain gegangen, und ich habe dort eine Frau und ein Kind gesehen. Ich wünsche nicht, du hättest sie gesehen, denn was geschehen ist, läßt sich nicht ändern, aber wenn du ihnen einen Gedanken und ein Wort schenktest, bevor du sie im offenen Meer der großen Stadt allein läßt, dann könntest du dein Glück ungetrübt genießen. Und nun: Lebt wohl!

HENRIETTE: Warum willst du gehen?

ADOLPHE: Das fragst du! Willst du, daß ich's sage?

HENRIETTE: Nein, das will ich nicht.

ADOLPHE: Lebt wohl denn. *Geht.*

MAURICE: Der Sündenfall: Und siehe, „sie wurden gewahr, daß sie nackt waren ..."

HENRIETTE: Wie ganz anders, als wir sie uns vorgestellt hatten, war doch diese Szene! – Er ist besser als wir!

MAURICE: Jetzt finde ich, daß alle Menschen besser sind als wir.

HENRIETTE: Siehst du, daß die Sonne hinter den Wolken verschwunden ist und der Wald seine Rosenfarbe verloren hat!

MAURICE: Ich sehe es, und der blaue See ist schwarz. Laß uns dorthin fliehen, wo der Himmel immer klar ist und die Bäume immer grün sind.

HENRIETTE: Ja, laß uns dorthin fliehen! – Doch ohne Abschied!

MAURICE: Nein, mit Abschied!

HENRIETTE: Wir wollten fliegen. Du sprachst von Flügeln – aber du hast Blei am Fuß. – Ich bin nicht eifersüchtig, aber wenn du einen Abschiedsbesuch machst und sich zwei Paar Arme um deinen Hals legen, dann kannst du dich sicher nicht losreißen.

MAURICE: Du hast ja recht, aber es reichen schon zwei kleine Arme, und ich bin gefangen.

HENRIETTE: Es ist also das Kind, das dich bindet, nicht die Frau.

MAURICE: Es ist das Kind!

HENRIETTE: Das Kind! Das Kind einer anderen! Und deshalb soll ich leiden! Warum soll dieses Kind sich in den Weg stellen, auf dem ich voran will und voran muß?

MAURICE: Ja, warum! Besser, es wäre nie geboren.

HENRIETTE *geht erregt hin und her*: Sicher! Aber nun ist es da! Wie ein Stein auf dem Weg, ein in der Erde steckender unbeweglicher Stein, der den Wagen umstürzen läßt.

MAURICE: Den Triumphwagen! – Der Esel ist zuschanden gefahren, aber der Stein liegt da! Verflucht!

Schweigen.

HENRIETTE: Es ist hoffnungslos.

MAURICE: Nein! Wir müssen heiraten, dann wird unser Kind uns das andere vergessen lassen.

HENRIETTE: Das eine soll das andere töten!

MAURICE: Töten! Was für ein Wort?

HENRIETTE *ablenkend*: Dein Kind wird unsere Liebe töten!

MAURICE: Nein, du, unsere Liebe tötet alles, was ihr im Wege steht, aber nichts kann sie töten!

HENRIETTE *hebt ein Kartenspiel ab, das auf dem Kaminsims liegt*: Sieh her: Karo fünf! Das Schafott! – Ist es möglich, daß einem sein Schicksal vorausbestimmt ist? Daß die Gedanken in eine vorbestimmte Richtung gelenkt werden, ohne daß man es verhindern kann! Nein, ich will nicht dorthin! Ich will nicht dorthin! Weißt du, daß ich auf das Schafott muß, wenn mein Verbrechen aufgedeckt wird?

MAURICE: Sprich von deinem Verbrechen – jetzt ist der Augenblick da!

HENRIETTE: Nein, ich würde es später bereuen, und du würdest mich verabscheuen! – Nein, nein, nein ...! Hast du jemals gehört, daß man einen Menschen zu Tode hassen kann? – Nun denn, mein Vater wurde von der Mutter und den Geschwistern so gehaßt, daß er wie Wachs im Feuer zerschmolz. Pfui, nein! Laß uns von etwas anderem reden! – Und laß uns vor allem wegfahren! Hier ist die Luft vergiftet, morgen ist der Lorbeer verwelkt, der Triumph vergessen, und in acht Tagen sonnt sich ein anderer Triumphator im Licht der

Aufmerksamkeit. Weg von hier, um für neue Siege zu arbeiten! Aber vorher, Maurice, geh und umarme dein Kind und sorge für seine nächste Zukunft! Die Mutter mußt du nicht treffen!

MAURICE: Danke. Dein Herz ehrt dich, und du bist mir doppelt lieb, wenn du die Güte zeigst, die du sonst verbirgst.

HENRIETTE: Und dann gehst du zum Bistro und sagst der Alten und deinen Freunden Lebwohl! Hinterlaß keine ungeklärten Dinge, die dich auf der Reise schwermütig machen könnten.

MAURICE: Ich werde alles in Ordnung bringen; und heute abend treffen wir uns auf dem Bahnhof!

HENRIETTE: Abgemacht! Also! Weg von hier, und hinunter ans Meer, zur Sonne!

DRITTER AKT

Bistro. Das Gaslicht brennt. Frau Cathérine sitzt am Büfett. Adolphe am Tisch.

FRAU CATHÉRINE: Lieber Herr Adolphe, so ist das Leben, aber ihr Jungen verlangt zuviel, und dann sitzt ihr da und flennt.

ADOLPHE: Nein, das ist es nicht; ich werfe keinem etwas vor, und ich habe beide immer noch gleich gern. Aber da ist etwas, das mich krank macht. Sehen Sie, ich habe mehr an Maurice gehangen, ja, so sehr, daß ich ihm alles gegönnt habe, was ihm Freude machen konnte, aber nun habe ich ihn verloren, und das quält mich mehr als der Verlust von ihr. Ich habe alle beide verloren, und deshalb empfinde ich die Einsamkeit doppelt schmerzlich. Aber da ist noch etwas anderes, das mir nicht völlig klar ist.

FRAU CATHÉRINE: Nicht soviel grübeln! Arbeiten und sich zerstreuen! Gehen Sie denn nie in die Kirche, zum Beispiel?

ADOLPHE: Was sollte ich denn da?

FRAU CATHÉRINE: Oh, dort gibt es soviel zu sehen, und dann ist da Musik. Dort ist es wenigstens nicht banal!

ADOLPHE: Möglich! Aber ich gehöre wohl nicht in diesen Schafstall, denn mir fehlt die Andacht. Und sehen Sie, Frau Cathérine, der Glaube soll ja eine Gabe sein, und die habe ich noch nicht bekommen.

FRAU CATHÉRINE: Dann warten Sie darauf. – Aber was sind das für Geschichten, die ich da heute höre! Ist es wahr, daß Sie Ihr Gemälde in London zu einem sehr hohen Preis verkaufen konnten und die erste Auszeichnung dafür bekommen haben?

ADOLPHE: Ja, es ist wahr.

FRAU CATHÉRINE: Nein, großer Gott, und Er spricht nicht darüber!

ADOLPHE: Ich fürchte mich vor dem Glück, und im übrigen erscheint es mir in diesem Augenblick fast wertlos; ich fürchte mich wie vor einem Gespenst: man darf nicht darüber sprechen, daß man's gesehen hat, weil es sonst schlimm ausgeht.

FRAU CATHÉRINE: Ja, Er war schon immer ein wunderlicher Mensch.

ADOLPHE: Nein, aber ich habe soviel Unglück dem Glück folgen sehen, und ich habe gesehen, daß man im Mißgeschick immer treue Freunde hat, im Erfolg aber nur falsche. Sie haben mich gefragt, ob ich in die Kirche ginge, und ich bin ausgewichen. Wissen Sie, daß ich heute morgen in Saint-Germain war, ohne daß ich eigentlich begriffen hätte, warum. Ich hatte das Gefühl, dort jemand suchen zu müssen, dem ich in aller Stille danken könnte, aber ich fand niemand. – Da habe ich für die Armen eine Goldmünze in die Büchse gelegt. Das war alles, was ich aus meinem Kirchenbesuch machen konnte, und das ist ziemlich banal!

FRAU CATHÉRINE: Es war jedenfalls etwas, und es ist doch schön, an die Armen zu denken, wenn man selbst einen guten Tag gehabt hat.

ADOLPHE: Weder schön noch unschön, ich habe es nur getan, weil ich nichts anderes tun konnte. Aber dann erlebte ich in der Kirche noch etwas: ich sah nämlich Maurices Freundin

Jeanne und das Kind. Überfahren, zerschmettert von seinem Triumphwagen, schienen sie sich des ganzen Ausmaßes ihres Unglücks bewußt.

FRAU CATHÉRINE: Ja, Kinder, wie es mit euren Gewissen bestellt ist, das weiß ich nicht. Aber daß ein guter Mensch, ein gewissenhafter, feinfühliger Mann wie Herr Maurice im Handumdrehen Frau und Kind verlassen konnte, das erklären Sie mir mal!

ADOLPHE: Das kann ich nicht erklären, und er scheint es selbst nicht zu verstehen. Ich habe die beiden heute morgen getroffen, und alles kam ihnen so natürlich vor, so richtig, daß sie sich nichts anderes denken konnten. Es war, als ob sie die Zufriedenheit nach einer guten Tat oder nach der Erfüllung einer teuren Pflicht genössen. Frau Cathérine, es gibt Dinge, die wir nicht erklären können, und deshalb steht es uns nicht zu, zu urteilen. Im übrigen: Sie haben ja den ganzen Verlauf gesehen. Maurice spürte die nahende Gefahr, ich ahnte sie; ich versuchte, die Begegnung der beiden zu verhindern, aber nichts half. Als hätte ein Unsichtbarer eine Intrige gesponnen und sie mit Tücke einander in die Arme getrieben. Ich bin gewiß befangen in der Sache, aber ich zögere nicht, das Wort auszusprechen: „Nicht schuldig."

FRAU CATHÉRINE: Ja, so verzeihen zu können, das ist Religion, wirklich!

ADOLPHE: O Himmel, sollte ich religiös sein, ohne es zu wissen!

FRAU CATHÉRINE: Aber sehen Sie, sich wie Herr Maurice zum Bösen treiben oder verlocken zu lassen, das ist Schwäche oder Schlechtigkeit; und wenn man fühlt, daß einen die Kräfte verlassen, so bittet man um Hilfe, und dann erhält man sie. Aber das hat er nicht getan, weil er zu stur war! – Wer kommt denn dort? – Es ist der Abbé, glaube ich.

ADOLPHE: Was sucht der hier?

ABBÉ *herein*: Guten Abend, Madame! Guten Abend, mein Herr!

FRAU CATHÉRINE: Womit kann ich dienen, Herr Abbé?

ABBÉ: Ist Herr Maurice, der Schriftsteller, heute hier gewesen?

FRAU CATHÉRINE: Nein, heute nicht; er hat sicher mit seinem Stück da oben im Theater zu tun.

ABBÉ: Ich habe ihm eine – traurige Nachricht zu überbringen, traurig in mehrfacher Hinsicht.

FRAU CATHÉRINE: Darf ich mir die Frage erlauben, welcher Art …

ABBÉ: Jaa, es ist ja kein Geheimnis. Seine Tochter, die er mit der unverehelichten Jeanne hat, ist tot.

FRAU CATHÉRINE: Tot!

ADOLPHE: Marion tot!

ABBÉ: Ja! Sie ist heute morgen, ohne vorher krank gewesen zu sein, plötzlich gestorben.

FRAU CATHÉRINE: O Gott! Wer begreift deine Wege?

ABBÉ: Die Verzweiflung der Mutter erfordert die Anwesenheit von Herrn Maurice, und wir müssen versuchen, ihn zu erreichen! – Doch eine Frage im Vertrauen: ist bekannt, ob Herr Maurice sein Kind geliebt hat, oder ist es ihm gleichgültig gewesen?

FRAU CATHÉRINE: Ob er seine Marion geliebt hat? Herr Abbé, das wissen wir alle, wie lieb sie ihm war.

ADOLPHE: Darüber gibt es keinen Zweifel, Herr Abbé.

ABBÉ: Das freut mich zu hören, und damit ist die Sache klar für mich.

FRAU CATHÉRINE: Hat es denn Zweifel gegeben?

ABBÉ: Leider ja! Es geht sogar ein böses Gerücht im Viertel um, er habe das Kind und die Mutter verlassen, um mit einer fremden Frau zu verreisen. Dieses Gerücht hat sich in ein paar Stunden zu bestimmten Anklagen ausgewachsen, und gleichzeitig ist die Erbitterung so stark geworden, daß man ihn einen Mörder nennt und ihm ans Leben will.

FRAU CATHÉRINE: O Gott, was ist denn d a s? Was i s t das?

ABBÉ: Nun will ich sagen, was meine Meinung ist: ich bin in diesem Punkt von der Unschuld des Mannes überzeugt, und die Mutter ist genauso überzeugt wie ich. Aber Herr Maurice hat den Schein gegen sich, und er wird es schwer haben, sich zu rechtfertigen, wenn die Polizei ihn verhört.

ADOLPHE: Befaßt sich die Polizei mit der Sache?

ABBÉ: Ja, die Polizei mußte einschreiten, um ihn vor den bösen Gerüchten und vor der Wut der Leute zu schützen. Wahrscheinlich wird der Kommissar gleich hier sein.

FRAU CATHÉRINE *zu Adolphe*: Da sehen Sie, wie es geht, wenn man Gut und Böse nicht unterscheiden kann und das Laster hätschelt. Ja, Gott straft!

ADOLPHE: Dann ist er unbarmherziger als die Menschen.

ABBÉ: Was wissen Sie denn davon?

ADOLPHE: Nicht besonders viel, aber ich sehe ja, was geschieht ...

ABBÉ: Und verstehen es auch?

ADOLPHE: Vielleicht jetzt noch nicht.

ABBÉ: Lassen Sie uns die Sache etwas näher anschauen – Da ist der Kommissar!

KOMMISSAR *herein*: Meine Herren, Frau Cathérine. Ich muß Sie einen Augenblick mit einigen Fragen stören, die Herrn Maurice betreffen, der, wie Sie wohl wissen, einem ungeheuerlichen Verdacht ausgesetzt ist, an dessen Berechtigung ich, nebenbei gesagt, nicht glaube.

FRAU CATHÉRINE: Auch von uns glaubt keiner daran.

KOMMISSAR: Das bestärkt mich in meiner Überzeugung, aber in seinem eigenen Interesse muß ich ihm Gelegenheit geben, sich zu verteidigen.

ABBÉ: Das ist gut, ihm soll Gerechtigkeit widerfahren, obwohl das schwer werden wird.

KOMMISSAR: Der Schein spricht außerordentlich gegen ihn, aber ich habe schon Unschuldige auf dem Schafott gesehen, bevor ihre Unschuld aufgedeckt wurde. Hören Sie jetzt, was gegen ihn spricht. Das Kind Marion, allein gelassen von der Mutter, wird heimlich vom Vater besucht, der offenbar die Stunde ausgekundschaftet hat, in der das Kind allein ist. Eine Viertelstunde nach dem Besuch kommt die Mutter nach Hause, und da ist das Kind tot! Das ist ein unangenehmer Tatbestand für den Angeklagten. – Bei der Obduktion lassen sich keine Zeichen äußerer Gewalt oder Spuren von Gift feststellen, aber die Ärzte erklären, daß es neue Gifte gibt, die keine Spuren hinterlassen! – Für mich ist das ein unglückliches Zusammentreffen, und an so was bin ich gewöhnt! Aber nun kommen schlimmere Sachen: Gestern abend wurde Herr Maurice in der „Auberge des Adrets“ mit einer fremden Dame gesehen. Das Gespräch drehte sich, nach Aussage des Kellners, um Verbrechen. Worte wie „Roquetteplatz“ und „Schafott“ fielen. Ein ungewöhnliches Gesprächsthema für ein Liebespaar mit guter Erziehung und in guter Stellung! Dennoch kann das vorkommen, und die Erfahrung bestätigt, daß Personen nach durchwachter Nacht und mancherlei Ausschweifungen gleichsam das Schlimmste ausgraben, das auf dem Grunde der Seelen liegt. Schlimmer ist die Zeugenaussage des Oberkellners aus dem Restaurant im Boulognewäldchen, wo die beiden heute morgen ein Sektfrühstück eingenommen haben. Er gibt an, gehört zu haben, wie man das Leben eines Kindes verwünschte. Der Mann soll gesagt haben: „Besser, es wäre nie geboren“, worauf die Frau geantwortet habe: „Sicher! Aber nun ist es da.“ Und später seien in dem Gespräch diese Worte gefallen: „Das eine soll das andere töten“, worauf geantwortet wurde: „Töten! Was ist das für ein Wort?“ und „Unsere Liebe tötet alles, was ihr im Wege steht!“ Und dann: „Karo fünf, das Schafott, der Roquetteplatz!“ – Sehen Sie – das fällt schwer ins Gewicht, ebenso wie schließlich auch die Reise ins Ausland, die für diesen Abend verabredet wurde. Das sind schwerwiegende Dinge!

ADOLPHE: Er ist verloren!

FRAU CATHÉRINE: Das ist eine schaurige Geschichte! Was soll man glauben?

ABBÉ: Das ist nicht Menschenwerk! Gott sei ihm gnädig!

ADOLPHE: Er ist im Netz und kommt nie mehr heraus!

FRAU CATHÉRINE: Was hatte er nur dort zu tun?

ADOLPHE: Fangen Sie etwa an, ihn zu verdächtigen, Frau Cathérine?

FRAU CATHÉRINE: Ja und nein! Ich weiß nicht mehr, was ich von dieser Sache halten soll. Hat man nicht Engel im Handumdrehen zu Teufeln werden sehen und dann wieder zu Engeln?

KOMMISSAR: Sonderbar sieht es aus. Nun müssen wir indessen warten und seine Erklärungen anhören. Keiner wird ungehört verurteilt! Guten Abend, meine Herren, guten Abend, Frau Cathérine.

ABBÉ: Das ist nicht Menschenwerk!

ADOLPHE: Es sieht wahrhaftig nach Dämonen aus, die am Untergang der Menschen arbeiten.

ABBÉ: Entweder ist es eine Strafe für unbekannte Verfehlungen, oder es ist eine furchtbare Prüfung.

JEANNE *herein, sie trägt Trauer*: Guten Abend! – Verzeihen Sie ..., darf ich fragen, ob Herr Maurice hier gesehen worden ist?

FRAU CATHÉRINE: Nein, meine Dame, aber er kann jeden Augenblick hier sein ... Sie haben ihn demnach nicht getroffen, seit –

JEANNE: Nicht seit gestern morgen ...

FRAU CATHÉRINE: Gestatten Sie mir, meine tiefe Anteilnahme auszudrücken ...

JEANNE: Danke, Madame! – *Zum Abbé*: Sie sind hier, mein Vater!

ABBÉ: Ja, mein Kind, ich glaubte, Ihnen nützlich sein zu können, und ein Glück war, daß ich eben hier mit dem Kommissar sprechen konnte.

JEANNE: Dem Kommissar? Er verdächtigt doch wohl nicht auch Maurice?

ABBÉ: Nein, das nicht, und das tut keiner von uns hier. Aber der Schein spricht auf schreckliche Weise gegen ihn.

JEANNE: Sie meinen wegen des Gesprächs, das der Kellner belauscht hat ... Das bedeutet nichts für mich, ich habe dergleichen vorher gehört, wenn Maurice etwas getrunken hatte. Da phantasiert er für gewöhnlich von Verbrechen und Strafe. Im übrigen scheint die Frau, die in seiner Gesellschaft war, die gefährlichsten Ausdrücke gebraucht zu haben. Ich hätte Lust, dieser Frau in die Augen zu sehen.

ADOLPHE: Meine beste Jeanne, so sehr diese Frau Ihnen auch unfreiwillig weh getan haben mag, sie hatte keine böse Absicht, ja, sie hatte überhaupt keine Absicht – sie ist nur dem

Gebot ihres Herzens gefolgt. Ich kenne sie als eine gute Seele, die es verträgt, daß man ihr ins Auge schaut!

JEANNE: Ihr Urteil in dieser Sache, Adolphe, hat großen Wert für mich, und ich glaube Ihnen. Ich kann demnach die Schuld für das, was geschehen ist, nirgendwoanders suchen als bei mir selbst. Ja, es ist mein Leichtsinn, der nun seine Strafe bekommen hat. *Sie weint.*

ABBÉ: Keine ungerechten Anklagen gegen sich selbst; ich kenne Sie und weiß, wie ernsthaft Sie die Mutterschaft auf sich genommen haben, und daß Ihre Aufgabe noch nicht durch die Religion gesegnet und durch das bürgerliche Gesetz bekräftigt wurde – das ist nicht Ihr Fehler. Nein, hier stehen wir vor etwas anderem!

ADOLPHE: Wovor?

ABBÉ: Ja, wie soll man das sagen!

Henriette in Reisekleidung herein.

ADOLPHE *steht entschlossen auf und geht ihr entgegen*: Du hier?

HENRIETTE: Ja, wo ist Maurice?

ADOLPHE: Weißt du ..., oder weißt du nicht?

HENRIETTE: Ich weiß alles! Entschuldigung, Frau Cathérine, aber ich war reisefertig und mußte einen Augenblick hereinkommen! *Zu Adolphe*: Wer ist diese Dame? – Ah!

Henriette und Jeanne mustern sich.
Emile erscheint in der Küchentür.

HENRIETTE *zu Jeanne*: Ich müßte etwas sagen, aber es ist gleichgültig, denn was ich auch immer sage, es kann nur wie eine Roheit oder wie Hohn klingen. Doch wenn ich Sie bitte, ganz einfach zu glauben, daß ich an Ihrer tiefen Trauer genauso teilnehme wie jemand, der Ihnen nähersteht, dann dürfen Sie mich nicht zurückstoßen ... Sie dürfen es nicht, denn ich verdiene Ihr Mitleid, wenn nicht Ihre Nachsicht. *Streckt die Hand aus.*

JEANNE *fixiert sie*: In diesem Augenblick glaube ich Ihnen, aber im nächsten schon nicht mehr. *Ergreift Henriettes Hand.*

HENRIETTE *küßt Jeannes Hand*: Danke!

JEANNE *zieht ihre Hand zurück*: Nicht so! Ich verdiene es nicht, ich verdiene es nicht!

ABBÉ: Verzeihung, aber während wir hier versammelt sind und im Augenblick Eintracht zu herrschen scheint, könnte da nicht Fräulein Henriette die Ungewißheit und das Dunkel zerstreuen, die um den Hauptpunkt der Anklage herrschen? Ich bitte Sie, uns unter Freunden zu sagen, was Sie damit gemeint haben, als Sie vom Töten sprachen, von Verbrechen und vom Roquetteplatz? Daß diese Worte keinen Zusammenhang mit dem Tod des Kindchens haben, das glauben wir zu wissen, aber es würde uns beruhigen, wenn wir erfahren könnten, worum es sich dabei handelte! Wollen Sie uns das sagen?

HENRIETTE *nach einer Pause*: Ich kann es nicht sagen! Ich kann nicht!

ADOLPHE: Henriette! Sag das Wort, das uns alle befreien wird!

HENRIETTE: Ich kann nicht! Bittet mich nicht!

ABBÉ: Dies ist nicht Menschenwerk!

HENRIETTE: Zu denken, daß die Stunde kommen mußte! Und dann, dann! *Zu Jeanne*: Madame! Ich schwöre, daß ich keine Schuld am Tod Ihres Kindes habe. Ist das genug?

JEANNE: Genug für uns, ja – aber nicht für die Gerechtigkeit!

HENRIETTE: Gerechtigkeit! Wenn Sie wüßten, wie wahr Sie gesprochen haben.

ABBÉ *zu Henriette*: Und wenn Sie wüßten, was Sie eben gesagt haben.

HENRIETTE: Wissen Sie das besser als ich?

ABBÉ: Ja!

Henriette betrachtet ihn.

ABBÉ: Fürchten Sie nichts, auch wenn ich Ihr Geheimnis errate, werde ich es nicht enthüllen. Im übrigen ist die menschliche Gerechtigkeit nicht meine Angelegenheit. Aber sehr wohl die göttliche Gnade.

MAURICE *tritt eilig ein; er ist in Reisekleidung; beachtet die Anwesenden im Vordergrund nicht, sondern geht direkt auf die Theke zu, wo Frau Cathérine sitzt*: Frau Cathérine, Sie sind mir nicht böse, weil ich ausgeblieben bin! Jetzt komme ich übrigens, um Sie um Verzeihung zu bitten, bevor ich in den Süden reise, heute abend, um acht Uhr! *Frau Cathérine stumm, verblüfft.* Sie sind mir doch böse! *Sieht sich um.* Was denn? – Ist das ein Traum oder nicht? – Ich sehe ja, daß es Wirklichkeit ist, und doch sieht es aus wie in einem Schaukasten ... Dort steht Jeanne wie eine Bildsäule, schwarzgekleidet ... Und Henriette wie eine Leiche ... Was bedeutet das alles? *Allgemeines Schweigen.* Keiner antwortet! Das bedeutet doch etwas Schreckliches! *Schweigen.* So antwortet doch! – Adolphe, mein Freund, was ist los? – Und – *deutet auf Emile* – dort steht ein Detektiv!

ADOLPHE *tritt vor*: Du scheinst nichts zu wissen!

MAURICE: Nichts! Aber ich muß es wissen!

ADOLPHE: Nun denn – Marion ist tot!

MAURICE: Marion ... Tot!?

ADOLPHE: Ja, sie ist heute morgen gestorben.

MAURICE *zu Jeanne*: Und deshalb trägst du Trauer! Jeanne, Jeanne, wer hat uns das angetan?

JEANNE: Derjenige, der allein Leben und Tod in seiner Hand hat.

MAURICE: Aber ich habe sie doch an diesem Morgen gesund und mit roten Wangen gesehen! Wie ist das zugegangen? Wer hat das getan? Jemand muß uns das angetan haben! *Seine Blicke suchen Henriette.*

ADOLPHE: Suche den Schuldigen nicht unter uns, es gibt ihn nicht. Aber leider hat die Polizei ihren Verdacht auf jemand gerichtet, der nicht verdächtig sein dürfte.

MAURICE: Was meinst du damit?

ADOLPHE: Ja, du mußt wissen, daß dein unvorsichtiges Gerede gestern nacht und heute morgen dich in ein Licht gebracht hat, das nicht vorteilhaft ist.

MAURICE: Hat man uns belauscht? – Laß mich nachdenken, was geredet wurde! – Es ist wahr – ja, dann bin ich verloren!

ADOLPHE: Aber so erkläre doch deine unbedachten Worte! Und wir glauben dir!

MAURICE: Ich kann nicht! Ich will nicht! Ich komme ins Gefängnis, aber das macht nichts. Marion ist tot! Tot! Und ich habe sie getötet!

Allgemeine Erregung.

ADOLPHE: Bedenke, was du sagst, wäge deine Worte! Weißt du, was du gesagt hast?

MAURICE: Was habe ich gesagt?

ADOLPHE: Du hast gesagt, daß du Marion getötet hast.

MAURICE: Gibt es irgendein Wesen hier, das glauben kann, ich sei ein Mörder und hätte mein eigenes Kind umgebracht? Frau Cathérine, Sie kennen mich, sagen Sie, glauben Sie ...

FRAU CATHÉRINE: Ich weiß überhaupt nicht mehr, was ich glauben soll. „Wes das Herz voll ist, des geht der Mund über"; und Sie haben Schlimmes ausgesprochen ...

MAURICE: Sie glaubt mir nicht!

ADOLPHE: Aber so erkläre dich doch, erkläre, was du damit gemeint hast, daß deine Liebe alles tötet, was ihr im Wege steht!

MAURICE: Auch das wissen sie! – Kannst du es erklären, Henriette?

HENRIETTE: Das kann ich nicht!

ABBÉ: Ja, hier ist etwas Schlimmes mit im Spiel, und Sie haben die Sympathien verloren, meine Freunde! Eben wollte ich noch darauf schwören, daß Sie unschuldig sind, aber jetzt kann ich es nicht mehr!

MAURICE *zu Jeanne*: Was du sagst, bedeutet für mich mehr als alles andere.

JEANNE *kalt*: Antworte erst auf diese Frage: Wen hast du bei der Orgie draußen im Wäldchen verflucht?

MAURICE: Habe ich das getan? Vielleicht! Ja, ja, ich bin schuldig und ebenso unschuldig! Laßt mich von hier weggehen, denn ich schäme mich, und meine Verfehlung ist größer, als ich es mir verzeihen könnte!

HENRIETTE *zu Adolphe*: Geh mit ihm, sonst tut er sich etwas an!

ADOLPHE: Soll ich?

HENRIETTE: Wer sonst?

ADOLPHE *ohne Bitterkeit*: Du wärst ihm am nächsten. – Still, draußen hält ein Wagen.

FRAU CATHÉRINE: Das ist der Kommissar! Ich hab schon viel vom Leben gesehen, aber ich hätte nie geglaubt, daß Erfolg und Ruhm so zerbrechliche Dinge sind.

MAURICE *zu Henriette*: Vom Triumphwagen zur Polizeidroschke ...!

JEANNE *einfach*: Und der Esel davor – wer war damit gemeint?

ADOLPHE: Das war wohl ich!

KOMMISSAR *herein, mit einem Papier in der Hand*: Vorladung zur Polizei, sofort, heute abend.
Für Herrn Maurice Gérard ... Und Fräulein Henriette Mauclerc ..., anwesend?

MAURICE *und* HENRIETTE: Ja.

MAURICE: Bedeutet das Verhaftung?

KOMMISSAR: Nein, noch nicht. Es handelt sich nur um eine Vorladung.

MAURICE: Und dann?

KOMMISSAR: Das weiß man nicht.

Maurice und Henriette gehen zur Tür.

MAURICE: Lebt wohl, alle!

Allgemeine Bewegung. Der Kommissar, Maurice, Henriette ab.

EMILE *herein, zu Jeanne*: Jetzt, Schwester, gehe ich mit dir nach Hause!

JEANNE: Na, und was meinst du zu all dem?

EMILE: Der Mann ist unschuldig!

ABBÉ: Ja, aber von meinem Standpunkt aus ist und bleibt es eine abscheuliche Handlungsweise, sein Versprechen zu brechen, und da es um eine Frau und ein Kind geht, ist sie unverzeihlich.

EMILE: Ich müßte es jetzt genauso sehen, weil es sich um meine Schwester handelt, aber leider kann ich keinen Stein werfen, denn ich habe die gleiche Verfehlung begangen.

ABBÉ: Obwohl ich selbst in dieser Hinsicht rein bin, werfe ich dennoch keinen Stein, aber die Handlung trägt ihr Urteil in sich und bestraft sich selbst durch ihre Folgen.

JEANNE: Betet für ihn! Für sie!

ABBÉ: Nein, das tue ich nicht, weil uns nicht zukommt, Gottes Ratschluß ändern zu wollen. Und was geschehen ist, ist wahrlich nicht Menschenwerk.

„Auberge des Adrets". Adolphe und Henriette sitzen an dem Tisch, an dem Maurice und Henriette im 2. Akt saßen. Adolphe hat eine Tasse Kaffee vor sich, Henriette nichts.

ADOLPHE: Du glaubst also, daß er herkommt?

HENRIETTE: Ganz bestimmt. Er wurde bereits heute mittag wegen Mangel an Beweisen freigelassen, aber er wollte sich vor Einbruch der Dämmerung nicht draußen zeigen.

ADOLPHE: Armer Mann! – Weißt du, daß für mich das Leben unheimlich ist, seit gestern.

HENRIETTE: Und für mich? Ich habe Angst zu leben, wage kaum zu atmen, wage kaum zu denken, seit ich weiß, daß jemand nicht nur meinen Worten, sondern auch meinen Gedanken nachspioniert.

ADOLPHE: Hier also habt ihr in der Nacht gesessen, als ich euch nicht finden konnte.

HENRIETTE: Ja, aber sprich nicht davon, ich möchte sterben vor Scham, wenn ich daran denke; Adolphe, du bist aus einem anderen und besseren Stoff als ich und er ...

ADOLPHE: Sch ..., sch ..., sch ...

HENRIETTE: Doch, doch! Und weshalb ich geblieben bin? Ich war träge, ich war müde; sein Siegesrausch betörte mich, ich kann es nicht erklären. Aber es wäre nie geschehen, wenn du gekommen wärst! – Aber heute bist du der Große, und er ist der Kleine, geringer als die Geringsten. Gestern besaß er hunderttausend Francs, und heute, da sein Stück abgesetzt ist, ist er ein bettelarmer Mann. Er wird sich niemals vor der öffentlichen Meinung reinwaschen können, denn die verurteilt ihn für Treuebruch genauso streng, als wäre er der Mörder, und die Scharfsinnigsten meinen, das Kind sei vor Kummer gestorben, und diesen Tod habe er verursacht.

ADOLPHE: Henriette, du weißt, was ich in dieser Frage denke, aber ich möchte, daß ihr wirklich völlig rein dasteht. Willst du mir nicht sagen, was deine schrecklichen Worte bedeuteten? Es kann doch kein Zufall sein, daß ihr in dieser festlichen Stimmung über Töten und Hinrichten gesprochen habt.

HENRIETTE: Es war kein Zufall. Es war etwas, das gesagt werden mußte und worüber ich nicht sprechen kann. Wahrscheinlich, weil ich nicht das Recht habe, mich vor dir reinzuwaschen, denn ich bin nicht rein.

ADOLPHE: Das verstehe ich nicht!

HENRIETTE: Dann laß uns von etwas anderem sprechen. – Glaubst du nicht, daß unter uns, sogar unter unseren engsten Freunden, Verbrecher sind, die frei und ungestraft herumlaufen?

ADOLPHE: Wieso – was meinst du?

HENRIETTE: Glaubst du nicht, daß jeder Mensch irgendwann einmal in seinem Leben eine Handlung begeht, die vom Gesetz geahndet werden müßte, wenn sie aufgedeckt würde?

ADOLPHE: Doch, das glaube ich schon, aber keine böse Tat bleibt ungestraft, jedenfalls nicht vor dem Gewissen. *Steht auf, knöpft den Mantel auf.* Und ... Keiner ist ein richtig guter Mensch, wenn er niemals einen Fehler begangen hat. *Atmet schwer.* Denn, um verzeihen zu können, muß man selbst Verzeihung nötig gehabt haben ... Ich hatte einen Freund, wir nannten ihn den idealen Menschen, er gebrauchte niemals harte Worte gegenüber anderen, er verzieh allen alles und reagierte auf Beschimpfungen mit einer merkwürdigen Befriedigung, die wir uns nicht erklären konnten. Schließlich, nach vielen Jahren, erklärte er mir sein Geheimnis mit den Worten: „Ich bin ein Büßer!“ *Setzt sich hin.*

Henriette betrachtet ihn schweigend und mit Verwunderung.

ADOLPHE *als spräche er zu sich selbst*: Es gibt Verbrechen, die in keinem Gesetzbuch aufgeführt sind, und das sind die schlimmsten, denn die müssen wir selbst bestrafen, und kein Richter ist so streng wie wir.

HENRIETTE *nach einer Pause*: Na, und dein Freund? Hat er Frieden gefunden?

ADOLPHE: Nach langen Selbstquälereien ist er etwas zur Ruhe gekommen, aber das Leben hat ihm niemals mehr Freude gemacht, er hat es nicht gewagt, Auszeichnungen anzunehmen, er hat sich nie eines guten Wortes oder einer berechtigten Anerkennung würdig gefühlt – mit einem Wort: er hat sich nie verzeihen können!

HENRIETTE: Niemals? Was hatte er denn verbrochen?

ADOLPHE: Er hatte seinem Vater den Tod gewünscht, und als der Vater plötzlich starb, bildete sich der Sohn ein, er hätte ihn umgebracht. Diese Einbildungen hielt man für krankhaft, und der Sohn wurde in eine Anstalt gebracht. Nach einiger Zeit entließ man ihn – geheilt, wie es hieß. Aber das Schuldgefühl war geblieben, und deshalb fuhr er fort, sich zu bestrafen, für seine bösen Gedanken.

HENRIETTE: Bist du sicher, daß der böse Wille nicht töten kann?

ADOLPHE: Du meinst, auf eine mystische Weise?

HENRIETTE: Wie du willst. Nenn es mystisch! Ich bin sicher, daß in meiner Familie Mutter und Geschwister unseren Vater zu Tode gehaßt haben. Er hatte die gräßliche Angewohnheit, sich unseren Ansichten und Wünschen konsequent zu widersetzen, und wo sich eine echte Begabung zeigte, versuchte er, sie auszutilgen. Damit weckte er Widerstand, der sich zu einer Batterie von Haßelementen sammelte, und die wurde schließlich so stark, daß er dahinsiechte, neutralisiert wurde, den Willen verlor und sich zuletzt selbst den Tod wünschte.

ADOLPHE: Und du hast nie ein schlechtes Gewissen gehabt?

HENRIETTE: Nein! Ich weiß übrigens nicht, was Gewissen ist.

ADOLPHE: Nicht? Dann wirst du es bald erfahren! *Schweigen.* Wie, glaubst du, wird Maurice aussehen, wenn er hier hereintritt; was, glaubst du, wird er sagen?

HENRIETTE: Weißt du was: gestern morgen versuchten er und ich dasselbe von dir zu erraten, als wir dich erwarteten.

ADOLPHE: Und?

HENRIETTE: Wir haben völlig danebengeraten.

ADOLPHE: Kannst du sagen, warum ihr nach mir geschickt habt?

HENRIETTE: Aus Bosheit, Mutwillen, reiner Grausamkeit!

ADOLPHE: Merkwürdig, daß du deine Fehler zugibst, sie aber nicht bereust.

HENRIETTE: Das kommt wohl daher, daß ich mich nicht voll für sie verantwortlich fühle. Sie sind wie der Schmutz, der bei der täglichen Arbeit an einem hängenbleibt und den man am Abend abwäscht. – Aber sag du mir eines: hältst du wirklich so viel von der Menschheit, wie du behauptest?

ADOLPHE: Doch, wir sind ein wenig besser als unser Ruf – und ein wenig schlechter.

HENRIETTE: Das war keine klare Antwort.

ADOLPHE: Nein, das stimmt! – Aber willst du mir ganz klar antworten, wenn ich dich frage: liebst du Maurice immer noch?

HENRIETTE: Ich weiß es nicht, bevor ich ihn wiedergesehen habe. Aber in diesem Augenblick verspüre ich keine Sehnsucht nach ihm und finde, daß ich sehr wohl ohne ihn leben kann.

ADOLPHE: Das halte ich für wahrscheinlich. Aber du bist mit seinem Schicksal verkettet! ... Still, jetzt kommt er.

HENRIETTE: Daß sich alles wiederholt! Genau die gleiche Situation und die gleichen Worte wie gestern, als du erwartet wurdest ...

MAURICE *herein, totenbleich, hohläugig, unrasiert*: Hier bin ich, gute Freunde, wenn ich es wirklich bin, denn die vergangene Nacht im Gefängnis hat mich zu einem anderen Menschen gemacht.

Beobachtet Henriette und Adolphe.

ADOLPHE: Setz dich und sammle dich! Wir müssen uns beraten.

MAURICE *zu Henriette*: Vielleicht bin ich überflüssig?

ADOLPHE: Sei uns gegenüber nicht verbittert.

MAURICE: Ich bin böse geworden in diesen vierundzwanzig Stunden und so mißtrauisch, daß ich wohl bald ganz für mich allein sein werde! Wer empfindet übrigens die Gesellschaft eines Mörders als angenehm.

HENRIETTE: Du bist doch freigesprochen!

MAURICE *holt eine Zeitung heraus*: Von der Polizei, ja, aber nicht von der öffentlichen Meinung. Hier seht ihr den Mörder Maurice Gérard, ehemals Dramatiker, und seine Geliebte Henriette Mauclerc ...

HENRIETTE: Oh, meine arme Mutter und meine Geschwister! Meine Mutter! Herr Jesus, hilf uns!

MAURICE: Bemerkt ihr nicht, daß ich auch wie ein Mörder aussehe? Und dann wird behauptet, daß ich mein Stück gestohlen hätte. Von dem gestrigen Sieger ist somit nicht mehr eine Spur übrig! Und an seiner Stelle macht sich mein Feind Octave auf den Plakaten breit. Und er wird meine hunderttausend Francs kassieren! O Solon, Solon! Das also ist das Glück, und das ist die Ehre! Du Adolphe, bist glücklich, du, der noch keinen Erfolg gehabt hat.

HENRIETTE: Ach, du weißt nicht, daß Adolphe in London einen großen Erfolg gehabt und die erste Medaille bekommen hat.

MAURICE *düster*: Nein, das habe ich nicht gewußt! Ist das wahr, Adolphe?

ADOLPHE: Es ist schon wahr, aber die Medaille habe ich zurückgegeben.

HENRIETTE *betont*: Das wußte ich nicht! Hast du auch Gründe wie dein Freund, Auszeichnungen nicht anzunehmen?

ADOLPHE: Mein Freund? *Verlegen*: Ach so, ja, ja!

MAURICE: Dein Erfolg freut mich, aber er entfernt uns voneinander.

ADOLPHE: Das hatte ich erwartet, und ich werde wohl genauso einsam in meinem Erfolg sein müssen, wie du in deinem Mißgeschick. Daß man die Menschen mit seinem Glück verletzt! Es ist schrecklich zu leben.

MAURICE: Das sagst du! Was soll ich da sagen! Es ist, als hätte sich ein schwarzer Schleier über meine Augen gelegt und Form und Farbe des ganzen Lebens verändert. Dieser Raum ist dem Raum von gestern gleich, und doch ist er ganz anders! Ich erkenne euch beide wieder, aber ihr habt fremde Gesichter; ich sitze und suche nach Worten, weil ich nicht weiß, was ich euch sagen soll; ich müßte mich entschuldigen, aber ich kann es nicht. Und ich vermisse das Gefängnis fast, es hat mich wenigstens vor all diesen neugierigen Blicken geschützt, die mitten durch mich hindurchgehen. Der Mörder Maurice und seine Geliebte! Du liebst mich nicht mehr, Henriette, ebensowenig wie du noch etwas für mich bedeutest. Du bist heute häßlich, plump, leer und abschreckend!

Zwei Männer in Zivil haben sich unbemerkt an einem Tisch im Hintergrund niedergelassen.

ADOLPHE: Warte doch einen Augenblick und sammle deine Gedanken! Daß du von allen Verdächtigungen freigesprochen und reingewaschen bist, muß ja in einer der Abendzeitungen stehen. Damit fällt ja die ganze Anklage zusammen; dein Stück muß wieder gespielt werden, im schlimmsten Fall kannst du ein neues schreiben. Geh ein paar Jahre weg von Paris und laß die Sache in Vergessenheit geraten. Du hast die Menschheit rehabilitiert und sollst selbst wieder aufgerichtet werden!

MAURICE: Haha! Menschheit! – Haha!

ADOLPHE: Du hast den Glauben an das Gute verloren.

MAURICE: Ja, falls ich ihn jemals besessen habe! Es war vielleicht nur eine Stimmung, eine Art zu sehen, eine Freundlichkeit gegenüber wilden Tieren. Wenn ich, den man zu den Besseren gerechnet hat, so durch und durch schlecht sein kann, wie elendig müssen dann erst die anderen sein?

ADOLPHE: Jetzt gehe ich und kaufe alle Abendzeitungen, da bekommen wir sicher einen Ausgangspunkt für neue Überlegungen!

MAURICE *wendet sich zum Hintergrund*: Zwei Detektive! – Das bedeutet, daß ich unter Bewachung freigelassen bin, damit ich mich mit unvorsichtigen Reden selbst entlarve.

ADOLPHE: Das sind keine Detektive, das bildest du dir nur ein! Ich würde sie doch wiedererkennen. *Geht.*

MAURICE: Laß uns nicht allein, Adolphe, ich fürchte, daß es zwischen Henriette und mir zu offenen Anschuldigungen kommt.

ADOLPHE: Sei vernünftig, Maurice, und denke an deine Zukunft. Henriette, versuch ihn zu beruhigen, ich bin gleich wieder zurück. *Geht hinaus.*

HENRIETTE: Maurice, was glaubst du jetzt von unserer Schuld oder Nichtschuld?

MAURICE: Ich habe nicht getötet, ich habe nur zuviel geredet, als ich getrunken hatte. Aber es ist dein Verbrechen, das umgeht und das du mir eingeimpft hast!

HENRIETTE: Sprichst du in diesem Ton? Warst nicht du es, der dein Kind verflucht, ihm den Tod gewünscht hat und ohne Abschied abreisen wollte. Und war nicht ich es, die dich gebeten hat, Marion zu besuchen und zu Frau Cathérine zu gehen?

MAURICE: Doch, du hast recht, verzeih mir! Du warst menschlicher als ich, und ich trage alle Schuld. Verzeih mir! Aber dennoch habe ich keine Schuld! Wer hat das Netz geknüpft, aus dem ich nicht mehr herauskomme? Schuldig und nichtschuldig; nichtschuldig und schuldig. Ich werde wahnsinnig davon! Sieh, nun sitzen sie da hinten und horchen! – Und kein Kellner denkt daran, uns zu bedienen! Ich werde hinausgehen und mir eine Tasse Tee bestellen. Möchtest du etwas?

HENRIETTE: Nein!

Maurice ab.

DETEKTIV I *tritt zu Henriette*: Kann ich mal deine Papiere sehen?

HENRIETTE: Deine? Unverschämt!

DETEKTIV I: Unverschämt! Ich werde dich lehren herumzustreichen!

HENRIETTE: Worum handelt es sich?

DETEKTIV I: Ich habe die Aufsicht über herumstreichende Damen, und gestern warst du mit einem Herrn hier, heute mit einem andern, so was nennt man Herumstreichen. Und hier wird Damen ohne Begleitung nicht serviert. Also komm mit!

HENRIETTE: Meine Begleitung kommt gleich zurück ...

DETEKTIV I: Schöne Begleitung, die eine Dame nicht beschützen kann.

HENRIETTE: O Gott! Meine Mutter, meine Geschwister! – Wissen Sie nicht, daß ich aus guter Familie bin!

DETEKTIV I: Die muß sehr gut sein! Übrigens bist du allzu bekannt durch die Abendzeitungen. Komm!

HENRIETTE: Wohin? Wohin soll ich?

DETEKTIV I: Aufs Revier natürlich, damit du eine kleine Karte bekommst, einen Ausweis, der zu kostenloser ärztlicher Kontrolle verpflichtet.

HENRIETTE: O Gott, das kann nicht dein Ernst sein!

DETEKTIV I *packt Henriette am Arm*: Nicht Ernst?

HENRIETTE *auf Knien*: Erlöse mich! – Maurice! Hilf mir!

DETEKTIV I: Halt die Klappe! Zum Teufel noch mal!

Maurice herein, gefolgt vom Kellner.

KELLNER: Solchen Herren wird nicht serviert! Bezahlen und verschwinden Sie! Und nehmen Sie die da mit.

MAURICE *niedergeschmettert, sucht in seiner Geldbörse*: Henriette, leg es für mich aus und laß uns gehen! Ich habe nicht einen Sou bei mir.

KELLNER: Ach so, die Dame muß für ihren Louis bezahlen! Louis! – weißt du, was das ist!

HENRIETTE *sucht in ihrer Geldbörse*: Mein Gott! Ich habe auch kein Geld! Kommt denn Adolphe nicht?

DETEKTIV I: So ein verdammtes Gesindel! Macht, daß ihr wegkommt – und laßt etwas als Pfand da! Solche Luder haben meistens die Finger voller Ringe.

MAURICE: Kann das möglich sein, daß wir so tief gesunken sind?

HENRIETTE *streift einen Ring ab und gibt ihn dem Kellner*: Der Abbé hat recht: das ist nicht Menschenwerk!

MAURICE: Das ist Teufelswerk! – Aber wenn wir gehen, bevor Adolphe kommt, glaubt er, wir hätten ihn betrogen und wären heimlich davongeschlichen.

HENRIETTE: Das paßte zu allem anderen! – Übrigens gehen wir nun wohl ins Wasser, nicht wahr?

MAURICE *reicht Henriette die Hand, und sie gehen hinaus*: Ins Wasser, ja!

VIERTER AKT

Im Luxembourggarten. An der Adam-und-Eva-Statue. Die Bäume bewegen sich im Wind, und auf der Erde treiben Blätter, Stroh und Papierfetzen.
Maurice und Henriette sitzen auf einer Bank.

HENRIETTE: Du willst nicht sterben?

MAURICE: Nein, ich wage es nicht! Ich stelle mir vor, wie ich dort unten im Grab frieren werde, nur mit einem Laken über und ein paar Sägespänen unter mir. Außerdem kommt es mir vor, als hätte ich etwas nicht erledigt, aber ich weiß nicht, was es ist.

HENRIETTE: Ich errate, was es ist.

MAURICE: Sag es!

HENRIETTE: Die Rache! – Du hast genau wie ich Jeanne und Emile in Verdacht, daß sie mir gestern die Detektive auf den Hals geschickt haben! Eine solche Rache an einer Rivalin kann sich nur eine Frau ausdenken.

MAURICE: Genau das denke ich auch! Aber weißt du, mein Verdacht geht noch weiter – mir scheint, mich haben die Leiden der letzten Tage scharfsinniger gemacht. Kannst du zum Beispiel erklären, weshalb man den Kellner aus der „Auberge des Adrets" und den Oberkellner aus dem Pavillon nicht als Zeugen zum Verhör vorgeladen hat?

HENRIETTE: Jetzt erst fällt mir das auf; natürlich, ich weiß weshalb! Sie hatten nichts auszusagen, weil sie nicht gehorcht haben!

MAURICE: Aber wie konnte der Kommissar unsere Worte wissen?

HENRIETTE: Er wußte sie nicht, er hat sie sich ausgerechnet. Er hat geraten und richtig geraten; vielleicht hatte er schon mal einen ähnlichen Fall.

MAURICE: Oder so: er hat uns angesehen, was wir gesagt haben! Es gibt ja Leute, die Gedanken lesen können. Daß wir den betrogenen Adolphe einen Esel genannt haben, fand er ganz natürlich. Das soll ja die Regel sein, vielleicht wäre auch Idiot möglich gewesen, aber da die Rede von einem Wagen, einem Triumphwagen war, lag Esel näher. Das ist doch so leicht, wie aus drei gegebenen Größen die vierte zu errechnen.

HENRIETTE: Daß wir uns derartig haben hereinlegen lassen!

MAURICE: Ja, weil man gut von den Menschen denkt, das hat man davon. Aber siehst du, hinter diesem Kommissar, der, nebenbei gesagt, ein gräßlicher Schurke sein mag, ahne ich jemand anders.

HENRIETTE: Du meinst den Abbé, der als Privatdetektiv agiert.

MAURICE: Genau! Dieser Mann bekommt so viele Beichten zu hören, und nun bedenke folgendes: Adolphe hat selbst erzählt, daß er am Morgen in Saint-Germain gewesen sei. Was hat er dort gemacht? Er hat natürlich getratscht und sich beklagt, und danach hat der Pfaffe seine Fragen für den Kommissar zusammengestellt.

HENRIETTE: Sag mir eines: traust du Adolphe?

MAURICE: Ich traue überhaupt keinem Menschen mehr!

HENRIETTE: Nicht einmal Adolphe?

MAURICE: Dem am allerwenigsten! Wie soll ich einem Feind trauen können, einem Mann, dem ich seine Geliebte genommen habe!

HENRIETTE: Da du es zuerst sagst, werde ich dir ein paar Details über unseren Freund erzählen. Du hast gehört, daß er seine Londoner Medaille zurückgegeben hat. Kannst du dir einen Grund denken?

MAURICE: Nein!

HENRIETTE: Also, er fühlt sich unwürdig, und er hat einmal als Buße gelobt, keine Auszeichnungen anzunehmen.

MAURICE: Ist das möglich! Was hat er denn getan?

HENRIETTE: Er hat ein Verbrechen begangen, das nach dem Gesetz nicht bestraft wird. Das hat er mir in verblümten Worten erzählt.

MAURICE: Er auch! Er, der Beste, der Idealmensch, der niemals etwas Böses über jemand sagt und immer verzeiht?

HENRIETTE: Ja, da siehst du, daß wir nicht schlechter sind als die anderen, und dennoch werden wir Tag und Nacht wie von Teufeln gejagt.

MAURICE: Sogar er! Dann ist die Menschheit nicht verleumdet worden! – Aber wenn er imstande war, ein Verbrechen zu begehen, dann ist ihm ja alles zuzutrauen! Vielleicht hat er gestern die Polizei auf dich gehetzt. Wenn ich jetzt richtig nachdenke, dann war er es ja, der sich davongeschlichen hat, als er uns in der Zeitung abgebildet sah, und er hat gelogen, als er behauptete, das wären keine Polizisten. Einem betrogenen Liebhaber ist alles zuzutrauen!

HENRIETTE: Sollte er so gemein sein können? Nein, das ist unmöglich! Unmöglich!

MAURICE: Warum eigentlich? Weil er ein Schurke ist? – Worüber habt ihr denn gestern gesprochen, bevor ich gekommen bin?

HENRIETTE: Er hat nur gut über dich gesprochen.

MAURICE: Das lügst du!

HENRIETTE *sammelt sich, ändert den Ton*: Hör mal! Es gibt noch eine Person, die du nicht verdächtigt hast, aus welchem Grund, weiß ich nicht. – Hast du nicht an Frau Cathérines schwankende Haltung in dieser Sache gedacht? Sagte sie zum Schluß nicht geradeheraus, daß sie dir alles zutraue?

MAURICE: Das stimmt, und das zeigt, was sie für eine Person ist. Denn wer ohne Grund so schlecht von anderen denken kann, der muß selbst ein gräßlicher Schurke sein.

Henriette fixiert ihn. Schweigen.

HENRIETTE: Wer so schlecht von anderen denken kann, der muß selbst ein gräßlicher Schurke sein!

MAURICE: Was meinst du?

HENRIETTE: Was ich gesagt habe.

MAURICE: Meinst du, daß ich ...?

HENRIETTE: Ja, jetzt meine ich das! Hör mal: hast du an dem Morgen, als du Marion besucht hast, noch jemand anderen getroffen?

MAURICE: Warum fragst du das?

HENRIETTE: Rate!

MAURICE: Da du es zu wissen scheinst: nun gut, ich habe auch Jeanne getroffen.

HENRIETTE: Und warum hast du mich belogen?

MAURICE: Ich wollte dich schonen.

HENRIETTE: Und nun willst du, daß ich dem glauben soll, der mich belogen hat! Nein, du, jetzt glaube ich, daß du den Mord begangen hast!

MAURICE: Halt ein! Sind wir nun da angelangt, wohin meine Gedanken schon wollten, wogegen ich mich aber bis zum letzten gewehrt habe. – Es ist merkwürdig, daß man das Nächstliegende zuletzt sieht und nicht glaubt, was man nicht glauben will. Sag mir eines: wo warst du gestern morgen, nachdem wir uns im Wäldchen getrennt hatten?

HENRIETTE *unruhig*: Wieso?

MAURICE: Da warst du entweder bei Adolphe, aber das konntest du nicht, weil er Unterricht hatte, oder du warst bei – Marion!

HENRIETTE: Nun bin ich überzeugt davon, daß du der Mörder bist!

MAURICE: Und ich, daß du die Mörderin bist! Denn du allein hattest Interesse daran, daß das Kind verschwand..., daß der Stein aus dem Wege geräumt wurde, wie du dich so treffend ausdrücktest ...!

HENRIETTE: Das war dein Ausdruck!

MAURICE: Und wer ein Interesse daran hatte, der hat den Mord begangen.

HENRIETTE: Maurice! Nun sind wir in der Tretmühle herumgelaufen und haben uns gegenseitig gegeißelt. Laß uns einen Augenblick einhalten, weil wir sonst ganz verrückt werden.

MAURICE: Das bist du schon!

HENRIETTE: Findest du nicht, es ist an der Zeit, daß wir uns trennen, bevor wir einander zum Wahnsinn treiben?

MAURICE: Doch, das finde ich!

HENRIETTE *steht auf*: Dann leb wohl.

Zwei Männer in Zivil erscheinen im Hintergrund.

HENRIETTE *kommt zurück zu Maurice*: Da sind sie wieder!

MAURICE: Die schwarzen Engel, die uns aus dem Garten vertreiben wollen.

HENRIETTE: Und uns zusammenscheuchen, als sollten wir aneinandergeschmiedet werden.

MAURICE: Oder als wären wir dazu verurteilt, fürs ganze Leben vermählt zu sein. Sollen wir wirklich heiraten, uns im selben Nest niederlassen, die Tür vor der Welt verschließen und vielleicht endlich Frieden finden?

HENRIETTE: Uns einsperren, um uns gegenseitig zu Tode zu quälen; uns einschließen, jeder mit seinem Gespenst als Mitgift: du folterst mich mit der Erinnerung an Adolphe, und ich peinige dich mit Jeanne – und Marion.

MAURICE: Nenn Marions Namen nicht mehr, du weißt, daß sie heute begraben wird, vielleicht in dieser Stunde.

HENRIETTE: Und du bist nicht dabei? Was bedeutet das?

MAURICE: Das bedeutet, daß mich Jeanne und auch die Polizei vor der Wut der Leute gewarnt haben.

HENRIETTE: Feige also auch?

MAURICE: Alle Laster! Wie konntest du mich jemals mögen?

HENRIETTE: Weil du gestern ein anderer Mensch warst, der es wert war, geliebt zu werden …

MAURICE: Und nun so tief gesunken.

HENRIETTE: Das ist nicht so, aber du fängst an, dich mit schlechten Eigenschaften auszustaffieren, die nicht deine eigenen sind.

MAURICE: Aber deine?

HENRIETTE: Vielleicht, denn wenn du scheinbar schlechter wirst, fühle ich mich sofort ein wenig besser.

MAURICE: Wie bei gewissen Krankheiten, die man auf andere überträgt.

HENRIETTE: Und roh bist du auch geworden!

MAURICE: Ich merke das alles selbst, und ich erkenne mich seit jener Nacht im Gefängnis nicht wieder. Sie haben einen Menschen eingesperrt und einen anderen herausgelassen – durch das Tor, das uns von der Gesellschaft trennt. Weißt du, ich fühle mich seitdem als Feind der Menschheit, und ich möchte die Erde anzünden, das Meer trockenlegen, denn nur ein Weltbrand kann meine Schande tilgen.

HENRIETTE: Ich habe heute einen Brief von meiner Mutter bekommen. Meine Mutter ist eine Majorswitwe und hat Erziehung – althergebrachte Begriffe von Ehre und so. Willst du den Brief lesen? Nein, nicht! – Weißt du, daß ich geächtet bin! Mein bisheriger anständiger Umgangskreis will nichts mehr von mir wissen, und wenn ich allein gehe, greift mich die Polizei auf! Verstehst du, daß wir heiraten müssen?

MAURICE: Wir verabscheuen einander und müssen doch heiraten – das ist ja die Hölle! Aber, Henriette, bevor wir unsere Geschicke verbinden, mußt du mir dein Geheimnis sagen, damit wir uns ebenbürtiger sind.

HENRIETTE: Na gut, ich werde es dir sagen. – Ich hatte eine Freundin, die ins Unglück geraten war – du verstehst. Ich wollte ihr helfen, da ihre Zukunft auf dem Spiel stand. Aber weil ich mich ungeschickt angestellt habe, hat es sie das Leben gekostet.

MAURICE: Das war unbesonnen, aber fast schön gehandelt.

HENRIETTE: Das sagst du jetzt, aber das nächste Mal, wenn du böse wirst, klagst du mich an.

MAURICE: Nein, das tue ich nicht, aber ich kann nicht leugnen, daß mein Vertrauen zu dir geringer geworden ist und daß ich deine Nähe fürchte. Sag mir: der Liebhaber lebt und weiß von deiner Schuld?

HENRIETTE: Er ist mitschuldig.

MAURICE: Stell dir vor, wenn sein Gewissen erwacht – so was passiert oft – und wenn er das Bedürfnis verspürt, dich anzuzeigen, dann bist du verloren.

HENRIETTE: Das weiß ich zur Genüge, und diese ständige Angst treibt mich dazu, in Saus und Braus zu leben, damit ich nie Zeit habe, voll zur Besinnung zu kommen.

MAURICE: Und nun willst du, daß ich als Mitgift deine Angst teile, das ist zuviel verlangt.

HENRIETTE: Aber als ich die Schande des Mörders Maurice teilte ...

MAURICE: Laß uns Schluß machen ...

HENRIETTE: Nein, es ist noch nicht Schluß, und ich lasse nicht locker, bevor wir miteinander im reinen sind. Denn du sollst dir nicht einbilden, du seist besser als ich.

MAURICE: Du willst also mit mir kämpfen? Gut, das sollst du haben.

HENRIETTE: Auf Leben und Tod!

Ein Trommelwirbel in der Ferne.

MAURICE: Der Garten soll geschlossen werden! – „Verflucht sei der Acker um deinetwillen, ... Dornen und Disteln soll er dir tragen."

HENRIETTE: „Und zum Weibe sprach der Herr ..."

EIN WÄRTER *in Uniform, höflich*: Der Garten wird geschlossen, meine Herrschaften.

Bistro. Frau Cathérine macht hinter der Theke Eintragungen in ein Buch. Adolphe und Henriette an einem Tisch.

ADOLPHE *ruhig, freundlich*: Wenn ich zum letzten Mal beteure, daß ich mich nicht davongeschlichen habe, sondern im Gegenteil glaubte, daß ihr mich betrogen hättet, dann muß dich das doch überzeugen.

HENRIETTE: Aber warum hast du uns weisgemacht, es wären keine Polizisten?

ADOLPHE: Das glaubte ich selbst, und deshalb habe ich es gesagt, und auch, um euch zu beruhigen.

HENRIETTE: Ich glaube dir, wenn du es sagst, aber du mußt mir auch glauben, wenn ich dir meine geheimsten Gedanken offenbare.

ADOLPHE: Sprich!

HENRIETTE: Aber du darfst sie nicht, wie gewöhnlich, als Phantastereien und Einbildungen abtun.

ADOLPHE: Du scheinst Grund zu haben, das zu befürchten.

HENRIETTE: Ich befürchte gar nichts, aber ich kenne dich und deine Kleingläubigkeit. – Nun gut, aber du darfst mit niemand darüber reden – versprich mir das!

ADOLPHE: Ich verspreche es!

HENRIETTE: Also, kannst du dir vorstellen, obwohl es schrecklich ist: ich habe den halben Beweis dafür, daß Maurice schuldig ist, oder jedenfalls begründeten Verdacht ...

ADOLPHE: Was sagst du da?

HENRIETTE: Hör zu, und urteile selbst: als Maurice sich im Wäldchen von mir trennte, sagte er, daß er Marion allein treffen wolle, während die Mutter weg sei. Nun stellt sich hinterher heraus, daß er die Mutter getroffen hat! Er hat mich also belogen!

ADOLPHE: Das letztere ist möglich, und er mag einen guten Grund dafür gehabt haben, aber wie kann man daraus schließen, daß er den Mord begangen hat?

HENRIETTE: Verstehst du das nicht? Verstehst du nicht?

ADOLPHE: Kein bißchen.

HENRIETTE: Weil du nicht willst! – Aber dann bleibt mir bloß übrig, ihn anzuzeigen, dann werden wir sehen, ob er ein Alibi erbringen kann.

ADOLPHE: Henriette! Laß mich dir die ganze bittere Wahrheit

sagen. Du wie auch er, ihr seid an der Grenze – zum Wahnsinn. Ihr seid von den Dämonen des Mißtrauens besessen und zerfleischt euch mit euren halb berechtigten Gewissensqualen. Laß hören, ob ich jetzt richtig rate: er verdächtigt dich auch, daß du sein Kind getötet hast?

HENRIETTE: Ja, so wahnwitzig ist er!

ADOLPHE: Du nennst seine Verdächtigungen wahnwitzig, aber deine eigenen nicht!

HENRIETTE: Beweise erst das Gegenteil, oder beweise, daß ich ihn grundlos verdächtige.

ADOLPHE: Ja, und das ist leicht getan! Eine erneute Obduktion hat zutage gebracht, daß Marion an einer bekannten Krankheit gestorben ist, deren sonderbaren Namen ich vergessen habe.

HENRIETTE: Ist das wahr?

ADOLPHE: Das Protokoll ist in der heutigen Zeitung abgedruckt.

HENRIETTE: Daran glaube ich nicht, das kann gefälscht sein.

ADOLPHE: Henriette! Hüte dich – oder hast du, ohne es zu wissen, die Grenze überschritten. Hüte dich vor allem, Beschuldigungen herauszuschleudern, die dich ins Gefängnis bringen können. Hüte dich! *Er legt die Hand auf ihren Kopf.* Du haßt Maurice?

HENRIETTE: Grenzenlos.

ADOLPHE: Wenn aus Liebe Haß wird, dann war die Liebe schon brüchig.

HENRIETTE *ruhiger*: Was soll ich tun? Sag du es mir, der mich als einziger von allen versteht!

ADOLPHE: Aber du willst keine Predigten hören.

HENRIETTE: Hast du nichts anderes anzubieten?

ADOLPHE: Nichts anderes. Aber mir haben sie geholfen.

HENRIETTE: Dann predige!

ADOLPHE: Versuche, deinen Haß gegen dich selbst zu wenden. Stoß das Messer in dein eigenes Geschwür, denn dort sitzt dein Übel!

HENRIETTE: Sag, was meinst du damit!

ADOLPHE: Trenne dich zuerst von Maurice, damit ihr keine

Gelegenheit habt, gemeinsam in euren Gewissen herumzuwühlen. Brich deine Künstlerlaufbahn ab, denn sie war nicht durch Berufung bedingt, nur durch den Wunsch hinauszukommen, wie es heißt, in die Freiheit und in das heitere Leben – du siehst, wie heiter es war. Fahr nach Hause zu deiner Mutter ...

HENRIETTE: Niemals!

ADOLPHE: Dann woandershin!

HENRIETTE: Adolphe, ich vermute, du weißt, daß ich dein Geheimnis erraten habe und daß ich weiß, warum du die Auszeichnung nicht angenommen hast.

ADOLPHE: Ich vermute, du hast die Andeutungen verstanden?

HENRIETTE: Naja! – Aber was hast du getan, um Ruhe zu finden?

ADOLPHE: Was ich angedeutet habe: ich wurde mir meiner Schuld bewußt, bereute, beschloß, mich zu bessern, und richtete mein Leben wie ein Büßer ein.

HENRIETTE: Wie soll man bereuen, wenn einem – wie mir – das Gewissen fehlt? Ist die Reue eine Gnade, die einem zuteil wird wie der Glaube?

ADOLPHE: Alles ist Gnade. Aber du weißt, man erhält sie nicht, ohne daß man darum ersucht. – Ersuche darum!

Henriette schweigt.

ADOLPHE: Aber laß die Frist nicht verstreichen, weil du dich sonst verhärten und in das Unabänderliche stürzen könntest.

HENRIETTE *nach einer Weile Schweigen*: Ist Gewissen Furcht vor Strafe?

ADOLPHE: Nein, es ist der Abscheu unseres besseren Ichs vor den Untaten unseres schlechteren.

HENRIETTE: Dann habe ich bestimmt auch ein Gewissen?

ADOLPHE: Sicher hast du das, aber ...

HENRIETTE: Sag, Adolphe, bist du das, was man religiös nennt?

ADOLPHE: Keine Spur.

HENRIETTE: Das alles ist so seltsam. – Was ist Religion eigentlich?

ADOLPHE: Ja, siehst du, das weiß ich nicht! Und ich glaube, keiner kann es sagen. Manchmal erscheint sie mir wie eine Strafe, denn niemand wird religiös, der nicht ein schlechtes Gewissen hat ...

HENRIETTE: Ja, sie ist eine Strafe ... Nun weiß ich, was ich tun werde. Leb wohl, Adolphe!

ADOLPHE: Du fährst weg?

HENRIETTE: Ja, ich fahre weg. Wohin du gesagt hast. – Leb wohl, mein Freund! Leben Sie wohl, Frau Cathérine!

FRAU CATHÉRINE: Soll es so plötzlich losgehen?

HENRIETTE: Ja.

ADOLPHE: Willst du, daß ich dich begleite?

HENRIETTE: Das werden wir nicht tun. Ich will allein gehen, allein, wie ich hergekommen bin, an einem Frühlingstag, in dem Glauben, hierher zu gehören, wohin ich nicht gehörte; in dem Glauben, es gäbe etwas, das Freiheit genannt wird und das es nicht gibt! Lebt wohl! *Geht.*

FRAU CATHÉRINE: Ich wünschte, daß diese Dame niemals hergekommen wäre und daß sie niemals wiederkäme!

ADOLPHE: Wer weiß, ob sie hier nicht eine Aufgabe hatte? Und auf jeden Fall verdient sie Mitleid, grenzenloses Mitleid!

FRAU CATHÉRINE: Das leugne ich nicht, denn das verdienen wir alle ...

ADOLPHE: Sie hat sogar weniger Böses getan als wir ...

FRAU CATHÉRINE: Möglich, aber nicht wahrscheinlich.

ADOLPHE: Immer sind Sie so streng, Frau Cathérine; sagen Sie: haben Sie nie etwas Böses getan?

FRAU CATHÉRINE *verblüfft*: Doch, gewiß, denn ich bin ein sündiger Mensch. Aber wer auf dünnes Eis geraten ist, der hat das Recht und die Schuldigkeit, anderen zu sagen: geht nicht dorthin! Und ohne deshalb für streng und unbarmherzig gehalten zu werden. Habe ich nicht zu Herrn Maurice, sofort als die Dame eintrat, gesagt: nehmen Sie sich in acht, gehen Sie nicht dorthin! Er ist dorthin gegangen, und dann ist er dort geblieben. Das ist wie mit ungezogenen Kindern, die alles besser wissen, und wer sich so benimmt, der muß Schläge bekommen wie ein ungezogener Junge!

ADOLPHE: Hat er denn nicht Schläge bekommen?

FRAU CATHÉRINE: Das schon, aber es scheint immer noch nicht auszureichen, denn er läuft herum und beklagt sich.

ADOLPHE: Das ist eine sehr einfache Deutung dieser verwickelten Frage.

FRAU CATHÉRINE: Bah, Sie philosophieren über Ihre Schlechtigkeiten, und inzwischen kommt die Polizei und löst das Rätsel. Lassen Sie mich jetzt in Frieden, ich muß rechnen!

ADOLPHE: Da haben wir Maurice!

FRAU CATHÉRINE: Ja, Gott segne ihn.

MAURICE *herein, erhitzt, setzt sich zu Adolphe*: Guten Abend!

Frau Cathérine nickt und rechnet weiter.

ADOLPHE: Wie steht's mit dir?

MAURICE: Ja, nun klärt es sich langsam auf.

ADOLPHE *reicht ihm eine Zeitung, die Maurice nicht nimmt*: Du hast also die Zeitung gelesen?

MAURICE: Nein, ich lese keine Zeitungen mehr, da stehen bloß Infamien drin!

ADOLPHE: Na, aber so lies doch erst ...

MAURICE: Nein, ich will nicht! – Es sind sowieso nur Lügen. Aber jetzt sollst du eine neue Idee hören. – Kannst du erraten, wer den Mord begangen hat?

ADOLPHE: Keiner! Keiner!

MAURICE: Weißt du, wo sich Henriette in der Viertelstunde aufgehalten hat, als das Kind allein war? – Jawohl, sie war dort! Und sie ist es, die es getan hat!

ADOLPHE: Du bist verrückt, Mensch!

MAURICE: Ich nicht, aber Henriette ist verrückt, denn sie verdächtigt mich, und sie hat gedroht, mich anzuzeigen!

ADOLPHE: Henriette war eben hier und hat dieselben Worte gebraucht wie du. Ihr seid beide verrückt, es ist nämlich durch eine neue Untersuchung erwiesen, daß das Kind an einer Krankheit gestorben ist, deren Namen ich vergessen habe.

MAURICE: Das ist nicht wahr!

ADOLPHE: Das hat sie auch gesagt. Aber das Protokoll steht gedruckt in der Zeitung.

MAURICE: Das Protokoll! Ja, dann ist es gefälscht!

ADOLPHE: Das hat sie auch gesagt.
Ihr habt dieselbe Geisteskrankheit, alle beide, aber mit ihr bin ich soweit gekommen, daß sie ihren Wahnsinn eingesehen hat.

MAURICE: Wo ist sie hingegangen?

ADOLPHE: Sie ist weit weggefahren, um ein neues Leben anzufangen.

MAURICE: Hm, hm. – Warst du bei der Beerdigung?

ADOLPHE: Ja, ich war dort.

MAURICE: Nun?

ADOLPHE: Tja, Jeanne war gefaßt und hat nicht ein hartes Wort über dich gesagt.

MAURICE: Sie ist eine gute Frau.

ADOLPHE: Warum hast du sie dann verlassen?

MAURICE: Ich war verrückt, übermütig vor allem, und dann haben wir Champagner getrunken ...

ADOLPHE: Verstehst du nun, warum Jeanne geweint hat, als du Champagner getrunken hast?

MAURICE: Ja, nun verstehe ich es! – Und deshalb habe ich ihr schon einen Brief geschrieben und sie um Verzeihung gebeten. Glaubst du, daß sie mir verzeiht?

ADOLPHE: Ich glaube, sie tut es, weil sie nicht hassen kann.

MAURICE: Glaubst du, daß sie mir richtig verzeiht, so daß sie zu mir zurückkommt?

ADOLPHE: Das weiß ich nun nicht. Du hast ihr ja solche Beweise deiner Treulosigkeit gegeben, daß sie dir schwerlich ihr Geschick länger anvertrauen kann.

MAURICE: Ja, aber ich fühle, daß ihre Neigung noch nicht erloschen ist; ich weiß, daß sie wiederkommen wird.

ADOLPHE: Woher weißt du das, wie kannst du das fühlen? Du hast doch sie und ihren redlichen Bruder verdächtigt, sie hätten aus Rache die Polizei geschickt, um Henriette bloßzustellen.

MAURICE: Das glaube ich nicht mehr, das heißt – dieser Emile ist schon ein Bursche.

FRAU CATHÉRINE: Hören Sie, was sagen Sie da über Herrn Emile, er ist zwar nur Arbeiter, aber wenn alle so korrekt wären wie er! Da gibt es nicht einen Fehler, aber da gibt es Verstand und Takt!

EMILE *herein*: Herr Gérard?

MAURICE: Das bin ich.

EMILE: Verzeihung, aber ich hätte etwas unter vier Augen zu sagen.

MAURICE: Bitte sehr, sprechen Sie ruhig, wir sind hier unter Freunden.

Abbé herein, setzt sich.

EMILE *mit einem Blick auf den Abbé*: Wenn wir vielleicht doch ...

MAURICE: Macht nichts, der Abbé ist auch ein Freund, wenn wir auch unterschiedliche Meinungen haben.

EMILE: Herr Gérard, Sie wissen, wer ich bin; meine Schwester hat mich nur gebeten, dieses Paket zu übergeben, als Antwort auf Ihren Brief.

Maurice nimmt das Paket entgegen und öffnet es.

EMILE: Ich will nur noch hinzufügen, weil ich ja gewissermaßen der Vormund meiner Schwester bin, daß ich Herrn Gérard in ihrem und meinem eigenen Namen von allen Verpflichtungen entbinde, da das natürliche Band aufgehört hat zu existieren.

MAURICE: Aber Sie müssen doch Groll gegen mich hegen!

EMILE: Muß ich? Nein, das kann ich nicht. Dagegen wäre es mir lieb, wenn ich von Ihnen, Herr Gérard, hier in Gegenwart Ihrer Freunde, eine Erklärung bekommen könnte, daß Sie weder mir noch meiner Schwester eine solche Niedrigkeit zutrauen, die Polizei auf Fräulein Henriette gehetzt zu haben.

MAURICE: Ich nehme diese Äußerung hiermit zurück und bitte um Entschuldigung, wenn sie angenommen wird.

EMILE: Sie wird angenommen. Ich wünsche allen einen guten Abend. *Geht.*

ALLE: Guten Abend.

MAURICE: Das Halstuch und die Handschuhe, die mir Jeanne zum Premierenabend geschenkt hat, und ich ließ es zu, daß Henriette sie in den Kamin warf. Wer hat das aufgeschnappt? Alles wird ausgegraben, alles kehrt wieder! – Und als sie mir die Sachen auf dem Friedhof gab, sagte sie, ich solle gut aussehen und auch anderen gefallen. – Sie selbst blieb zu Hause. – Das hat sie zu tief gekränkt, und mit Recht! Ich kann mich nicht mehr unter ehrlichen Menschen sehen lassen! Oh! Habe ich das getan? Auf eine Gabe gespien, die aus gutem Herzen kam; ein Opfer verhöhnt, das für mein Wohlergehen gebracht wurde. Das habe ich weggeworfen für – einen Lorbeerkranz, der auf dem Müllhaufen liegt, und eine Büste, die an den Schandpfahl gehört! – Herr Abbé, nun gehe ich zu Ihnen über.

ABBÉ: Willkommen!

MAURICE: Sagen Sie mir das Wort, das ich brauche.

ABBÉ: Meinen Sie, ich sollte Ihren Selbstvorwürfen widersprechen und Sie darüber aufklären, daß Sie nichts Böses getan haben?

MAURICE: Sagen Sie das rechte Wort!

ABBÉ: Dann darf ich mit Ihrer Erlaubnis sagen, daß ich Ihr Verhalten genauso abscheulich gefunden habe wie Sie selbst.

MAURICE: Was soll ich tun, was soll ich tun, um aus all dem herauszukommen?

ABBÉ: Das wissen Sie ebensogut wie ich.

MAURICE: Nein, ich weiß bloß, daß ich verloren bin, daß mein Leben zerstört ist, meine Bahn versperrt, mein Ansehen in dieser Welt für ewig zerstört ist.

ABBÉ: Und deshalb suchen Sie eine neue Existenz in einer anderen, besseren Welt, an die Sie nun zu glauben beginnen?

MAURICE: So ist es.

ABBÉ: Sie haben dem Fleische gelebt und wollen nun dem Geist leben! Sind Sie denn sicher, daß diese Welt keine Verlokkungen mehr für Sie hat?

MAURICE: Keine! Die Ehre ist Schein, Gold dürres Laub, Frauen sind berauschende Getränke! – Lassen Sie hinter Ihren geweihten Mauern mich verbergen und diesen schrecklichen Traum vergessen, der zwei Tage und zwei Nächte dauerte und zwei Ewigkeiten umfaßt hat.

ABBÉ: Gut! Aber hier ist nicht der Ort, näher auf Fragen einzugehen. Verabreden wir ein Treffen in „Saint-Germain" für heute abend neun Uhr. Ich predige nämlich zu den Büßern von „Saint-Lazare", und das kann Ihr erster Schritt auf dem harten Weg der Buße sein!

MAURICE: Der Buße?

ABBÉ: Ja, Sie wünschten doch –

MAURICE: Doch, doch!

ABBÉ: Dann haben wir Vigilien zwischen zwölf und zwei Uhr!

MAURICE: Es wird herrlich werden!

ABBÉ: Geben Sie mir Ihre Hand – daß Sie nicht zurückschauen werden.

MAURICE *erhebt sich, reicht die Hand*: Hier meine Hand und meinen ganzen Sinn!

KÜCHENMÄDCHEN *herein aus der Küche*: Ein Anruf für Herrn Maurice!

MAURICE: Von wem?

KÜCHENMÄDCHEN: Vom Theater.

Maurice will sich vom Abbé losmachen, doch der hält die Hand fest.

ABBÉ *zum Küchenmädchen*: Worum geht es?

KÜCHENMÄDCHEN: Die fragen an, ob Herr Maurice heute abend nicht zur Vorstellung kommt.

ABBÉ *zu Maurice, der sich losreißen will*: Nein, ich lasse nicht los!

MAURICE: Was ist das für eine Vorstellung?

ADOLPHE: Warum willst du nicht die Zeitung lesen?

CATHÉRINE *und der* ABBÉ: Er hat die Zeitung nicht gelesen!

MAURICE: Es sind nur Lügen und Verleumdungen. *Zum Küchenmädchen*: Sag im Theater, daß ich heute abend beschäftigt bin; ich gehe in die Kirche!

Küchenmädchen ab in die Küche.

ADOLPHE: Da du die Zeitung nicht lesen willst, werde ich dir sagen, daß das Theater, nachdem du rehabilitiert worden bist, dein Stück wieder aufgenommen hat, und daß deine Literatenfreunde heute abend eine Huldigung auf offener Bühne für dich arrangiert haben, eine Huldigung deines unbestrittenen Talents.

MAURICE: Das ist nicht wahr.

ALLE: Es ist wahr.

MAURICE *nach einer Weile Schweigen*: Das habe ich nicht verdient.

ABBÉ: Gut.

ADOLPHE: Noch mehr, Maurice!

MAURICE *das Gesicht in den Händen verborgen*: Mehr!

FRAU CATHÉRINE: Hunderttausend Francs! Sehen Sie, die kommen jetzt wieder. Und die Villa vor der Stadt! Alles kommt wieder, außer Fräulein Henriette!

ABBÉ *lächelt*: Frau Cathérine sollte diese Sache etwas ernster nehmen!

FRAU CATHÉRINE: Nein, wissen Sie, ich kann nicht, ich kann nicht ernst bleiben. *Prustet vor Lachen in ihr Taschentuch.*

ADOLPHE: Du, Maurice, um acht Uhr im Theater!

ABBÉ: Aber um neun in der Kirche!

ADOLPHE: Maurice!

FRAU CATHÉRINE: Herr Maurice – bekommen wir jetzt den Schluß zu hören!

Maurice legt den Kopf auf den Tisch und verbirgt ihn in den Armen.

ADOLPHE: Befreien Sie ihn, Herr Abbé!

ABBÉ: O nein! Ich befreie nicht, und ich binde auch nicht – das muß er selbst tun!

MAURICE *erhebt sich*: Nun gut, ich gehe mit dem Abbé.

ABBÉ: Nein, mein junger Freund, ich kann Ihnen nichts anderes geben als die Vorwürfe, die Sie sich selbst machen können! Und Sie haben Pflichten gegenüber sich selbst und Ihrem guten Ruf. Daß Sie so schnell aus dieser Sache herausgekommen sind, ist für mich ein Zeichen, daß Sie Ihr Pensum so intensiv durchlitten haben, als wären es Ewigkeiten gewesen. Und wenn die Vorsehung Ihnen Absolution erteilt, dann habe ich nichts hinzuzufügen.

MAURICE: Warum wurde ich so hart gestraft, ich war doch unschuldig!

ABBÉ: Hart? Zwei Tage und zwei Nächte? Und Sie waren nicht unschuldig, denn für unsere Gedanken, Worte, Begierden sind wir auch verantwortlich, und Sie haben in Gedanken gemordet, als Sie mit bösem Willen dem Kind den Tod wünschten.

MAURICE: Sie haben recht. – Aber mein Entschluß steht fest: heute abend komme ich zu Ihnen in die Kirche, um mit mir selbst ins reine zu kommen – aber morgen gehe ich ins Theater.

FRAU CATHÉRINE: Eine gute Lösung, Herr Maurice!

ADOLPHE: Ja, das war die Lösung. Uff!

ABBÉ: So ist es!

Gustav Vasa

Schauspiel in fünf Akten

PERSONEN

König Gustav I.
Prinz Erik
Prinz Johan
Königin Margareta Lejonhuvud
Ebba Karlsdotter, auch Eriksdotter genannt, *Nonne im Kloster Vreta, Schwiegermutter des Königs*
Magister Olaus (Olaus Petri)
Kristina, *seine Frau*
Reginald, *sein Sohn*
Herman Israel, *Ratsherr von Lübeck*
Jakob Israel, *sein Sohn*
Måns Nilsson, *Bergmann aus Aspeboda in Dalarna*
Anders Persson auf Rankhyttan, Ingel Hansson, Nils zu Söderby – *Bergleute in Dalarna*
Göran Persson, *Eriks Sekretär*
Magister Stig, *Pfarrer in Kopparberget*
Måns Nilssons Frau
Barbro, *Nilssons Tochter*
Agda, *Mädchen im Wirtshaus*
Karin (Månsdotter), *Blumenmädchen*
Marcus, David – *Kontoristen bei der Hanse*
Engelbrekt, *jetzt Bergmann in Dalarna, seinerzeit einer der Schiläufer, die Gustav Vasa an der norwegischen Grenze einholten.*
Nebenpersonen

ERSTER AKT

Im Haus des Bergknappen Måns Nilsson in Aspeboda, nahe Kopparberget (Falun). Im Hintergrund eine Tür mit Fenstern zu beiden Seiten, durch die man das Rathaus mit Sonne auf dem Dach und den Widerschein der Schmelzöfen sieht. Rechts ein offener Kamin mit Holzfeuer. Stühle vor dem Kamin. Auf der Seite zwischen Kamin und Hintergrund eine Tür.

In der Mitte der großen Stube ein langer Tisch mit Bänken, an einer Schmalseite ein erhöhter Sitz mit Kissen und gewebten Matten.

Links Wandbänke.

An den Wänden oberhalb der Täfelung große, einfache Malereien, die Gustav Vasas Abenteuer in Dalarna darstellen; links von der Tür im Hintergrund Gustav I. bei Pfarrer Jon in Svärdsjö; rechts bei Anders Persson in Rankhyttan, der beim Dreschen ist.

Man hört die Glocke im Dorf läuten.

Måns Nilsson sitzt am Tisch und schreibt. Frau Nilsson stellt Silberkannen, Becher und anderes auf den Kaminsims.

MÅNS NILSSON: Die Glocke läutet vier, nicht wahr?

FRAU NILSSON: Gewiß!

MÅNS NILSSON: Es klingt wie Feuergeläut!

FRAU NILSSON: Ist das ein besonderer Klang?

MÅNS NILSSON: Ja, es klingt wie Not, Gnad, Not, Gnad!

FRAU NILSSON: Mir scheint, es hat die ganze Zeit so geklungen, seit der König die Kirchenglocken nahm.

MÅNS NILSSON: Still, du! Nicht hinterm Rücken reden; der König ist gleich selbst hier!

FRAU NILSSON: Hat sich der König bei dir angemeldet, da du seinen Empfang vorbereitest?

MÅNS NILSSON: Angemeldet hat er sich zwar nicht, aber wenn er seine Ankunft in Kopparberget angekündigt hat, kann er nicht bei seinem Freund Måns Nilsson vorbeigehen, der ihm in harten Zeiten geholfen und für ihn Partei genommen hat, sowohl gegen Meister Knut als auch Peder Kansler und nicht zuletzt gegen den Dalaräuber oder den falschen Sture. Im übrigen hat er ja auch bei meinem Mädchen Pate gestanden.

FRAU NILSSON: Das ist so lange her, aber als vor zwei Jahren der Vogt des Königs hier war und die Glocken holte, da hast auch du mitgetan, als sie ihn niederschlugen.

MÅNS NILSSON: Seitdem sind zwei Jahre vergangen. Gewiß wollte er damals herkommen und uns köpfen lassen. Aber da fiel Kristian der Tyrann von Norwegen her ein. Unser König gab klein bei, und als er uns Dalekarlier um Hilfe bat, haben wir wie ein Mann an seiner Seite gestanden und ihm geholfen. Und so waren wir also quitt.

FRAU NILSSON: Das meinst du, aber der König betrachtet nur als quitt, was zu seinem Vorteil ist.

MÅNS NILSSON: Das schon, aber solange Kristian frei ist, wagt er nicht, mit uns zu brechen.

FRAU NILSSON: Ist Kristian wirklich immer noch frei?

MÅNS NILSSON: Ich habe nichts anderes gehört. Im übrigen ist mir der König so viele tausend Taler schuldig, daß, abgesehen von alter Freundschaft ...

FRAU NILSSON: Gott segne dich und bewahre dich vor solch einem Freund, der Wort und freies Geleit bricht.

MÅNS NILSSON: Reiß nicht die alten Wunden auf. Wir sollen versöhnlich sein.

FRAU NILSSON: Wenn du versöhnlich bist, aber er nicht, dann kommt doch kein Vergleich zustande. Nimm dich in acht!

MÅNS NILSSON: Die Glocke da draußen klingt wirklich schlimm!

FRAU NILSSON: In meinen Ohren bestimmt, weil sie immer an die große Marienglocke erinnert, die der Vogt gestohlen hat. Weißt du noch, als die Marienglocke gegossen wurde, aus feinstem Garkupfer, und das ganze Dorf Milch und Sahne für die Lehmform brachte, um sie fest zu machen – und als die Schmelze fertig war, warfen wir unser halbes Tischsilber hinein, um den Klang zu verstärken! Und dann wurde sie zur Zeit von Mariä Lichtmeß getauft. Sie sang zum erstenmal beim Begräbnis meines Vaters ... Und dann wanderte sie zu Herman Israel in Lübeck, der Taler aus ihr machte.

MÅNS NILSSON: Das ist ja alles richtig, aber es muß jetzt vergessen werden, sonst bekommen wir niemals Frieden.

Barbro Nilsson, die Tochter, kommt mit einem Korb gehacktem Tannenreisig herein, in Schwarz und Weiß gekleidet; nach ihr kleine Mädchen, ebenfalls mit Körben und in Schwarz und Weiß gekleidet. Sie bestreuen die Dielen, ohne etwas zu sagen.

FRAU NILSSON *zu Måns Nilsson*: Soll das ein Begräbnis werden?

MÅNS NILSSON: Nein, wir würden gern mit Laub schmücken, wenn es die Jahreszeit wäre.

FRAU NILSSON: Aber die Kinder könnten wenigstens die Trauer ablegen.

MÅNS NILSSON: Nein, das doch nicht, denn wenn der König kommt und die Kinder fragt: „Um wen trauert ihr?" – was sollt ihr da antworten, Barbro?

BARBRO: „Wir trauern um unseren geliebten Lehrer, Pfarrer Jon aus Svärdsjö."

FRAU NILSSON: Wenn dann der König fragt: „Warum?", so antwortet ihr?

BARBRO: „Darum, weil er König Gustavs Jugendfreund war und dessen teures Leben für das Vaterland gerettet hat."

MÅNS NILSSON: Welches Jahr war das?

BARBRO: „Dasselbe Jahr, als Kristian der Tyrann dem schwedischen Adel das Haupt abschlug."

MÅNS NILSSON: Recht so, Kinder. Und dort auf dem Bild seht ihr Meister Jon, wie er dem vogelfreien Drescher, der aus der Scheune kommt, das Handtuch reicht. *Zu seiner Frau*: Unnötig ist es dagegen, den Kindern zu sagen, daß es der König war, der seinem Freund vor zwei Jahren das Haupt hat abschlagen lassen!

FRAU NILSSON: Soviel Verstand hast du jedenfalls noch! Aber glaubst du, daß sich der König gern an diese Tat, die ihm nicht zur Ehre gereicht, erinnern läßt?

MÅNS NILSSON: Mag's ihm gefallen, oder mag's ihn verdrießen, aber abbekommen soll er's, jawohl. Weil es eine häßliche Tat war, und Jon in Svärdsjö war ein Heiliger und ein Märtyrer, weil er für seinen Glauben, den Glauben seiner Kindheit, dem er nicht abschwören wollte, gestorben ist.

BARBRO *am Hochsitz*: Soll der König hier sitzen, Vater?

MÅNS NILSSON: Ja, Kind, dort soll Gottes Untertan sitzen, bei seinem Freund Måns Nilsson aus Aspeboda. Sein Leben, Kind, ist eine Geschichte voller Wunder, wie Gott ihn aus der Gefangenschaft des Jütländers hinauf nach Dalarna führte und wie er durch viele Fährnisse sein Land schließlich aus der Knechtschaft befreite. Das könnt ihr alles auf den Wandbildern dort sehen, bis hin zum letzten, wo ihn der Schiläufer bei Sälen an der norwegischen Grenze einholt.

BARBRO *betrachtet das Bild*: Ist es wahr, Vater, daß der Schiläufer Engelbrekt hieß, genau wie der große Reichshauptmann im vorigen Jahrhundert?

MÅNS NILSSON: Es ist wahr, Kind, und wir nannten es damals den Fingerzeig Gottes, aber nun heißt es Aberglauben.

FRAU NILSSON: Bring den Kindern nicht so etwas bei!

MÅNS NILSSON: Still, du! Ich bringe den Kindern nur bei, was recht und gut ist. Und das sollt ihr in Erinnerung behalten, Mädchen: daß ihr niemals etwas Böses über den König glaubt oder sagt, was ihr auch immer hört, denn ein undankbarer Mensch ist die schwerste Bürde, die die Erde trägt. Deshalb sollt ihr das Lied vom König Gustav singen, wenn er herkommt. Erinnert ihr euch daran?

BARBRO: Aber ja!

MÅNS NILSSON: Laßt hören.

BARBRO: König Gustav hoch zu Roß
im Felde reitet er:
Dank meinen Dalekarliern
für eure Treue sehr.

KINDER: Dank meinen Dalekarliern
für eure Treue sehr.

BARBRO: Ihr habt zu mir gestanden
als treue Schweden mein.
Will Gott mir's Leben gönnen,
soll's euch vergolten sein.

KINDER: Will Gott mir's Leben gönnen,
soll's euch vergolten sein.

MÅNS NILSSON: Es ist gut, Kinder. Geht nun wieder hinein und haltet euch bereit, bis die Stunde da ist.

BARBRO *und die Kinder nach rechts ab*: Ja, aber wenn wir nun Angst vor dem König bekommen?

MÅNS NILSSON: Er ist nicht gefährlich, und er mag Kinder sehr gern. Und dann ist er ja dein Pate, Barbro!

FRAU NILSSON: Weißt du, was du tust?

MÅNS NILSSON: Ich hoffe es, aber ich weiß, was du meinst.

FRAU NILSSON: Was denn?

MÅNS NILSSON: Daß ich deinen Ratschlägen folgen soll. Das habe ich früher getan, aber jedesmal ist es mir schlecht ergangen.

FRAU NILSSON: Versuch es noch einmal.

MÅNS NILSSON: Nein.

FRAU NILSSON: So geschehe Gottes Wille. *Pause.*

MÅNS NILSSON: Noch nie hab ich einen so langen Nachmittag erlebt! Und die Freunde kommen nicht.

FRAU NILSSON: Ich meine, ich höre sie draußen.

MÅNS NILSSON: Wahrhaftig, diesmal hast du recht!

Man hört Lärm im Vorraum; herein kommen: Anders Persson auf Rankhyttan, Nils zu Söderby, Ingel Hansson und Magister Stig, Pfarrer. Sie grüßen alle: Guten Abend dem Hause!

MÅNS NILSSON *drückt ihnen die Hände*: Gottes Frieden, Anders Persson; Gottes Frieden, Nils zu Söderby; Gottes Frieden, Ingel Hansson; Gottes Frieden, Magister Stig! Tretet näher und setzt euch!

Sie setzen sich an den langen Tisch.

ANDERS PERSSON: Hier wird gerüstet!

MÅNS NILSSON: Hier wird gerüstet! – Wo ist der König?

ANDERS PERSSON: Der letzte Schiläufer hat ihn kurz vorm Berg gesehen.

MÅNS NILSSON: So nah! – In welcher Absicht, glaubt man, kommt er?

ANDERS PERSSON: Frag Nils zu Söderby.

NILS ZU SÖDERBY: Es heißt, er will nach Norwegen hinein gegen Kristian ziehen!

INGEL HANSSON: Es gibt welche, die meinen, daß er den Dalekarliern für gute Hilfe beim letzten Feldzug danken will.

MAGISTER STIG: Das wäre ihm nicht ähnlich.

ANDERS PERSSON: Zu danken? Nein!

MÅNS NILSSON: Ist hier etwas zu befürchten?

NILS ZU SÖDERBY: Nicht, solange Kristian frei ist.

INGEL HANSSON: Es ist sonderbar, daß wir bei Kristian sicher sein sollten.

MAGISTER STIG: Man wußte, was man hatte, aber nicht, was man bekommen würde! Der Kristian nahm den Herren die Köpfe und ließ das Volk in Ruhe; der hier läßt die Herren in Ruhe und knechtet das Volk – wer ist der Tyrann?

MÅNS NILSSON: Still jetzt!

ANDERS PERSSON: So haben wir also den Befreiungskrieg gegen unseren Befreier geführt. Wußten wir damals, was wir taten?

INGEL HANSSON: Wir sollten das Reich vom Dänen befreien. Erinnert Ihr Euch, daß der erste Mann in Dalarna, der die Hand für den König gegen die Dänen erhob, Rasmus Jüte war, ein Däne, der Nils Västgöte erschlug! Ein seltsamer Anfang ...

NILS ZU SÖDERBY: Ein seltsamer Anfang, der Schluß ebenso! *Zu Frau Nilsson*: Nehmt das Silber in acht, Mutter Nilsson!

Frau Nilsson blickt fragend.

NILS ZU SÖDERBY: Der König kommt!

MÅNS NILSSON: Still, in Gottes Namen! Mit solchen Reden erreichen wir nichts! – Alles, was Ihr sagt, hat schon seine Richtigkeit, aber was geschehen ist, ist nach dem Willen der Vorsehung geschehen ...

MAGISTER STIG: ... die den Kindern ihren Willen ließ, damit sie ihre Torheit erkennen sollten.

ANDERS PERSSON: Måns Nilsson, bist du sicher, daß der König hier hereinkommt?

MÅNS NILSSON: Das ist doch selbstverständlich.

ANDERS PERSSON: Denk an Jon in Svärdsjö!

MÅNS NILSSON: Das muß vergessen werden! Alles muß vergessen werden!

ANDERS PERSSON: Glaub schon, daß du und Nils zu Söderby vergessen wollt, daß ihr vor zwei Jahren das königliche Gehöft in Hedemora niedergebrannt und Rävelstad geplündert habt. Er vergißt es nie!

Man hört in der Ferne dumpfen Trommelwirbel.

ALLE *fahren hoch*: Was ist das?

MÅNS NILSSON: Kennt ihr nicht die Bremse, die surrt, bevor sie sticht?

ANDERS PERSSON: So klang es auch auf der Heide von Tuna am Aschermittwoch!

INGEL HANSSON: Sprich nicht von dem Blutbad, denn da habe ich mich nicht mehr in der Hand. *Außer sich.* Sprich nicht davon!

NILS ZU SÖDERBY: Er schnurrt, schnurrt wie eine Katze. Glaubt ihm nicht! *Die Trommelschläge nähern sich.*

MAGISTER STIG: Wäre es nicht ratsam, wenn Ihr, die persönlichen Freunde des Königs, dem strengen Herrn entgegengehen und ihn willkommen heißen würdet?

MÅNS NILSSON: Wirklich? Vielleicht kommt er dann nicht hierher?

FRAU NILSSON: Bleib, Måns Nilsson! Bleib!

MÅNS NILSSON: Hier riecht's nach Tannenreisig, und die Trommeln klingen dumpf – wie bei einem Begräbnis. *Drei Schläge an der Tür.* Wer klopft? *Geht zur Tür und öffnet.*

FRAU NILSSON *zum Pfarrer, während sie nach rechts geht*: Betet für uns!

Magister Olaus (Olaus Petri) und Herman Israel herein.

MÅNS NILSSON: Wer gibt mir die Ehre?

MAGISTER OLAUS: Des Königs, unseres gnädigen Herrn, einstweiliger Sekretär und der ehrwürdige Repräsentant der freien Reichsstadt Lübeck!

MÅNS NILSSON: Tretet näher, gute Herren! – und berichtet Neuigkeiten!

MAGISTER OLAUS: Der König ist hier und hat bei Falun Lager aufgeschlagen, er selbst ist in Sankt Görans Gildehaus eingezogen.

MÅNS NILSSON: In welcher Angelegenheit kommt der König ohne Brief und Geleit über Långheden und Brunbäck?

MAGISTER OLAUS: Das hat er ungesagt gelassen.

MÅNS NILSSON: Wohl denn, so werde ich ihn fragen gehen.

MAGISTER OLAUS: Mit Verlaub: der König, unser gnädiger Herr, läßt durch uns sagen, daß er die guten Bergleute aus Kopparberget grüßt und einen jeden bittet, daheim in seinem Haus zu bleiben. Wenn er jemand zu sprechen wünscht, wird dieser gerufen.

MÅNS NILSSON: Was soll das bedeuten?

MAGISTER OLAUS *setzt sich*: Das weiß ich nicht. *Pause.*

ANDERS PERSSON: Ist die dänische Fehde noch nicht beendet, Herr Magister?

MAGISTER OLAUS: Das weiß ich nicht.

ANDERS PERSSON: Wißt Ihr, mit wem Ihr sprecht?

MAGISTER OLAUS: Nein.

ANDERS PERSSON: Ich bin Anders Persson auf Rankhyttan. Kennt Ihr den?

MAGISTER OLAUS: Ja! – Das ist ein guter Name.

Herman Israel mustert die Silbergeräte auf dem Kaminsims und die Bilder an den Wänden. Er trägt eine Brille mit großer schwarzer Hornfassung. Setzt sich dann in den Hochsitz.

MÅNS NILSSON *zu Magister Olaus, auf Israel deutend*: Ist er eine königliche Person, der Lübecker!

MAGISTER OLAUS *halblaut*: Nein, das ist er nicht, aber er verwaltet die Schulden des Reiches, und wir dürfen niemals vergessen, daß unser gnädiger König nur mit Lübecks Hilfe das Land vom Dänen befreien konnte.

MÅNS NILSSON: Nur mit Lübecks Hilfe? Nicht mit Hilfe der Männer von Dalarna?

MAGISTER OLAUS: Doch, das auch.

MÅNS NILSSON: Spricht er schwedisch?

MAGISTER OLAUS: Das glaube ich nicht, ich kenne ihn nicht.

MÅNS NILSSON: Wie das?

MAGISTER OLAUS: Er ist zur gleichen Zeit wie ich hierhergekommen, und ich habe ihn nicht angesprochen.

MÅNS NILSSON: Zu sonderbar! Dann hat ihn wohl der König ausgesandt?

MAGISTER OLAUS: Wahrscheinlich.

MÅNS NILSSON: Vielleicht ist er es, der die Glocken kauft?

MAGISTER OLAUS: Vielleicht.

MÅNS NILSSON: Und das Kirchensilber?

MAGISTER OLAUS: Und das Kirchensilber.

MÅNS NILSSON: Wie war doch gleich sein Name?

MAGISTER OLAUS: Herman Israel.

MÅNS NILSSON: Israel!

Flüstert mit Anders Persson, der mit den anderen flüstert.
Es klopft an die Tür.
Magister Olaus erhebt sich schnell, öffnet.
Bote in Rüstung herein, flüstert Magister Olaus etwas zu und geht.

MAGISTER OLAUS: Der König, unser gnädiger Herr, ersucht Ingel Hansson, zu ihm in die Sankt Görans Gilde zu kommen!

INGEL HANSSON *erhebt sich*: Ach, mein Gott, muß ich zuerst gehen?

NILS ZU SÖDERBY: Der Älteste geht voran.

MÅNS NILSSON *zu Ingel Hansson*: Bleib standhaft, Ingel, und sag, was wahr ist. Der König ist ein gnädiger Herr, der gern ein Wort zur rechten Zeit hört!

INGEL HANSSON: Das kann er wohl haben, denn Ingel Hansson hat Königen schon manches Wort gesagt! *Geht.*

MAGISTER OLAUS *zu Nils zu Söderby*: Nun, Nils zu Söderby, wie geht der Bergbau derzeit?

NILS ZU SÖDERBY: Dank der Nachfrage, nicht schlecht. Etwas Wasser in der Grube nach der Herbstüberschwemmung, ansonsten klagen wir nicht.

MAGISTER OLAUS: Gute Zeiten also?

NILS ZU SÖDERBY: Wenn man so will. Hm. Gute Zeiten, das bedeutet mehr Steuern, was?

MAGISTER OLAUS: Was weiß ich, wie die Steuer ausfällt! *Pause. Zu Anders Persson*: Und die Landwirtschaft? Ihr betreibt auch Landwirtschaft?

ANDERS PERSSON: Gewiß, und Vieh haben wir auch auf den Weiden.

MAGISTER OLAUS: Ein gutes Land, das alte Dalarna?

MÅNS NILSSON *stößt Anders Persson in die Seite*: Besonders fett, alles trieft vor Fett, so daß man sogar die Rinde von den Bäumen essen kann.

MAGISTER OLAUS: Ja, man erzählt, daß hier zwischendurch Rinde gegessen und Harz gekaut wird. Ist das sozusagen ein gewöhnlicher Fall oder ein ungewöhnlicher?

NILS ZU SÖDERBY: In Hungerzeiten muß man essen, was es gibt!

MAGISTER OLAUS *zu Magister Stig, der sich etwas im Hintergrund gehalten hat*: Das wißt Ihr, Herr Magister – wie war das bei der letzten Hungersnot, als der König Getreide austeilen ließ, kam es in die rechten Hände?

MAGISTER STIG: Es kam in die rechten Hände, auch wenn es unzureichend war.

MAGISTER OLAUS *zu Anders Persson*: War es unzureichend?

ANDERS PERSSON: Kommt drauf an, was Er mit unzureichend meint.

MAGISTER OLAUS *zu Måns Nilsson*: Weiß Måns Nilsson aus Aspeboda, was mit unzureichend gemeint ist?

MÅNS NILSSON: Na, mein Gott, das soll man wohl wissen!

MAGISTER OLAUS *zu Magister Stig*: Da wir nun wissen, was unzureichend ist, frage ich Magister Stig Larsson, ob jemand während der letzten Hungersnot vor Hunger umgekommen ist?

MAGISTER STIG: Der Mensch lebt nicht vom Brot allein ...

MAGISTER OLAUS: Ihr sagt ein wahres Wort, Magister, aber –

Es klopft an die Tür.

MAGISTER OLAUS *geht zur Tür und empfängt den Boten, der ihm etwas zuflüstert und geht*: Der König wünscht Nils zu Söderby in Sankt Görans Gildehaus zu sehen.

NILS ZU SÖDERBY: Kommt nicht erst Ingel Hansson zurück?

MAGISTER OLAUS: Das weiß ich nicht.

NILS ZU SÖDERBY: O nein, hier fürchtet sich keiner und ...

MAGISTER OLAUS: Was solltet Ihr zu befürchten haben?

NILS ZU SÖDERBY: Nichts! – Anders Persson, Måns Nilsson, noch gibt es die Moraglocke im Siljanstal. Das ist eine helle Glocke, und wenn die läutet, hört man's bis nach Norwegen hinein, und vierzehntausend stehen wie ein Mann!

MAGISTER OLAUS: Das verstehe ich nicht.

NILS ZU SÖDERBY *schüttelt Anders Persson und Måns Nilsson die Hand*: Aber ihr versteht's. Gott segne und beschütze euch!

MÅNS NILSSON: Was will er sagen?

ANDERS PERSSON: Nils zu Söderby, was denkst du?

NILS ZU SÖDERBY: Meine Gedanken laufen so schnell, daß ich sie nicht einhole, aber ich fühle, daß Ingel Hansson übel dran ist! *Geht.*

MAGISTER OLAUS: Steht dieser Schwefelrauch immer über dem Ort?

MÅNS NILSSON: Meist bei Ostwind, Herr Magister.

Måns Nilsson und Anders Persson setzen sich zusammen in die linke Ecke; Magister Stig ist unruhig.

MAGISTER OLAUS: Welches Erz gibt den meisten Rauch, das harte oder das weiche?

ANDERS PERSSON: Was kümmert Euch das?

MAGISTER OLAUS: Das war eine schlechte Antwort!

MÅNS NILSSON: Darf ich statt dessen den Herrn Doktor fragen, ob König Kristian immer noch frei ist?

MAGISTER OLAUS *fixiert ihn*: Richtet ihr eure Hoffnung auf den Feind? *Pause.* Was ist Nils zu Söderby für ein Kerl?

MÅNS NILSSON: Seine Freunde sagen von ihm, er sei der beste, und seine Feinde, er sei der schlechteste.

MAGISTER OLAUS: Was ist das für eine Glocke im Siljanstal, von der er gesprochen hat?

MÅNS NILSSON: Es ist die größte in Dalarna.

MAGISTER OLAUS: Habt ihr hier viele davon?

ANDERS PERSSON: Von denen, die uns zusammenrufen, haben wir immer noch genug.

Måns Nilsson stößt ihn in die Seite.

MAGISTER OLAUS: Freut mich zu hören, und unseren gnädigen König wird es noch mehr freuen! Geht man auch fleißig zusammen in die Kirche, Magister Stig?

MAGISTER STIG: Kann's nicht behaupten.

MAGISTER OLAUS: Sind die Pfarrer schlecht, oder verkündet man etwas anderes als Gottes Wort?

MAGISTER STIG: Hier gibt es keine schlechten Pfarrer, und hier wird nur das reine Wort Gottes verkündet!

MAGISTER OLAUS: Das zu hören, freut mich am allermeisten. Nur Gottes reines Wort! *Pause.* Nils zu Söderby deutete vorhin an, daß sich vierzehntausend Mann bereitstellen, wenn man die Moraglocke läutet. Das ist gewiß nur Bauerngeprahl?

MÅNS NILSSON: Schsch, wenn man auf die richtige Art läutet, dann sammeln sich sechzehntausend, nicht wahr, Anders Persson?

ANDERS PERSSON: Sechzehn? Gut und gern achtzehn!

MAGISTER OLAUS: Gut! Dann werden wir auf die richtige Art läuten, wenn der Däne das nächstemal kommt, denn beim letzten Aufgebot stellten sich hier nur siebentausend Mann – gegen die Feinde des Reiches!

MÅNS NILSSON *zu Anders Persson*: Das ist ein gefährlicher Kerl! Nun schweigen wir lieber, glaub ich.

MAGISTER STIG *zu Magister Olaus*: Warum kommt Ingel Hansson nicht zurück?

MAGISTER OLAUS: Das weiß ich nicht.

MAGISTER STIG: In welcher Angelegenheit ist der König hier? Man hat gesagt, daß er gegen Norwegen ziehen wolle. Ist das wahr?

MAGISTER OLAUS: Das weiß ich nicht.

MAGISTER STIG: Dann werde ich gehen und es ausfindig machen. *Geht zur Tür, öffnet sie, trifft aber auf den Boten und Knechte.*

MAGISTER OLAUS *geht dem Boten entgegen, der ihm etwas zuflüstert*: Magister Stig Larsson wird befohlen, sofort zum König zu kommen!

MAGISTER STIG: Befohlen? Wer befiehlt hier?

MAGISTER OLAUS: Der König!

MÅNS NILSSON *fährt hoch*: Verrat!

MAGISTER OLAUS: Genau das: Verrat und Verräter! – Geht, Magister, sofort, oder wollt Ihr ohne Sattel reiten!

MAGISTER STIG: Hölle!

MAGISTER OLAUS: In die Hölle! – Hinaus!

Måns Nilsson und Anders Persson hoch, zur Tür.

MÅNS NILSSON: Wißt Ihr, wer ich bin? Ein freier Bergmann, der Freund des Königs.

MAGISTER OLAUS: Setzt Euch und seid friedlich. Wenn Ihr der Freund des Königs seid, dann ist hier ein Irrtum geschehen. Anders Persson und Måns Nilsson, setzt euch! Es soll euch nichts Böses widerfahren und auch keinem andern, der unschuldig ist. Laßt den Magister gehn, und ereifert euch nicht. Wer hat gesagt, daß es hier Gewalt gilt, wenn nicht euer schlechtes Gewissen?

MAGISTER STIG: Das ist wahr. Wir haben nichts Böses getan, und niemand hat uns bedroht. Beruhigt euch, gute Freunde, ich bin bald wieder hier! *Geht.*

MÅNS NILSSON: Das ist wahr.

MAGISTER OLAUS: Wenn man einen Stock in die Hundemeute wirft ...

ANDERS PERSSON *zu Måns Nilsson*: Wir haben uns dumm benommen. Nur ruhig. *Laut.* Seht, Magister, man wird mit den Jahren mißtrauisch, zumal wenn man gesehen hat, wie Treu und Glauben ständig gebrochen werden ...

MAGISTER OLAUS: Begreife schon; in Zeiten wie diesen, wo man den Herrn wechselt wie die Schlange die Haut, wird man leicht unbeständig; bei jungen Männern kann das verzeihlich sein, bei alten, erprobten aber ist es unverzeihlich!

MÅNS NILSSON: Was das Alter betrifft, so kann man von dem des Königs nicht reden, der ist in seinen besten Jahren ...

MAGISTER OLAUS: Und folglich ist verzeihlich ...

MÅNS NILSSON *zu Anders Persson*: Ich glaube, das ist der Leibhaftige selbst!

ANDERS PERSSON *zu Magister Olaus*: Wie lange sollen wir hier sitzen und warten? Und worauf warten?

MAGISTER OLAUS: Auf die Befehle des Königs, wie Ihr wißt.

MÅNS NILSSON: Heißt das, daß wir uns als Gefangene betrachten müssen?

MAGISTER OLAUS: Weit entfernt! Aber es ist noch eine Weile nicht ratsam hinauszugehen.

Måns Nilsson und Anders Persson wechseln ständig die Plätze und sind unruhig.

MÅNS NILSSON: Hier ist etwas Böses im Gange, ich fühl's in der Brust!

ANDERS PERSSON: Es muß heiß hier drinnen sein, denn mir bricht der Schweiß aus. Will der Magister nicht ein Glas Bier trinken?

MAGISTER OLAUS: Nein, besten Dank.

ANDERS PERSSON: Oder ein Glas Wein?

MAGISTER OLAUS: Danke, danke, ich nicht!

MÅNS NILSSON: Aber es ist richtiger rheinischer?

Magister Olaus schüttelt den Kopf.

Trommelschläge draußen.

ANDERS PERSSON *außer sich*: Wird endlich Schluß damit sein, in Jesu Namen?

MAGISTER OLAUS *erhebt sich*: Ja, jetzt ist Schluß! *Geht zur Tür; öffnet sie, der Bote wirft drei blutige Mäntel auf den Tisch, die Ingel Hansson, Nils zu Söderby und Magister Stig gehören.* Seht!

MÅNS NILSSON *und* ANDERS PERSSON: Ein neues Blutbad!

MÅNS NILSSON: Und ohne Urteil und Untersuchung!

MAGISTER OLAUS: Vor zwei Jahren wurde untersucht und verurteilt, aber um Gnade vor Recht ergehen zu lassen und um zu erforschen, ob es Ernst war mit der Reue, ließ der König die Verräter frei. Als er dann durch Kundschafter erfuhr, daß sie unverbesserlich seien und weiter aufrührerische Reden hielten, beschloß er, das Urteil zu vollstrecken. Seht Ihr, so nimmt sich die Sache aus, wenn sie in Übereinstimmung mit der Wahrheit dargestellt wird.

MÅNS NILSSON: Es hieß doch, daß alles vergeben und vergessen sein sollte ...

MAGISTER OLAUS: Vergessen, insofern die Verbrechen nicht wiederholt würden, aber da sie wiederholt wurden, hat man das Urteil nicht aufgehoben, nur aufgeschoben. Das ist so klar wie die Logik.

Zu Herman Israel: Herr Syndikus Herman Israel, diese beiden glaubwürdigen Männer hier ... Ihr seid doch glaubwürdig?

MÅNS NILSSON *und* ANDERS PERSSON: Hoffen es.

MAGISTER OLAUS: Antwortet mit Ja oder Nein, ob ihr glaubwürdig seid!

MÅNS NILSSON *und* ANDERS PERSSON: Ja!

MAGISTER OLAUS *zu Herman Israel*: Herr Syndikus, diese beiden glaubwürdigen Männer haben in Eurer Gegenwart – Ihr seid

Zeuge – einen wahrheitsgetreuen Bericht über den Zustand in Dalarna abgegeben. Sie haben wie aus einem Mund versichert, daß der Bergbau guten Profit bringt, daß Ackerbau und Viehzucht neben der Metallgewinnung gedeihen; daß es nur selten Hungersnot gibt, und daß unser gnädiger König während der letzten Korn austeilen ließ, das in die rechten Hände kam und jedenfalls nicht unzureichend war! Diese glaubwürdigen und redlichen Bergmänner haben gleichermaßen bekräftigt, daß es in allen Kirchen noch Glocken gibt, die zum Sammeln rufen, und daß keine schlechten Pfarrer Menschenränke verkünden, sondern daß hier nur das reine Wort Gottes gepredigt wird. Desgleichen habt Ihr vernommen, Herr Syndikus, daß Dalarna zwischen sechzehn- und achtzehntausend streitbare Männer aufstellen kann – die Auskünfte wechseln mit steigendem und sinkendem Mannesmut! Also, Herr Syndikus, da Ihr die Schulden des Reiches verwaltet, seid Ihr berechtigt, den Status des Landes zur Kenntnis zu nehmen: Ihr habt also aus des Volkes eigenem Mund gehört, daß die Klagen der Dalekarlier unbefugt sind, und daß somit diejenigen, die anderes verbreiten, Verräter und Lügenmäuler sind.

MÅNS NILSSON: Veto!

ANDERS PERSSON: Ich bestreite!

MAGISTER OLAUS: Bestreitet Ihr Eure eigenen Worte, dann seid Ihr doppelte Lügenmäuler!

MÅNS NILSSON *zu Anders Persson*: Er erwürgt uns ja. Laß uns lieber schweigen!

ANDERS PERSSON *zu Magister Olaus*: Nein, ich will reden. Ich will wissen, welches Schicksal uns bevorsteht.

MAGISTER OLAUS: Ihr sollt wissen, daß Ihr Euer Schicksal in den eigenen Händen habt. Ihr seid mit freiem Geleit nach Stockholm eingeladen, und Ihr könnt allein reisen. Und das in der Eigenschaft als alte, treue Freunde des Königs, denen er Dankbarkeit bewahrt.

MÅNS NILSSON: Neue Falschheit!

MAGISTER OLAUS: Keine Falschheit – hier ist der Geleitbrief des Königs, unterzeichnet mit eigener Hand.

ANDERS PERSSON: Seine Briefe kennen wir!

MÅNS NILSSON *zu Anders Persson*: Halt mit, gib nach, bis wir Zeit gewonnen haben. – Herr Magister, dürfen wir in die Kammer gehen und beraten, wir beide?

MAGISTER OLAUS: Geht, wohin Ihr wollt, nur nicht zum König, jetzt.

Måns Nilsson und Anders Persson ziehen sich nach links zurück und öffnen die Kammertür.

MÅNS NILSSON: In einer Weile werden wir unsere Antwort geben.

MAGISTER OLAUS: Wann und wie Ihr wünscht.

Måns Nilsson und Anders Persson ab nach links.

MAGISTER OLAUS *zu Herman Israel*: Ein halsstarriges Volk, treu wie Gold und voller Mißtrauen!

HERMAN ISRAEL: Ein sehr gutes Volk!

MAGISTER OLAUS: Aber etwas einfältig. Habt Ihr gesehen, wie ich sie in die Zange genommen habe?

HERMAN ISRAEL: Eine geschickte Arbeit, wo habt Ihr das gelernt?

MAGISTER OLAUS: Durch langen Umgang mit vielen Menschen habe ich schließlich entdeckt, daß die Ursünde, die Mutter aller Laster, der Dünkel ist. Wenn ich die Wahrheit aus Frevlern herausbekommen will, verleite ich sie deshalb zum Prahlen.

HERMAN ISRAEL: Wie klug, wie klug – für einen noch gar nicht alten Mann! Aber nun gibt es ja auch bescheidene Menschen, aus denen würdet Ihr folglich die Wahrheit nicht herausbekommen?

MAGISTER OLAUS: Bescheidene Menschen prahlen mit ihrer Bescheidenheit, also kommt es auf eins heraus.

HERMAN ISRAEL *fixiert ihn*: Verzeiht, der Name war doch Magister Olaus! Ihr seid doch nicht Olaus Petri?

MAGISTER OLAUS: Der bin ich!

HERMAN ISRAEL *überrascht*: Der die Kirchenreformation durchgeführt hat?

MAGISTER OLAUS: Derselbe!

HERMAN ISRAEL: Und der dann in einen Hochverratsprozeß verwickelt wurde, unter dem Verdacht, von Umtrieben gegen das Leben des Königs gewußt zu haben?

MAGISTER OLAUS: Eine Vertraulichkeit, die ich unter der Schweigepflicht der Beichte empfing und die ich demnach nicht verraten durfte.

HERMAN ISRAEL *betrachtet Magister Olaus weiter neugierig*: Hm, hm! *Pause.* Das war eine recht geheimnisvolle Geschichte, seinerzeit?

MAGISTER OLAUS: Nein, das kann man nicht sagen. Gorius Holst und Hans Bökman waren verschwunden, und das Geheimnis war nicht tiefer, als daß die Hamburger vom vollendeten Königsmord zu berichten wußten, bevor der Plan in Stockholm aufgedeckt war.

HERMAN ISRAEL: Das ist es, was ich geheimnisvoll nenne, zumal wir in Lübeck nichts wußten.

MAGISTER OLAUS: Ich gebe zu, das ist mysteriös, weil sonst der Weg nach Hamburg über Lübeck zu gehen pflegt.

Herman Israel schweigt.

MAGISTER OLAUS: Desgleichen ging ein Gerücht, daß Marcus Meyer und Jürgen Wollenweber nicht unbeteiligt an der Anstiftung gewesen wären.

HERMAN ISRAEL: Das habe ich nie gehört! Und ich glaube es nicht! *Pause. Zeigt auf die Kleidungsstücke.* Sollen diese Sachen hier bleiben?

MAGISTER OLAUS: Bis auf weiteres, ja.

HERMAN ISRAEL: Es geht doch etwas blutig zu bei den Königsbesuchen hier oben!

MAGISTER OLAUS: Ich erlaube mir nicht, über die Handlungen meines Königs zu urteilen, zum einen, weil ich diesem Amt nicht gewachsen bin; zum andern, weil ich weiß, daß er seine Richter über sich hat, die seine Geschicke lenken.

HERMAN ISRAEL: Das ist schön gesprochen – und gedacht! Seid Ihr immer so klug gewesen?

MAGISTER OLAUS: Nein! Man wird so oft, was man nicht war.

Pause.

HERMAN ISRAEL: Die darinnen werden doch nicht zu fliehen versuchen?

MAGISTER OLAUS: Der Fall ist vorgesehen, genauso wie ihre Beratung vorausberechnet ist. Wißt Ihr, worüber sie sprechen?

HERMAN ISRAEL: Nein, wirklich nicht.

MAGISTER OLAUS: Sie sind immer noch in dem Glauben, daß Kristian der Tyrann frei ist, und sie gedenken Hilfe bei ihm zu suchen.

HERMAN ISRAEL: Welch kopfloser Gedanke.

MAGISTER OLAUS: Um so mehr, als Kristian gefangengenommen wurde!

HERMAN ISRAEL: Es klingt verrückt, aber wenn man hört, wie königstreu die guten Bergleute sind, wundert man sich nicht, daß sie an den Eid denken, der sie an ihren einzig rechtmäßigen Herrn bindet ...

MAGISTER OLAUS: Mit Verlaub, ich bin erstaunt ...

HERMAN ISRAEL: Bewahre! Ich stelle mich nur auf deren Standpunkt.

MAGISTER OLAUS: Es ist gefährlich, sich auf den Standpunkt von Verrätern zu stellen! *Pause.*

BARBRO *erscheint in der Tür rechts, gefolgt von den Kindern*: Ist Vater hier? *Sieht sich um, entdeckt Herman Israel im Hochsitz.* O Gott, der König! *Fällt auf die Knie, die andern Kinder ebenfalls.*

HERMAN ISRAEL: Nein, meine lieben Kinder, nicht der König! Nur ein armer Kaufmann aus Lübeck.

MAGISTER OLAUS: Wacker, wacker! *Zu den Kindern*: Dies ist der berühmte und mächtige Ratsherr Herman Israel, der mit dem Jämtländer Cord König und mit Nils Bröms euern König aus der dänischen Gefangenschaft gerettet und ihm Unterstützung verschafft hat, damit er den Befreiungskrieg führen konnte. Ihr findet sein Bild oben in Sankt Görans Gildesaal, wo Gustav Eriksson vor den Ratsherren zu Lübeck dargestellt ist. Ehre, wem Ehre gebührt! Huldigt dem Freund Schwedens und eures Königs!

Barbro und die Kinder klatschen in die Hände.

HERMAN ISRAEL *erhebt sich, sichtlich gerührt*: Liebe kleine Freunde ..., nein, ich kann nur euch danken ..., mir gebührt kein Dank, denn ein Kaufmann gibt nur gegen Bezahlung, und ich wurde reichlich bezahlt!

MAGISTER OLAUS: Glaubt ihm nicht, sondern denkt daran, daß es Dienste gibt, die niemals bezahlt werden können, und gute Taten, die nicht ausgelöscht werden können, weder durch Undankbarkeit noch Vergessen! – So, geht nun wieder hinein zu euch, Vater kommt gleich.

Barbro und die Kinder ab nach rechts.

HERMAN ISRAEL: Magister! Das hatte ich nicht von Euch erwartet.

MAGISTER OLAUS: Das verstehe ich vielleicht, indes, Syndikus, zwingt uns niemals zur Undankbarkeit. Es wiegt so schwer, undankbar zu sein.

HERMAN ISRAEL: Schon gut. Keine Gefahr in der Hinsicht!

MÅNS NILSSON *und* ANDERS PERSSON *herein von links*: Ja, nach unseren Überlegungen sind wir zu dem Beschluß gekommen: wir gehen mit dem Geleitbrief und Gelöbnis des Königs nach Stockholm, um dort in Ruhe mit ihm und den Herren des Reiches zu sprechen.

MAGISTER OLAUS: Dann ist somit mein Anliegen hier erfüllt und unser Auftrag beendet. Ich heiße also Måns Nilsson und Anders Persson in der Hauptstadt des Reiches willkommen! *Geht zusammen mit Herman Israel.*

MÅNS NILSSON: Besten Dank, Magister! *Wartet, bis die beiden gegangen sind, hebt dann die blutigen Mäntel auf.* Hier sind die Blutfahnen, König Kristian soll für die Stangen sorgen, und dann ..., nach Stockholm!

ANDERS PERSSON: Gegen Stockholm!

MAGISTER OLAUS *kommt zurück*: Hört, ich habe vergessen, euch etwas zu sagen. Hört ihr?

ANDERS PERSSON *zornig*: Jawohl!

MAGISTER OLAUS: Also: König Kristian ist gefangen und in Gewahrsam genommen – in Schloß Sönderborg auf der Insel Als. *Måns Nilsson und Anders Persson sind geschlagen; sie schweigen.* Habt ihr verstanden? – Schloß Sönderborg auf der Insel Als!

ZWEITER AKT

Bei Herman Israel. Ein großer Raum, die Wände bestehen aus Schränken. Tür im Hintergrund, Türen rechts und links, wenige und kleine Fenster. Links ein Kamin. In der Mitte ein großer Tisch mit Lehnstühlen. Lübecks Wappen in Schwarz, Rot und Silber über der Tür und dem Kamin.

Rechts ein Pult mit Schreibzeug und Waage. Hier und da Regale mit Warenballen.

Eine Schranktür steht offen, man sieht Kirchengefäße aus Gold und Silber.

Marcus am Pult wiegt die Gegenstände, David notiert.

MARCUS: Ein Kruzifix aus Silber, vergoldet, wiegt vierundzwanzig Lot.

DAVID *schreibt*: Vierundzwanzig Lot.

MARCUS: Item: eine Monstranz aus Gold ..., ein tolles Ding – wiegt ..., laß sehen ..., aha, die ist hohl und hat Blei im Fuß ... Mach ein Fragezeichen!

DAVID: Ein Fragezeichen!

MARCUS: Ein Oblatenteller aus Silber ..., das weiß der Teufel! *Beißt hinein.* Schmeckt jedenfalls nach Kupfer ..., schreib: besseres Weißmetall.

DAVID: Besseres Weißmetall. – Glaubst du, die Bauern hauen uns übers Ohr?

MARCUS: Uns? Uns haut keiner übers Ohr!

DAVID: Sag das nicht, du! Nigels Bröms, der Goldschmied, behauptet, daß Bönhasen aus Holland, die nicht der Zunft angehören, durchs Land ziehen und Kirchengefäße aus unechtem Tand verkaufen, wahrscheinlich hergestellt, um gegen gute Ware ausgetauscht zu werden.

MARCUS: Das muß bei den Glocken wieder reinkommen, sie sollen nach alter Tradition viel Silber enthalten.

DAVID: Die Glocken, ja – die sollten nach Lübeck gehen, aber sie gehen in die königliche Kanonengießerei und werden zu Büchsen und Kugeln.

MARCUS: Man sagt so, ja. Das sollten die Dalekarlier wissen, da kämen sie aber über die Heide heruntergetanzt.

DAVID: Oh, der Tanz ist ja nun wohl zu Ende, nach dem letzten Herbstschlachten neulich!

MARCUS: Nein, der ist nicht zu Ende, solange die beiden ärgsten Schurken frei herumlaufen.

DAVID: Du meinst Måns Nilsson in Aspeboda und Anders Persson auf Rankhyttan, die hier in der Stadt herumlungern und auf Audienz beim König warten?

MARCUS: Ja, die meine ich.

DAVID: Schurken ist wohl zuviel gesagt, unser Patron Israel scheint sie menschlich jedenfalls zu schätzen.

MARCUS: Hör mal, David – vergiß nicht die erste und letzte Pflicht eines Hanseaten: Verschwiegenheit! – Und denk an all die geschwätzigen jungen Buchhalter, die durch Schleusen und Kellerluken verschwunden sind. Denk daran!

DAVID: Werd's versuchen, obwohl es für die Hanse an der Zeit zu sein scheint, selbst an das große Schweigen zu denken.

Pause.

MARCUS: Weißt du, wo sich der Prinzipal befindet?

DAVID: Er ist wohl beim König und macht Inventur in der Schatzkammer.

JAKOB ISRAEL *herein, Herman Israels Sohn, ein reich gekleideter Jüngling, mit einem Ballschläger in der Hand und einem Verband um die Stirn*: Ist Vater hier?

MARCUS: Nein, Herr Jakob, der Prinzipal ist sicher oben beim König.

JAKOB ISRAEL: Dann setze ich mich solange. – Schreibt nur, ich werde nicht stören.

Setzt sich an den großen Tisch.

PRINZ ERIK *herein, etwas älter als Jakob Israel*: Jakob, warum bist du von mir weggegangen?

JAKOB ISRAEL: Ich war müde vom Spiel.

PRINZ ERIK: Das, glaube ich, war nicht der Grund; jemand hat dich beleidigt, jemand, der nicht mein Freund ist.

JAKOB ISRAEL: Nein, Prinz Erik, keiner hat mich verletzt, aber ich habe das Gefühl, ich sollte nicht am Hofe weilen.

PRINZ ERIK: Jakob, mein Freund, warum hörst du auf, deinen Schulkameraden du zu nennen? Warum diese fremden Blicke ... Gib mir deine Hand! Nicht? – Ich, einsam, verlassen seit meine Mutter starb; ich, gehaßt von meiner Stiefmutter, von meinem Vater und von meinem Halbbruder, ich bettle um deine Freundschaft, die du mir einmal gegeben hast und nun zurücknimmst!

JAKOB ISRAEL: Nein, Erik, ich nehme sie nicht zurück, aber wir dürfen keine Freunde sein. Daß wir als Jünglinge Freundschaftsbande geknüpft haben, durch das Mitgefühl, das aus gemeinsamem Leid entspringt – das haben die Alten bisher mit Nachsicht geduldet, aber nun, da du im Begriff stehst, eine ausländische Fürstin zu ehelichen und ein Herzogtum zu übernehmen, hat man Gründe der Staatsräson gefunden, um uns zu trennen.

PRINZ ERIK: Deine Worte klingen so gekünstelt, als wolltest du deine Gedanken verbergen, aber deine Gefühle kannst du nicht kaschieren ...

JAKOB ISRAEL: Verzeih, Erik, aber dieses Gespräch sollte an einem andern Platz geführt werden als hier ...

PRINZ ERIK: Du meinst dieses Geschäfts wegen, als ob das für den einen oder den andern Part herabsetzend wäre. Mir ist das gleichgültig, obwohl mir der Verkäufer vorurteilsfreier scheint als der Käufer!

Jakob Israel deutet mit einer Geste die Anwesenheit der Buchhalter an.

PRINZ ERIK: Ach, laß sie's doch hören. Marcus und ich sind alte gute Freunde, wir haben uns erst heute nacht in der „Blauen Taube" getroffen.

JAKOB ISRAEL: Pfui, warum besucht der Prinz so üble Lokale?

PRINZ ERIK: Wohin sollte ich denn sonst gehen! Zu Hause habe ich keinen, mit dem ich reden kann, und im übrigen finde ich, daß die Menschen überall gleich gut oder schlecht sind, jedoch ziehe ich sogenannte schlechte Gesellschaft vor. – Kennst du Jon Andersson?

JAKOB ISRAEL *verlegen*: Nein, ich habe nie von ihm gehört. Wer ist das?

Marcus und David gehen ganz leise nach links ab.

PRINZ ERIK: Das ist ein Smäländer, der sehr gesunde Gedanken hat. – Brauchst du noch immer den Verband um die Stirn?

JAKOB ISRAEL: Glaubst du, ich trage ihn zur Zierde? Oder als Erinnerung an den Pöbel der Stadt?

PRINZ ERIK: Du darfst nicht gehässig über die guten Leute reden, nur weil ein Schlingel sich vergangen hat.

JAKOB ISRAEL: Ich bin nicht so, mein Lieber, und ich weiß sehr wohl, was ein Fremdling in Feindesland zu erwarten hat. Komm du nur nach Lübeck, dann wirst du sehen, wie man den Schweden mit Steinen bewirft!

PRINZ ERIK: Nein, wie du Göran Persson ähnelst. Kennst du ihn?

JAKOB ISRAEL: Nein.

PRINZ ERIK: Er hat die gleiche Art, die Dinge zu sehen, wie du.

JAKOB ISRAEL: Wieso?

PRINZ ERIK: Er findet, daß alle Seiten recht haben und daß alles, was geschieht, r i c h t i g ist. Es liegt etwas so Gesundes und so Aufgeklärtes in seiner Weltanschauung, aber gerade deshalb haßt ihn mein Vater ...

JAKOB ISRAEL: Du sollst nicht schlecht über deinen Vater reden, das klingt so schlimm. Ja, verzeih!

PRINZ ERIK: Aber wenn er sich schlimm aufführt, wird man das wohl sagen dürfen. Im übrigen hasse ich ihn!

JAKOB ISRAEL: Sprich nicht so, sprich nicht so! Dein königlicher Vater ist so unendlich groß, daß du seine Größe nicht fassen kannst ...

PRINZ ERIK: Das sieht nur so aus, ich weiß es. Kannst du dir vorstellen, gestern abend näherte er sich mir und legte den Arm um meine Schulter, zum erstenmal in meinem Leben, und ich, der ich immer in dem Glauben gelebt hatte, ich würde ihm nur bis zur Hüfte reichen, stellte zu meiner Verwunderung fest, daß ich ebenso groß bin wie er. Aber als ich ihn dann wieder auf Abstand sah, wuchs er und wurde zu einem Riesen.

JAKOB ISRAEL: Das ist er auch, er gleicht einem der Propheten Buonarrotis ..., ich glaube, Jesaia! Und wahrhaftig, Gott, der Höchste ist mit ihm.

PRINZ ERIK: Glaubst du an Gott?

JAKOB ISRAEL: Pfui! Pfui! Schäme dich!

PRINZ ERIK: Tja, was soll man glauben in diesen Zeiten, wo König und Geistliche die Gläubigen verfolgen und alles schänden, was heilig gehalten wurde? Und sich dennoch für Verteidiger des Glaubens ausgeben!

JAKOB ISRAEL: Laß uns von etwas anderem sprechen. Wirklich!

PRINZ ERIK: Das sagt der König auch immer, wenn man ihm zusetzt, und darum hasse ich ihn noch mehr. So wie er mich haßt!

Weißt du, daß es dein Vater war, der ihm meine Mutter aus Lauenburg zugeführt hat?

JAKOB ISRAEL: Nein, das wußte ich nicht.

PRINZ ERIK: Ja, aber diese Ehe ging schlecht, sie haßten einander so grenzenlos – und – *erhebt sich erregt* – einmal habe ich gesehen, wie er seinen Stock gegen sie erhob – *schreit* – gegen meine Mutter, und er schlug sie! – An diesem Tag hörte ich auf jung zu sein – und ich verzeihe ihm nie, niemals!

JAKOB ISRAEL *steht auf und nimmt Prinz Erik in die Arme*: Erik! Sieh mich an – sieh mich an! – Ich habe auch eine Stiefmutter – sie quält mich, wenn ich zu Hause bin ..., aber still, still! Wenn es dich trösten kann, daß ich es schlechter habe, ach, viel, viel schlechter als du, so sollst du es hören. Aber denk auch daran, daß es vorübergeht, denn wir wachsen ja in die Freiheit ...

PRINZ ERIK: Und du haßt sie nicht?

JAKOB ISRAEL: Dieses Gefühl hat keinen Raum zusammen mit dem neuen, das jetzt meine ganze Seele erfüllt.

PRINZ ERIK: Das heißt: du liebst?

JAKOB ISRAEL: Wir können es ja so nennen ... Und wenn deine Stunde kommt, wirst du sehen, daß dein Haß sich verwandelt oder daß er verschwindet.

PRINZ ERIK: Das möchte ich sehen! – Aber vielleicht hast du recht. Diese Lieblosigkeit, in der ich geboren und aufgewachsen bin, ist in meiner Seele zu einem Brand geworden, der mich verzehrt; mein Blut ist von Anbeginn vergiftet, und ich glaube nicht, daß es ein Gegengift gibt. – Warum gehst du von mir?

JAKOB ISRAEL: Weil ..., weil wir keine Freunde sein dürfen, keine Freunde sein können.

PRINZ ERIK: Meinst du, ich bin zu schlecht?

JAKOB ISRAEL: Nicht so! – Ich kann nicht mehr sagen. Laß uns auseinandergehen. Ich werde an deinem Schicksal immer Anteil nehmen, denn du bist zum Unglück geboren!

PRINZ ERIK: Warum mußt du aussprechen, was ich so oft gedacht habe? Aber weißt du, daß ich auch dazu geboren bin, im Weg zu stehen? Ich stehe dem Wunsch meines Vaters im Weg, Johan als König zu sehen; ich stehe dem Wunsch meines Vaters im Weg, die verhaßte Deutsche zu vergessen; mein deutsches Blut ist rechtem Schwedentum im Weg, das meinem Sinn abgeht, denn ich bin ein Vasa, doch ebensosehr Sachse und Lauenburger und Braunschweiger. Ich bin so wenig Schwede, daß es mich freut, wenn Lübeck, die freie Reichsstadt, meinem Land zur Buße eine Steuer auferlegt – und es demütigt.

JAKOB ISRAEL *fixiert ihn*: Ist das so, oder sagst du das nur aus Höflichkeit?

PRINZ ERIK *greift zum Schwert; beruhigt sich wieder*: Merkst du, wie hoch ich dich schätze, daß ich dir eine solche Frage gestatte? – Ja, mein Freund, auf deutsch lehrte mich meine Mutter lallen, und in dieser Sprache sagte ich mein Abendgebet, das alte schöne „Heil Dir Maria, Mutter Gottes" ..., ja, das war damals ..., damals ... *Weint.* Pfui Teufel, ich glaube, ich weine! – Jakob, komm in die „Blaue Taube" heute abend ... Da gibt es rheinischen Wein und fröhliche Mädchen! Göran wird auch kommen, das ist eine Bekanntschaft für dich!

JAKOB ISRAEL *kalt, verschlagen*: Ich – werde – kommen.

PRINZ ERIK: Danke, mein Freund! *Erhebt sich.* Hier sieht es wirklich aus wie bei einem Pfandleiher!

JAKOB ISRAEL *scharf*: Das war ursprünglich meine Meinung!

PRINZ ERIK: Dann sind wir uns wenigstens in diesem Punkte einig! Also: heute abend. Kennst du Agda?

JAKOB ISRAEL *kurz*: Nein.

PRINZ ERIK *reicht ihm hochmütig zwei Finger zum Abschied, was Jakob absichtlich übersieht*: Leb wohl! – Wo sind die kleinen Pfandleiher abgeblieben?

Jakob Israel schweigt.

PRINZ ERIK *übermütig*: Adieu, Baruch! – Hast du das „Buch des Baruch" gelesen? *Geht in den Hintergrund, stößt im Vorbeigehen an die Kirchengefäße*:

„Der Würfel rollt, das Gold erklingt,
es perlt der Wein, das trunk'ne Auge funkelt.
Zum Freudenmädchen jeder eilt, der trinkt,
wenn nächtlich es für kurze Stunden dunkelt."

Gut, was? – Habe ich gemacht!

Geht durch die Tür im Hintergrund ab.

HERMAN ISRAEL *herein von rechts*: Bist du allein?

JAKOB ISRAEL: Ja, Vater.

HERMAN ISRAEL: Aber ich habe eine Stimme gehört.

JAKOB ISRAEL: Das war der Thronfolger.

HERMAN ISRAEL: Was wollte er?

JAKOB ISRAEL: Ich glaube, der Mann weiß nicht, was er will.

HERMAN ISRAEL: Ist er dein Freund?

JAKOB ISRAEL: Ja, Vater, er meint, mein Freund zu sein, aber ich bin nicht seiner. Wenn er glaubt, mich mit seiner Freundschaft zu ehren, schmeichelt er sich zugleich damit, daß ich sie erwidere.

HERMAN ISRAEL: Du bist entsetzlich klug für deine Jugend, mein Sohn!

JAKOB ISRAEL: O nein! Es ist doch eine elementare Weisheit der Lebenskunst, das man nicht freund mit seinem Feind sein darf.

HERMAN ISRAEL: Ist er zu gebrauchen?

JAKOB ISRAEL: Vielleicht kann er ein paar Dinge erledigen, wenn man ihn in zuträglicher Unkenntnis über die Hauptsache hält. Ansonsten habe ich kaum einen so unbrauchbaren Thronfolger gesehen wie diesen.

HERMAN ISRAEL: Haßt du ihn?

JAKOB ISRAEL: Nein, dazu ist mein Mitleid zu groß, denn er ist unglücklicher, als er es vielleicht verdient. Daß er schlimm enden wird, ist ziemlich sicher. Das ist ihm selbst klar, und zwar in einem Maße, daß er die Katastrophe anscheinend beschleunigen will.

HERMAN ISRAEL: Höre, Sohn, ich habe schon lange gemerkt, daß ich vor dir nichts geheimhalten kann. Deshalb scheint es mir besser, daß du alles erfährst. Setz dich und hör mir zu, während ich auf und ab gehe – ich kann nur beim Gehen denken.

JAKOB ISRAEL: Sprich, Vater. Ich denke immer!

HERMAN ISRAEL: Du hast gemerkt, daß im verborgenen etwas Großes vorbereitet wird ... Du hast gewiß gesehen, daß unsere freie Reichsstadt Lübeck dabei ist, für ihre Rechte im Norden zu kämpfen. Ich sage Rechte, denn mit dem Recht des Bahnbrechers, der Wege geebnet hat, Handelswege in diesem Fall, dürfen wir Entgelt und Profit für die Arbeit fordern, die wir diesem Land gegeben haben. Wir haben es gelehrt, seine Produkte zu nutzen und sie mit Vorteil zu tauschen, und wir haben Schweden befreit! Nun will man uns wegwerfen, nachdem man uns benutzt hat. Benutzen – und wegwerfen! Aber es gibt ein größeres und mächtigeres Interesse als den Handel, das den Norden zwingt, mit den freien Reichsstädten zusammenzuhalten. – Der Kaiser und der Papst, die sind eins. Die freien Reichsstädte haben sich erst vom Kaiser und dann vom Papst freigemacht, aber da nun dieses Land, mit unserer und der Hilfe seines großen Königs, dasselbe getan hat, müssen wir, ob wir wollen oder nicht, Freunde sein gegen den gemeinsamen Feind. Noch bis vor kurzem haben wir zusammengehalten, aber dann kam ein böser Geist über Vasa, und nun will er, ob aus Hochmut oder Müdigkeit, einen neuen Weg beschreiten, der uns alle ins Verderben führt!

JAKOB ISRAEL: Wart einen Augenblick! – Uns alle? Sag uns Lübecker, denn die Schweden würden auf diesem Weg gewinnen.

HERMAN ISRAEL: Bist du auf der Seite?

JAKOB ISRAEL: Nein, das bin ich nicht, aber ich sehe, wo der Vorteil für sie liegt. Und, Vater, laß dich nicht in Streit mit dem Vasa ein, ihn leitet die Hand des Herrn – hast du das nicht eingesehen?

HERMAN ISRAEL: Wie konnte ich nur so närrisch sein und mich einem Minderjährigen anvertrauen!

JAKOB ISRAEL: Es kann wohl deinen Plänen nicht schaden, wenn sie zur rechten Zeit aus einer anderen Sicht geprüft werden, und daß du dich auf mich verlassen kannst, weißt du. Sprich nun weiter.

HERMAN ISRAEL: Nein, nun kann ich nicht mehr!

JAKOB ISRAEL: Die Feder schreibt nicht, wenn die Spitze abgebrochen ist! Sei nicht böse – du wirst mehr von mir hören.

MARCUS *herein*: Den der Herr erwartet, der steht draußen.

JAKOB ISRAEL: Es ist wohl Jon Andersson.

HERMAN ISRAEL *gibt Marcus ein Zeichen zu gehen*: Laß ihn warten! *Zu Jakob, nachdem Marcus gegangen ist*: Kennst du ihn auch?

JAKOB ISRAEL: Nein, ich habe ihn nie gesehen, aber nun kann ich mir ausrechnen, wer er ist!

HERMAN ISRAEL *verblüfft*: Du – kannst – rechnen?

JAKOB ISRAEL: Ich addiere, das eine zu dem andern! – Jetzt, wo die Dalekarlier zur Räson gebracht sind, muß man mit den Småländern wieder von vorn anfangen!

HERMAN ISRAEL: Mit den Småländern?

JAKOB ISRAEL: Ja, dieser Jon Andersson ist aus Småland, soweit ich verstehen kann, aber er heißt bestimmt nicht Jon Andersson, sondern – *halblaut* – Nils Dacke!

HERMAN ISRAEL: Spionierst du?

JAKOB ISRAEL: Nein, ich höre, ich sehe und addiere.

HERMAN ISRAEL: Nun hast du dich jedenfalls verrechnet!

JAKOB ISRAEL: Sieh an, du meinst, daß es zwei Personen sind, und Dacke ist der Unsichtbare, der erscheinen soll, wenn der Krieg ausbricht.

HERMAN ISRAEL: Ich fürchte mich vor dir!

JAKOB ISRAEL: Nein, Vater, das sollst du nicht, ich wage nicht, etwas Unrechtes zu tun, denn das bekommt mir schlecht.

HERMAN ISRAEL: Glaubst du, ich tue etwas Unrechtes?

JAKOB ISRAEL: Ja, eher als ich, weil du an nichts glaubst, du ganz genauso wie Prinz Erik.

HERMAN ISRAEL: Das muß ich von meinem eigenen Kind hören?

JAKOB ISRAEL: Du kannst es von den Kindern anderer hören, später.

MARCUS *herein*: Zwei Männer aus Dalarna bitten um Zutritt.

HERMAN ISRAEL: Mögen sie warten!

Marcus geht.

JAKOB ISRAEL: Das kostet sie den Kopf!

HERMAN ISRAEL: Wer sind sie denn?

JAKOB ISRAEL: Anders Persson auf Rankhyttan und Måns Nilsson aus Aspeboda, die sich, nachdem sie beim König vergebens Zutritt begehrt haben, nun in ihrem törichten Ärger an Herman Israel wenden, um Rache zu nehmen.

HERMAN ISRAEL: Das weißt du auch?

JAKOB ISRAEL: Ohne unehrerbietig zu sein, Vater, aber wie kannst du in deinem Alter annehmen, daß es noch Geheimnisse gibt?

HERMAN ISRAEL: Die Zeit hat mich überholt; ich weiß nicht mehr, wo ich bin.

JAKOB ISRAEL: Da hast du etwas Wahres gesagt. Und ich glaube, du hast die Folgen deines Vorhabens falsch berechnet!

HERMAN ISRAEL: Das wird sich zu gegebener Zeit erweisen. Geh jetzt; wenn du auch Mitwisser des Vorhabens bist, so sollst du nicht mitschuldig werden!

JAKOB ISRAEL: Ich werde dir gehorchen, aber du mußt mich anhören!

HERMAN ISRAEL: Nein, du sollst auf mich hören! – Geh zu Marcus und sag, daß ich den Besuch im großen Festsaal erwarte; du bleibst mit David hier und läßt alle Wertsachen in Kisten packen, daß sie zum Versand nach Süden bereit sind.

JAKOB ISRAEL: Vater!

HERMAN ISRAEL: Schweig!

JAKOB ISRAEL: Ein einziges Wort: verlaß dich nicht auf mich, wenn du Unrecht tust!

HERMAN ISRAEL: Verlaß du dich auf mich, daß hier im Hause, wo ich das Halsrecht habe, jeder Verräter abgeurteilt und hingerichtet werden wird, er mag mein Sohn sein oder nicht. Zuerst mein Land, dann meine Familie! Und zuerst und zuletzt: meine Pflicht! *Legt die Hand ans Schwert.* Und jetzt: geh!

Ein Zimmer im Gasthaus „Blaue Taube". Hoch getäfelte Wände, auf den Simsen Kannen und Krüge. Wandbänke mit Kissen und Matten. Im Hintergrund ein Erker mit Blumen und

Vogelkäfigen. Wandleuchten aus Silberblech mit Wachskerzen. Armleuchter auf dem Tisch. Fruchtschalen, Weinkannen, Becher, Gläser; Würfel und Spielkarten; eine Laute.
Es ist Nacht. Prinz Erik und Göran Persson sitzen bleich und mitgenommen am Tisch, trinken aber nicht mehr.

PRINZ ERIK: Du willst nach Hause und schlafen, Göran, und ich ziehe es vor, mit offenen Augen zu träumen. Sich schlafen legen, das ist für mich, als ginge ich in den Tod: in Leinenlaken gehüllt werden und sich in einem schmalen, viereckigen Bett wie in einem Sarg ausstrecken; und dann hat man auch noch die Mühe, seinen Leichnam selbst zu waschen und das Grabgebet zu sprechen!

GÖRAN PERSSON: Fürchtest du dich denn vorm Tod, Prinz?

PRINZ ERIK: Ja, wie die Kinder sich vorm Schlafengehen fürchten, und ich werde wohl genauso schreien wie sie. Wenn ich nur wüßte, was der Tod ist.

GÖRAN PERSSON: Manche sagen, er ist ein Schlaf, andere, ein Erwachen, aber keiner weiß etwas Bestimmtes!

PRINZ ERIK: Wie sollte man etwas über jenes andere wissen können, wenn man nicht einmal etwas über dieses Leben hier weiß?

GÖRAN PERSSON: Ja, was ist dieses Leben?

PRINZ ERIK: Ich finde, es ist ein einziges Irrenhaus. – Denk nur an meinen durch und durch klugen, gesunden Vater mit seinem Bauernverstand! Führt er sich nicht wie ein Irrer auf? Er befreit das Land von dem Ausländer, und dann schlägt er den Befreiern den Kopf ab. Er befreit das Land von Ausländern, und dann holt er Ausländer herein und setzt sie, Peutinger und Norman, über alle Herren und Behörden des Reiches; er ist verrückt! – Dann will er die Kirche von Ketzerei befreien, und so befiehlt er neue Ketzerei bei Todesstrafe! – Dieser Freiheitsheld ist der größte Tyrann, der lebt; dieser Tyrann ist der größte Befreiungsheld, der lebt! – Kannst du dir vorstellen, daß er mir verbieten wollte, heute abend herzugehen, und als ich trotzdem ging, warf er seinen ungarischen Stahlhammer nach mir, wie der Gott Thor seinen

Hammer nach dem Troll warf. Um ein Haar hätte er mich erschlagen, so wie er – was du vielleicht nicht gehört hast – meine Mutter erschlagen haben soll!

GÖRAN PERSSON *merkt auf*: Nein, bei allen Heiligen, das habe ich niemals gehört!

PRINZ ERIK: Doch! Und das verstehe ich, das finde ich groß! Sich so über menschliche Vorurteile erhaben zu fühlen, zu töten, was im Wege steht, und über die anderen hinwegzutrampeln. Weißt du, manchmal, wenn er in seinem großen Filzhut und dem blauen Mantel kommt und seinen Wildschweinspieß als Stock benutzt, da glaube ich, es ist Gott Odin selbst. Und wenn er oben im ersten Stockwerk zornig ist, behaupten die Leute, sie spürten es bis hinunter in den Keller, genau wie Gewitter. Aber ich habe keine Angst vor ihm, und deshalb haßt er mich, doch zugleich hat er Respekt vor mir!

Göran Persson lächelt zweifelnd.

PRINZ ERIK: Du lächelst, du! – Haha! Deshalb, weil du vor nichts Respekt hast. Nicht einmal vor dir selbst!

GÖRAN PERSSON: Das am allerwenigsten.

PRINZ ERIK: Bist du wirklich so ein Aas?

GÖRAN PERSSON: Wenn alle es sagen, dann muß ich es ja glauben!

PRINZ ERIK *nimmt seinen vorigen Gedanken wieder auf*: Und ... Dieser Gedanke verfolgt mich ..., ich finde, er gleicht dem alten Odin, sagte ich. Odin, der wiederkommt und die Tempel der Christen verwüstet, so wie sie einmal seine Tempel geplündert haben ... Du hättest gestern bei Herman Israel sehen sollen, wie sie die Kirchenschätze gewogen und gezählt haben, es war entsetzlich ... Und weißt du, daß er in allem, was er tut, das Glück auf seiner Seite hat: segelt er, bekommt er guten Wind; jagt er, so spürt er das Wild auf; fischt er, so beißen sie; spielt er, so gewinnt er. Man sagt, er sei mit der Kappe des Siegers geboren ...

GÖRAN PERSSON: Ein höchst ungewöhnlicher Mann.

PRINZ ERIK: Du kennst den jungen Jakob nicht, Herman Israels

Sohn, er hatte versprochen, heute abend herzukommen. E. ist etwas altklug, hat aber in diesem und jenem gesunde Gedanken, und ich bewundere ihn wegen verschiedener Eigenschaften, wahrscheinlich, weil sie mir selbst fehlen.

GÖRAN PERSSON: Aha!

PRINZ ERIK: Im übrigen ist er sicher ein gräßlicher Lümmel, genau wie der Vater.

GÖRAN PERSSON: Dann wird es mir ein Vergnügen sein, seine Bekanntschaft zu machen.

PRINZ ERIK: Weil er ein Lümmel ist? – Haha!

GÖRAN PERSSON: Trotzdem!

AGDA *von links herein*: Der Prinz hat mich gerufen?

PRINZ ERIK: Nein, aber du bist immer willkommen! Setz dich her.

AGDA: Das ist eine zu große Ehre für mich.

PRINZ ERIK: Das ist so gewiß wie wahr!

AGDA: Darum gehe ich, bevor ich sie verliere – die Ehre.

PRINZ ERIK: Mücke – stichst du?

AGDA: Nein, Ihr habt es nur so empfunden. Ich bin verständig genug und zu gering, als daß ich es wagen würde, große Herren wie Euch, Fürst, zu verletzen.

PRINZ ERIK: Gut. Sehr gut! Komm und sprich ein wenig mehr.

AGDA: Wenn Euer Gnaden befehlen, muß ich ja sprechen, aber ...

PRINZ ERIK: Gib mir deine Liebe, um die ich so lange gebettelt habe!

AGDA: Man kann nicht geben, was man nicht besitzt.

PRINZ ERIK: Oho!

AGDA: Ich besitze keine Liebe zu Euer Gnaden und kann deshalb keine geben.

PRINZ ERIK: Diantre! – Dann schenk mir deine Gunst!

AGDA: Seine Gunst verschenkt man nicht, die verkauft man!

PRINZ ERIK: Nein, hör sich das einer an, das ist ja, als würde Jakob der Weise selbst philosophieren. *Zu Göran*: Hast du so was schon gehört?

GÖRAN PERSSON: Ach, solches Geschwätz lernen doch alle diese Frauenzimmer von ihren Amouren.

PRINZ ERIK: So etwas darfst du nicht sagen – dieses Mädchen hat mein Herz gewonnen!

GÖRAN PERSSON: Aber jemand anders hat ihrs gewonnen.

PRINZ ERIK: Woher weißt du das?

GÖRAN PERSSON: Das hört man doch sofort, sofern man's nicht sieht.

PRINZ ERIK: Glaubst du an die Liebe?

GÖRAN PERSSON: An ihre Existenz glaube ich, aber nicht an ihre Beständigkeit.

PRINZ ERIK: Wie kann man die Liebe einer Frau gewinnen?

GÖRAN PERSSON: Man muß nur „der Richtige" sein, nichts weiter. Aber ist man das nicht, dann kann man es niemals werden!

PRINZ ERIK: Das ist mir ein Rätsel.

GÖRAN PERSSON: Das ist eines der großen Rätsel.

PRINZ ERIK: Wer, glaubst du, ist mein Rivale?

GÖRAN PERSSON: Ein Kontorist, ein Kriegsknecht oder ein reicher Pferdehändler.

PRINZ ERIK: Und ich, der ich mich nicht fürchte, der jungfräulichen Königin, Britanniens stolzer Herrscherin, mein Taschentuch hinzuwerfen!

GÖRAN PERSSON: So ist es nun mal!

PRINZ ERIK: Aber Agda ist vielleicht schüchtern ..., wagt nicht, an den Ernst meiner Gefühle zu glauben.

GÖRAN PERSSON: Das hingegen glaube ich nicht.

Lärm an der Tür im Hintergrund.

PRINZ JOHAN *herein*: Vergebung, mein Herr Bruder, daß ich hier zu dieser späten Stunde eindringe, aber der Herr Vater schickt mich aus liebevoller Fürsorge für des Herrn Bruders –

PRINZ ERIK: Jöns! Viel schneller und kürzer, oder aber setz dich hin und nimm einen Pokal zwischen Komma und Punkt! Summa: der Alte will, daß ich nach Hause komme und mich schlafen lege. Antwort: der Thronfolger bestimmt selbst seine Schlafenszeit!

PRINZ JOHAN: Diese Antwort will ich nicht überbringen, da der

Ungehorsam des Herrn Bruders in diesem Falle unliebsame Folgen haben kann.

PRINZ ERIK: Wollen der Herzog sich nicht setzen und sich einen Becher genehmigen?

PRINZ JOHAN: Danke, Kronprinz, aber ich will meinem Vater keinen Kummer bereiten!

PRINZ ERIK: Verdammt, wie ernst das klingt!

PRINZ JOHAN: Ja, es ist sehr ernst. Vater hat große und neue Sorgen, alldieweil Unruhe in den südlichen Provinzen verlautet, besonders in Småland; und da es möglich ist, daß der König seine Hauptstadt verlassen muß, rechnet er mit dem Beistand des Thronfolgers bei der Besorgung der Regierungsangelegenheiten.

PRINZ ERIK: Die Hälfte ist Lüge, versteht sich, und das Regieren besorgen sowieso so viele! – Geh in Frieden, Bruder; ich komme, wann ich will!

PRINZ JOHAN: Meine Pflicht ist erfüllt, und ich bedaure nur, daß ich das Ohr des Herrn Bruders sowenig erreicht habe, sein Herz erreiche ich erst recht nicht. *Geht.*

PRINZ ERIK *zu Göran Persson*: Wirst du schlau aus dem Jungen?

GÖRAN PERSSON: Nein.

PRINZ ERIK: Ob er selbst an seine Kanzleistilpredigten glaubt?

GÖRAN PERSSON: Das ist gerade das Schlimmste, daß er dran glaubt. Gewöhnliche Schurken, wie ich und du, die an gar nichts glauben, können solche Worte überhaupt nicht durch die Zähne bringen, und deshalb können wir keinen hinters Licht führen!

PRINZ ERIK: Du bist ein Aas, Göran!

GÖRAN PERSSON: Ja.

PRINZ ERIK: Gibt es nichts Gutes an dir?

GÖRAN PERSSON: Nicht eine Spur! Übrigens: was ist gut? *Pause.* Meine Mutter hat immer gesagt, daß ich am Galgen enden würde. Glaubst du, daß einem das Schicksal vorausbestimmt ist?

PRINZ ERIK: Ja, das behauptet Meister Dionysius, der Calvinist ist, und er beweist mit der Heiligen Schrift, daß es nicht vom Menschen selbst abhängt, welche Gnade ihm zugedacht ist.

GÖRAN PERSSON: Dann ist's eben der Galgen. Das ist die Gnade, die man mir zugedacht hat!

PRINZ ERIK: Stell dir vor, dieser Jakob sagt, daß ich zum Unglück geboren sei, und das sagt Vater auch, wenn er böse ist. Wo, glaubst du, werde ich enden?

GÖRAN PERSSON: War es nicht der heilige Augustinus, der als erster behauptet hat, daß niemals zum Taler wird, was einmal zum Heller geschlagen wurde?

PRINZ ERIK: Ja, das stimmt! Aber so viel haben wir nicht getrunken, daß wir in Sachen Theologie disputieren müssen. Darüber ist ein ganzes Mannesalter disputiert worden, so daß alle Propheten einander in den Haaren liegen, und Luther selbst hat Augustinus revidiert, aber Calvin hat Luther revidiert und Zwingli Calvin und Johan von Leyden alle zusammen, so daß man nun ganz genau Bescheid weiß.

GÖRAN PERSSON: Ja, alles zusammen ist Humbug, und wäre nicht dieser Humbug gewesen, so wäre ich nie geboren.

PRINZ ERIK: Wie meinst du das?

GÖRAN PERSSON: Du weißt doch, daß mein Vater ein Mönch gewesen ist, und als die Klöster geschlossen wurden, ging er auf und davon und heiratete. Ich bin somit in Meineid und Unzucht geboren, alldieweil der Herr Vater seinen Eid brach und eine unerlaubte Verbindung mit einem unreinen Schaf einging.

PRINZ ERIK: Du bist ein Aas, Göran.

GÖRAN PERSSON: Habe ich das jemals geleugnet?

PRINZ ERIK: Es gibt doch Grenzen ...

GÖRAN PERSSON: Wo?

PRINZ ERIK: Hier und da! Das angeborene Gefühl für das Schickliche pflegt sie anzugeben – die ungefähre Grenze.

GÖRAN PERSSON: Schwärmst du – Schwärmer?

PRINZ ERIK: Nimm dich in acht! Es gibt Grenzen auch für die Freundschaft ...

GÖRAN PERSSON: Nein, meine ist grenzenlos!

Jakob Israel wird von Agda hereingeführt, er drückt ihre Hand.

PRINZ ERIK *erhebt sich*: Jakob, endlich! Du hast auf dich warten lassen, und gerade jetzt hatte ich Sehnsucht nach dir.

JAKOB ISRAEL: Verzeih, mein Prinz, aber ich hatte trübe Gedanken, mit denen ich eine vergnügte Gesellschaft nicht stören wollte.

PRINZ ERIK: Wir sind höllisch vergnügt, Göran und ich. – Das ist nämlich Göran Persson, mein Sekretär und Freund, ein äußerst aufgeklärter und tauglicher Mann, im übrigen ein komplettes Aas, was aus seiner gräßlichen Visage und seinen falschen Augen abzulesen ist.

GÖRAN PERSSON: Zu Euren Diensten, gnädiger Herr!

PRINZ ERIK: Setz dich, Jakob, und philosophier mit uns! Ich hatte dir zwar schöne Frauen angekündigt, aber wir haben nur eine hier, und die ist engagiert.

JAKOB ISRAEL *erregt*: Was heißt das – engagiert?

PRINZ ERIK: Daß sie ihr Herz verschenkt hat. Es lohnt sich also nicht, daß du ihren Busen befühlst ...

JAKOB ISRAEL: Ist es Agda, von der die Rede ist?

PRINZ ERIK: Kennst du Agda Tugendsam? Die erklärt hat, daß sie ihre Gunst nicht verschenkt, wohl aber verkauft?

AGDA: O Gott, Gott, das habe ich nie, niemals gemeint!

JAKOB ISRAEL: Das kann sie nicht gemeint haben!

PRINZ ERIK: Sie hat es gesagt.

JAKOB ISRAEL: Das muß Lüge sein!

PRINZ ERIK *mit der Hand am Degen*: Nimm dich in acht!

GÖRAN PERSSON: Das wächst sich zu einem Kneipenstreit von beachtlichem Format aus! Die fraglichen Worte sind ungefähr so gefallen, aber sie sind anders verstanden worden, als beabsichtigt war!

PRINZ ERIK *zu Göran*: Schelm, stehst du gegen mich?

GÖRAN PERSSON: Gute Freunde ..., hört –

PRINZ ERIK: Für eine Dirne, gegen seinen Herrn?

JAKOB ISRAEL: Sie ist keine Dirne ...

AGDA: Danke, Jakob; sag, sag, wie es ist ...

PRINZ ERIK: Ach so, es ist etwas ... Sieh an! *Zu Göran Persson*: Und du trittst auf zur Verteidigung der Unschuld. *Sticht nach Göran Persson, der ausweicht.*

GÖRAN PERSSON: Immer muß er nach mir stechen, wenn jemand anders sich dumm aufführt. Halt ein, zum Teufel!

PRINZ ERIK *zu Jakob Israel*: Und das ist der Rivale! Hahaha. So einer! Ventre – saintgris! *Außer sich; fällt, epileptisch zukkend, auf einen Stuhl.*

JAKOB ISRAEL *hält Agdas Hand*: Prinz! Ihr habt mich einmal mit Eurer Freundschaft geehrt, die ich nicht anders als mit Mitleid erwidern konnte; ich wollte nicht falsch sein und bat, gehen zu dürfen ...

PRINZ ERIK *fährt auf*: Geh, geh, zum Satan ...

JAKOB ISRAEL: Ja, ich gehe, aber Ihr sollt wissen, was zwischen mir und Agda ist: etwas, das Ihr niemals verstehen werdet, weil Ihr nur Haß versteht und deshalb niemals Liebe gewinnen könnt ...

PRINZ ERIK: Diantre! Ich, der ich die jungfräuliche Königin, Britanniens stolze Braut, zu meinen Füßen habe, wenn ich will ..., haha! Haha!

JAKOB ISRAEL: König David besaß fünfhundert stolze Bräute, aber Glückseligkeit suchte er bei der einzigen Frau seines geringen Dieners ...

PRINZ ERIK: Soll ich noch mehr von dieser Sorte hören?

JAKOB ISRAEL: Viel mehr!

PRINZ ERIK *stürzt auf Jakob zu*: Stirb denn!

Wache vom Hintergrund herein.

ANFÜHRER, *ein alter, weißbärtiger Mann*: Prinz Erik! Eure Waffe, wenn Ihr gestattet!

PRINZ ERIK: Was ist das?

ANFÜHRER *überreicht ein Pergament*: Vom König! – Prinz Erik ist verhaftet!

PRINZ ERIK: Zum Teufel mit dir, alter Steinbock!

ANFÜHRER: Das ist nicht die Antwort eines Fürsten auf den Befehl eines Königs!

PRINZ ERIK: Rede du nur!

ANFÜHRER *geht auf ihn los und reißt ihm den Degen aus der Hand, übergibt ihn der Wache, die ihn abführt*: Fort mit ihm.

Und dann in den Turm! So lautet die Order Numero eins! – Und nun Numero zwei! Der Sekretär Persson! *Zur Wache*: Her mit den Handschellen! Und dann: hinunter ins grüne Gewölbe! Morgen beim Hahnenschrei: zehn Paar Hiebe!

Wache nimmt Göran Persson gefangen.

GÖRAN PERSSON: Soll ich dafür ausgepeitscht werden, daß er nicht nach Hause gehen und sich schlafen legen will?

PRINZ ERIK: Legt Ihr Hand an den Thronfolger? Tod Gottes!

ANFÜHRER: Gott lebt noch, und der König! – Marsch! *Zu Agda*: Und nun wird das Wirtshaus geschlossen! Präg dir das ein! – Hier wird nicht gefragt, also bedarf's auch keiner Antwort. *Folgt der Wache, die Prinz Erik und Göran Persson abführt.*

JAKOB ISRAEL: Immer diese Riesenhand, die man nie zu sehen, immer bloß zu fühlen bekommt – sie ist auch jetzt aus der Wolke hervorgekommen und hat in unser unbedeutendes Schicksal eingegriffen, Agda. Der Landesbefreier ist aus dem Dunkel der Nacht herabgestiegen und hat dich kleinen Vogel befreit! – Willst du nun mit mir fliegen?

AGDA: Ja, weit weg, und mit dir!

JAKOB ISRAEL: Aber wohin?

AGDA: Die Welt ist weit!

JAKOB ISRAEL: Dann komm!

DRITTER AKT

Arbeitszimmer des Königs. Hintergrund mit großen Fenstern, deren Scheiben bemalt sind, einige Fenster stehen offen; draußen frühlingsgrüne Bäume, über diesen Mastspitzen mit Flaggen, Turmspitzen. Wandbänke mit bunten Kissen unter den Fenstern. Rechts ein großer, reich dekorierter offener Kamin mit dem Reichswappen darüber, auf derselben Seite eine Tür zum Vorzimmer. Links ein Thronsessel mit Baldachin, davor ein

langer Eichentisch mit grünem Tuch, auf diesem eine Folio-Bibel, Schreibzeug, Leuchter, ein Stahlhammer etc. Auf derselben Seite weiter hinten eine Tür zu den Gemächern.
Auf dem Fußboden Tierfelle und Teppiche.
An den Wänden Malereien mit Motiven aus dem Alten Testament, am meisten ins Auge fallend „Gott, der Herr, sucht Abraham im Hain Mamre auf". Der Abraham ist dem König sehr ähnlich.
Auf einem Schranktisch eine arabische Tonkaraffe mit einem Silberbecher.
An der Tür rechts hängt ein weiter blauer Mantel und ein sehr großer schwarzer Schlapphut, daneben lehnt ein kurzer Wildschweinspieß.
Der König steht gedankenversunken an einem der offenen Fenster mitten im Sonnenlicht, er trägt eine schwarze spanische Tracht mit gelbem Futter, das an den Schlitzen und Säumen sichtbar ist, der Mantel ist mit Zobel verbrämt. Sein Haar ist hell und sein mächtiger Bart, der bis zur Brust reicht, noch etwas heller. – Die Königin tritt von rechts ein, sie trägt ein gelbes Kleid mit schwarzem Besatz.

KÖNIG *küßt sie auf die Stirn*: Guten Morgen, meine Rose!
KÖNIGIN: Ein herrlicher Morgen!
KÖNIG: Der erste Frühlingstag nach einem langen Winter.
KÖNIGIN: Ist mein König heute gnädig?
KÖNIG: Die Gnade des Königs ist unabhängig von Wetter und Wind! Fahr fort. – Geht es um Erik?
KÖNIGIN: Ja.
KÖNIG: Gut. Er hat meine Gnade, nachdem er im Turm seinen Rausch ausgeschlafen hat. – Weiter: Göran?
KÖNIGIN: Ja.
KÖNIG: Er hingegen hat meine Gnade nicht, bevor er sich nicht gebessert hat.
KÖNIGIN: Aber –
KÖNIG: Er ist ein durch und durch verderbter Geselle, der Erik zugrunde richtet. Welche Ursachen Görans Schlechtigkeit auch immer haben mag, diese Ursachen kann ich nicht auf-

heben, aber ich muß ihre Wirkung verhindern! Hast du noch mehr Schützlinge von dieser Sorte?

KÖNIGIN: Nun sage ich nichts mehr.

KÖNIG: Dann sprechen wir von etwas anderem. – Wie geht es der Schwiegermutter?

KÖNIGIN: Das weißt du.

KÖNIG: Und Johan? – Wo ist Johan?

KÖNIGIN: Er ist in der Nähe.

KÖNIG: Ich wünschte, er wäre näher, mir näher, so nahe, daß er eines Tages mein Nachfolger werden könnte.

KÖNIGIN: Es ist nicht recht, so zu denken, noch weniger, es auszusprechen, da die Vorsehung anders, zu Prinz Eriks Gunsten, entschieden hat.

KÖNIG: Ja, ob es meine Eitelkeit war, die mich damals verleitete, eine ausländische Fürstin zu suchen; ob es Klugheit war, die mich von den schwedischen Herrensitzen trieb – ich vermag es nicht zu sagen. Wer weiß, was er tut?

KÖNIGIN: Wahr.

KÖNIG: Aber daß ich dadurch Schwager des dänischen Königs wurde, hat dem Reich genützt, es bekam Frieden, und deshalb hat niemand zu klagen.

KÖNIGIN: Zuerst das Reich!

KÖNIG: Zuerst und zuletzt: das Reich! – Deshalb muß Erik verheiratet werden.

KÖNIGIN: Glaubst du wirklich, daß er sich bei der englischen Königin irgendwelche Hoffnungen machen kann?

KÖNIG: Das weiß ich nicht, deshalb muß man sich vergewissern, doch ohne das Ansehen des Landes bloßzustellen. Unmöglich ist es nicht, wir haben ja schon einmal eine britische Königstochter auf dem Thron gehabt.

KÖNIGIN: Wen denn?

KÖNIG: Das weißt du nicht? Daß Königin Filippa die Tochter Heinrichs des Vierten war?

KÖNIGIN: Das wußte ich nicht.

KÖNIG: Dann weißt du auch nicht, daß du aus dem Geschlecht der Folkunger bist und zugleich von Valdemar Seir abstammst?

KÖNIGIN: O nein! Ich glaubte, die blutige Sage der Folkunger sei zu Ende!

KÖNIG: Hoffentlich! Aber deine Ahnmutter, Prinzessin Jutta, war jedenfalls Erik Plogpennings Tochter und hatte einen Sohn mit ihrem Schwager König Valdemar, dem Sohn Birger Jarls ...

KÖNIGIN: Warum erzählst du mir solche gräßlichen Geschichten?

KÖNIG: Ich glaubte, es würde dich stärker machen, wenn du wüßtest, daß du königliches Blut in den Adern hast, ich hingegen Bauernblut! – Du bist zu bescheiden, Margareta, und ich will dich groß sehen, so groß, daß Erik, dieser Narr, Respekt vor dir bekommt!

KÖNIGIN: In Frevel geboren zu sein muß einen ja bescheiden machen.

KÖNIG: Nun haben wir darüber gesprochen, war sonst noch etwas? *Königin denkt nach.* Wenn du an Anders Persson und Måns Nilsson denkst – von denen darfst du nicht sprechen. *Königin fällt auf die Knie.* Nein, steh auf! – Ja, dann gehe ich! *Ab nach links.*

Prinz Erik von rechts herein, verkatert, ungekämmt, bleich. Königin erhebt sich erschrocken.

PRINZ ERIK: Erschrocken?

KÖNIGIN: O nein!

PRINZ ERIK: Ich kann ja meiner Wege gehen! – Ich suche nur ein Glas Wasser. *Geht zur Wasserkaraffe, gießt sich einen Becher voll, leert ihn, darauf noch einen usw.*

KÖNIGIN: Bist du krank?

PRINZ ERIK *unverschämt*: Nein, ich bin nur ein bißchen leck!

KÖNIGIN: Was ist das?

PRINZ ERIK: Leck, einfach leck! Je mehr Wein man trinkt, desto trockener wird einem der Hals. Je feuchter, desto trockener. Das ist doch verrückt, wie alles andere!

KÖNIGIN: Warum haßt du mich?

PRINZ ERIK *zynisch*: Euch zu lieben ist mir nicht erlaubt! *Trinkt weiter.* Lieben darf man seine Stiefmutter nicht, aber man soll sie lieben – das ist auch verrückt!

KÖNIGIN: Warum sagst du Stiefmutter?

PRINZ ERIK: Das heißt so, und es i s t so. Ist das klar? Es ist klar! Also ist es nicht verrückt.

KÖNIGIN: Du hast eine Zunge wie eine Schlange ...

PRINZ ERIK: Und einen Verstand dazu!

KÖNIGIN: Aber kein Herz!

PRINZ ERIK: Was sollte ich damit? Es den Frauen hinwerfen, damit sie es beschmutzen? – Mein Herz liegt im übrigen in einem Sarg, neben meiner Mutter unten im Keller der Domkirche. Ich war erst vier Jahre alt, als es geschah, aber es geschah doch, und es wird behauptet, sie habe ein Loch im Kopf gehabt von einem Thorhammer, aber das habe ich nicht gesehen. Denn beim Begräbnis, als ich meine Mutter ein letztesmal sehen wollte, hatte man den Deckel schon aufgeschraubt. Und dort liegt mein Herz, ich habe nur eins bekommen. – Übrigens, was habt Ihr mit meinen Eingeweiden zu tun, wohl ebensowenig wie mit meinen Gefühlen. Aber nehmt Euch in acht vor meinem Verstand! Ich kenne Eure Gedanken, noch bevor Ihr sie in Worten geboren habt; ich weiß, daß Ihr die Krone auf dem brandroten Haar des roten Teufels sehen wollt, den Ihr Sohn nennt und Bruder zu nennen, mich zwingen wollt. Er behauptet, daß er mehr Ahnen habe als ich und daß er von den dänischen Königen abstamme! Wenn dem so ist, dann hat er vornehme Oheime: Erik Plogpenning wurde geköpft, Abel, der Brudermörder, erschlagen, Kristoffer vergiftet, Erik Glipping abgestochen wie ein Schwein! – So feine Oheime habe ich nicht. Aber wenn's sich vererbt hat, dann muß ich mich vor dem lieben Bruder in acht nehmen!

KÖNIGIN: Hier wird heute nur von Blut und Gift gesprochen. Ich weiß nicht, wie die Sonne an diesem schönen Morgen aufgegangen ist.

PRINZ ERIK: Die Sonne ist falsch, glaubt ihr nicht! Hier wird Blut fließen, noch ehe der Abend anbricht. Erik und Abel hießen die feinen Oheime, nicht Kain und Abel! Und diesmal war es

Abel, der Kain – ich meine Erik – erschlug. Der Stammbaum kündigt Gutes an! Erik wurde erschlagen. Armer Erik!

KÖNIGIN: O weh, weh!

PRINZ ERIK: Aber man soll nicht abergläubisch sein, ich bin ja selbst mit der Faust voll Blut in dieses Jammertal gekommen.

KÖNIGIN: Nun erschreckst du mich!

PRINZ ERIK *lacht*: Das hat Göran nicht geglaubt – daß ich jemanden erschrecken könnte.

KÖNIGIN: Wessen Blut ist es, das heute hier vergossen werden soll?

PRINZ ERIK: Ich weiß nicht, aber man spricht davon, daß die Bergmänner aus Dalarna geköpft werden sollen.

KÖNIGIN: Kann es nicht verhindert werden?

PRINZ ERIK: Wenn es beschlossen ist, kann es nicht verhindert werden, sondern kommt wie der Donner auf den Blitz! – Im übrigen, was ist schon weiter dabei? Hier fallen die Köpfe wie reife Äpfel.

König ist eingetreten, ein Papier lesend.
Königin geht ihm mit flehender Geste entgegen.

KÖNIG *eifernd*: Margareta, wenn du Vertrauen zu mir hast, dann hör auf, in dieser Staatsangelegenheit urteilen zu wollen. Ich habe zwei Jahre lang untersucht und bin mir noch nicht völlig sicher, wie willst du diese Sache da verstehen können? – Geh hinein zu den Kindern! Ich habe ein Wort mit Erik zu reden.

Königin geht.

KÖNIG: Erik, wenn du dich jetzt sehen könntest, würdest du dich selbst verabscheuen!

PRINZ ERIK: Das tue ich schon.

KÖNIG: Du prahlst nur! Denn wenn du dich, so wie du bist, verabscheutest, würdest du dich ändern.

PRINZ ERIK: Ich kann mich nicht verwandeln.

KÖNIG: Hast du es versucht?

PRINZ ERIK: Ich habe es versucht!

KÖNIG: Dann ist es dein schlechter Umgang, der deinen guten Absichten entgegenwirkt.

PRINZ ERIK: Göran ist nicht schlechter als andere, aber er sieht wenigstens ein, daß er nicht besser ist.

KÖNIG: Denkst du daran, daß du einmal König werden sollst?

PRINZ ERIK: Bin ich erst einmal König, dann ist alle alte Liederlichkeit vergessen.

KÖNIG: Da irrst du dich wieder. Ich muß heute noch altes Zeug hinter mir zusammenfegen! – Indes: willst du deinem Vater nicht als Sohn gehorchen, dann mußt du es als Untergebener.

PRINZ ERIK: Der Thronfolger ist kein Untertan!

KÖNIG: Deshalb sagte ich Untergebener, denn dem König sind alle untergeben.

PRINZ ERIK: Soll man blind gehorchen?

KÖNIG: Ja, solange du blind bist, mußt du blind gehorchen, wenn du sehend geworden bist, dann gehorchst du sehend – aber gehorchen mußt du! – Warte nur, bis du eines Tages zu befehlen hast, dann wirst du sehen, wieviel schwerer das ist und wie verantwortungsvoll!

PRINZ ERIK *spöttisch*: Oho!

KÖNIG *zornig*: Wahnwitziger! – Geh und wasch dir den Schmutz ab, und sieh zu, daß du gekämmt wirst; spül vor allem dein Maul, damit du nicht hier herumläufst und meine Räume verpestest. Geh! Oder du wirst deinen Rausch acht Tage im Turm ausschlafen, und wenn das nicht hilft, geht es dir an die Ohren, so daß du nie mehr eine Krone wirst tragen können! Ist das die Sprache, die du verstehst!

PRINZ ERIK: Die Erbfolge ...

KÖNIG: Ich mache so viele Erbfolgen, wie ich will! Nun weißt du das! – Schluß! – Hinaus! *Prinz Erik ab.*

HÖFLING *von rechts herein*: Herman Israel, Ratsherr von Lübeck!

KÖNIG: Er soll kommen!

Herman Israel herein.

KÖNIG *geht ihm entgegen, nimmt seine Hand, legt ihm dann den Arm auf die Schulter und geht ein Stück mit ihm*: Guten Tag, Herman, alter Freund, und willkommen bei mir! Setz dich, setz dich. *Nimmt im Thronsessel Platz, Herman Israel setzt sich ihm gegenüber.* Also du kommst aus Dalarna?

HERMAN ISRAEL: Ich komme soeben aus Dalarna.

KÖNIG: Ich war auch dort, wie du weißt, und hab ein bißchen Ordnung gemacht in dem Schmutz nach dem Daladieb und der Glockenfehde, und du bist noch geblieben. – Na, du hast ein Auge auf Magister Olaus Petri gehabt – was ist das jetzt für ein Kerl – kann ich ihm trauen?

HERMAN ISRAEL: Vollkommen! Er ist nicht allein der vertrauenswürdigste, sondern auch der geschickteste Unterhändler, den ich je gesehen habe.

KÖNIG: Was du nicht sagst, Herman, das freut mich zu hören. Was du nicht sagst, Herman! Ja, du kennst seine und meine alte Rechnung, und wie sie beglichen wurde. Jaja, sie wurde beglichen! – Das war das! Können wir nun über unsere Angelegenheiten sprechen?

HERMAN ISRAEL: Wohlan denn. Aber laß uns Vernunft und Maß behalten, in Wort und Tat.

KÖNIG *spielt mit dem Hammer*: Nur allzugern, behalt du sie!

HERMAN ISRAEL *mit einer Geste zum Hammer*: Der alten Freundschaft und Treue wegen – könnten wir den da weglegen?

KÖNIG: Haha! Sehr gern, wenn du Angst vor ihm hast, Herman! ... Nun fang an. Aber mach's kurz!

HERMAN ISRAEL: Dann fange ich mit dem Schluß an: die Schuld des Reiches an Lübeck ist nun bezahlt, und wir stehen im Begriff, uns zu trennen.

KÖNIG: Das klingt wie geschrieben, fürwahr! Nun gut, so trennen wir uns, als Freunde.

HERMAN ISRAEL: Lieber als Verbündete ...

KÖNIG: Meinst du das, Israel? – Nein, ich will keine Abhängigkeit mehr!

HERMAN ISRAEL: Hört, Euer Gnaden oder König oder was ich sagen soll ...

KÖNIG: Du sollst Gösta sagen wie früher, als ich dich Vater nannte!

HERMAN ISRAEL: Nun gut, mein Sohn, viel trennt uns, viel, aber eins hält uns zusammen: unser beiderseitiger und berechtigter Widerstand gegen den Kaiser –

KÖNIG: Richtig! Und deshalb können wir uns aufeinander verlassen ohne schriftliche Verträge!

HERMAN ISRAEL: Du vergißt eine Sache, mein Sohn: ich bin Kaufmann –

KÖNIG: Und ich bin Kunde. Hast du bezahlt bekommen?

HERMAN ISRAEL: Bezahlt? Ja ..., es gibt Dinge, die nicht mit Geld bezahlt werden ...

KÖNIG: Es obliegt mir, an die Dankbarkeit zu erinnern, die ich dir und der freien Reichsstadt schuldig bin – seit jenem Tage, da ich zu Euch kam, ein Jüngling, verlassen, wie ich glaubte, von Gott, und, wie ich wußte, von den Menschen! Laß nun die Dankbarkeit in die freundlichen Gefühle einfließen, die ich für dich hege und dir zeige. Diese Schuld kann nicht mit Geld bezahlt werden, noch weniger mit Verträgen! – Was willst du mit dem Vertrag? Mich und das Reich erneut an eine ungewisse Zukunft binden! – Laß mich nicht undankbar werden, Herman, ich habe, meiner Seel, wahrhaftig schon genug, was mich bedrückt. – Wahrhaftig genug!

HERMAN ISRAEL: Was bedrückt dich, mein Sohn?

KÖNIG: Das bedrückt mich, Herman, alter Freund, glaub es mir: ich fasse niemals einen Beschluß oder fälle ein Urteil, ohne den Ewigen, den Allmächtigen um Rat gefragt zu haben. Wenn ich dann, nach Fasten, Gebet und Betrachtungen, die erheischte Antwort von oben bekommen habe, willige ich freudig ein, selbst wenn es mich bis ins eigene Herz trifft. – Aber ..., du erinnerst dich an Jon zu Svärdsjö, Jon, meinen Jugendfreund, der mir im ersten Waffengang gegen Kristian half. Er änderte seinen Sinn und brachte die Dalekarlier gegen mich auf. Sein Kopf mußte fallen, und er fiel! *Erhebt sich.* Seitdem ist mein Frieden dahin! Die Meinen sehen mich an, wie sie es früher nie getan haben! – Meine Gemahlin, meine geliebte Margareta ..., wendet sich ab, wenn ich ihre reine Stirn küssen will, und – könntest du dir das auch nur träumen lassen – gestern, beim Mittagstisch, saß sie da und betrachtete meine Hand so, als hätte sie Blut daran gesehen. – Ich bereue meine Handlung nicht, darf sie nicht bereuen, denn ich hatte recht, bei Gott, ich hatte recht! Doch gleichwohl – mein Frieden ist dahin!

HERMAN ISRAEL *nachdenklich*: Das ehrt dein Herz, mein Sohn, und ich muß zugeben, daß ich dir diese Empfindsamkeit nicht zugetraut hätte ...

KÖNIG: Vergiß sie – und es ist auch nichts zum Prahlen! – Aber jetzt bin ich wieder dort angelangt! – Sag, Herman, was hältst du von Anders Persson und Måns Nilsson?

HERMAN ISRAEL *unruhig*: Soll meine Meinung ein wenig Gewicht haben für das Urteil über sie, oder steht es schon fest?

KÖNIG: Ich bin noch unschlüssig, wie du verstehen müßtest.

HERMAN ISRAEL: Dann möchte ich schweigen.

KÖNIG: Bist du mein Freund?

HERMAN ISRAEL: Bis zu einem gewissen Grade, ja. Aber du kannst dich nicht auf mich verlassen, denn ich besitze mich nicht selbst und kann nicht verschenken, was nicht mein ist.

KÖNIG: Schäm dich, wie klug du bist!

HERMAN ISRAEL: Geh hin und werde es auch.

KÖNIG: Ich will es versuchen. – Gib mir zuerst die Generalquittung über die abbezahlten Schulden des Reiches!

HERMAN ISRAEL: Die führe ich nicht bei mir, und im übrigen soll sie vom Rat in pleno unterzeichnet werden.

KÖNIG *schlägt mit dem Hammer auf den Tisch*: Herman!

HERMAN ISRAEL: Können wir den da nicht weglegen?

KÖNIG: Ich merke, daß du mich irgendwohin führen willst, wohin ich nicht will; du hast Absichten, die ich nicht verstehe. Sprich deutlich, Alter, oder du machst mich rasend! Du willst mich beschwatzen, ein Papier zu unterschreiben. Was ist es?

HERMAN ISRAEL: Der Handels- und Freundschaftsvertrag, nichts anderes! Nichts anderes.

KÖNIG: Den unterschreibe ich niemals, denn ich kenne Lübecks

Freundschaft, und seinen Handel! Sprich über etwas anderes.

HERMAN ISRAEL: Ich habe über nichts anderes zu sprechen! Warum glaubst du mir nicht?

KÖNIG: Weil du lügst!

HERMAN ISRAEL: Weil du in deinem Unglück glaubst, daß ich lüge, wirst du die Wahrheit niemals erfahren.

KÖNIG: Unglück! Ja, ich bin so unglücklich, wie ein Mensch nur sein kann, denn ich habe keinen Freund!

HERMAN ISRAEL: Gösta, es tut mir weh, dich so reden zu hören ..., es schmerzt mich zu sehen, daß menschliche Größe und ein hohes Amt so wenig wahres Glück mit sich bringen. Ich lasse den Gesichtspunkt Dankbarkeit fallen, weil er ein allzu schwebender Begriff für uns Männer ist, aber ich habe dich wie einen Sohn von jener Stunde an geliebt, als vom Gott der Heerscharen dein Schicksal in meine Hände gelegt wurde. Ich habe deine leuchtende Bahn verfolgt, als wäre es meine eigene, ich habe mich deiner Erfolge gefreut, und deine Betrübnis hat mich betrübt ... Oft hat die Pflicht gegenüber den Meinen mir verboten, dir eine helfende Hand zu reichen. Auch deine eigene Härte hat sich zwischen uns gestellt. Aber jetzt, da ich dich so tief zerknirscht sehe und du mich mit einem Vertrauen behandelst, das ich kindlich nennen möchte, will ich einen Augenblick vergessen, daß ich dein Feind bin, denn das bin ich als Lübecker, aber dein Freund als Herman Israel – ich will vergessen, daß ich Kaufmann bin, und – *Pause* – möge ich das niemals bereuen müssen! *Pause.* Und ... und ... kennst du Jon Andersson?

KÖNIG: Nein!

HERMAN ISRAEL: Aber ich, und ich kenne auch Anders Persson und Måns Nilsson! Gestern habe ich ihren Besuch empfangen, und ... Morgen erheben sich die südlichen Provinzen!

KÖNIG: Das war es also! – Oh! – Wer ist dieser Jon Andersson?

HERMAN ISRAEL: Schwer zu sagen. Aber hinter seinem Gesicht zeichnet sich ein anderes ab, das dem Teufel zu gehören scheint. Hast du den Namen Dacke gehört?

KÖNIG: Ja, aber wie in einem Traum. Dacke! – Dacke! Das klingt wie ein Krähenschrei. – Wer ist das?

HERMAN ISRAEL: Das weiß keiner! – Es ist der Name eines Unsichtbaren, den alle kennen, aber keiner je gesehen hat. Und man hat den Namen auf einem Brief gelesen, unterzeichnet – vom Kaiser.

KÖNIG: Vom Kaiser!

HERMAN ISRAEL: Vom Kaiser des Heiligen Römischen Reiches Deutscher Nation!

KÖNIG: Hirngespinste!

HERMAN ISRAEL: Du glaubst mir nicht? Stell mich auf die Probe.

KÖNIG: Ich glaube dir, und ich danke dir! – Du sagst, daß sich Anders Persson und Måns Nilsson hier in meiner eigenen Stadt mit den Aufrührern eingelassen haben?

HERMAN ISRAEL: Ja, so gewiß meine Ohren hören!

KÖNIG: O Gott! O Gott! – Dann bin ich fertig mit ihnen. Zwei Jahre Kampf mit mir selbst und meinem Gewissen, und ich bin endlich fertig mit ihnen! Endlich!

HÖFLING *führt Jakob Israel herein*: Jakob Israel aus Lübeck.

KÖNIG: Wer wagt es, mich zu stören!

JAKOB ISRAEL *tritt vor, fällt auf die Knie, ohne den Vater zu bemerken*: Großer König! Ein geringer Jüngling wagt es, Euch zu stören, denn es gilt Euer Leben!

KÖNIG: Sprich! Mehr! Wer bist du?

JAKOB ISRAEL: Jakob Israel, Euer Gnaden!

KÖNIG *zu Herman Israel*: Es ist dein Jakob, nicht wahr?

Jakob Israel bestürzt, als er seinen Vater gewahrt.

HERMAN ISRAEL: Es ist das Söhnchen!

KÖNIG *zu Jakob Israel*: Was willst du? Schnell – oder hinaus! *Jakob Israel stumm.* Wer trachtet mir nach dem Leben? Ist es Jon Andersson oder der Dacke? Dann weiß ich es bereits. – Wegen deiner guten Absicht und deiner Jugend, vor allem aber um deines Vaters willen verzeihe ich dir!

HERMAN ISRAEL: Aber ich habe nicht das Recht, so schnell zu

verzeihen. – Du bist hergekommen, um deinen Vater anzuzeigen. Antworte: ja oder nein!

JAKOB ISRAEL: Ja!

HERMAN ISRAEL: Hebe dich hinweg und sei verflucht!

JAKOB ISRAEL *fällt vor Herman Israel auf die Knie*: Vater! Verzeih!

HERMAN ISRAEL: Nein, nicht mehr Vater! Frecher, fürwitziger Jüngling, der sich einbildete, Staatskunst und Gesetze der Ehre besser zu verstehen als der, der dich in die Welt gesetzt hat! Du hattest nicht vorausgesehen, daß ich den Beschluß ändern könnte.

KÖNIG: O Herman – verzeih ihm!

HERMAN ISRAEL: Ich habe ihm verziehen, aber unsere heiligen Gesetze nicht! Jakob, nimm diesen Ring und geh zu dem, von dem du weißt. – Aber sag mir zuerst Lebwohl!

JAKOB ISRAEL *stürzt in seine Arme*: Nimm den Fluch von mir, Vater!

Herman Israel benetzt seinen Finger, macht ihm ein Zeichen auf die Stirn und murmelt etwas. Dann küßt er ihm beide Wangen und geleitet ihn nach rechts hinaus.

KÖNIG: Was habt Ihr vor?

HERMAN ISRAEL *erschüttert*: Das war ein Familiengeheimnis. – Nun, gehen wir weiter!

KÖNIG: Oder machen Schluß! – Herman, du hast jetzt deine unerschütterliche Freundschaft bewiesen, und ich danke dir zum letztenmal. Gib mir deine Hand!

HERMAN ISRAEL: Aber nicht zu Versprechen, die ich nicht halten kann.

KÖNIG: Gut, also nicht zu Versprechen! – Leb wohl, und Friede sei mit dir!

HERMAN ISRAEL *gerührt*: Dank!

KÖNIG: Was? Du weinst?

HERMAN ISRAEL: Vielleicht, weil ich genauso unglücklich bin wie du! – Ich habe meinen Sohn verloren!

KÖNIG: Er kommt wieder.

HERMAN ISRAEL: Niemals! – Leb wohl! *Geht.*

KÖNIG *begleitet ihn zur Tür*: Leb wohl! Alter Freund Herman!

Schwiegermutter des Königs von links herein, gekleidet in die Nonnentracht der Zisterzienser.

KÖNIG *grüßt freundlich*: Guten Morgen, Schwiegermutter!

SCHWIEGERMUTTER: Bist du beschäftigt?

KÖNIG: Sehr beschäftigt!

SCHWIEGERMUTTER: Doch nicht so, daß du dir nicht die berechtigte Klage eines Untertanen anhören könntest.

KÖNIG: So bescheiden! Aber laß mich entscheiden, ob deine Klage berechtigt ist; es gibt, weiß Gott, so viele unberechtigte!

SCHWIEGERMUTTER: Wenn ich mich herablasse zu klagen, so sei gewiß, daß ich Gründe habe.

KÖNIG: Aber es müssen gute Gründe sein, wir haben so oft schlechte! – Geht es um Anders Persson und Måns Nilsson?

SCHWIEGERMUTTER: Nein, es geht um mich!

KÖNIG: Da müßtest du wenigstens gut unterrichtet sein!

SCHWIEGERMUTTER: Gibt es Gesetz und Recht in diesem Land?

KÖNIG: Gesetz und Recht, aber auch Unrecht.

SCHWIEGERMUTTER: Weißt du, daß die Mutter deiner Königin – das bin ich – vom Pöbel beschimpft worden ist?

KÖNIG: Nein, das wußte ich nicht, aber ich habe die ganze Zeit darauf gewartet, wie ich dir sagte.

SCHWIEGERMUTTER: Du betrachtest es als recht, demnach ...

KÖNIG: Demnach? Nein, ich betrachte es als unrecht von dir, öffentlich diese Tracht zu tragen, die verboten ist, und nur aus Achtung vor dir und deinem Geschlecht – hm! – habe ich sie dir nicht schon längst vom Leibe reißen lassen!

SCHWIEGERMUTTER: Haha!

KÖNIG: Und daß ich das Kloster Vreta, wo du die Erlaubnis hast, dich aufzuhalten, nicht habe abbrechen lassen, ist unrecht von mir, weil es nach dem Gesetz hätte geschehen müssen.

SCHWIEGERMUTTER: Haha!

KÖNIG: Nachdem du mich schon durch mein erstes Zugeständnis, das Kloster stehenzulassen, in die peinliche Lage gebracht hast, vor dem Volke als Rechtsverdreher dazustehen, hättest du soviel Rücksicht aufbringen müssen, dich nicht in dieser Tracht auf den Straßen zu zeigen. Und da ich dich auf eigenes Risiko in meine Hauptstadt habe kommen lassen, hast du das Risiko auch selbst zu tragen! Um dir nun zu zeigen, daß es Recht gibt, werde ich diejenigen suchen lassen, die dich beschimpft haben, denn sie haben nicht das Recht, dich zu beschimpfen, selbst wenn du die geringste Frau aus dem Volke wärst. Die Angelegenheit ist abgeschlossen! *Geht zur rechten Tür und spricht mit dem Höfling, der dort erscheint*: Ruf vier Mann von der Wache! Stell zwei an diese Tür – *zeigt nach links* – und zwei an diese. *Zeigt nach rechts.*

SCHWIEGERMUTTER: Wie ein Dieb und Mörder muß man sich von seinem eigenen Verwandten behandeln lassen.

KÖNIG: Man muß nicht, aber man kann ..., kommt darauf an, wie man sich aufführt.

SCHWIEGERMUTTER *wirft ihm einen drohenden Blick zu*: Das ist Freiheit!

KÖNIG: Das ist Freiheit – für mich – frei zu sein von verstockten Menschen!

Zwei Wächter herein.

KÖNIG *zeigt zur linken Tür*: An diese Tür! Und keiner wird hereingelassen, buchstäblich keiner. *Da die Wächter zögern.* Und kommt jemand, wer auch immer es sein mag, wer auch immer, und will sich den Zutritt erzwingen, so schlagt ihn nieder, schlagt ihn nieder. *Zur Schwiegermutter*: Ich kann dich nicht hinausweisen, aber ich will dich darauf vorbereiten, daß jetzt, in einer kleinen Weile, in diesem Raum zwei Hinrichtungen vollstreckt werden.

SCHWIEGERMUTTER: Hier?

KÖNIG: Hier! Hast du Lust zuzusehen?

SCHWIEGERMUTTER *geht nach links*: Ich werde gleich gehen,

aber vorher sollst du ein Wort hören, zu deinem eigenen Wohl ...

KÖNIG: Nun denn, wenn es zu meinem Wohl ist. Laß hören!

SCHWIEGERMUTTER: Dieser Herman Israel, den du für deinen Freund hältst, redet schlecht über dich!

KÖNIG: Wenn ich etwas schlecht mache, hat er das Recht, schlecht über mich zu reden! Nicht wahr?

SCHWIEGERMUTTER *geht wütend*: Mit dir lohnt es sich nicht, vernünftig zu reden.

KÖNIG: Nein! Nun weißt du es endlich. – Endlich! *Geht zur rechten Tür.* Laß Magister Olaus Petri herein!

Magister Olaus herein.

KÖNIG: Guten Tag, Olof! – Ich habe dein Schreiben über die Untersuchung in Kopparberget gelesen, und ich bin zufrieden mit dir. – Hat man Anders Persson und Måns Nilsson verhaftet?

MAGISTER OLAUS: Sie sind seit heute nacht in Haft.

KÖNIG *geht zur rechten Tür*: Befehlt, daß Anders Persson und Måns Nilsson sofort hierheraufgeführt werden! *Zu Olof*: Hast du Beweise dafür, daß die Verhafteten sich in die Verschwörung mit Jon Andersson eingelassen haben?

MAGISTER OLAUS: Beweise und Zeugen.

KÖNIG: Gut! – Sag mir jetzt eines ... Was hältst du von Herman Israel, als Mensch und besonders in seinem Verhältnis zu mir?

MAGISTER OLAUS: Er scheint mir ein guter und treuer Freund Eurer Gnaden zu sein; als Person an sich ist er in allem ehrenhaft, groß im Denken und redlich im Handeln.

KÖNIG: Es ist mir eine Freude, das gerade jetzt zu hören, wo ich den Glauben an Freunde fast verloren habe. Du meinst also, daß ich mich auf ihn verlassen kann?

MAGISTER OLAUS: Völlig!

KÖNIG: Hast du von der Unruhe in den südlichen Provinzen reden hören?

MAGISTER OLAUS: Leider, ja!

KÖNIG: Es soll recht ernst sein.

MAGISTER OLAUS: So ernst, daß nur ein schnelles und kraftvolles Eingreifen das Land retten kann.

KÖNIG: Hast du den Namen des Kaisers im Zusammenhang mit dieser Unruhe nennen hören?

MAGISTER OLAUS: Ja, das habe ich!

KÖNIG: Gib mir einen Rat, wenngleich nicht gesagt ist, daß ich ihm folgen werde! – Was würdest du an meiner Stelle mit Anders Persson und Måns Nilsson machen?

MAGISTER OLAUS: Sie hinrichten lassen, bevor die Sonne heute untergegangen ist.

KÖNIG: Du bist streng, Olof.

MAGISTER OLAUS: Warum nicht?

KÖNIG: Würdest du nachts schlafen können, nach einer solchen – Strenge, glaubst du das?

MAGISTER OLAUS: Erst dann würde ich ruhig schlafen können ...

KÖNIG: Es ist gut! – Hast du mich etwas zu fragen?

MAGISTER OLAUS: Ja, das habe ich, aber es ist eine heikle Frage.

KÖNIG: Nur zu!

MAGISTER OLAUS: Es geht um die Frau Mutter der Königin ...

KÖNIG: Das Volk redet?

MAGISTER OLAUS: Ja, das Volk findet, daß der König, der ihm in seiner Strenge einen neuen Glauben auferlegt hat, nicht aus Familienrücksicht geschriebenes Gesetz brechen lassen sollte ...

KÖNIG: Nicht das Volk, sondern du sagst das ...

MAGISTER OLAUS: Angenommen, ich wäre so frei, meinem König eine Wahrheit zu sagen ...

KÖNIG: Du bist doch kein Hofnarr, der herumläuft und Wahrheiten drischt! *Pause.* Ich will zugeben, daß meine gnädige Schwiegermutter durch ihre Rücksichtslosigkeit meine Stellung gegenüber den Anhängern des neuen Glaubens in ein falsches Licht bringt ... Aber, dieses Zimmer ist kein Schlafgemach, und diese Frage soll hinter den Vorhängen bleiben. – Hast du etwas anderes?

MAGISTER OLAUS: Nichts anderes, aber diese Frage ...

KÖNIG *heftig*: Die löse ich selbst!

MAGISTER OLAUS: Kann Euer Gnaden sie lösen?

KÖNIG: Ich finde, du fragst zuviel!

MAGISTER OLAUS: Wenn die Sache privater Natur wäre, ja; aber da sie das Reich –

KÖNIG: Das verwalte ich! – Ich verwalte das ganze Reich, und wenn du's wissen willst: ich habe diese Frage eben, hier in diesem Raum, zu Ende gebracht. Deine Ratschläge kommen also etwas zu spät. Und Kloster Vreta wird geschlossen sein, bevor du dich auch nur umgedreht hast! Siehst du nun ein, daß ich mit Recht böse werde über deine unnötigen und unerbetenen Fragen?

MAGISTER OLAUS: Ich gebe es zu.

KÖNIG: Dich habe ich meiner Sünden wegen am Hals, aber ich muß um deiner großen Verdienste willen deine Fehler in Kauf nehmen. – Schluß für heute! – Geh zurück zu deiner Kanzel, dort kannst du wettern, hier wettre ich!

Magister Olaus geht nach rechts.

KÖNIG *vor der geschlossenen rechten Tür, halblaut, mit gefalteten Händen*: O ewiger Gott, der du die Geschicke der Völker und Fürsten lenkst, erleuchte meinen Verstand und stärke meinen Willen, damit ich sie nicht zu Unrecht verurteile! *Er bekreuzigt sich und murmelt ein kurzes Gebet, dann öffnet er die Tür*: Führt die Gefangenen herein! *Die Tür bleibt offen, der König geht zum Thron und setzt sich.*

Anders Persson und Måns Nilsson werden hereingeführt; sie sehen sich zuerst unruhig um und wollen dann auf den Tisch des Königs zugehen.

KÖNIG: Bleibt dort stehen. *Pause.* Anders Persson und Måns Nilsson, es gab einmal eine Zeit, da ich euch Freunde nannte, ihr wißt wohl, warum. Das ist sehr lange her. Die Dankbarkeit, die ich euch schulde, hat mich die Vorsehung gnädig genug abtragen lassen, als ich euch zu Leben und Gut begnadigte, obwohl ihr beides verwirkt hattet. Es ist zwei Jahre her, seit ihr euch von mir losgesagt und wegen jener Glocken-Sache Krieg gegen mich eröffnet habt. Als Sieger hatte ich das Recht auf eure Köpfe, aber ich ließ euch laufen, und damit ist meine Schuld an euch bezahlt! Eure Undankbarkeit quittierte meine Dankbarkeit, und damit war diese Rechnung beglichen!

Jetzt kommt eine neue Abrechnung, bei der ihr auf der Restantenliste steht. Um eure Gesinnung kennenzulernen, lud ich euch in meine Hauptstadt ein, und daß ich euch im Auge behalten habe, dürftet ihr erraten haben. Aber ich habe auch die Ohren offengehalten, und so vernahm ich, daß ihr euch in neue Verschwörungen eingelassen habt. Kennt ihr Jon Andersson?

ANDERS PERSSON *und* MÅNS NILSSON: Nein!

KÖNIG *erhebt sich und geht zornig auf sie zu*: Kennt ihr Dacke?

ANDERS PERSSON *und* MÅNS NILSSON *fallen auf die Knie*: Gnade!

KÖNIG: Nein! – Keine Gnade mehr! Einmal habt ihr sie erfahren, ein zweitesmal nicht!

Anders Persson und Måns Nilsson wollen sprechen.

KÖNIG: Schweigt! Ich bin es, der spricht. – Ihr wollt von Freundschaft reden. Ich bin nicht freund mit meinen Feinden, und ich kenne euch nicht einmal, da ich die Bekanntschaft aufgesagt habe. Wenn ich alte Zuneigung auf meinen Beschluß einwirken ließe, wäre ich kein unparteiischer Richter, und wer sich die Ungnade des Gesetzes zugezogen hat, dem ist mit meiner Gnade nicht geholfen! – Genug gesprochen jetzt! *In der Tür rechts.* Wache, führt die Delinquenten ab!

ANDERS PERSSON: Und das Urteil?

KÖNIG: Leben, Ehre und Gut!

Måns Nilsson macht eine Geste, als wolle er dem König die Hand reichen.

KÖNIG: Meine Hand? Nein! Dem Henker kannst du die Hand schütteln, und den Richtblock magst du küssen!

ANDERS PERSSON: Ein Wort!

KÖNIG: Nein, kein einziges.

Anders Persson und Måns Nilsson werden abgeführt.
Der König hat ihnen den Rücken gewandt und geht zum Thron, dort sinkt er nieder und verbirgt das Gesicht in den Händen.

VIERTER AKT

Ein Platz am Fuße des Brunkebergs. In der Mitte eine Fontäne.
Rechts das Haus des Hansakontors aus rotem Backstein mit gotischen Fenstern, die außen mit großen Eisengittern, innen mit Fensterläden verschlossen sind. Verriegeltes Tor, darüber Lübecks Wappen und Flagge.
Links eine Taverne mit Schild „Der goldene Apfel", davor Bänke und Tische unter grünen Bäumen; eine Laube mit Tisch und Bank im Vordergrund.
Im Hintergrund die Kuppe des Brunkebergs mit mehreren Galgen, Rädern und anderem Foltergerät.
Vor dem Hansakontor eine Bank.
Am Brunnen stehen Agda und Karin. Agda mit einem Wasserkrug, Karin mit einem Korb voller Blumen und Kränze.

AGDA: Du fragst, was das für ein großes, rotes Haus ist. Vor einigen Jahren war es ein Kloster, der heiligen Clara, jetzt ist es ein Hansakontor.

KARIN: Kaufen sie Blumen dadrin?

AGDA: Das glaube ich nicht, aber früher habe ich oft Blumen hergebracht, als eine Mutter Gottes dort in der Ecke stand. – Ich wünschte, sie wäre noch dort!

KARIN: Was macht man in diesem Haus? Es werden so seltsame Geschichten erzählt, und keiner wird eingelassen ...

AGDA: Hast du das auch gehört? Sie kaufen und verkaufen wohl wie alle Lübecker.

KARIN: Das versteht sich, aber es heißt, daß Menschen verschwinden, und die Leute sagen, die dadrinnen sind Heiden, die opfern ...

AGDA: Hast du das auch gehört? – Das kann wohl nicht wahr sein. Sag, hörst du!

KARIN: Ich, ich weiß doch nicht, aber warum beunruhigt dich das?

Agda schweigt.

KARIN: Der Klatsch sagt, du hast einen Freund dadrin, ist das wahr?

AGDA: Ja, da du es schon weißt. Aber ob er noch dort ist? Wenn ich es nur wüßte!

KARIN: Ich werde läuten und nachfragen.

AGDA: Nein, nein – du kennst diese Leute nicht.

KARIN: Glaubst du, sie fressen mich auf! *Geht zum Tor und läutet; man hört eine Glocke.* Hör nur! Das ist die alte Vesperglocke, ich erkenne sie wieder. Bing, bong! Bing, bong!

AGDA: Hör auf, hör auf! Es kann jemand kommen!

KARIN: Das ist ja die Absicht. Aber es kommt keiner. Du liebe Güte – das ist ein unheimliches Haus! Von mir aus – mir reicht es jetzt. – Hör mal, Agda, du kennst doch Prinz Erik?

AGDA: Ja! Und er war schuld, daß die „Blaue Taube“ geschlossen wurde. Nun bin ich hier gegenüber, im „Goldenen Apfel“.

KARIN: Er soll höflich zu dir gewesen sein?

AGDA: Nein, er war äußerst unhöflich, äußerst gemein!

KARIN: Da war er betrunken, sonst ist er meistens unglücklich, heißt es.

AGDA: Kennst du ihn?

KARIN: Nein, ich habe ihn nur gesehen und kann seinen traurigen Blick und sein langes Gesicht nicht vergessen. Er erinnert mich so an eine Puppe, die ich einmal hatte und die ich Blinda

Bleichgesicht nannte – sie sind bestimmt garstig zu ihm, auch zu Hause!

AGDA: Ja, das mag sein, aber man braucht kein Schwein zu sein, weil man unglücklich ist.

KARIN: Warum sprichst du so; er trinkt Wein wie alle jungen Herren ... Und – pst, es kommt jemand ...

AGDA: Leb wohl, Karin, ich muß schnell hinein ... *Geht ab nach links in die Taverne.*

KARIN *zieht sich nach rechts zurück*: Ich komme wieder.

Prinz Erik und Göran Persson aus dem Hintergrund herein.

PRINZ ERIK: Hier ist meine neue Weinquelle ..., komm schnell in die Laube hier!

GÖRAN PERSSON: Und Agda ist auch hier!

PRINZ ERIK: Na und? *Klopft auf den Tisch.*

Agda kommt heraus.

PRINZ ERIK *zu Agda*: Bring Rheinwein her, und mach dich dann unsichtbar! *Zu Göran Persson*: Göran! Weißt du, daß wir vor einem entscheidenden Augenblick stehen, wo ich bereit sein muß einzugreifen? Der König hat den Verstand verloren und begeht Handlungen, die nicht zu verantworten sind. Gestern abend hat er den Männern aus Dalarna den Kopf abschlagen lassen, und heute kommt die Nachricht, daß seine Truppen von den småländischen Bauern, die über Holaveden heraufgekommen sind, geschlagen wurden! – Die Dalekarlier werden sich erheben, und dann ist alles verloren.

GÖRAN PERSSON: Was rührt uns das? Mag die Welt untergehen, ich werde lachen!

PRINZ ERIK: Aber der Höhepunkt des Wahnwitzes ist dies: da die Schatzkammer geleert ist, will der König in seiner unglaublichen Einfalt Geld von den Lübeckern leihen, die seine Feinde sind.

GÖRAN PERSSON: Von wem soll man sich Geld holen, wenn nicht von seinen Feinden?

PRINZ ERIK: Wenn ich noch nicht verrückt bin, dann bringst du mich dazu! – Bleib einen Augenblick ernsthaft!

GÖRAN PERSSON *deklamiert*:

„Der Würfel rollt, das Gold erklingt,
es perlt der Wein, das trunkne Auge funkelt.
Zum Freudenmädchen jeder eilt, der trinkt,
wenn nächtlich es für kurze Stunden dunkelt."

Agda ist mit dem Wein gekommen.

PRINZ ERIK *lacht töricht über Göran Perssons Vortrag*: Haha! Das ist gut! Hab ich selbst gemacht! – Na, Agda oder Magda, wo ist dein Pfandleiher heute?

Agda schweigt.

PRINZ ERIK: Weißt du, daß die Hanseaten dadrinnen Knaben schlachten, um sie dem Hundetürken zu schicken?

AGDA: Ist das wahr?

PRINZ ERIK: Ein bißchen wahr schon.

GÖRAN PERSSON: Laß die Kleine gehen, bevor sie anfängt zu weinen; ich mag Tränen nicht.

PRINZ ERIK: Du hast bestimmt nie geweint, Göran.

GÖRAN PERSSON: Doch, einmal: als ich auf diese Welt hier kam, und dann einmal vor Wut.

PRINZ ERIK: Du bist ein Aas, Göran.

Agda geht in die Taverne.

GÖRAN PERSSON: Indes: du willst also den Gang der Ereignisse ausrechnen und aufgrund dieses falschen Kalküls einen Entschluß fassen. Hast du nicht gemerkt, wie wir mit all unseren Berechnungen zum Narren gehalten wurden? – Die Götter spielen! – Manchmal handeln wir klug, und da geht es zum Teufel; manchmal machen wir das Verrückteste, was sich denken läßt, und da läuft es richtig. Es ist ein rechter Scheißdreck alles zusammen!

PRINZ ERIK: Das ist auch meine Meinung, aber es liegt schon eine Art Vernunft darin.

GÖRAN PERSSON: Das kann ich nicht finden, es ist genauso wie das Würfeln!

PRINZ ERIK: Dann laß den Würfel rollen!

GÖRAN PERSSON: Laß den Würfel rollen! Das ist das Wort! Jetzt wird um Krone oder Halseisen gewürfelt ..., ob der Småländer die Krone und der König das Halseisen bekommen soll! – Nein, sieh an, wer kommt denn da?

Karin herein von rechts.

PRINZ ERIK *fixiert sie*: Wer – ist – das?

GÖRAN PERSSON: Ein Blumenmädchen.

PRINZ ERIK: Nein – es – ist – etwas anderes! – Siehst du?

GÖRAN PERSSON: Was soll ich sehen?

PRINZ ERIK: Du sollst sehen, was ich sehe, aber das kannst du nicht.

Karin vor, fällt vor Erik auf die Knie und reicht ihm einen Kranz.

PRINZ ERIK *steht auf, nimmt den Kranz und setzt ihn Karin auf. Zu Göran Persson*: Siehst du, nun ist die Krone bekränzt!

GÖRAN PERSSON: Die Krone?

PRINZ ERIK: Hast du sie nicht gesehen? *Zu Karin*: Steh auf, mein Kind. Du sollst nicht vor mir niederknien, aber ich vor dir! Ich will nicht fragen, wie du heißt, denn ich weiß, wer du bist, obwohl ich dich niemals gesehen oder von dir gehört habe! – Was wünschst du von mir? Sprich!

KARIN *einfach*: Daß Euer Gnaden Blumen kaufen.

PRINZ ERIK: Stell deine Blumen dorthin. *Streift einen Ring ab und gibt ihn ihr.* Hier, nimm.

KARIN: Nein, Euer Gnaden! Diesen Ring kann ich nicht tragen, der ist zu fein für mich, und verkaufen kann ich ihn auch nicht, denn dann würde man mich für eine Diebin halten.

PRINZ ERIK: Du bist ebenso klug wie schön. *Gibt ihr Geld.*

KARIN: Danke, Euer Gnaden, aber das ist zuviel.

PRINZ ERIK: Da du den Preis nicht genannt hast, bestimme ich ihn!

Karin geht.

PRINZ ERIK: Hast du gesehen?

GÖRAN PERSSON: Nein, ich habe rein gar nichts gesehen!

PRINZ ERIK: Hast du denn gehört? Hast du nicht diese Stimme gehört?

GÖRAN PERSSON: Eine gewöhnliche Dienstmagdstimme, ein bißchen schnippisch!

PRINZ ERIK: Göran, schweig! Ich liebe sie!

GÖRAN PERSSON: Es ist nicht die erste.

PRINZ ERIK: Doch, die erste; die einzige!

GÖRAN PERSSON: Na, dann verführ sie doch!

PRINZ ERIK *zieht seinen Degen*: Nimm dich in acht, oder bei Gott ...

GÖRAN PERSSON: Will er schon wieder stechen?

PRINZ ERIK: Ich weiß nicht, was geschehen ist, aber von dieser Stunde an verabscheue ich dich; ich kann nicht in einer Stadt mit dir sein, deine Augen beschmutzen mich, und dein ganzes Wesen stinkt! Deshalb gehe ich weg von dir und will dich nie mehr zu Gesicht bekommen! – Ich verlasse dich, als wäre ein Engel gekommen und hätte mich aus der Höhle des Bösen geholt. Ich verabscheue das Vergangene so, wie ich dich verabscheue und mich selbst!

Folgt Karin.

GÖRAN PERSSON: Das hier scheint ernst zu sein! Aber du kommst schon zurück! *Haut auf den Tisch.*

Agda herein.

GÖRAN PERSSON: Kennst du das Blumenmädchen Karin?

AGDA: Ja, ich kenne sie.

GÖRAN PERSSON: Was ist das für eine Person?

AGDA: Ein freundliches und gutes Mädchen, ich habe nie etwas Böses über sie gehört.

GÖRAN PERSSON: Kannst du etwas Schönes an ihr entdecken?

AGDA: Nein, aber sie ist ganz hübsch, und man sieht ihre Güte leuchten.

GÖRAN PERSSON: Aha, das war es, was er gesehen hat!

AGDA: Hört, Herr Sekretär, Ihr seid doch nicht so böse, wie die Leute sagen?

GÖRAN PERSSON: Mein Kind, ich bin niemals zu jemand böse, aber die ganze Welt ist böse zu mir, seit ich geboren bin!

AGDA: Warum redet Ihr nicht immer in diesem Ton?

GÖRAN PERSSON: ... Indessen ist der Prinz verliebt, verhext!

AGDA: Der Arme! – Sagt, Herr Sekretär, ist der Prinz ganz gescheit?

GÖRAN PERSSON: Du bist köstlich mit deinen Fragen! – Laß mich nun dich fragen: Hm! – glaubst du, daß eine Frau mich, hm!, lieben könnte?

AGDA: Nein.

Göran Persson zeigt sich verletzt.

AGDA: Doch, wenn Ihr ein guter Mensch werden könntet!

GÖRAN PERSSON: Wie, zum Teufel, soll man das denn werden können?

AGDA: Sch, sch!

GÖRAN PERSSON: Wenn man nie etwas Gutes sieht, wie soll man dann daran glauben können!

AGDA: Sagt mir, Herr Sekretär, hat der Prinz das ernst gemeint, was er über die Hanseaten gesagt hat und das, was in dem Haus dort vorgeht?

GÖRAN PERSSON: Nein, mein Kind, das war ein grausamer Scherz von ihm! Aber gegen das, was sie dort treiben, kann keine Macht Schwedens etwas tun, soviel mußt du wissen, wenn du dich um deinen Jakob sorgst.

AGDA: Wollt Ihr mir einen guten Dienst erweisen? Er kostet nichts.

GÖRAN PERSSON: Von Herzen gern, mein Mädchen.

AGDA: Bringt etwas über Jakob in Erfahrung! – Er hatte sich mit mir verabredet, aber er ist nicht gekommen. Wir haben am Tor geläutet, aber niemand hat aufgemacht.

GÖRAN PERSSON: Ich will dich nicht traurig machen, Agda, aber leider habe ich Anlaß zu glauben, daß die Lübecker abgereist sind, weil der Aufruhr ausgebrochen ist.

AGDA: Und er kommt nicht wieder?

GÖRAN PERSSON: Ich prophezeie ungern, weil es mit meinen Prophezeiungen immer schiefgeht, aber ich glaube nicht, daß er so bald wiederkommt.

AGDA *fällt auf die Knie*: Herr Jesus!

GÖRAN PERSSON *steht auf und richtet sie auf*: Was ist dir, mein Mädchen! – Sag es mir. *Halblaut*. Ein Kind?

AGDA: Er hat mir die Ehe versprochen!

GÖRAN PERSSON *wirklich bewegt*: Arme Frau!

Agda betrachtet ihn.

GÖRAN PERSSON: Immer nur Elend, wenn Liebe im Spiel ist.

AGDA: Ihr verachtet mich nicht?

GÖRAN PERSSON: Ich habe Mitleid mit dir, wie mit uns allen.

AGDA: Seht Ihr, nun gibt es etwas Gutes!

GÖRAN PERSSON: Wo?

AGDA: An Euch!

GÖRAN PERSSON: Phhh! – Kann ich noch etwas anderes für dich tun?

AGDA: O ja, wenn der Herr Sekretär nach Lübeck schreiben und Jakob fragen wollten ...

GÖRAN PERSSON: Ich mag zwar solche Liebesgeschichten nicht, aber schreiben werde ich auf jeden Fall, sofern sich bestätigt, daß er abgereist ist.

AGDA *will seine Hand küssen, er zieht sie schnell zurück*: Dank!

GÖRAN PERSSON: Was tust du, Mädchen; ich bin doch kein Bischof! – Doch still jetzt, hier kommt hoher Besuch, und da gehe ich!

Es ist dunkel geworden.

AGDA: Aber vergeßt mich nicht, guter Herr Sekretär!

GÖRAN PERSSON: Du glaubst mir nicht? Na, es gibt auch nicht viel zum Dranglauben! *Geht nach rechts.*

Der König, gekleidet in seinen weiten blauen Mantel, mit großem Schlapphut und einem Wildschweinspieß als Stock. Prinz Johan, einfach gekleidet, als wollte er nicht erkannt werden.

KÖNIG *sieht sich um*: Meinst du, man erkennt uns?

PRINZ JOHAN: Nein, Vater, ich meine nicht.

KÖNIG: Dann läute!

PRINZ JOHAN *läutet am Tor des Hansakontors*: Die Türglocke geht nicht.

KÖNIG: Dann klopfe!

PRINZ JOHAN *klopft*: Keiner antwortet!

KÖNIG *setzt sich auf die Bank*: Ich muß Herman Israel heute abend treffen, ich muß.

PRINZ JOHAN: Du bist unruhig, Vater.

KÖNIG: Ja, ich bin wahrhaftig nicht ruhig!

Pause.

PRINZ JOHAN: Hast du Geldsorgen?

KÖNIG: Sprich nicht davon! – Klopf noch einmal!

PRINZ JOHAN *klopft*: Es ist keiner da.

Eine Schar Bettler kommt, sie fallen vor dem König auf die Knie und halten die Hände hin.

KÖNIG: Verhöhnt ihr mich?

1. BETTLER: Gestrenger Ritter, wir kommen um.

KÖNIG: Ich komme auch um! – Warum bettelt ihr?

2. BETTLER: Ja ..., ich, ich werd's sagen. Der König hat den Armenzehnten einbehalten und gesagt: bettelt!

KÖNIG: Wofür brauchte er den Armenzehnten?
1. BETTLER: Für Prinz Eriks Lie – Liebschaften!
KÖNIG: Für die Schulden des Reiches, ihr Lumpengesindel! *Zu Johan*: Gib ihnen Geld, damit sie gehen!
PRINZ JOHAN *teilt Geld aus*: Da, teilt es, aber geht. Sofort!

Bettler ab.

KÖNIG: Wer hat sie vorgeschickt? – Jemand hat sie geschickt. – Klopf noch einmal!

Prinz Johan klopft.

KÖNIG: Demütigung ohnegleichen! Siehst du, Sohn, keiner ist so hoch oben, daß er nicht manchmal hinabsteigen müßte. Aber das hätte ich mir niemals träumen lassen. *Nimmt den Hut ab und trocknet sich den Schweiß von der Stirn.*
PRINZ JOHAN: Darf ich reden!
KÖNIG: Nein, denn ich weiß, was du sagen willst.

Frau Nilsson erscheint, geführt von Barbro; beide in Trauer. Barbro hat ein Schreiben in der Hand.

BARBRO *zu Frau Nilsson*: Das ist der Ratsherr selbst!
FRAU NILSSON: Ist es Herman Israel, der dort sitzt? Meine Augen sind vor Kummer erloschen.
BARBRO: Das muß er sein.

Frau Nilsson und Barbro nähern sich dem König.

BARBRO *zum König*: Seid Ihr der Ratsherr?
KÖNIG: Was wollt ihr von ihm?
BARBRO: Gestrenger Herr Syndikus, wir sind die Hinterbliebenen des verschiedenen Måns Nilsson und kommen, den Ratsherrn um Fürsprache beim König anzuflehen.
KÖNIG: Was kann der Ratsherr in der Sache tun?
BARBRO: Man sagt, er sei der einzige Freund des Königs, und

deshalb wollen wir durch ihn versuchen, die Rückgabe unseres Eigentums zu erwirken, das man uns zu Unrecht genommen hat.

KÖNIG: Zu Unrecht? Måns Nilsson wurde als Verräter verurteilt, Leben und Gut zu verlieren. Und das war recht.

BARBRO: Aber das Erbe der unschuldigen Witwe, das sie mit in die Ehe gebracht hat, sollte nicht dazu gehören.

KÖNIG: Wie heißt du?

BARBRO: Ich bin auf den Namen Barbro getauft, und der König selbst stand Pate, als er oben in Dalarna war!

KÖNIG *erhebt sich und setzt sich wieder*: Barbro! – Hast du den König jemals gesehen?

BARBRO: Nein, und damals war ich zu klein, um ihn wiederzuerkennen. Aber als er letztens Kopparberget besuchte, erwartete Vater ihn zu Hause, und wir Kinder sollten ihn mit einem Lied begrüßen.

KÖNIG: Was war das für ein Lied?

BARBRO: Ich kann nicht mehr singen, seit Vater so erbärmlich gestorben ist; aber es handelte von König Gustav und den Dalekarliern und endete so:

„Ihr habt zu mir gestanden
als treue Schweden mein.
Will Gott mir's Leben gönnen,
soll's euch vergolten sein."

KÖNIG: Sag etwas Böses über den König!

BARBRO: Nein, denn Vater hat gesagt, daß wir das niemals tun dürfen, auch wenn wir es andere sagen hörten.

KÖNIG: Hat Vater das gesagt?

BARBRO: Ja.

KÖNIG: Geht in Frieden, ich werde mit dem König sprechen, und Recht soll Euch werden, denn er will Recht und tut recht!

BARBRO *auf Knien, nimmt die Hand des Königs und küßt sie*: Wäre uns der König genauso gewogen wie Ihr, Ratsherr, dann hätte es keine Not.

KÖNIG *legt die Hand auf Barbros Kopf*: Das ist er, mein Kind, und seine Patentochter verleugnet er nicht. Geht in Frieden!

Frau Nilsson und Barbro gehen.

KÖNIG *zu Prinz Johan*: Wer hat sie vorgeschickt? – Wer? – Hier sitze ich auf der Anklagebank, ich, der höchste Richter.

PRINZ JOHAN: Darf ich ein Wort sagen?

KÖNIG: Nein! Ich kann mir selbst all das sagen, was du sagen willst. Ich kann mir sagen, daß sich die Hand des Herrn schwer auf mich gelegt hat, ohne daß ich jedoch verstehe, warum. Denn wenn Gott durch das Gewissen und die Gebete spricht, dann hat er mir befohlen, so zu handeln, wie ich gehandelt habe. Warum mein Gehorsam jetzt bestraft wird, fasse ich nicht. Aber ich beuge mich der höheren Weisheit, die über meinen Verstand geht! *Pause.* Sie war meine Patentochter, und ihr Vater war mein Freund, den ich köpfen lassen mußte. – O grausames Leben, das gleichwohl gelebt werden muß! *Pause.* Klopf noch einmal!

MARCUS *in Reisekleidung, herein von rechts*: Euer Gnaden! *Beugt das Knie.*

KÖNIG: Sind es noch mehr?

MARCUS: Botschaft von Herman Israel!

KÖNIG: Endlich! – Sprich!

MARCUS: Herman Israel hat heute nachmittag bei Älvsnabben die Anker gelichtet und segelt heim nach Lübeck!

KÖNIG *erhebt sich*: Dann bin ich verloren! – Gott helfe mir!

PRINZ JOHAN: Und uns allen!

Sie gehen. Marcus geht zur Taverne und klopft auf den Tisch.

AGDA *kommt heraus*: Bist du es, Marcus?

MARCUS: Ja, Agda, ich bin's!

AGDA: Wo ist Jakob?

MARCUS: Er hat eine Reise unternommen, eine lange Reise.

AGDA: Wohin?

MARCUS: Das kann ich nicht sagen, aber er bat mich, dich zu grüßen und dir diesen Ring zu übergeben.

AGDA: Zur Erinnerung oder als Brautgabe?

MARCUS: Lies die Inschrift!

AGDA: Buchstabieren kann ich ein wenig! „Für ewig" steht da. Was bedeutet das?

MARCUS: Das bedeutet wohl: leb wohl, für ewig!

AGDA *schreit*: Nein! Das bedeutet, daß er tot ist!

Marcus schweigt.

AGDA: Wer hat ihn getötet?

MARCUS: Das Gesetz und sein Vergehen! – Er hat sich gegen seinen Vater erhoben und sein Land verraten!

AGDA: Um mein Land zu retten! – Was soll aus mir werden?

MARCUS *zuckt die Schultern*: Tja. So ist das hier auf der Welt. Nur Hinterlist und Unsicherheit!

AGDA: Weh mir, er war wie all die anderen!

MARCUS: Ja. Sie sind sich ziemlich gleich, die Menschen; und sind sie nicht schlechter, dann sind sie auch nicht besser! Adieu.

Magister Olaus Petris Arbeitszimmer. Rechts und links eine Tür.
Magister Olaus sitzt und schreibt.

KRISTINA *steht daneben und wartet mit einem Brief in der Hand*: Störe ich?

MAGISTER OLAUS *ruhig, kalt*: Da ich schreibe!

KRISTINA: Bist du sicher, daß du schreibst?

MAGISTER OLAUS: Völlig sicher!

KRISTINA: Aber ich habe die Feder sich lange nicht bewegen sehen ...

MAGISTER OLAUS: Weil ich dann nachdenke.

KRISTINA: Es war einmal ...

MAGISTER OLAUS: Es war einmal, ja.

KRISTINA: Darf Reginald hereinkommen und Abschied nehmen?

MAGISTER OLAUS: Ist es schon soweit?

KRISTINA: Das Fuhrwerk wartet, und alles ist gepackt.

MAGISTER OLAUS: So mag er kommen!

KRISTINA: Bist du sicher, daß er nach Wittenberg soll, um zu studieren?

MAGISTER OLAUS: Ich habe zuviel Unsicherheit gesehen, als daß ich in irgend etwas sicher sein könnte, das weißt du. – Hast du Anlaß, die Durchführbarkeit des Reiseplans zu bezweifeln, so sag es!

KRISTINA: Wenn ich auch Zweifel hätte, würde ich dich nicht stören wollen!

MAGISTER OLAUS: Immer gleich liebenswürdig! – Willst du Reginald hereinbitten?

KRISTINA: Alles, was du befiehlst, tue ich.

MAGISTER OLAUS: Und da ich niemals befehle, sondern bitte, so ...

KRISTINA: Wenn du deinem Herrn Sohn ein einziges Mal befehlen wolltest, dann würde er vielleicht etwas höflicher und gehorsamer gegenüber seiner Mutter sein!

MAGISTER OLAUS: Reginald ist gewiß hart, aber du hast unrecht, wenn du ihn dazu erziehen willst, dir allein zu höherem Vergnügen zu sein!

KRISTINA: Bist du auf der Seite der Kinder gegen die Eltern?

MAGISTER OLAUS: Das bin ich meines Wissens immer gewesen, wenn es die berechtigten Forderungen der Kinder gilt.

KRISTINA: Berechtigt? Sind Kinder berechtigt, etwas zu fordern?

MAGISTER OLAUS: Gewiß doch! Hast du vergessen wie wir ...

KRISTINA: Ja, ich habe all das alte Zeug vergessen. Ich habe vergessen, wie du geschworen hast, daß du mich liebst, und all das Gelärme um des Papstes Bart und die Silberdiebstähle und den Glockenschwindel und das reine Bekenntnis und gebratene Gänse und gackernde Schwäne und Märtyrer mit goutte militaire und Christi Nachfolge mit Wein und Frauen und wie sie einander die Augen ausgekratzt und die Haare ausgerauft haben, so daß wir nun fünfundzwanzig neue Lehren haben statt der einen heiligen allgemeinen Kirche. Ich habe alles zusammen vergessen!

MAGISTER OLAUS: Du hast vielleicht recht getan daran. – Willst du Reginald herrufen!

KRISTINA: Gut. Ich werde ihn rufen. Das wird ein wahrhaft großes Vergnügen werden! *Geht nach links.*

MAGISTER OLAUS *allein, spricht mit sich selbst*: Die Glückliche, die alles vergessen hat! – Ich, ich erinnere mich!

Kristina mit Reginald herein.

REGINALD: Mutter soll hinausgehen, ich kann nicht sprechen, wenn sie dabei ist!

MAGISTER OLAUS: Wir werden nicht soviel sprechen!

KRISTINA: Ich werde nicht ein Wort sagen, nur euch zuhören und euch vor allem ansehen! *Setzt sich.*

REGINALD: Nein, du darfst uns nicht ansehen!

MAGISTER OLAUS: Beruhige dich, mein Junge! – Und sei höflich zu deiner Mutter. Wenn man auf eine Reise geht, weiß man nie, ob man wieder nach Hause kommt!

REGINALD: Um so besser!

MAGISTER OLAUS *schmerzlich berührt*: Was soll das heißen?

REGINALD: Ach, ich bin all dessen so überdrüssig, ich wünschte, ich wäre tot!

MAGISTER OLAUS: So spricht die Jugend heutzutage!

REGINALD: Aber warum? Darum, weil wir nicht wissen, was wir glauben sollen.

MAGISTER OLAUS: Nicht? Kennt ihr nicht die Glaubensartikel! Glaubt ihnen!

REGINALD: Den Artikeln! Wißt Ihr nicht, daß es das Werk Gottes ist, daß Ihr glaubt?

MAGISTER OLAUS: Bist du Calvinist?

REGINALD: Ich weiß nicht, was ich bin – wenn ich mit Prinz Johan spreche, sagt er, ich sei Papist, und wenn ich Prinz Erik treffe, meint er, ich sei ein Zwinglianer.

MAGISTER OLAUS: Willst du nun nach Wittenberg reisen und bei Doktor Martin Luther in die Glaubenslehre gehen?

REGINALD: Ich kenne doch seine Lehren, aber ich glaube nicht an sie!

MAGISTER OLAUS: Soo?

REGINALD: Nein, weil für ihn der Glaube alles ist und die Handlungen nichts. Ich bin gläubig gewesen, aber meine Handlungen wurden nicht ein bißchen besser, und schließlich fühlte ich mich nur noch wie ein Heuchler!

MAGISTER OLAUS: Ist Prinz Johan Katholik?

REGINALD: Er müßte es sein, da für ihn die Handlungen zählen, die ja trotz allem wohl die Hauptsache sind!

MAGISTER OLAUS: Und Prinz Erik, sagst du, ist reformiert?

REGINALD: Was seinen Glauben an die Gnadenwahl betrifft, ja! Und Göran Persson ist sicher Satanist – und der junge Sture ganz gewiß Anabaptist ...

MAGISTER OLAUS: Das war mir neu! – Ich glaubte, die Zeit der Entzweiung sei vorbei ...

REGINALD: Entzweiung, ja! Das ist auch immer Johans Wort; wir hatten eine allgemeine Kirche, und dann ...

MAGISTER OLAUS: Halt den Mund und geh nach Wittenberg!

REGINALD: Da du, Vater, es wünschst – aber ich will nicht mehr Theologie studieren!

MAGISTER OLAUS: Warum denn nicht?

REGINALD: Ich glaube, das ist Teufelswerk, um die Menschen zu Feinden zu machen.

KRISTINA: Gut, Reginald! Gut!

MAGISTER OLAUS: Das muß ich in meinem eigenen Hause erleben! Pulchre, bene, recte! – Reginald, wer, glaubst du, hat diese Entzweiung verursacht, unter der du und die Jungen jetzt leiden?

REGINALD: Das ist schnell gesagt!

MAGISTER OLAUS: Nun gut, du meinst uns, die Älteren! Aber wir waren ja auch einmal Kinder und wurden von unseren Propheten unseres Jugendglaubens beraubt. Wer hat denn schuld?

REGINALD: Niemand!

MAGISTER OLAUS: Was willst du nun für deine Zukunft, Reginald?

REGINALD: Meine Zukunft? Ich sehe sie wie einen grauen Nebel, in dem nie die Sonne leuchten wird, und wenn einmal ein

Lichtstrahl hindurchdringt, wird man entdecken, daß es ein Irrlicht ist, das uns vom Wege führt!

MAGISTER OLAUS: So habe ich es auch einmal betrachtet, und als ich in deinem Alter war, sah ich wie in einer Vision meine schreckliche Zukunft: den Kelch und den Schandpfahl, und dennoch mußte ich dorthin, mußte in den Nebel, und selbst das Irrlicht tragen, das die Wanderer in die Irre führen sollte. Ich habe sogar diesen Augenblick vorausgesehen, da mein Sohn vor mir stehen und sagen würde: Sieh mich an – dazu hast du mich gemacht. Deshalb – und das wirst du gemerkt haben – war ich nicht überrascht.

REGINALD: Was soll ich denn tun? Gib mir einen Rat!

MAGISTER OLAUS: Du wirst ihm ebensowenig folgen, wie ich Ratschlägen gefolgt bin.

REGINALD: Dann sag mir wenigstens eins, sag mir: was ist das Leben?

MAGISTER OLAUS: Das weiß ich nicht. Aber ich glaube, es ist eine Strafe oder eine Prüfung. In deinen Jahren glaubte ich alles zu wissen und alles zu verstehen! Nun weiß ich nichts und verstehe nichts und beschränke mich deshalb darauf, meine Pflicht zu tun und alles geduldig zu tragen.

REGINALD: Aber ich will wissen!

MAGISTER OLAUS: Du willst das wissen, was man nicht wissen darf! Versuch's! Und geh unter! – Indes: willst du reisen oder nicht?

REGINALD: Ich werde nach Wittenberg reisen und Luther von seinem Sockel reißen!

MAGISTER OLAUS *nicht ironisch*: So soll es klingen! O Jugend, wie herrlich bist du, Alexander gleich, in deinem Kummer darüber, daß es nichts mehr niederzureißen gibt!

KRISTINA: Bist du kein Lutheraner?

MAGISTER OLAUS: Ich bin Protestant!

KRISTINA: Wenn ihr jetzt fertig seid, möchte ich mit einem Wort sagen, was Luther ist, nur mit einem.

MAGISTER OLAUS: Sag es schon, bevor du platzt!

KRISTINA: Luther ist tot!

MAGISTER OLAUS: Tot?

KRISTINA: Ja, mein Schwager schreibt es aus Magdeburg – in diesem Brief.

MAGISTER OLAUS *erhebt sich*: Tot! *Zu Reginald*: Armer Alexander, was willst du nun niederreißen?

REGINALD: Erst das Universum und dann mich selbst!

MAGISTER OLAUS *schiebt ihn zur linken Tür*: Dann geh, aber fang mit dir selbst an! Das Universum bleibt immer.

KRISTINA *ist aufgestanden und folgt Reginald*: Kann nun Friede auf Erden werden?

MAGISTER OLAUS: Das wird es nie! – Gib mir den Brief.

Kristina und Reginald ab nach links.
Während Magister Olaus den Brief liest, wird sehr hart an die rechte Tür geklopft.

MAGISTER OLAUS: Herein!

Es klopft wieder.

Magister Olaus geht und öffnet die Tür.
Der König herein, wirft Hut und Mantel ab.

MAGISTER OLAUS: Der König!

KÖNIG *außer sich*: Ja, ich bin es selbst, aber wie lange noch König? Weißt du, wer der Dacke ist? Ein Bauernknecht, der einen Vogt erschlagen hat, ein Gemeindedieb, ein Mordbrenner, der an mich schreibt und Antwort fordert! Ich soll zur Feder greifen und mit einem Lümmel Episteln wechseln! Weißt du, daß er Kolmården überquert hat und mit einem Bein in Västergötland, mit dem anderen in Östergötland steht? – Aber wer steht hinter ihm? Der Kaiser, Pfalzgraf Friedrich, der ihm Adel und Wappenschild anbietet; der entlaufene Bischof Magnus Haraldsson; Herzog Albrecht von Mecklenburg. Aber der Kaiser! Der die Kinder Kristians des Tyrannen wieder auf den Thron setzen will! Und was mich am meisten grämt, die Lübecker mit Herman Israel! Mein Freund Herman! Ich frage noch: ist das möglich? Und wer hat mir das angetan? Wer? – Du sagst nichts, du!

MAGISTER OLAUS: Was soll ich sagen, und was darf ich sagen?

KÖNIG: Sei jetzt nicht hart, Olof, und rachgierig! Ich bin nur ein unglücklicher Mensch, der Demütigungen getrunken hat wie Wasser, und ich komme zu dir als einem Seelsorger. Ich bin verzweifelt, weil ich glaube, daß Gott mich für immer verlassen hat! – Welch Einfall der Hölle, daß ich den Dalamännern die Köpfe abschlagen mußte, jetzt, gerade jetzt, wo ich sie gebraucht hätte. Glaubst du, daß es eine Tat war, die Gott mißfiel? Wenn ich gesündigt habe wie David, so warst du Nathan!

MAGISTER OLAUS: Ich habe die Berufung zu prophezeien verloren, und zu strafen bin ich nicht der Mann!

KÖNIG: Olof! Dann tröste mich!

MAGISTER OLAUS: Das kann ich nicht, denn nur die Bußfertigen können Trost empfangen.

KÖNIG: Du meinst, ich habe mich vergangen, bin zu weit gegangen, sag! Aber sag es wie ein Diener des Herrn und nicht wie ein hoffärtiger Schulmeister! – Bin ich zu weit gegangen?

MAGISTER OLAUS: Die Frage sollte nicht so gestellt werden, sondern die Frage ist, ob die anderen irgendein Recht auf ihrer Seite haben.

KÖNIG: Stell sie so!

MAGISTER OLAUS: Nun denn, Dacke ist der Mann der berechtigten Unzufriedenheit. Der Kaiser ist als Schwager Kristians des Zweiten Vormund seiner Kinder, die das Erbrecht auf den schwedischen Thron besitzen, denn das Gesetz wird nicht durch den Aufruhr annulliert. Magnus Haraldsson, der Bischof, ist Wortführer der zu Unrecht des Landes verwiesenen Bischöfe.

KÖNIG: Zu Unrecht!

MAGISTER OLAUS *hebt die Stimme*: Ja! Weil das Gesetz des schwedischen Reiches keinen um seines Glaubens willen des Landes verweist!

KÖNIG: Hüte dich!

MAGISTER OLAUS: Nun ist es zu spät! – Die Unzufriedenheit der Bauernschaft ist berechtigt, weil der Beschluß des Reichstags zu Västerås dem König nur die Erlaubnis gab, das Eigentum der Bischöfe und Klöster zu nehmen, als er aber auch das der Landeskirchen und einzelner Personen nahm, beging er einen Frevel!

KÖNIG: Du bist ein kühner Mann!

MAGISTER OLAUS: War früher kühner! – Was Herman Israel betrifft, so ist er vor kurzem beim König gewesen und hat ein Freundschaftstraktat angeboten, aber als sich der König weigerte, beging er eine Dummheit.

KÖNIG: Hüte deine Zunge, du!

MAGISTER OLAUS: Noch nicht! – Mit dem Gold und Silber der Kirchen sollte also die Schuld an Lübeck abbezahlt werden, und ein großer Teil diente auch dazu, aber ein großer Teil wanderte in die Schatzkammer unterm Schloß und rann von dort wieder hinaus, unter anderem für Prinz Eriks törichte Brautwerbungen, die ...

KÖNIG: Hört den Teufel!

MAGISTER OLAUS: Ja, Königin Elisabeth Tudor hält ihn nur zum Narren!

KÖNIG: Das weißt du?

MAGISTER OLAUS: Das weiß ich! – Auch die Glocken sollten an die Lübeckschen Gläubiger gehen, aber ein Teil ging in die Gießerei und wurde zu Kanonen, und das war nicht korrekt!

KÖNIG: Aha!

MAGISTER OLAUS: Hinzu kommt, daß nach der Verordnung über die Schließung der Klöster Kloster Vreta dennoch weiter bestehen blieb, weil es der Schwiegermutter des Königs beliebte, katholisch zu sein – das war feige und niederträchtig und hat so viel böses Blut gemacht ...

KÖNIG: Vreta wird geschlossen.

MAGISTER OLAUS: Ja, aber es müßte jetzt geschlossen sein! – Und ist es nicht! – Wenn ich nun alles zusammenfassen sollte, was an dem großen König tadelnswert ist, so würde ich sagen: es ist der Mangel an Pietät!

KÖNIG: Was ist denn das? Das ist ja das Schlimmste, was ich je gehört habe!

MAGISTER OLAUS: Pietät ist die Rücksicht, die der Stärkere, selbst wenn er ein Mann der Vorsehung ist, gegenüber den Gefühlen der Schwächeren walten lassen soll, wo diese einem kindlichen und deshalb frommen Sinn entsprungen sind.

KÖNIG: Aha, das ist es also.

MAGISTER OLAUS: Nun habe ich gesprochen!

KÖNIG: Ja, du hast gesprochen!

MAGISTER OLAUS: Und wenn der König nur ein einziges Mal hätte hören wollen, hätte er mehr zu wissen bekommen. Aber es ist die Unsitte der Fürsten, nur sich selbst zu hören.

KÖNIG: Das ist ja unerhört! – Ich bin erstaunt, aber am meisten darüber, daß ich dich nicht erschlagen habe!

MAGISTER OLAUS: Dann tut es doch!

Der König erhebt sich und geht auf Magister Olaus zu, der ruhig stehenbleibt und ihn fixiert. Der König geht rückwärts zurück und setzt sich. Sie betrachten einander schweigend ein paar Sekunden.

KÖNIG: Wer bist du?

MAGISTER OLAUS: Ein geringes Werkzeug Gottes, geschaffen, Großem zu dienen, dem Mann, nächst dem großen Herrn, der auserwählt wurde, schwedische Männer und Länder zu sammeln.

KÖNIG: Dazu war auch Engelbrekt ausersehen, aber dann wurde es ihm mit dem Handbeil gelohnt. Wird das auch mein Los werden?

MAGISTER OLAUS: Das glaube ich nicht, aber das hängt von Euch selbst ab, König!

KÖNIG: Was soll ich tun?

MAGISTER OLAUS: Dasselbe, was Ihr mir geraten habt, als ich im Übereifer meiner Jugend war.

KÖNIG: Und das mußt du mir nun raten?

MAGISTER OLAUS: Warum nicht? Ich habe vom Leben gelernt, aber Ihr habt vergessen.

KÖNIG: Was soll ich tun?

MAGISTER OLAUS: Dackes Brief beantworten!

KÖNIG: Niemals! Soll ich mich einem Landstreicher beugen?

MAGISTER OLAUS: Gott gebraucht bisweilen Landstreicher, um uns zu demütigen! Stellt Euch vor, gerade das sei die Feuerprobe.

KÖNIG *erhebt sich und geht auf und ab*: Ich fühle, daß etwas Wahres an dem ist, was du sagst, aber es geht mir noch nicht in den Sinn. Sag noch ein Wort.

MAGISTER OLAUS: Dacke hat recht, solange Ihr unrecht handelt, und Gott ist mit ihm, bis Ihr Euch auf die rechte Seite stellt!

KÖNIG: Ich kann mich nicht beugen!

MAGISTER OLAUS: Dann wird ein anderer kommen und Euch brechen!

KÖNIG *geht auf und ab*: Meinst du die Dalekarlier? – Hast du gehört, daß sie sich nach den Hinrichtungen erhoben haben?

MAGISTER OLAUS: Es wird gesagt.

KÖNIG: Ich bin verloren!

MAGISTER OLAUS: Schreibt dem Dacke!

KÖNIG *schlaff*: Nein.

MAGISTER OLAUS: Der Kaiser schreibt ihm.

KÖNIG: Das ist wahr! Der Kaiser schreibt, warum sollte ich nicht schreiben? – Aber das ist doch unsinnig. Wer ist dieser geheimnisvolle Mann, der sich nie zeigt?

MAGISTER OLAUS: Vielleicht auf seine Weise ein Mann, der Gott nahe ist!

KÖNIG: Ich will ihn mit eigenen Augen sehen! Ich werde ihm schreiben, daß er mit freiem Geleit herkommt, damit ich mit ihm sprechen kann. Mag es geschehen! – Gib mir Papier und Feder! Oder: schreib du, ich diktiere!

Magister Olaus setzt sich an den Tisch.

KÖNIG: Beginne! – Wie soll ich ihn anreden?

MAGISTER OLAUS: Wir schreiben nur: „An Nils Dacke“.

KÖNIG: Heißt er Nils? Nikolaus? Der am sechsten Dezember mit der Rute zu den Kindern kommt? – *Pause.* Schreib! – Nein, ich gehe nach Hause und schreibe selbst! – Hast du gehört, daß Luther tot ist?

MAGISTER OLAUS: Ja, Euer Gnaden.

KÖNIG: Das war ein herrlicher Mann, Friede sei mit ihm! – Er war sehr gut, so wie er war, aber es wurde ein bißchen zuviel Luther.

MAGISTER OLAUS: Zuviel Glaubenslehren und zuwenig Religion!

KÖNIG: Ja, er war ein Dickschädel und ging zu weit, hätte so einen Profoß wie dich haben sollen, der ihm ab und zu den Kopf gewaschen hätte!

MAGISTER OLAUS: Möge die Zeit der Entzweiung vorbei sein!

KÖNIG: Der Entzweiung! Ja! – Leb denn wohl, Olof. *Magister Olaus will etwas sagen.* Ich werde schreiben!

FÜNFTER AKT

Terrasse des königlichen Schlosses. Gestutzte Hecken, Skulpturen, eine Fontäne. Stühle, Bänke, Tische.

Im Hintergrund eine Balustrade aus toskanischen Säulen mit Blumen in Fayencekrügen. Unterhalb Baumkronen, dahinter Mastspitzen mit blau-gelben und anderen Flaggen. Ganz hinten Kirchturmspitzen.

Schwiegermutter des Königs in der Nonnentracht des Zisterzienserordens.

KÖNIGIN *herein*: Mutter, zum letztenmal bitte ich dich, trag nicht diese Tracht.

SCHWIEGERMUTTER: Es ist mein Festgewand, und ich bin genauso stolz darauf, wie du auf deinen Purpurmantel.

KÖNIGIN: Sei nicht stolz, der Tag des Unglücks ist über uns gekommen, und wir müssen zusammenhalten.

SCHWIEGERMUTTER: Laßt es uns tun und Frieden halten.

KÖNIGIN: Das sagst du und willst nicht einmal um des Landesfriedens willen die Kleidung wechseln.

SCHWIEGERMUTTER: Ich wechsle nicht den Glauben, wie du die

Kleider wechselst, und hinter dieser Tracht liegt ein Gelöbnis an Gott. Die Leute bedrohen mein Leben, mögen sie es mir nehmen. Das Leichentuch trage ich.

KÖNIGIN: Du weißt, daß wir vielleicht schon heute gezwungen sind zu fliehen, wenn genauso schlimme Botschaft eintrifft wie gestern.

SCHWIEGERMUTTER: Ich fliehe nicht!

KÖNIGIN: Aber der König hat schon packen lassen, und die Jacht liegt segelbereit am südlichen Ufer!

SCHWIEGERMUTTER: Ich habe nichts zu packen, denn ich besitze nichts. – „Sei getreu bis an den Tod, so will ich dir die Krone des Lebens geben." Das habe ich dich einmal gelehrt, aber du hast dein Erstgeburtsrecht für eine Krone verkauft, die du bald nicht mehr besitzen wirst!

KÖNIGIN: Das ist recht – strafe mich, denn es lindert.

Prinz Erik ist hereingekommen, er sieht ordentlich und zahm aus.

SCHWIEGERMUTTER: Kannst du sagen, was Erik in den letzten Tagen geschehen ist? Er sieht so demütig aus, und sein hartes Gesicht hat neue Züge bekommen.

KÖNIGIN: Ich weiß nicht, aber man sagt, daß er seinen Lebenswandel geändert habe und Görans Gesellschaft nicht mehr dulde. Es wird von einer ernsthaften Neigung gemunkelt ...

SCHWIEGERMUTTER: O nein!

KÖNIGIN *zu Prinz Erik*: Was bringst du Neues?

PRINZ ERIK *mild und ehrerbietig*: Nichts Neues, Mutter.

KÖNIGIN *zur Schwiegermutter*: Er nennt mich Mutter! *Zu Prinz Erik*: Wie geht es dir, Erik? Schwer zu leben?

PRINZ ERIK: Schwerer als vorgestern.

KÖNIGIN: Was ist denn gestern geschehen?

PRINZ ERIK: Das, was einem Menschen nur einmal in seinem Leben geschieht. Hast du's erfahren?

KÖNIGIN *zur Schwiegermutter*: Wie kindlich er geworden ist! *Zu Prinz Erik*: Hast du etwas von deinem Freund Jakob gehört?

PRINZ ERIK: Ja, der war mir ein wirklicher Freund, und deshalb haben sie ihm den Kopf abgeschlagen.

KÖNIGIN: Wie ungerecht du bist, Görans Kopf wird ja auch nicht …

PRINZ ERIK: Der ist nicht mehr mein Freund! *Zornig.* Aber jetzt will ich nicht weiter gefragt werden, am allerwenigsten nach meinen Geheimnissen! Den Geheimnissen meines Herzens, meine ich!

KÖNIGIN *zur Schwiegermutter*: Er ist ja richtig liebenswert in seiner Kindlichkeit. Wie gern möchte er doch über sein Geheimnis sprechen!

Prinz Johan herein.

PRINZ ERIK *geht ihm entgegen*: Johan, mein Bruder, bald werden wir vielleicht nichts mehr zu zanken haben, und da – scheint mir, sollten wir Freunde sein!

PRINZ JOHAN: Von Herzen gern, Herr Bruder. Mir ist nie etwas lieber gewesen.

PRINZ ERIK: Gib mir deine Hand!

Prinz Johan reicht ihm die Hand.

PRINZ ERIK: Ich will mit keinem Menschen in der ganzen Welt mehr feind sein! *Geht erregt ab.*

SCHWIEGERMUTTER *zu Prinz Johan*: Was ist mit Erik?

PRINZ JOHAN: Er habe eine Herzliebste gefunden, sagt man.

KÖNIGIN: Habe ich doch recht geraten!

SCHWIEGERMUTTER *zu Prinz Johan*: Begleitet mich Johan zur Messe unten in der Kapelle?

Prinz Johan zögert.

KÖNIGIN *scharf*: Johan!

PRINZ JOHAN: Mutter!

SCHWIEGERMUTTER: Hat er Gewissensfreiheit oder nicht?

KÖNIGIN: Laß sein Gewissen in Frieden, dann hat er Freiheit!

SCHWIEGERMUTTER: Ich werde gehen! Johan weiß, wohin! *Geht.*

KÖNIGIN: Johan!

PRINZ JOHAN: Was wünschst du?

KÖNIGIN: Daß du den Glauben deiner Kindheit nicht aufgibst!

PRINZ JOHAN: Der Glaube meiner Kindheit, den ich von meiner Amme lernte und nicht von dir, war meines Vaters Jugendglaube! Warum lehrtest du mich deinen nicht?

KÖNIGIN: Du hast recht, mich zu strafen! Alles kommt wieder! Ich war jung, das Leben lachte mir; der König forderte meine Gesellschaft bei Festen und Vergnügungen, und deine Wiege stand verlassen, unbewacht. Es war in den Tagen des Siegesrausches und des Glücks. Und nun? – Johan, geh dorthin, wo du deine Andacht findest, und bete für deine Mutter!

PRINZ JOHAN: Wenn es die Frau Mutter betrübt, will ich nicht!

KÖNIGIN: Bete für uns alle! *Halblaut.* Denn ich kann die neuen Gebete nicht, und die alten darf ich nicht beten! – Doch still! Der König kommt.

Prinz Johan geht in derselben Richtung wie die Schwiegermutter ab. König mit einem Brief in der Hand und Magister Olaus herein.

KÖNIG *zur Königin*: Halt alles zur Reise bereit! – Wir sind verloren!

KÖNIGIN: Gottes Wille geschehe!

KÖNIG: Er scheint zu geschehen. – Geh, mein Kind, und bestelle dein Haus!

Königin geht.

KÖNIG *zu Magister Olaus*: So also ist die Lage! Der Dacke antwortet, daß er den Aufrührer, den meineidigen und wortbrüchigen Eriksson nicht sehen will! Er nennt mich Eriksson! – Dackes Leute sind in Södermanland eingedrungen – wir haben sie somit vor den Toren! – Weiter! Zweitausend

Dalekarlier liegen vor dem nördlichen Stadttor, und man kennt ihre Absichten nicht, aber man kann sie erraten! Du bist ein schöner Prophet, Olof!

MAGISTER OLAUS: Wir haben den Ausgang noch nicht gesehen!

KÖNIG: Wo nimmst du deine Zuversicht her?

MAGISTER OLAUS: Ich kann's nicht sagen, aber ich weiß, daß es gut enden wird!

KÖNIG: Du weißt; wie kannst du wissen? Du glaubst! Ich glaube nichts mehr, nichts anderes, als daß Gott zornig auf mich ist, und ich warte nur auf das Handbeil! Nun denn! Ich habe gedient und bin entlassen! Deshalb gehe ich, bevor ich hinausgeworfen werde. Weißt du, was heute für ein Tag ist? Keiner hat daran gedacht, und ich erinnere mich auch erst jetzt! – Heute ist Mittsommertag! Mein Tag, den keiner feiert! Vor einem Menschenalter hielt ich Einzug in meine Hauptstadt, es war der größte Augenblick in meinem Leben! Ich glaubte, das Befreiungswerk wäre vollendet, und ich dankte Gott! – Aber es war nicht vollendet, und ich war nicht am Ziel! – Die Dalekarlier erhoben sich, ich schlug sie nieder und glaubte, ich wäre am Ziel, aber ich war es nicht. Die Dalekarlier erhoben sich noch zweimal, ich dankte Gott und glaubte, ich wäre am Ziel, aber ich war nicht am Ziel! Die Herren von Västgötaland erhoben sich, ich duckte sie und war froh, denn nun mußte ich am Ziel sein, aber ich war es nicht! Und nun, Olof: wir kommen niemals ans Ziel, bevor wir nicht am Ende angelangt sind! Und da bin ich jetzt!

MAGISTER OLAUS: Nein. Es ist noch weit bis dahin!

KÖNIG: Wo hast du nur deine Grillen her? Hat ein Vogel gesungen, oder hast du geträumt?

MAGISTER OLAUS: Nichts dergleichen!

KÖNIG *lauscht*: Hörst du die Rindenhörner? Soll ich mit der Rindenkrone gekrönt werden – wie Peder Kansler und Meister Knut? – Oder soll ich zwischen die Spieße, wie ..., wie ...

MAGISTER OLAUS: Nicht so!

KÖNIG: Wie hast du's doch gleich genannt? – Pietät! Das wäre schön gewesen mit Pietät, auf der Larvs Heide und der Koppel von Tuna! Nein, ich habe recht gehabt, recht, recht! Gott helfe mir, Amen!

Magister Olaus schweigt.

KÖNIG *lauscht*: Trommeln haben sie auch! – Alles bekommt man wieder! – Glaubst du, daß ich davonkomme, Olof?

MAGISTER OLAUS: Ja! – Und: ein letzter Rat! Reist nicht!

KÖNIG: Es wird sich wohl nicht vermeiden lassen! – Glaubst du, ich will ihnen meinen Kopf lassen? – Stell dir vor, daß ich ihren schweren Tritt bis hierher hören kann, wenn sie durch das Stadttor marschieren. Und es sind die Dalekarlier, meine Dalekarlier! Das Leben ist grausam! – Hörst du: eins, zwei – eins, zwei! – Glaubst du, ich komme davon?

MAGISTER OLAUS: Ja!

KÖNIG: Morgen, wenn die Sonne aufgeht, werde ich mein Schicksal kennen! Oh, daß es schon soweit wäre! – Nein, nun höre ich etwas anderes.

Eine Frauen- und eine Männerstimme lesen eine lateinische Litanei.

KÖNIG: Was ist das?

MAGISTER OLAUS *geht zur Balustrade*: Die Königinmutter, sie liest die römische Litanei.

KÖNIG: Ich höre auch eine Männerstimme?

MAGISTER OLAUS: Prinz Johan!

KÖNIG: Johan! – Auch das muß ich trinken. Ist nicht bald genug getrunken? Alles, was ich gebaut habe, soll also niedergerissen werden!

MAGISTER OLAUS: Alles, was Ihr niedergerissen habt, soll umgebaut werden!

KÖNIG: Johan Papist! Erik Calvinist! – Erinnerst du dich daran, als wir mit Hutten jubelten: „Die Geister erwachen, und es ist eine Lust zu leben!“ Eine Lust zu leben! Haha! – Und die Geister erwachten mit den Füßen am Kopfende! Warst du es, der sagte, daß die Götter mit uns spielen! – Still! Ich habe mich geirrt – sie ziehen ja über die Nordbrücke. Hörst du nicht ihre schweren Schritte auf den Brückenbohlen? – Laß uns fliehen! *Legt ein Pergament auf den Tisch.* Hierher lege ich die Abdankungsurkunde.

MAGISTER OLAUS *nimmt das Pergament an sich*: Die werde ich an mich nehmen! – Ich werde sie nur verwahren – als eine Erinnerung! – Und nun hissen wir die Parlamentärflagge! *Nimmt ein weißes Tuch von einem Tisch und hängt es an einen Baumast.*

PRINZ ERIK *herein*: Vater!

KÖNIG: Krächze, Rabe!

PRINZ ERIK: All unsere Hoffnung ist dahin! Die Jacht hat sich vom Anker losgerissen und ist auf Grund gegangen!

KÖNIG *schnell, wild*: Und der Blitz hat in die Kinderstube eingeschlagen, die Heuschrecken haben die Saat aufgefressen, und das Wasser steigt ...

PRINZ ERIK: Die Dalekarlier verhandeln mit der Schloßwache, und sie sind betrunken!

KÖNIG *setzt sich*: So komm denn, Tod!

PRINZ ERIK *lauscht*: Ich höre Holzschuhe auf der Gartentreppe! *Geht zur Balustrade.*

KÖNIG *zählt an den Fingern ab*: Anders Persson, Måns Nilsson, Jon zu Svärdsjö!

PRINZ ERIK *zieht den Degen*: Nun ist er hier! *Folgt jemand mit den Augen unterhalb der Balustrade.*

KÖNIG *wie vorher*: Ingel Hansson, Magister Stig, Nils zu Söderby. Gott ist gerecht.

ENGELBREKT *herein, fröhlich berauscht, aber sicher in den Bewegungen; sieht sich etwas verlegen um, mit heiterer Verwunderung und einem breiten Lächeln. Zu Erik*: Bist Du der König? *Legt den Hut auf die Erde und streift die Holzschuhe ab.*

KÖNIG *erhebt sich und schiebt Erik zur Seite*: Nein, der ist hier!

ENGELBREKT: Jaa, das ist er!

KÖNIG: Wer bist du?

ENGELBREKT *zögernd*: Er erkennt mich nicht wieder!

KÖNIG: Nein!

ENGELBREKT *zieht einen Dolch mit Silberschaft aus dem Strumpf*: Kennt Er den denn? *Lächelt breit.*

KÖNIG: Ich verstehe nicht! Wie heißt du?

ENGELBREKT: Ich – *Pause.* – Ich heiße doch Engelbrekt!

KÖNIG: En – gel – brekt?

ENGELBREKT: Jaja, das klingt großartig, aber ich bin nicht aus dem Geschlecht! – Ja also, es war einmal vor langer Zeit, da sollte der König – er war da noch nicht König, versteht sich –, nein, ich bin ja so voll, so voll! – Ja, das war also ich, der auf Schiern hinter ihm her ist an der norwegischen Grenze, und da hat er mir den Dolch hier gegeben und gesagt: „Wenn du mich mal brauchst, dann komm nur!" Nu bin ich gekomm', und hier bin ich! Nur schade, daß ich so voll sein muß!

KÖNIG: Was willst du nun?

ENGELBREKT: Was ich will? – Ich wie auch die andern, wir wollen gegen den Dacke gehen, versteht sich!

KÖNIG: Gegen den – Dacke?

ENGELBREKT: Wohin, Teufel noch mal, sollten wir denn sonst gehen?

KÖNIG *hebt die Hände*: O Gott, Ewiger, nun hast du mich gestraft!

ENGELBREKT: Sind wir einig? Die andern stehen nämlich da unten und warten! Und wollen zur Ehre des Tages eine kleine Vorstellung geben.

KÖNIG: Ob wir einig sind? – Wünsch dir etwas von mir!

ENGELBREKT *überlegt*: Darf ich Ihm die Hand geben?

König gibt ihm die Hand.

ENGELBREKT *betrachtet sie*: Das ist ja ein Mordsding von Pranke! – Hart ist er, aber sauber! – Du bist ein Prachtkerl, und ich habe mich mehr gefürchtet, als ich gekommen bin!

KÖNIG: Sind die anderen genauso betrunken wie du?

ENGELBREKT: Beinah! Aber blasen können sie trotzdem! *Geht*

zur Balustrade, winkt und ruft, wie wenn man Kühe ruft: Hollaho! Hollaho! Hoh! Ojaho! Ojaho! Oj!

Unten wird ein Tusch geblasen und getrommelt.
König tritt zur Balustrade, winkt.
Schwiegermutter herein, in Hoftracht.
Königin herein, geht auf den König zu, der sie in die Arme nimmt.
Prinz Johan herein, geht zur Balustrade.

KÖNIG *hebt die Hände*: O Gott, du hast mich gestraft, ich danke dir!

Erik XIV.

Schauspiel in vier Akten

PERSONEN

Erik XIV.
Göran Persson
Svante Sture
Nils Sture
Erik Sture
Nils Gyllenstjerna
Katarina Stenbock, *Gustav Vasas Witwe*
Herzog Johan
Herzog Carl
Karin Månsdotter
Måns Knecht, *Karins Vater*
Göran Perssons *Mutter*
Agda
Maria, *ihre dreijährige Tochter*
Peder Welamson, *Göran Perssons Neffe*
Max, *Fähnrich*
Brückenwächter
Nigels, *Goldschmied*
Höfling
Lejonhufvud
Stenbock
Außerdem: Wachen, Gefolge der Herzöge, Bedienstete im Schloß, Volk

ERSTER AKT

Terrasse des Stockholmer Schlosses – gleiche Dekoration wie in Gustav Vasa, 5. Akt.
Karin Månsdotter sitzt an einem Tisch und näht. Max steht daneben, auf seine Hellebarde gestützt.

KARIN: Komm nicht so nah heran! Der König sitzt oben am Fenster und beobachtet.

MAX: Wo?

KARIN: Rechts; aber, um Gottes willen, sieh nicht hin! – Wie lange hast du Wache?

MAX: Noch eine halbe Stunde!

KARIN: Sag was, Max, Vetter und Jugendfreund ...

MAX: Jugendliebe, sagtest du früher, Karin ...

KARIN: Daran will ich nicht denken, jetzt, wo ich deine Liebe verspielt habe ...

MAX: Warum hast du das getan? Du liebst doch deinen Liebhaber nicht.

KARIN: Ja, lieben! Ich mag ihn wie ein Kind; ich hatte von der ersten Stunde an Mitleid mit ihm und nannte ihn Blinda Bleichgesicht nach meiner letzten Puppe, der er ähnlich war; ich nahm unsere Verbindung wie eine Pflicht, denn er zeigte sich ruhiger und würdiger in meiner Gegenwart. Es schmeichelte mir, daß ich das Gute in seiner Seele zutage bringen konnte, und ich fühlte, wie ich selbst besser wurde durch seine Anerkennung. Aber jetzt ist das zu einer Gefahr geworden, denn er hatte sich daran gewöhnt, mich zu überschätzen und sieht in mir seinen guten Engel oder so etwas. Stell dir vor, wenn er eines Tages aus diesem Traum erwacht und entdeckt, wie unvollkommen ich bin. Oh, wie er mich verachten, mich heuchlerisch und falsch nennen wird ..., oh! Max, geh zur Seite! Er hat den Platz gewechselt da oben!

MAX *tritt zur Seite*: Gestern habe ich deinen Vater und deine Mutter getroffen!

KARIN: Ja? Was hat sie gesagt?

MAX: Dasselbe wie vorher.

KARIN: Sie verachtet das – Königsliebchen. Sie hat recht, ich tue es ja auch. Aber trotzdem trifft es mich ins Herz! – Und Vater?

MAX: Er sagt, daß er dich in den See stoßen wird, wenn er dir das nächste Mal auf der Brücke begegnet!

KARIN: Aber meine Geschwister? – Denk dir, sie grüßen mich nicht einmal! Es gibt also etwas, worauf man stolz ist, auch bei den Armen und Verachteten.

MAX: Steh auf aus deiner Erniedrigung und komm mit mir!

KARIN: Du würdest meine Schande zu deiner machen?

MAX: Nein – ich würde durch das heilige Band der Ehe deine Schande auslöschen.

KARIN: Und meine Kinder?

MAX: Sollen meine sein.

KARIN: Du sprichst so gut, Max, daß ich dir glaube, doch –

MAX: Still, ich sehe ein Paar Ohren dort hinter der Hecke, zwei Ohren, die ich an einen Galgen genagelt sehen möchte ...

KARIN: Das ist Göran Persson ..., er versucht, nachdem er letztens in Ungnade gefallen ist, sich wieder in die Gunst des Königs einzuschleichen.

MAX: Und das mußt du verhindern!

KARIN: Wenn ich es könnte! Alle trauen mir zu, daß ich nun alles kann, und doch steht nichts in meiner Macht!

MAX: Komm mit mir!

KARIN: Ich kann nicht. Erik sagt, er würde sterben, wenn ich ihn verlasse.

MAX: Soll er sterben!

KARIN: Nicht so! Du darfst ihn nicht aus dem Leben wünschen und auch keinen anderen, denn das rächt sich! – Geh nun, Max, sonst hört uns Göran!

MAX: Willst du dich heute abend mit mir an einer Stelle treffen, wo wir dieses Gespräch ungestört fortsetzen können?

KARIN: Nein, das will ich nicht! Ich kann nicht!

MAX: Karin – du weißt so gut wie ich, daß der König vorhat, sich zu verheiraten. Hast du bedacht, welches Schicksal dir bevorsteht?

KARIN: Wenn diese Stunde kommt, gehe ich, früher nicht.

MAX: Dann ist es zu spät! Denk an den Vater der englischen Elisabeth, Heinrich VIII.; seine verstoßenen Frauen durften nicht länger leben, sondern endeten auf dem Schafott. Und nun soll die Tochter dieses Hundetürken deine Königin werden! Schon allein, daß du nur da bist, wird ein ständiger Schimpf für sie sein, und sie wird wissen, wie sie ihn beseitigen kann!

KARIN: Was du sagst, ist schrecklich ... Geh nun, schnell, und sieh nicht hinauf; er ist jetzt auf den Balkon hinausgetreten!

MAX: Wo siehst du das?

KARIN: In meinem Nähkorb, da ist ein Spiegel! – Geh, er hat dich bemerkt und will etwas nach dir werfen ...

Ein Haufen großer Nägel fällt auf Max herunter.

MAX: Er wirft Nägel nach mir; glaubt er, ich wär ein Troll?

KARIN: Gnade Gott, er glaubt an alle bösen Mächte, aber an keine guten! – Geh doch, um Christi willen!

MAX: Gut! – Wenn du mich brauchst, Karin, so rufe mich!

KARIN: Geh! Geh schnell, sonst wirft er den Hammer den Nägeln hinterher!

MAX: Ist er denn verrückt?

KARIN: Still! – Und geh, geh, geh!

Max geht.

Göran Persson kommt aus dem Hintergrund, wo er vorher schon zu sehen war.

KARIN: Was sucht Ihr?

GÖRAN: Ich suche Euch, mein Fräulein, und bringe gute und große Neuigkeiten mit.

KARIN: Könnt Ihr etwas Gutes bringen?

GÖRAN: Im Ausnahmefall kann selbst ich etwas Gutes bringen, für andere, aber niemals für mich selbst!

KARIN: Sprecht, doch seht Euch vor, der König steht oben auf dem Balkon ... Dreht Euch nicht um.

GÖRAN: Mein König ist mir immer noch ungnädig, aber das ist nicht gut, denn einen treueren Freund als mich muß er suchen. –

KARIN: Wenn Ihr es selbst sagt!

GÖRAN: Ich kann nicht oft Gutes über mich sagen, das weiß ich, und wenn es geschieht, dann rechne ich es mir nicht als Verdienst an. – Fräulein, hört mir zu! – Die Heiratspläne des Königs in England sind fehlgeschlagen. Das bedeutet neue Hoffnung für Euch und Eure Kinder – und für das Reich ...

KARIN: Ist das wahr?

GÖRAN: So wahr ich lebe. Aber – hört auf mich –, der König hat die Nachricht noch nicht erhalten. Hütet Euch, der zu sein, der sie ihm überbringt! Aber seid an seiner Seite, wenn der Schlag fällt, denn er wird seine Seele erschüttern, wie nur eine zerstörte Hoffnung es vermag.

KARIN: Jetzt höre ich, daß Ihr die Wahrheit sagt und daß Ihr mein und des Königs Freund seid.

GÖRAN: Aber er ist nicht meiner!

Ein Stahlhammer wird von oben nach Göran Persson geworfen, doch ohne zu treffen.

GÖRAN *hebt den Hammer auf, küßt ihn und legt ihn auf einen Tisch*: Mein Leben für meinen König!

KARIN: Geht zur Seite, oder er bringt Euch um.

GÖRAN: Soll er!

KARIN: Er hat elende Laune heute! Seht Euch vor!

Ein Blumentopf wird heruntergeworfen, aber trifft nicht.

GÖRAN: Er wirft mit Blumen nach mir! *Bricht eine Blume ab, riecht daran und steckt sie sich ins Knopfloch.*

ERIK *von oben, lacht*: Hahaha!

GÖRAN: Er lacht!

KARIN: Das habe ich seit Jahr und Tag nicht mehr gehört! Das bedeutet Gutes!

GÖRAN *ruft hinauf*: Mehr! – Mehr!

Ein Stuhl wird heruntergeworfen und zerbricht. Göran sammelt die Stücken auf und steckt sie in die Taschen.

KARIN *lächelt*: Das ist zu verrückt!

GÖRAN: Laß mich Hofnarr sein, wenn Herkules das Lächeln meines Herrn nicht mehr wecken kann!

KARIN: Tretet nicht in die Nägel, Göran!

GÖRAN *streift die Schuhe ab und tritt auf die Nägel*: Doch, ich trete auf sie mit meinen bloßen Füßen, wenn es meinem Herrn Spaß macht!

ERIK *von oben*: Göran.

GÖRAN: Göran ist in Ungnade!

ERIK *von oben*: Göran! Halt! Bleib!

KARIN *zu Göran*: Geht nicht!

Ein Haufen Schuhwerk, Kissen, Tücher wird heruntergeworfen.

ERIK: Hahahahahaha! Göran! Bleib! Ich komme hinunter!

GÖRAN *zu Karin*: Ich komme wieder, wenn er nach mir verlangt!

KARIN: Ich hoffe, ich muß das niemals bereuen; aber nun bitte ich Euch zu bleiben! Erik ist so unglücklich, und er wird noch unglücklicher werden, wenn er seinen Fehlschlag erfahren muß!

GÖRAN: Erik ist nicht unglücklich, aber er langweilt sich, und das darf ein König nicht, denn da wird er gefährlich. Ich werde kommen und ihn aufmuntern. Aber erst habe ich noch einen Gang zu tun ..., ich muß ...

KARIN: Aber seid in der Nähe, wenn der Schlag fällt, denn sonst läßt er seine Wut an uns aus ...

GÖRAN: Ich werde mich dem Sturm stellen, wie ich es von früher gewöhnt bin, als er immer nach mir stechen mußte, wenn er etwas verkehrt gemacht hatte!

KARIN: Göran! – Noch ein Wort! – Habt Ihr mein Gespräch mit dem Fähnrich mitangehört?

GÖRAN: Jedes Wort!

KARIN: Ich fürchte mich vor Euch; doch wir zwei müssen Freunde sein!

GÖRAN: Das ist das einzig Sichere ...

KARIN: Daß ich das nur niemals bereuen muß!

GÖRAN: Fräulein, uns binden Bande, die unten im Rinnstein geknüpft worden sind; das sind Blutsbande, seht Ihr, die halten.

Erik von rechts herein, ein Höfling kommt ihm von links entgegen.

HÖFLING: Euer Gnaden!

ERIK: Red schon!

HÖFLING: Goldschmied Nigels bittet untertänigst, vorgelassen zu werden, um das fertige Kleinod zu zeigen.

ERIK: Er soll kommen! *Zu Karin*: Nun wirst du etwas Schönes zu sehen bekommen, Karin!

Nigels herein mit einer Lederschatulle.

ERIK: Guten Tag, Nigels, du bist ein pünktlicher Mann, und du hast meine Gnade! *Zeigt auf einen Tisch.* Leg es dorthin!

Nigels legt die Schatulle auf den Tisch.

ERIK: Mach auf!

Nigels öffnet die Schatulle und nimmt eine mit Edelsteinen besetzte goldene Krone heraus.

ERIK: Ah! *Klatscht in die Hände.* Karin, sieh her!

KARIN *stickt weiter*: Ich sehe, mein Freund! – Sehr schön!

ERIK: Erkennst du den schwedischen Löwen, vor dem Englands Leopard sich duckt.

KARIN: Erik, Erik!

ERIK: Was denn?

KARIN: Wer soll diese Krone tragen?

ERIK: Britanniens und meine jungfräuliche Königin! Und wenn sich unsere Hände über dem Meere treffen, umfassen wir Norwegen und Dänemark, und dann ist Europa unser! Das ist die Bedeutung der sechs Bügel, die sich zusammenbiegen, und der sechs Edelsteine. *Er nimmt die Krone und will sie Karin aufs Haupt setzen.* Du sollst probieren, ob sie schwer ist.

KARIN *abwehrend*: Sie ist viel zu schwer für mich!

ERIK: Aber laß es mich erst versuchen! Komm! – Willst du gehorchen!

KARIN: Wenn Erik nur Gehorsam fordert, so bin ich immer seine gehorsame Dienerin!

ERIK *setzt ihr die Krone auf*: Sieh, wie sie dich kleidet, Karin! Betrachte dich im Spiegel da im Nähkorb, der so gut nach deinem Herrn spioniert ...

Hör mal, war nicht Göran hier? Wo ist der Narr geblieben?

KARIN: Er fürchtete die Ungnade seines Herrn!

ERIK: Phh, Ungnade! Ich will nichts davon hören! Bin ich vielleicht nachtragend? Durfte nicht der junge Sture als Brautwerber für mich nach England reisen, obwohl er sich im Dänischen Krieg als Verräter gezeigt hatte und dafür bestraft worden war?

KARIN: Darf ich die Krone jetzt ablegen?

ERIK: Unterbrich mich nicht, wenn ich rede. – Es gab manche, die meinten, ich täte dem Sture unrecht, aber siehst du, das hat mich nicht gekümmert ..., aber unterdessen ... *Fällt in Gedanken, wirkt abwesend, versunken und starrt vor sich hin.*

Die Königinwitwe promeniert scheinbar ohne Absicht vorbei.

ERIK *wach*: Was wünscht die Frau Stiefmutter? – Habt die Güte und geht unten im Burghof des Seitenflügels spazieren! Wenn ich bitten darf!

Die Königinwitwe betrachtet Karin, die verlegen ist.

ERIK *reißt Karin die Krone ab*: Schweden, Norwegen, Dänemark, England, Schottland, Irland! – Das sind sechs Edelsteine!

Nigels zieht sich in den Hintergrund zurück.

DIE KÖNIGINWITWE: Erik!

ERIK: König Erik, wenn ich bitten darf!

DIE KÖNIGINWITWE: Und Königin Karin vielleicht?

ERIK: Königin Elisabeth, wenn ich ersuchen darf! Oder Maria von Schottland, oder Renata von Lothringen, oder im schlimmsten Fall Kristina von Hessen!

DIE KÖNIGINWITWE: Du bist eher beklagenswert als schlecht, armer Erik! *Ab.*

ERIK: Karin, du mußt dich nicht um das Geschwätz dieser Frau kümmern. Sie glaubt, ich sei unter dem Eise, weil sie nicht weiß, daß ich sechs Kronen in meiner Hand habe ... Ja, das habe ich, denn der Sture, der jeden Augenblick hier sein kann, hat aus England geschrieben, daß meine Aussichten mehr als glänzend sind ..., mehr als glänzend! Übrigens hatte ich unlängst einen Traum. Hm. Nun gut. Nicht wahr, du liebst mich so, Karin, daß du dich über meine Erfolge freust, nicht wahr?

KARIN: Ich freue mich über deine Erfolge, aber ich leide mehr als du unter deinen Fehlschlägen, und auf Fehlschläge muß jeder Mensch vorbereitet sein!

ERIK: Das bin ich auch! Aber du ahnst nicht, welch feines Spiel ich jetzt spiele! Vier Trümpfe auf der Hand! *Zu Nigels*: Du darfst gehen, Nigels, wir sehen uns wieder!

Herzog Johan erscheint im Hintergrund.

ERIK: Komm her, Hans Rotbart, du sollst etwas bekommen! Ich bin in Geberlaune heute!

KARIN *zu Erik*: Ach, verletze ihn nicht unnötig. Er ist schon so voller Haß!

Herzog Johan vor.

ERIK: Mein Bruder, nach reiflicher Überlegung habe ich mich entschlossen, deinem Verlangen nachzugeben. Katarina von Polen soll die deine werden!

HERZOG JOHAN: Meines Königs gnädige Erlaubnis zu einer Vereinigung, die mir so am Herzen liegt, kann mich nur froh und dankbar machen.

ERIK: Dankbar sogar? Dann vergiß nicht, wenn du nun mit dem Kaiser verschwägert wirst und dein Sohn den Thron der Jagiellonen erbt, daß du deine Macht einem Vasa zu verdanken hast! Mit England werde ich den Norden befestigen, mit Polen wirst du den Süden und den Osten verschanzen, und dann – darfst du das übrige selbst träumen!

HERZOG JOHAN: Die staatsmännischen Gedanken des Herrn Bruders werden von Adlerschwingen getragen, so daß ich, ein armseliger Sperling, nicht zu folgen vermag!

ERIK: Gut! Geh in Frieden und genieße das Glück deiner Größe, wie ich das meine genießen werde!

HERZOG JOHAN: Verzeiht, Herr Bruder, doch ein Akt von dieser Bedeutung pflegt Siegel und Unterschrift zu tragen!

ERIK: Immer willst du ein beschriebenes Papier haben, wie ein Vogt. Hier hast du meine Hand! Und die Herrscherin meines Herzens ist Zeuge genug!

HERZOG JOHAN *küßt Eriks, dann Karins Hand und geht schnell ab*: Dank!

ERIK *zu Karin*: Ich finde, er ging schneller hinaus, als er hereinkam – und ich sehe immer den Fuchsschwanz hinter ihm her schweifen. – Findest du nicht, daß er falsch aussieht?

KARIN: Nein, das kann ich nicht finden.

ERIK: Deine Sympathie für meine Feinde fällt ins Auge!

KARIN: Du betrachtest alle Menschen als deine Feinde, Erik ...

ERIK: Weil sie mich hassen, ja! Aber ich hasse sie wieder! – Höre Karin, was hattest du mit diesem Fähnrich zu reden?

KARIN: Das war doch Max, mein Verwandter!

ERIK: Es schickt sich nicht für dich, vertraulich zu sein mit einem einfachen Soldaten.

KARIN: Was bin ich, Tochter eines einfachen Soldaten, daß ich hochmütig sein sollte, wo sie mich doch eine Buhlerin nennen.

ERIK: Ja, aber du bist eine königliche Buhlerin.

KARIN: Erik, Erik!

ERIK: Ich sage, was wahr ist ...

KARIN: Wie willst du dann unsere Kinder nennen?

ERIK: Meine Kinder, das ist etwas anderes ...

KARIN: Was anderes?

ERIK: Willst du streiten? Was!

KARIN: Nein, nein, nein, ach, wenn ich alles sagen könnte ...

ERIK: Wo ist Göran! Ich sehne mich nach Göran, jedesmal wenn du streitest. Göran allein kennt alle Geheimgänge meiner Seele; er kann sagen, was ich denke, so daß ich in seiner Gegenwart kaum selbst zu reden brauche ..., er ist mein Bruder und Freund, und deshalb haßt du ihn!

KARIN: Ich hasse ihn nicht, am allerwenigsten, wenn er meinen Herrn froh machen kann ...

ERIK: Du haßt ihn nicht mehr! Was ist denn geschehen? Er muß mich verleumdet haben?

KARIN: Oh, mein Gott, wie unglücklich du bist! Erik, mein armer Erik ...

ERIK: Armer? Schäm dich!

HÖFLING *herein*: Herr Nils Sture entbietet seinen Respekt und bittet, vorgelassen zu werden!

ERIK: Endlich!

KARIN *steht auf*: Darf ich gehen?

ERIK: Nein, bleib! – Bist du neidisch auf deinen armen König?

KARIN: Nein, Gott sei mir gnädig, er ist nicht zu beneiden!

ERIK: Dein Übermut hat die Grenze überschritten! Hüte dich vor Übermut, Karin, nichts erzürnt die Götter mehr.

Svante Sture herein mit Nils Sture und Erik Sture.

ERIK: Was ist das für ein Aufzug! Triumphzug des Herrn Nils in die königliche Burg?

SVANTE: Mit Verlaub, König und Herr ...

ERIK: Herr Nils, Unser königlicher Gesandter, soll allein sprechen. Er ist doch kein Exekutor, daß er zwei Zeugen braucht.

SVANTE: Nein, das ist er wohl nicht; aber eine teure und traurige Erfahrung der Familie Sture, allzu traurig, um daran zu erinnern, hat mich gelehrt, öffentliche Angelegenheiten öffentlich zu behandeln, damit die Verleumder keine Gelegenheit haben, die klarsten Handlungen und Worte zu verdrehen und zu entstellen.

ERIK *steht am Tisch mit der Krone*: Will Herr Svante aus Rache den vielleicht schönsten und größten Augenblick in meinem Leben vergiften? Oder was soll die Erinnerung an das Verbrechen seines Sohnes, das zu vergeben ich großzügig genug war.

SVANTE: Herr Nils hat niemals ein Verbrechen begangen!

ERIK: Gottes Tod und Pein, der Kerl hat in Kriegszeit die Ausführung eines Befehls verweigert, und das ist ein Verbrechen ...

SVANTE: Er weigerte sich, Unmenschlichkeiten zu begehen ...

ERIK: Krieg ist immer unmenschlich, und wer nicht Courage hat, auf seinen Feind einzuschlagen, mag zu Hause hinterm Ofen sitzen bleiben! Genug von dieser Sache! Herr Nils bringt seine Angelegenheit vor und damit Schluß!

NILS STURE: Gnädiger König, es ist mir unlieb, die Botschaft zu übermitteln, die man mir anvertraut hat ...

ERIK: Wo ist der Brief!

NILS STURE: Ein Brief wurde mir nicht bewilligt – leider nur eine mündliche Antwort, die ich in anständige Sprache übersetzen müßte, um Eure Ohren und meine Zunge nicht zu verletzen!

ERIK: Heißt das – eine Abweisung?

NILS STURE *nach einer Pause*: Ja.

ERIK: Und das freut dich, Satan!

NILS STURE: Um Himmels willen, nein ...

ERIK: Doch, du hast schadenfroh gelacht, du Teufel!

SVANTE: Er hat nicht gelacht!

ERIK: Doch, er hat in sich hineingelacht, schadenfroh, habe ich gesagt! Und du auch, alter Schelm! Ihr habt alle drei gelacht, ich habe es gesehen! Karin, hast du nicht gesehen, wie sie grinsten?

KARIN: Nein, bei allem, was heilig ...

ERIK: Du auch! Ich glaube, die Hölle hat sich verschworen. Geht, geht, geht zum Satan! Hinaus, ihr Teufel! Hinaus!

Er wirft die Krone über die Barriere, hebt die vom Balkon heruntergeworfenen Gegenstände auf und wirft sie Nils und Erik Sture nach, die gehen.

SVANTE, *der geblieben ist*: Wehe dem Land, dessen König ein Irrer ist!

ERIK: Nennst du mich einen Irren, mich, deine Majestät – du Landplage, Sohn einer Hündin!

KARIN: Erik, Erik!

ERIK: Halt dein Maul!

SVANTE *geht*: Gott sei uns allen gnädig!

ERIK: Aber ich bin dir nicht gnädig, da kannst du sicher sein. *Zu Karin*: Jetzt bist du froh, was! – Antworte! – Aber du brauchst es gar nicht, denn ich kann deine Gefühle erfassen, deine Gedanken lesen, deine Worte hören, die du nicht auszusprechen wagst. Wie solltest du nicht froh sein, da ich einen Korb bekommen habe, da deine Rivalin mich beschimpft hat. Nun bist du sicher, daß du allein über mich verfügen darfst, was? Nun glaubst du, daß ich ganz unten bin, unter dem Eis, damit du mich trösten kannst! – Du, mich trösten! Wenn der Pöbel über mein Mißgeschick lächelt und die Herren ein Festgelage veranstalten, um meine Niederlage zu feiern! Und dein Vater und deine Mutter, wie die sich freuen werden – totschlagen würde ich sie, wenn ich sie heute träfe. Und dann die Stiefmutter! Ich sehe sie sitzen und lächeln, daß man ihren schwarzen Zahn sieht – sie hat einen schwarzen Zahn im Oberkiefer, den, wie es heißt, der selige Vater ihr eingeschlagen haben soll. – Das ganze Reich freut sich heute, alle außer mir! Außer mir! Haha!

HÖFLING *herein*: Herr Nils Gyllenstjerna!

ERIK: Gyllenstjerna! Gesegnet sei er! Das ist mein Mann, ein

Mann vor allem! Tragt ihn in einem goldenen Stuhl herein!

KARIN *steht auf*: Nun gehe ich!

ERIK: Ja, geh zur Hölle! *Wirft den Nähkorb nach ihr.* Und klatsche!

Nils Gyllenstjerna herein.

ERIK: Da ist Nils! Es ist angenehm, einen klugen Menschen zu sehen, nachdem man lauter Verrückten zuhören mußte! – Sag mir, Nils, was ist mit dieser englischen Geschichte? Ist die Frau schwachsinnig?

NILS G.: Nein, Euer Gnaden, die Sache ist sehr einfach: ihr Herz, wie man das nennt, gehört dem Grafen von Leicester – ja, was soll ich sagen?

ERIK: Haha! Er ist ihr Liebhaber! Sie ist also eine Gassenhure.

NILS G.: Jungfrau ist die zumindest nicht, die jungfräuliche Königin.

ERIK: Und er heißt Leicester. Kann man ihn nicht umbringen?

NILS G.: Doch, das würde wohl angehen, wenn man ordentlich dafür bezahlt.

ERIK: Willst du ihn umbringen?

NILS G.: Ich?

ERIK: Zehntausend Taler! Was?

NILS G.: Ich? Ist das Ernst?

ERIK: Ernst? Du sollst sie als Vorschuß auf den Tisch haben!

NILS G.: Ich meinte, ob Euer Gnaden ernsthaft glaubten, ich ließe mich zum Mörder dingen!

ERIK: Wäre das etwas Schimpfliches?

NILS G.: Ein schwedischer Edelmann –

ERIK: Und ein schwedischer König! Willst du mich Mores lehren?

NILS G.: Ich kam in einer ganz anderen Angelegenheit, doch wenn ich von meinem König so gering geachtet werde, bitte ich, mich entlassen zu wollen.

ERIK: Verräter! Du auch! Aber so ist das mit dem ganzen Adelspack, das sich einbildet, mehr Ahnen zu haben als ein Vasa. Geh zur Hölle!

Nils Gyllenstjerna geht kopfschüttelnd ab.

ERIK: Schüttle nicht den Kopf, du, sonst werde ich dich durchschütteln, daß du alle vier Himmelsrichtungen auf einmal im Nordwesten siehst!

Nils Gyllenstjerna bleibt stehen und fixiert Erik.

ERIK: Sieh mich nur an, du, ich platze nicht!

Nils Gyllenstjerna schüttelt den Kopf und geht.
Erik allein; geht hin und her, stößt mit dem Fuß Gegenstände zur Seite, die auf dem Fußboden herumliegen, weint und lacht abwechselnd.

GÖRAN PERSSON *herein, hin zu Erik, beugt das Knie*: Mein König!

ERIK: Das ist Göran! – Ich bin böse auf dich gewesen, aber ich bin es nicht mehr! Setz dich und erzähl was!

GÖRAN: Fragt mich lieber, Euer Gnaden!

ERIK: Nicht Euer Gnaden! Duz mich! Dann kann ich vertraulicher sein! Kennst du die Neuigkeit?

GÖRAN: Kenne nichts Neues!

ERIK: Nun also! Ich habe der Englischen den Laufpaß gegeben!

GÖRAN: Und warum?

ERIK: Sie ist eine Gassenhure, hat einen Liebhaber ..., so, nun ist Schluß. Aber daß die Stures glauben, sie hätte mir einen Korb gegeben, treibt mir die Galle ins Blut, und nun laufen sie herum und verbreiten meine Schande.

GÖRAN: Ach bewahre!

ERIK: Göran! Was ist mit diesen Stures, die immer den Weg kreuzen, auf dem die Vasas voranwollen? Ist es nicht etwas Unheilvolles mit diesem Geschlecht? Aber was?

GÖRAN: Schwer zu sagen. Gute Leute sind sie immer gewesen, etwas beschränkt, aber sie stammen vom Mörder Engelbrekts ab ...

ERIK: Daran habe ich nie gedacht. Vielleicht liegt es an dieser Blutschuld, daß sie nie die Krone bekommen haben?

GÖRAN: Und mit Erik dem Heiligen und den Folkungern sind sie auch verwandt, mit einem Wort, alle Ahnen Schwedens haben an ihren Taufbecken gestanden. Aber warum fürchtest du sie? Du siehst doch, daß das Schicksal oder wie man es sonst nennt, die Vasas erkoren und auserwählt hat?

ERIK: Warum ich sie hasse? Wenn ich's wüßte! Etwas liegt es wohl daran, daß Svante Sture meine erste Stiefmutter geliebt hat und mit meiner zweiten Stiefmutter verwandt ist, und die hasse ich so, daß ich wahnsinnig werden könnte!

GÖRAN: König und Freund, du gebrauchst so oft dieses Wort „hassen", daß du dir schließlich einbildest, mit dem ganzen Menschengeschlecht feind zu sein. Leg das ab! Das Wort ist die erste Verwirklichung der Schöpferkraft, und du verhext dich selbst mit dieser Beschwörung! Sag „lieben" ein wenig öfter, und du wirst dir einbilden, geliebt zu werden.

ERIK: Neue Töne, Göran – bist du dort gewesen und hast nachgeschaut?

GÖRAN: Ja, ich war dort.

ERIK: Es ist Agda, natürlich?

GÖRAN: Nein, es ist – eine andere.

ERIK: Ist sie schön?

GÖRAN: Nein, für die Welt ist sie häßlich, aber in einem gewissen Augenblick sah ich das Urbild, wie Plato es nennt. Du weißt, diese Offenbarung des Besten, des Zeitlosen hinter der Maske ihres Angesichts, und seitdem ..., hm ..., liebe ich sie.

ERIK: Wie seltsam! Als du das Wort „lieben" sagtest, vor dem du dich doch immer gescheut hast, da erschienst du plötzlich richtig schön, verwandelt ...

GÖRAN: Bin ich denn wirklich so häßlich?

ERIK: Ganz fürchterlich! Hast du dich denn niemals im Spiegel gesehen?

GÖRAN: Ich meide Spiegel! – Aber kannst du dir so etwas Verrücktes auch nur im Traum vorstellen: sie findet, daß ich schön bin! Haha!

ERIK: Findet sie das immer?

GÖRAN: Nein, nicht immer. Nur ..., wenn ich nicht bösartig bin!

ERIK: Haha! Wenn du nett bist, also!

GÖRAN *verlegen*: Wenn man so will.

ERIK: Du bist ein Dummkopf, Göran – ich erkenne dich nicht wieder.

GÖRAN: Tant mieux, für meine Feinde!

ERIK: Gedenkst du dich bald zu verheiraten?

GÖRAN: Vielleicht.

ERIK: Na gut. Sag, mit wem ich mich verheiraten soll!

GÖRAN: Mit der Polin Katarina natürlich, dann haben wir alle Ostseeufer und bekommen den Kaiser selbst zum Verwandten.

ERIK *fährt auf*: Tod und Jüngstes Gericht! – Welch ein Gedanke! Du, Göran, ja, du bist ein bemerkenswerter Mann, und ich sagte eben zu Karin, daß ich in deiner Gegenwart nicht selbst zu denken brauche! – Aber einen Eilboten! Hölle! *Klatscht dreimal in die Hände.*

Höfling herein.

ERIK *außer sich*: Schickt Herzog Johan einen Boten nach! Ergreift ihn tot oder lebendig ... Schlagt ihm Arme und Beine ab, wenn er flieht ... Schnell, wie der Gedanke fliegt!

Höfling ab.

GÖRAN: Was bedeutet das?

ERIK: Das bedeutet, daß dieser Schurke mich dazu verleitet hat, ihm mit Hand und Mund zu versprechen, daß er Katarina von Polen bekommen soll!

GÖRAN: Das ist eine schlimme Geschichte!

ERIK: Als ob der Teufel die Karten gemischt hätte! Er, Sohn meiner Stiefmutter, Verwandter der Stures, soll die Ostsee erben! Er, der Jesuit, der Papist, mit dem Kaiser verwandt werden ... Er!

GÖRAN: Was hast du getan, Erik? Ach, wenn du mich hättest raten lassen! – Bedenk doch: Johans Nachkommen werden

Könige von Groß-Polen, das ebensoviel Menschen hat wie Frankreich und das sich über Rußland hinaus ausdehnt. Johans Enkel können Kaiser von Österreich werden, und schon seine Gemahlin hat Erbrecht unten in Neapel durch das Haus Sforza! Weh uns!

ERIK: Deshalb soll die Schlange in der Eischale zertreten werden ...

GÖRAN: Und dann kommen die Katholischen über uns; du kennst Johans Sympathien für Jesuiten und den Anhang des Papstes! Was hast du getan, Erik?

ERIK: Die größte Dummheit meines Lebens!

GÖRAN: Laß es die letzte sein!

ERIK: Willst du die anderen übernehmen, bitte gern ... Hast du nicht gemerkt, daß alles, wo ich Hand anlege, dumm und verkehrt wird!

GÖRAN: Nicht direkt, aber Glück hast du nicht gerade.

ERIK: Und du, hm? Der am Galgen enden wird! Aber du weißt so viel mehr als ich, und deshalb sollst du mein Ratgeber werden ... Ja, das habe ich davon, daß ich bei Geberlaune und großmütig war ...

GÖRAN: Wenn du mich zu deinem Ratgeber machst, Erik, dann will ich nicht als Kammer-Rat figurieren, der seinen Kopf für alles hinhalten muß, ohne selbst etwas zu sagen zu haben. Nein, du sollst mir Macht mit Verantwortung geben, so daß ich handeln und selbst für meine Handlungen einstehen kann! – Mach mich zum Prokurator!

ERIK: Gut! Du bist Prokurator!

GÖRAN: In der Erwartung, daß die Vollmacht durch den Reichsrat bestätigt wird.

ERIK: Nicht nötig. Ich regiere selbst!

GÖRAN: So muß es klingen!

Höfling herein.

ERIK: Rede!

HÖFLING: Die Jacht des Herzogs ist bereits mit gutem Wind abgesegelt ...

ERIK: Verloren!

GÖRAN: Laß ihn verfolgen! Sofort!

HÖFLING: Doch der edle Herr Nils Gyllenstjerna bat mich, sein Anliegen vorzutragen, das diese Angelegenheit berührt...

ERIK: Heraus damit, schnell!

HÖFLING: Die Sache soll sich so verhalten, daß Herzog Johan –

ERIK: Göran, Göran!

HÖFLING: – daß Herzog Johan in aller Heimlichkeit mit der polnischen Prinzessin getraut wurde...

GÖRAN: Dann sind wir gerettet; laß mich nun das Spiel machen!

ERIK: Ich verstehe nichts.

GÖRAN: Der Herzog hat durch diese selbstherrliche Handlung die Arboga-Artikel gebrochen und ist somit eine Allianz mit einer fremden Macht eingegangen. Schick also die Flotte aus und nimm ihn gefangen, dann werden wir ihn vor Gericht stellen: Hochverratsprozeß! Ist das gut?

ERIK: Ja, aber was bedeutet das für mich?

GÖRAN: Ein Feind weniger, und ein gefährlicher!

ERIK: Der Bruderzwist, das Spiel der Folkunger, ist nicht zu Ende.

GÖRAN: Nein, solange Herzog Johan lebt, der durch seine Mutter das Folkungerblut König Valdemars in seinen Adern hat, wird kein Frieden im Lande! *Zum Höfling*: Befiehl Reichsadmiral Horn, sich sofort beim König einzufinden, dann wird die wilde Jagd schnell im Gange sein!

ERIK: Bist du der König oder ich?

GÖRAN: Für den Augenblick scheine ich es zu sein!

ERIK: Du bist mir zu stark, Göran!

GÖRAN: Durchaus nicht! Du bist nur zu schwach.

ZWEITER AKT

Ein großer Raum bei Göran Persson. In der Ecke ein Herd mit Kochtöpfen; daneben ein Eßtisch. In der linken Ecke steht Görans Schreibtisch.
Göran sitzt und schreibt!

MUTTER PERSSON *steht am Herd*: Komm und iß jetzt, Junge!

GÖRAN: Unmöglich, Mutter!

MUTTER: Da wird das Essen wieder schlecht!

GÖRAN: Schlecht wohl nicht, nur kalt! Sei einen Augenblick still, Mutter, bitte. *Schreibt.*

MUTTER *tritt zu Göran*: Göran, ist es wahr, daß du wieder beim König angestellt bist?

GÖRAN: Ja, es ist wahr!

MUTTER: Warum hast du mir nichts davon gesagt?

GÖRAN: Ich sage im allgemeinen wenig, und ich muß gewisse Geheimnisse für mich behalten ...

MUTTER: Was bekommst du dafür, daß du beim König arbeitest?

GÖRAN: Wieviel ich bekomme? – Danach habe ich nicht gefragt, und er hat vergessen, darüber zu sprechen!

MUTTER: Weshalb macht man eine Arbeit, wenn nicht wegen dem Lohn?

GÖRAN: Ja, Mütterchen, so siehst du die Sache, aber ich sehe sie anders.

MUTTER: Aber ich muß jeden Tag dreimal Essen auf den Tisch stellen, ich muß anders denken! Übrigens, Göran, was hast du am Hofe zu suchen? Hast du nicht genug von den Demütigungen zur Zeit des alten Königs?

GÖRAN: Mit Demütigungen, Mutter, bin ich aufgewachsen, sie treffen mich nicht mehr. Ich diene dem König, weil ich es als eine Berufung oder eine Pflicht empfinde; und er hat die Fähigkeit, sich überall Feinde zu machen.

MUTTER: Und du willst ihn stützen, der du knapp auf eigenen Beinen stehen kannst?

GÖRAN: Es sieht so aus, als ob ich das könnte.

MUTTER: Göran, dein guter Wille läuft oft dem voraus, was du wirklich kannst. So war es letztens auch, als du Agda und ihr Kind zu uns genommen hast.

GÖRAN: Ihretwegen hat doch wohl noch niemand Not gelitten? Und uns allen stehen bessere Zeiten bevor.

MUTTER: Weißt du, welchen Dank du für deine gute Tat bekommst?

GÖRAN: Ich will nichts von guten Taten hören, denn daran glaube ich nicht, und Dank erwarte ich keinen. Eine unglückliche Frau brauchte meine Hilfe und bekam sie. Das war ganz einfach.

MUTTER: Aber jetzt verbreiten sie, daß du dir eine Hure ins Haus genommen hast.

GÖRAN: Das kann ich mir denken, aber das schadet leider nur ihr.

MUTTER: Bist du dessen gewiß?

GÖRAN: Gewiß? Hm.

MUTTER: Agda kann doch auf den Gedanken kommen, daß du gewissermaßen Absichten mit ihr hättest, und dann wirst du die Schuld bekommen, daß du sie hingehalten hast.

GÖRAN: Mutter – wofür habe ich nicht schon alles die Schuld bekommen? Für alle Verrücktheiten Eriks, sogar für die Sache mit Karin, obwohl ich sie zu verhindern suchte, ohne es zu können. Inzwischen habe ich eingesehen, daß sie die einzige ist, die dem König etwas Glück und Frieden schenken kann, und deshalb bin ich Karins Freund geworden ...

MUTTER: Du mischst dich in zu vieles, Göran, und du verbrennst dir die Finger!

GÖRAN: O nein!

MUTTER: Verlaß dich nicht auf Fürsten.

GÖRAN: Ich verlasse mich auf niemand andern als auf mich selbst. Die Krone zu tragen, bin ich nicht geboren, aber zu herrschen, und da ich nur durch meinen König herrschen kann, ist er meine Sonne. Wenn er untergeht, erlösche ich, und damit gut.

MUTTER: Hast du Erik gern?

GÖRAN: Ja und nein! Wir sind durch unsichtbare Bande aneinander gefesselt. Es ist, als stammten wir aus demselben Wurf, als wären wir unter einer Konstellation geboren. Sein Haß ist meiner, seine Zuneigungen sind meine, so etwas bindet Menschen aneinander.

MUTTER: Ja, Sohn, du gehst deine Wege, ich kann dir weder folgen noch dich hindern ... Still, da ist Agda!

AGDA *herein mit ihrer dreijährigen Tochter*: Guten Tag, Tante, guten Tag, Göran!

GÖRAN: Willkommen, Kind! Komm her, Maria, und sag guten Tag.

MARIA *nähert sich dem Schreibtisch und kramt in den Papieren*: Guten Tag, Onkel!

GÖRAN *freundlich*: Du liebes, kleines Ungeheuer, willst du wohl meine Papiere nicht durcheinanderbringen! – Wenn du eine Ahnung hättest, was du da tust!

MARIA: Was schreibt der Onkel denn immerzu?

GÖRAN: Ja, du, wenn ich das sagen könnte! – Seid ihr hungrig, so setzen wir uns und essen.

AGDA: Danke, Göran, du brichst dein Brot mit dem Hungrigen, und ...

GÖRAN: Schsch, du darfst nicht so reden! Wie oft habe ich nicht am Tische anderer gesessen!

MUTTER: Und selbst ißt er nichts!

GÖRAN: Das ist gar nicht wahr. Wenn ich abends ausgehe, bin ich ein Prasser und unter Zechbrüdern gewiß nicht der bescheidenste. Eßt jetzt!

Alle setzen sich zu Tisch. Es klopft an die Tür. Göran erhebt sich, zieht eine spanische Wand um die Essenden.

MARIA *hält die Hände vors Gesicht*: Ist das der schwarze Mann, der klopft? Ich habe Angst, Mama!

AGDA: Hab dich nicht dumm, Maria, es gibt gar keinen schwarzen Mann!

MARIA: Doch, Anna hat es gesagt, und ich habe Angst.

SVANTE *herein, hochmütig*: Will der Sekretär mir ein kurzes Gespräch vergönnen?

GÖRAN: Ein langes, Herr Reichsrat ...

SVANTE: Graf, wenn ich bitten darf, Ihr wißt vielleicht nicht, daß ich Graf bin?

GÖRAN: Natürlich, das weiß ich, ich habe Euch ja selbst zum Grafen gemacht!

SVANTE: Das ist schamlos!

GÖRAN: Nicht so, nicht diesen Ton! Ich war Ratgeber des Königs zur Zeit seiner Krönung, und allein auf meine Fürsprache hin wurdet Ihr zum ersten Grafen Schwedens ernannt.

SVANTE: Pfui Teufel, daß ich meine Erhöhung einem Vorbestraften zu danken haben soll!

GÖRAN: Sachte, Herr Graf! Ich habe als junger Bursche einen Rausch im Turm ausschlafen müssen, und das ist keine Schande. Ihr aber solltet Euer ganzes restliches Leben im Turm schlafen, als Aufrührer und Königsverräter.

SVANTE: Hoh! Das kann ich mir vorstellen.

GÖRAN *verbirgt die Papiere auf dem Tisch*: Allein Eure großen Verdienste in der Zeit des alten Königs haben Euch vor wohlverdienter Strafe bewahrt. Nehmt Euch also in acht.

SVANTE: Vor dir, Pfaffenschwengel!

GÖRAN: Meine Mutter sitzt dort hinter dem Wandschirm. Denkt daran.

SVANTE: Und das Hurenbalg auch?

GÖRAN: Daß Ihr Euch nicht schämt, Herr Svante! Ich habe neulich dem König gegenüber gut über Euch gesprochen, die Stures waren immer gute Leute, habe ich gesagt, gute Menschen, und ich will es immer noch glauben. Aber Ihr tut alles, um Euch selbst zu entehren, mit Eurem ungeheuren Hochmut. Ihr gehört zum Adel. Aber was ist Adel? Ein Pferd mit einem Kerl drauf! – Das Reich zu regieren versteht Ihr nicht, und lernen wollt Ihr nichts außer Stalldienst und Landsknechtsmanieren. Ihr verachtet den Mann der Feder, aber die Feder hat den Grundriß der ganzen Neuzeit gezeichnet, die an Euch vorbeigegangen ist, die Ihr nicht versteht. Menschenrecht und Menschenwürde, Respekt vor dem Unglück und Vergebung der Schuld – diese neuen Devisen sind in Eure Wappenschilde noch nicht eingezeichnet. Ich könnte Graf sein, aber ich habe nicht gewollt, denn mein Geschick gebietet mir, da unten zu bleiben, unter den Geringen und Benachteiligten, wo ich geboren bin …

SVANTE: Sollen vielleicht Schreiberseelen und Bücherwürmer zwischen dem König und den Herren des Reiches stehen?

GÖRAN: Herr des Reiches soll nur einer sein, und keine Herren sollen zwischen König und Volk stehen. Das lehrt uns die Geschichte des Landes, von Ingjald, den Ihr schmäht, weil er die Kleinkönige umbrachte, über Jarl Birger und die Folkunger bis hin zu Kristian dem Tyrannen, der die Kleinkönige köpfte. „König und Volk" – so sollte die Inschrift des Reichswappens lauten, und vielleicht wird sie eines Tages so lauten.

SVANTE: Wenn Ihr der Wappenmaler werdet?

GÖRAN: Wer weiß?

SVANTE *brüllt*: Bittet mich, Platz zu nehmen, oder soll ich stehen!

MARIA *hinter dem Wandschirm:* Warum schreit der alte Mann so schrecklich laut, Mama?

AGDA: Still, mein Kleines!

GÖRAN: Steht oder sitzt, Herr Reichsrat; ich bin ohne jeden Rang und darum etwas höher …

SVANTE: Zum Teufel!

GÖRAN: Flucht nicht, Graf; es sitzen ein Kind und eine Frau da drinnen …

SVANTE: Wagt Ihr's, mir Vorhaltungen zu machen?

GÖRAN: Ja! Warum nicht! In meiner Eigenschaft als Vorsitzender im Ausschuß des Königs erlaube ich mir, zuerst Vorhaltungen zu machen; danach haben wir andere Mittel gegen die Ungehorsamen …

SVANTE: Ausschuß des Königs?

GÖRAN: Ja, ich bin oberster Richter im obersten Gerichtshof …

SVANTE: Doch ich bin Reichsrat …

GÖRAN: Ich bin der Prokurator des Königs, der befiehlt und nicht gehorcht …, wenn wir nun schon hier stehen und wie die Pferdehändler prahlen!

SVANTE: Prokurator? Das ist neu!

GÖRAN: Völlig neu! Hier liegt meine Vollmacht! Zusammen mit anderen Papieren von großem Gewicht!

SVANTE *etwas höflicher*: Das ist ja eine Revolution ...

GÖRAN: Ja, und die größte seit Karl Knutssons Abrechnung und der Kirchenreform ...

SVANTE: Und Ihr glaubt, daß Schwedens Adel und der Reichsrat sich einfach absetzen lassen?

GÖRAN: Ganz sicher! Denn der König Erik hat die Kriegsmacht, die Flotte und das ganze Volk hinter sich!

SVANTE: Kann man nicht ein Fenster aufmachen, es riecht so furchtbar hier drinnen?

GÖRAN: Das ist nur Küchendunst, und wenn Ihr gegangen seid, werden wir ohnehin lüften ..., hinter Euch! Aber Ihr müßt schnell gehen, sehr schnell, versteht Ihr!

Svante geht, stößt dabei mit den Federn des Baretts gegen den Türpfosten.

GÖRAN: Nehmt Euern Kopf in acht, Herr Svante!

SVANTE zurück: Ich habe meine Handschuhe vergessen.

GÖRAN *hat die Handschuhe mit der Feuerzange aufgenommen und überreicht sie*: Bitte sehr!

Svante geht nachdenklich, während Göran die Tür aufhält, dann spuckt Göran hinter Svante Sture her.

GÖRAN: Pfui! Hüte dich und die deinen! Du hast mich und die meinen angerührt, sagte die Schlange.

MARIA: War der alte Mann so schrecklich böse auf Onkel Göran, Mama?

GÖRAN *sanft*: Der Alte ist jetzt gegangen, Kindchen, und er kommt nie mehr wieder.

MUTTER: Göran, Göran! Ist das alles wahr, was du gesagt hast? Bist du Prokurator oder wie das heißt?

GÖRAN: Ja, das bin ich.

MUTTER: Dann sei großmütig gegen deine Feinde.

GÖRAN: Das hängt von ihnen ab und wie sie sich aufführen. In der nächsten Stunde entscheiden sie selbst über ihr Schicksal.

MUTTER: Sie selbst?

GÖRAN: Ja, denn nun geht Herr Svante zu seinen Freunden und erzählt alles, was sich hier abgespielt hat; aber ich habe auch dort meine Ohren und über jedes drohende Wort der Kleinkönige wird im Ausschuß geurteilt werden. Konspirieren sie, ja, dann sind sie verloren.

MUTTER: Göran, sei großmütig ...

GÖRAN: Sollen die Adeligen damit anfangen, so werde ich fortfahren!

MAX *herein*: Ihr habt mich rufen lassen, Sekretär!

GÖRAN: Setz dich! *Zur Mutter*: Mutter, laß uns allein, bitte! *Zu Max, freundlich, aber bestimmt*: Höre, Max! Ich habe dein letztes Gespräch mit Fräulein Karin gehört ...

MAX: Ich kann es mir denken!

GÖRAN: Nicht so barsch, mein Junge! – Die Aufrichtigkeit deiner Gefühle bezweifle ich nicht einen Augenblick ...

MAX: Was wollt Ihr mit meinen Gefühlen?

GÖRAN: Ich will, daß deine Gefühle sich nicht störend in ein Menschenleben drängen, das für uns alle und das Reich kostbar ist. Fräulein Karin kann Königin werden, wenn du sie mit deinen Gefühlen in Ruhe läßt. Um ihre Ehrenrettung brauchst du dich nicht zu kümmern, das besorgt der König selbst.

MAX: Das tut er nicht!

GÖRAN: Höre, junger Mann, was ich dir jetzt sage, ist so gut wie das Wort des Königs. Ich befehle dir, bei der Gefahr, die du dir denken kannst, dich nicht Fräulein Karin zu nähern, denn ein einziger Funke Mißtrauen des Königs, daß ihm Karins Zärtlichkeit nicht allein gehört, kann ihn ins Unglück bringen und sie ins Verderben. Du sagst, daß du sie liebst! Nun gut: so zeige, daß du ihr Bestes willst!

MAX: Nein! Nicht so, wie Ihr es meint!

GÖRAN: Gut! Dann müssen wir dich entfernen! Sieh her: hier liegt eine Order für dich nach der Festung Älvsborg.

MAX: Ich nehme sie nicht entgegen!

GÖRAN: Schrei nicht, du kannst leicht zum Schweigen gebracht werden.

MAX: Der Uriabrief! Was?

GÖRAN *halblaut*: In diesem Fall bist du's, der Bathseba, die dir nie gehört hat, vom Vater ihrer Kinder weglockt. – Höre auf meinen Rat und nimm die Order!

MAX: Nein!

GÖRAN: Dann geh und such dir einen Seelsorger, denn deine Stunden sind gezählt!

MAX: Wer zählt sie?

GÖRAN: Ich! – Leb wohl, für immer!

MAX: Mit welcher Macht maßt Ihr Euch an, so zu urteilen?

GÖRAN: Mit der Macht des Rechts und des Gesetzes, das den verurteilt, der die Verlobte eines anderen verführen will. Nun weißt du es! Und damit: Schluß!

Erik herein.
Max erschrocken, schleicht, unbemerkt von Erik, hinaus.

GÖRAN *zieht an einem Klingelzug, man hört eine Glocke*: Verzeiht, Euer Gnaden!

ERIK *sanft*: Schon gut! – Sind wir allein?

GÖRAN: Ja, so gut wie allein! Mutter sitzt da drinnen! Aber sie kann ruhig zuhören, hier sollte es keine Geheimnisse geben.

ERIK *durch den Vorhang*: Guten Tag, Mutter Persson, wir sind jetzt vernünftig geworden, Göran und ich, Ihr braucht also keine Angst zu haben.

MUTTER: Ich weiß es, Euer Gnaden, und ich habe keine Angst.

ERIK: Sehr gut, sehr gut! – Na, Göran, nun habe ich Neuigkeiten!

GÖRAN: Gute?

ERIK: Das hängt von dir ab, wie du verstehst, sie zu nutzen!

GÖRAN: Schlechte sind auch zu brauchen.

ERIK: Dann sag, wozu dies zu brauchen ist. Johan ist, wie du weißt, bereits mit Katarina verheiratet …

GÖRAN: Das bedeutet, wir haben Polen auf unserer Seite gegen Rußland.

ERIK: Kann das nicht auch bedeuten, daß der Herzog über dem König steht?

GÖRAN: Das werden wir sehen!

ERIK: Weiter: Johan hat meine Gesandten gefangennehmen lassen und sich in Åbo verschanzt. Er hat die Finnen gegen mich aufgebracht!

GÖRAN: Das bedeutet, daß der Herzog den Schild gegen seinen König erhoben und folglich Freiheit und Leben verwirkt hat.

ERIK: Laß uns sagen: Freiheit ...

GÖRAN: Und Leben! Das wird von den Ständen abhängen, und ihrem Urteil.

ERIK *erregt*: Nicht Leben! – Ich will nichts mit Blut zu tun haben, seit meine Kinder um mich sind.

GÖRAN: Also – während die Stände versammelt sind, soll ihnen die Hochverratssache vorgetragen werden!

ERIK: Ja, aber nicht das Leben! Sonst werde ich nachts nicht schlafen können.

GÖRAN: Dein großer Vater, der Baumeister des Reiches, hielt immer auf die Richterregel: keine Rücksicht auf Verwandtschaft, Freundschaft oder Vetternschaft. Erst das Reich, dann die Vettern!

ERIK: Du bist mir zu stark, Göran!

GÖRAN: Nicht doch! Aber solange ich kann, werde ich deine Krone gegen deine Feinde verteidigen!

ERIK: Habe ich Feinde?

GÖRAN: Ja! Der schlimmste war eben hier!

ERIK: Der Sture!

GÖRAN: So ist es, und ich fürchte, wir haben ihre Verläßlichkeit überschätzt. Graf Svante hat sich die Mühe gemacht herzukommen, um mich zu beschimpfen. Er hat Drohungen gegen die Regierung und gegen die neuen Methoden ausgestoßen ...

ERIK: Beschimpft hat er dich? – Warum läßt du dich nicht von mir adeln, dann bist du den Herren fast gleich?

GÖRAN: Nein, das will ich nicht! Ich will mich nicht in einen Rangstreit mit den Herren einlassen und selbst ein Kleinkönig werden. Solange ich der Stellvertreter der kleinen Leute bin, habe ich recht, und einzig meine Verdienste mögen mich adeln oder degradieren!

ERIK: Es ärgert mich, daß du immer recht haben mußt, Göran!

GÖRAN: Ach Unsinn!

ERIK: Aber hast du auch eine Sache bedacht: Johan ist mit den Herren verwandt, und Lehm und Langstroh hängen zusammen.

GÖRAN: Das war natürlich mein erster Gedanke, und deshalb gehen sie ins selbe Netz!

ERIK: Merkwürdig, daß ich mich nie mit Johan oder dem Hochadel verwandt fühlen kann. Aber das liegt wohl an meiner deutschen Herkunft. Und die ist es sicher auch, die meinen großen Heiratsplänen im Wege steht.

GÖRAN: Du bist doch verheiratet, Erik.

ERIK: Ich bin es und bin es nicht. Weißt du, manchmal habe ich das Gefühl, daß es gut ist, wie es ist!

GÖRAN: Sieh da! Vielleicht haben wir bald eine Hochzeit?

ERIK: Was würden die Herren dazu sagen?

GÖRAN: Aber wie ihnen das Fell jucken würde! Stell dir das vor!

ERIK: Das würde brennen! Haha! Aber in die Sache darfst du dich nicht einmischen. – Doch sag: was ist mit deiner Hochzeit?

GÖRAN: Da darfst du dich nicht einmischen!

ERIK: Haha. – Ich weiß nicht, aber ich mag dich mehr, seit du dich von Amor hast einfangen lassen, und ich traue dir mehr als früher. Darf ich denn das „Urbild" nicht einmal sehen?

GÖRAN: Ich möchte meinen geschätzten Freund bitten, nicht Scherz mit dem zu treiben, was jedem Mann von Ehre heilig sein muß ...

ERIK: Du bist ein Aas, Göran!

GÖRAN: Das war ich, aber ich bin's nicht mehr, nur – das fühle ich: wenn sie mich enttäuschen würde, dann ..., dann würde der alte Göran wieder zum Vorschein kommen!

ERIK: Der alte Göran, der Teufel von der „Blauen Taube"! „Der Würfel rollt, das Gold erklingt ..."

GÖRAN *zeigt auf den Vorhang*: Still! Beschwöre nicht die üble Vergangenheit, als ich böse war, so böse, weil mich keiner liebte ...

ERIK: Du bist gefühlsduselig, Göran! – Du glaubst doch nicht, daß sie dich liebt!

GÖRAN: Was sagst du? Was meinst du damit? – Wer hat das gesagt? Wer? Wer?

ERIK: Schon gut, ich weiß gar nichts, ich habe es nur gesagt, weil es so zu sein pflegt.

GÖRAN: Erik, rühr nicht an diese Saite, denn dann steigt der Teufel hinunter in meine Seele, wo ich gerade für den unbekannten Gott eine kleine Kapelle errichtet habe ...

ERIK: Hoho!

GÖRAN: Ja, es ist seltsam mit der Liebe, hm, daß sie begleitet wird von Erinnerungen an den Glauben der Kindheit.

ERIK: Hm!

GÖRAN: Grins du nur.

Es klopft an die Tür.

GÖRAN *zu Erik*: Soll ich aufmachen?

ERIK: Meinetwegen – Es gibt nur einen Menschen, dem ich nicht begegnen möchte. *Göran schaut ihn fragend an.* Karins Vater! Måns Knecht!

GÖRAN *weicht zurück*: Måns Knecht!

MÅNS KNECHT *tritt entschlossen ein, ohne Erik gleich zu erkennen, überreicht Göran eine Schrift*: Wollt Ihr so gut sein und das hier durchsehen, Herr Sekretär? *Erkennt Erik, zunächst verlegen, dann nimmt er langsam die Stahlhaube ab.* Der König! – Ich sollte die Knie beugen, aber bei Gott im Himmel, ich kann es nicht, und wenn es meinen Kopf kostet. *Pause.* Nehmt meinen Kopf, nachdem Ihr meine Ehre geraubt habt!

ERIK: Deine Ehre, Måns, kann wiederhergestellt werden.

MÅNS: Dadurch, daß sie verheiratet wird? Das ist gerade mein Anliegen.

ERIK: Du verheiratest meine Verlobte nicht, Kerl.

MÅNS: Ich weiß nicht, daß meine Karin verlobt ist; in die Schande gebracht habt Ihr sie, doch nun gibt es einen ehrlichen Mann, der das gutmachen will.

ERIK *zu Göran*: Muß ich mir das von einem simplen Knecht anhören.

MÅNS: Fragt sich, wer simpler ist ...

ERIK *zu Göran*: Binde mich, sonst bringe ich ihn um!

MÅNS: Ich bin der Großvater Eurer Kinder, ob es Euch gefällt oder nicht; was bin ich da gegen Euch?

ERIK: Du bist der Vater meiner Karin, und deshalb verzeihe ich dir. Was verlangst du?

MÅNS: Was Ihr mir niemals zurückgeben könnt.

GÖRAN: Nimm dein Papier und geh, Mann!

MÅNS: Dann soll es ohne Papier geschehen, aber geschehen muß es!

ERIK: Was soll geschehen? Willst du Karin von mir und meinen Kindern weglocken?

MÅNS: Wenn wir nicht einig sind in diesem Punkt, so haben wir die Stände des Reiches, um zwischen uns zu entscheiden!

ERIK: Kommt der aus der Hölle?

MÅNS: Nein, er kommt vom Reichsamtmann, Herrn Svante Sture.

ERIK: Immer Sture! – Måns Knecht, du bist im Augenblick in der Vorhand, weil du recht hast. Wenn du dich in Geduld fassen willst, wirst du dein Recht bekommen!

MÅNS: Ich will nur meine Tochter und meine Enkelkinder haben, meine, da Ihr sie nicht anerkennt!

ERIK *zu Göran*: Was sagt das Gesetz in diesem Fall?

GÖRAN: Das Gesetz sagt, daß uneheliche Kinder der Mutter folgen.

MÅNS: Das ist das Gesetz, aber etwas anderes kommt hinzu – es ist in die Herzen der im Stich gelassenen Kinder eingeschrieben und versagt einem ehrlosen Vater die Kindesliebe, auf die er ein Recht zu haben glaubt.

GÖRAN *halblaut zu Erik*: Bestich ihn!

ERIK: Måns Knecht, ich ernenne dich zum Fähnrich ...

MÅNS: Vielen Dank, aber mich nicht! – Alles ist zu kaufen, glaubt der Reiche, und trotzdem ...

ERIK: Und trotzdem ist er ärmer als der Geringste, wie?

MÅNS: Ungefähr so! – Aber da ich nicht hierhergekommen bin, um zu betteln, mag ich ebenso arm gehen, wie ich gekommen bin! *Pause* ... Und noch etwas ärmer! *Geht.*

ERIK: Und so etwas muß ich mir ruhig anhören?

GÖRAN: Das muß man riskieren, wenn man sich auf Unregelmäßigkeiten einläßt.

ERIK: Was soll ich denn machen?

GÖRAN: Hochzeit!

ERIK: Ach, was redest du.

GÖRAN: Es gibt nichts anderes! Denn wie willst du Johan vor die Stände bringen, wenn du dich gleichzeitig selbst in einer solchen Sache verantworten mußt?

ERIK: Diantre! Du hast recht, wie immer! – Laß mich nach Hause gehen und darüber nachdenken! – Es ist Sture, Sture und immer wieder Sture! *Sieht sich um.* Du wohnst wie ein Schwein, Göran, mußt umziehen und dich einrichten! ... *Zeigt mit dem Daumen hinter sich auf den Vorhang.* Was hast du für Scherereien dahinter? Haha!

GÖRAN: Ernsthaft! Erik! Ernsthaft! Hier stehen schwere Zeiten bevor, sehr schwere!

ERIK: Ja, aber ich bin zu müde, um mit ihnen fertig zu werden.

GÖRAN: Ich werde alles in Ordnung bringen, wenn du mich nur machen läßt und dich nicht einmischst.

ERIK: Mach nur, du, aber laß mich die Zügel nicht spüren, denn dann werfe ich dich ab! – Leb wohl! Und sieh zu, daß du dich mit etwas Luxus einrichtest. *Zum Vorhang*: Lebt wohl, Mutter Persson! *Zu Göran*: Na, auf bald denn! *Geht.*

Göran zieht den Klingelzug.
Peder Welamson, ein langer, einäugiger Kriegsknecht, herein.

GÖRAN: Kennst du den Fähnrich Max von der Leibwache?

PEDER: Jawohl, Herr Prokurator!

GÖRAN: Nimm dir sechs starke Männer und paßt ihn heute abend am grünen Gang ab, dorthin kommt er zur Nachtwache. Bindet ihn so, daß er nicht schreit, und steckt ihn in einen Sack, ohne daß ein Tropfen Blut vergossen wird. Werft ihn dann ins Wasser und achtet genau darauf, daß er ertrinkt.

PEDER: Wird erledigt, Herr Prokurator!

GÖRAN: Hast du keine Bedenken?

PEDER: Keine!

GÖRAN: So soll ein treuer Diener sein, und so diene ich meinem König! – Friede!

Peder geht.

GÖRAN *zum Vorhang*: Hast du jetzt einen Bissen kaltes Essen, Mutter, so werde ich damit vorliebnehmen.

MUTTER: Na, hast du Geld bekommen?

GÖRAN: Nein, wir hatten über anderes zu reden!

MUTTER: Ich lausche nicht, aber ich habe ein Teil gehört ...

MARIA: Komm und iß jetzt, Onkel.

GÖRAN: Ja, mein Kleines, ich komme!

DRITTER AKT

Im Hintergrund Mälarlandschaft im Abendlicht, in der Ferne sieht man Schloß Gripsholm. Quer über die Bühne eine Brücke, rechts, am Fuße eines Hügels mit Eichen und Haselbüschen die Hütte des Brückenwächters. Am Ufer Fischerhütte, ein Boot, Netze.

Göran Persson, Nils Gyllenstjerna.

GÖRAN: Herr Gyllenstjerna, Ihr seid ein Freund des Königs, nicht wahr? Trotz der leidigen Geschichte neulich ...

NILS G.: Ich heiße Gyllenstjerna, und ich bin Freund der Vasas, aber ich will kein Büttel sein!

GÖRAN: Darum geht es nicht ... Wie denkt Ihr über das Verhalten Herzog Johans und das Urteil, das gefällt wurde?

NILS G.: Herzog Johan hat Finnland und Polen gegen sein eigenes Land in Aufruhr gebracht, und er ist nach Gesetz und Recht von den Ständen des Reiches zum Tode verurteilt. Daß König Erik ihn begnadigt hat, ehrt sein Herz.

GÖRAN: Gut! Was soll man aber dazu sagen, daß die Königinwitwe und die Herren eine Huldigung für den Verurteilten arrangieren wollen, wenn er hier gleich vorbeikommt?

NILS G.: Man muß sagen, daß sie sich zu Mitschuldigen machen und sich somit die gleiche Strafe zuziehen wie der Verurteilte.

GÖRAN: Die Person der Königinwitwe ist unantastbar, aber die der Stures und der anderen Herren nicht. Beim ersten Zeichen, daß sie den Banditen feiern wollen, werde ich sie verhaften lassen, hier am Brückenkopf, wo die Rast vorgesehen ist. In der Fischerhütte liegen schon Leute bereit, aber es wäre von Gewicht, wenn Ihr als einer der Herren des Reiches und Verwandter der Stures dem Unternehmen Eure persönliche Unterstützung geben würdet.

NILS G.: Ich werde meine Pflicht tun, aber ich begehe keine Ungesetzlichkeiten ...

GÖRAN: Hier soll allein nach dem Gesetz verfahren werden, und die Stände sollen über die Stures urteilen, wie sie über den Herzog Johan geurteilt haben.

NILS G.: In diesem Falle bin ich dabei, aber ich will doch erst sehen, ob die Herren es wagen, sich gegen den Landesherrn auf die Seite des Verräters zu stellen. – Meine Leute sind in der Nähe, und wenn Ihr einen Schuß abgeben laßt, werde ich zur Stelle sein. – *Ab.*

GÖRAN: Noch auf ein Wort, Herr Gyllenstjerna! *Folgt ihm.*

BRÜCKENWÄCHTER *kommt aus seiner Hütte, gefolgt von Peder Welamson*: Was diese Sache angeht, so wäre mir eine Säge am liebsten.

PEDER: Eine Säge?

BRÜCKENWÄCHTER: Ja! Man sägt die Brückenbalken an, und dann stellt man einen Mann als Wache an den Brückenkopf. Wenn nun die Herrschaften kommen und dem Herzog entgegengehen wollen, sagt der Posten: „Geht nicht auf die Brücke!" Das braucht er nicht mehr als einmal zu sagen und nicht besonders laut. Die Herrschaften kümmern sich natürlich nicht um das, was er sagt, dann kracht die Brücke ein, und sie liegen drin. Einen Schuldigen gibt's nicht.

PEDER: Ja, das könnte man auch machen, obwohl es etwas umständlich ist, und dann gibt's ja auch Leute, die schwimmen können. Da habe ich dieser Tage zum Beispiel einen Fähnrich Max im Norra Strömmen ertränkt. Wir steckten ihn in einen Sack wie ein Katzenjunges und beschwerten ihm die Füße mit acht Kettenkugeln; aber hat man so was schon gesehen: er schwamm wie ein Otter, so daß wir ihm schließlich eins mit der Keule draufgeben mußten, wie man Aalraupen im Januar erschlägt.

BRÜCKENWÄCHTER: Soso, du warst das, der mit Max ein Ende gemacht hat ...

PEDER: Ja, ich.

BRÜCKENWÄCHTER: Keine schlechte Arbeit! Die verschwinden, gehen nicht um, und da gibt es keine Scherereien hinterher. Aber das da mit Gerichtsverfahren und so, das ist schlecht, denn immer findet sich irgendein Haken in der Beweisführung, und dann muß das in so wohlgesetzten Worten geschrieben sein, und beim kleinsten Fehler wird die größte Kanaille zur reinen Unschuld. Der Prokurator ist ein fixer Kerl, aber immer muß er so ungeheuer viel schreiben ...

PEDER: Nicht immer, nein; aber mit dem Herzog muß die Sache Form und Ordnung haben ...

BRÜCKENWÄCHTER: Ist die Herzogin, die Polin, dabei?

PEDER: Nein, sie soll nachkommen, heißt es ...

BRÜCKENWÄCHTER: Jaja, Gripsholm ist groß, und die Mauern sind dick, da hört man draußen nicht, was drinnen geschieht.

GÖRAN *herein*: Peder Welamson!

PEDER: Herr Prokurator!

GÖRAN: Stell dich als Wache an das Ende der Brücke und laß keinen von dieser Seite durch; der Herzog kommt von der anderen Seite.

PEDER: Wie Ihr befehlt!

GÖRAN: Brückenwächter! Halt die Augen offen für das, was sich jetzt zutragen wird, damit du es später bezeugen kannst.

BRÜCKENWÄCHTER: Bezeugen? Die „anderen" sagen doch immer, daß der Zeuge von der Gegenseite lügt, da lohnt es sich nicht groß ...

GÖRAN: Das erledige ich! Erledige Du das deine! – Still, die Vorhut ist da. Auf die Posten! *Geht nach rechts ab in den Hintergrund.*

Svante Sture, Nils Sture, Erik Sture mit anderen Herren und ihrem Gefolge. Alle haben Blumensträuße und Kränze in den Händen, Nils Sture mit einem großen Kranz, in dem ein J und ein C, vergoldet und mit Herzogskronen darüber, angebracht sind.

SVANTE *zu Nils Sture*: Häng den Kranz mitten über die Brücke, so wird der Weg unseres Fürsten und Verwandten ins Gefängnis durch eine Art Ehrenportal führen. *Betrachtet den Kranz.* J, das ist Johan, und C ist Catharina, aber J kann auch Jagellony bedeuten; das ist höflich.

NILS STURE: Und C kann bedeuten: Herzog Carl.

ERIK STURE: Hüte deine Zunge, du!

SVANTE: Still, Kinder. Laßt den Ernst der Stunde zum Frieden mahnen, jetzt, da der Bruderkrieg in den Schlössern der Fürsten rast und sich das Spiel der Folkunger wiederholt. Ist das das Schloß zu Nyköping dort in der Ferne?

NILS STURE: Nein, das ist Håtuna!

ERIK STURE *naiv*: Aber das ist doch Gripsholm!

NILS STURE: Er hat nicht verstanden! – Und er weiß nicht, daß Herzog Johan aus dem Geschlecht der Folkunger ist!

SVANTE: Still jetzt, junges Volk!

Nils Sture geht mit dem Kranz zum Brückenende.

PEDER WELAMSON *streckt die Hellebarde vor*: Zurück!

NILS STURE: Was denn, Wächter Schielauge!

PEDER: Nimm dich in acht, Lausejunge! Wenn dir dein Vater in deiner Jugend Anstand beigebracht hätte, würdest du einen Mann nicht wegen seines Unglücks beschimpfen.

NILS STURE: Das war kein Unglück, daß du eine deiner Krähenluken verloren hast. Warum nicht alle beide?

PEDER: Soll dich doch der Schlag treffen, du leichtfertiger Bursche!

SVANTE: Was nimmt sich der Knecht heraus?

PEDER: Ich bin in der Leibwache des Königs und nehme mir die Freiheit, Befehlen zu gehorchen, und wer sich heranwagt, der wird zu Boden gestreckt.

SVANTE: Das ist deutlich. Tja, der Pöbel als Stellvertreter der Majestät! Die Knechte haben Vortritt vor den Herren, die Federfuchser vor den Wappenträgern! Der Bastard vor dem Edelmann. O Land, Land!

LEJONHUFVUD *zu Svante*: Weißt du, daß dieser Knecht da Göran Perssons Neffe ist?

SVANTE: Nein, das weiß ich nicht, aber er sieht so aus.

STENBOCK: Da hat der Strolch Persson wenigstens ein Verdienst.

LEJONHUFVUD: Ach nein! Und welches?

STENBOCK: Daß er eine Schwester besitzt, das hatte ich ihm nicht zugetraut.

LEJONHUFVUD: Da hat er sogar noch ein Verdienst: er treibt keine Vetternwirtschaft.

SVANTE: Wenn Ihr so weitermacht, werdet Ihr schließlich noch gut über einen Schurken sprechen.

STENBOCK: Achtung! – Der Herzog ist da!

Über die Brücke kommen von links drei Gerichtsbeamte in voller Rüstung geritten, dahinter, ebenfalls zu Pferde, Herzog Johan mit Handschellen zwischen zwei Kriegsknechten, dann drei berittene Knechte und schließlich Fußvolk.

SVANTE *und die Herren werfen Blumen und Kränze; Nils hat*

seinen Kranz über den Wegweiser gehängt: Es lebe der Herzog von Finnland! Vivat!

ALLE: Vivat, Vivat! Vivat!

Herzog Johan hebt die Hände zum Dank.
Der Zug geht weiter, während die Herren stehen und winken.
Ein schriller Pfiff ist zu hören, darauf ein Schuß; Göran Persson, Nils Gyllenstjerna von rechts aus dem Hintergrund herein; Knechte kommen aus der Fischerhütte.

NILS G. *zu Svante Sture und den Herren*: Im Namen des Königs erkläre ich die Herren für verhaftet.

SVANTE: Seid Ihr bei Verstand?

NILS G.: Ich bin es! – Herzog Johan wurde von den Ständen des Reiches von seinem Herzogtum abgesetzt. Die Herren haben ihn weiterhin als Herzog gefeiert, damit böswillig ein gesetzkräftiges Urteil mißachtet und sich auf die Seite des Verräters gestellt. – Leute, tut Eure Pflicht! *Die Kriegsknechte fesseln die Herren.*

SVANTE: Ist das ein schwedischer Edelmann, der so redet.

NILS G.: Ja, und ein Nachkomme von Kristina Gyllenstjerna und einem Sture, doch bisher niemals ein Königsverräter! – Hier ist ein schuldiger Untertan gefangengesetzt worden, und Ihr stellt Euch mit Blumen in den Händen an seine Seite, als erwartetet Ihr einen Bräutigam!

SVANTE: Der Herzog ist kein Untertan ...

NILS G.: Verzeiht, doch da läßt Euch Euer Gedächtnis im Stich, Herr Svante. Ihr selbst habt die Artikel von Arboga mit aufgesetzt, in denen die Herzöge ausnahmslos zu Untertanen erklärt wurden!

SVANTE: Das ist wahr! – Oh, daß man immer wüßte, was man tut.

NILS G.: Geht jetzt, edle Herren! Die Gerechtigkeit erwartet Euch, und das Gesetz, dem wir uns alle beugen müssen, der Niedriggeborene wie der Adlige.

SVANTE: Nun gut! Die Stures wissen den bösen Tag zu nehmen wie den guten, und kommt Tag, kommt Rat!

NILS STURE: Aber wenn die Nacht kommt, werdet Ihr verschwinden! Lebt wohl, Ihr Herren!

Die Herren werden abgeführt.

GÖRAN: Dank, Herr Gyllenstjerna. Seht Ihr, mit solchen großen und wohlgesetzten Worten, die bei Anlässen wie diesen gesagt werden müssen, kann ich nicht aufwarten, aber Ihr habt gut gesprochen, und deshalb noch einmal: Dank. Jetzt gehe ich nach Uppsala und handle.

NILS G.: Lebt wohl denn, Prokurator! Und richtet nicht zu hart!

GÖRAN: Ich werde überhaupt nicht richten, das überlasse ich den Ständen. *Zu Peder Welamson*: Peder Welamson! Sammle alle Blumensträuße und Kränze auf!

PEDER: Jawohl!

GÖRAN: Und dann gehen wir hinein und schreiben deine Zeugenaussage und die des Brückenwächters, Punkt für Punkt!

PEDER: Punkt für Punkt! – Aber ungeschrieben wäre besser!

GÖRAN: Vergiß, daß du der Sohn meiner Schwester bist, so werde ich vergessen, daß ich dein Onkel bin.

PEDER: Auch bei der Beförderung?

GÖRAN: Da ganz besonders! Siehst du: die Edelleute stellen größere Forderungen an uns Niedriggeborene als an sich selbst; deshalb sollten wir ihren hohen Gedanken zu entsprechen suchen. Übrigens: bleib unten im Tal, du, da bläst der Wind weniger rauh als auf den Höhen. Und was mich angeht, ich werde dafür sorgen, daß sie von mir sagen können, der Schurke versteht seine Sache.

Saal im Schloß zu Uppsala. Die Fenster im Hintergrund gehen zum Schloßhof, man sieht gegenüber die erleuchteten und geöffneten Fenster des Reichssaals. Dort erkennt man, wenn die Gardinen beiseite geschoben werden, schemenhafte Gestalten, die sich bewegen.

ERIK *im Mantel, die Krone liegt auf einem Tisch, öffnet ein Fenster (Göran steht an einem anderen und lauscht hinaus.)*: Heiß ist dieser dieser Pfingstabend …

GÖRAN *zeigt hinaus*: Und es wird noch heißer! Die Herren sind nicht so zahlreich gekommen, aber desto mehr Geistliche.

ERIK: Und die lieben mich nicht! – Warst du im Reichssaal?

GÖRAN: Ich war einen Augenblick drin.

ERIK: Und dein Eindruck? Wie ist die Stimmung? Ich pflege es sofort zu spüren, ob ich Freunde oder Feinde vor mir habe.

GÖRAN: Ich spüre immer Feinde, wo zwei oder drei versammelt sind, und deshalb bin ich immer bereit zuzuschlagen! Und ich ziehe es vor, den ersten Schlag zu tun …

ERIK *zeigt hinaus*: Nein, sieh doch! Ich – glaube – das ist Johan – mit dem roten Bart – dort!

GÖRAN: O nein! Das ist Magnus aus Åbo – ganz sicher!

ERIK *greift sich an die Stirn*: Ja, aber ich habe Johan gesehen – bestimmt – Johan! Gib mir die Rede! – Sie ist doch ins reine geschrieben?

GÖRAN *übergibt ihm ein Papier*: Wie gestochen, so daß ein Kind es lesen kann!

ERIK *liest*: Das ist gut! – Aber hast du die ganze Beweisführung drin?

GÖRAN: Alles! Angefangen von Nils Stures aufrührerischen Reden bis zu Herrn Svantes Huldigung für den Landesverräter. – Und es müßten schon große Schelme sein, die es fertigbringen, die Verbrecher freizusprechen!

ERIK: Und die Zeugen?

GÖRAN: Sitzen unten im Burgzimmer. Im übrigen sind die schriftlichen Zeugenaussagen gültig.

ERIK: Glaubst du, daß wir bald anfangen können?

GÖRAN *schaut aus dem Fenster*: Die Vorsitzenden haben ihre Plätze noch nicht eingenommen, aber der Saal scheint ziemlich dicht besetzt!

ERIK *geht über die Bühne, legt das Papier auf einen Stuhl, nimmt dann die Krone und setzt sie auf*: Das ist eine schreckliche Hitze, und die Krone preßt einem den Schweiß aus den Haarwurzeln!

KARIN *herein*: Verzeih, Liebster, aber die Kinder haben eine Bitte, eine recht harmlose übrigens.

ERIK *sanft*: Sprich sie nur aus!

KARIN: Sie sagen, sie würden so gern den König sehen.

ERIK: Wir sehen uns doch jeden Tag ... Ach so, sie meinen den König mit der Krone, den Theaterkönig. Na, laß sie hereinkommen!

KARIN *winkt nach der offen gebliebenen Tür*: Kommt, Kinder!

Gustav und Sigrid kommen Hand in Hand herein, mit Puppen, fallen vor Erik auf die Knie.

ERIK: Hört, ihr kleinen Würmer, nicht auf dem Fußboden liegen! *Er beugt sich hinunter und nimmt jedes der Kinder auf einen Arm*: Nun, seht euch das Geklimper an!

Gustav und Sigrid fingern an der Krone.

ERIK *küßt sie und setzt sie herunter*: So hoch seid ihr noch nie gewesen, was?

GUSTAV *hantiert mit den Hermelinen am Mantel*: Sieh mal, Sigrid, hier sind Ratten am Mantel.

SIGRID: Nein, ich will die Atten nicht sehn! *Geht zu dem Stuhl, auf den Erik das Manuskript der Rede gelegt hat, und wickelt, unbemerkt von den anderen, ihre Puppe darin ein.*

ERIK *zu Gustav*: Na, Gösta, willst du einmal König werden?

GUSTAV: Ja, wenn Mama Königin wird!

ERIK: Sie ist schon mehr als Königin, mein Kind!

GUSTAV: Bin ich da auch mehr als ein Prinz?

ERIK: Ja, du bist ein Engel, mein Kleiner!

Höfling herein, flüstert Göran Persson etwas zu, der sich dem König nähert.

GÖRAN: Alles ist bereit! Beeilung!

ERIK *zu Karin und den Kindern*: Gott segne und behüte euch! Alle! Alle! *Geht.*

Gustav und Sigrid werfen ihm Handküsse nach.

KARIN *zu Göran*: Was geschieht jetzt da drüben?

GÖRAN: Der König wird vor den versammelten Ständen gegen die Herren sprechen.

KARIN: Gegen die Herren, die unten im Gefängnis sitzen?

GÖRAN: Genau, gegen sie.

KARIN: Kann man jemand ins Gefängnis werfen, ehe man untersucht und verurteilt hat?

GÖRAN: Ja, wenn man jemand auf frischer Tat ertappt, steckt man ihn in Untersuchungshaft, und das ist hier der Fall.

KARIN: Ihr habt soviel vor, was ich nicht verstehe ...

GÖRAN: Ja, die Rechtsprechung ist eine schwierige Sache, und .man muß sehr gründlich und gewissenhaft sein, wenn es um das Wohl und Wehe des Nächsten geht! *Am Fenster.* Hört, der König spricht! Und er ist von hier aus zu sehen.

KARIN: Zieh die Gardinen vor, Göran! Ich will's nicht sehen!

GÖRAN *zieht die Gardinen vor*: Wie Ihr wollt, Fräulein.

SIGRID: Mama! Ist das Göran Persson?

KARIN: Still, Kleines!

SIGRID: Ist das der, der so garstig ist?

GÖRAN: Nicht zu braven Kindern, nur zu bösen.

KRAIN: Ich mag Euch mehr, wenn Ihr schlagt, als wenn Ihr streichelt, Göran.

GÖRAN: Wirklich?

KARIN: Und ich würde Euch ungern für etwas zu danken haben.

GÖRAN: Und doch ...

HÖFLING *herein, flüstert Göran etwas zu, der erregt hinauseilt, darauf zu Karin*: Ihre Gnaden, die Königinwitwe, bittet um Audienz.

KARIN *bestürzt*: Audienz? Bei mir?

DIE KÖNIGINWITWE *erregt von links herein, stürzt auf die Knie*: Gnade! Gnade für meinen Bruder und meine Verwandten!

KARIN *fällt auf die Knie*: Steht auf, um des Himmels und unseres Erlösers willen! Wie könnt Ihr glauben, daß ich die Macht habe zu begnadigen, die ich selber nur auf Gnade lebe! Steht auf, Königin, hochgeborene Witwe des großen Königs Gustav; ich bin zu gering und unwürdig, daß Ihr mich auch nur aufsucht!

DIE KÖNIGINWITWE: Aber Karin Månsdotter hat das Schicksal des Reiches in ihrer kleinen Hand ... Steht auf, hebt Eure Hand und rettet meine Angehörigen, denn der König ist außer sich und rast!

KARIN: Er rast? Warum? Ich weiß ja nichts und vermag nichts! Und wenn ich ein Wort sage, würde er mich schlagen, so wie er mich unlängst umbringen wollte.

DIE KÖNIGINWITWE: Dann ist es nicht wahr, daß Ihr die Königin seid?

KARIN: Ich? O Gott, ich bin die letzte von den Frauen am Hofe, wenn ich überhaupt dazu gerechnet werde!

DIE KÖNIGINWITWE: Und er mißhandelt Euch? Warum geht Ihr da nicht Eurer Wege?

KARIN: Wohin in der weiten Welt sollte ich gehen? Mein Vater will mich nicht sehen, und meine Geschwister grüßen mich nicht. Der letzte Freund, den ich hatte, mein Vetter Max, ist verschwunden, ich weiß nicht wohin.

DIE KÖNIGINWITWE: Das wißt Ihr auch nicht, daß Fähnrich Max ...

KARIN: Sprecht doch!

DIE KÖNIGINWITWE: Max ist nicht mehr! Man hat ihn töten lassen!

KARIN: Mord? Ich habe es geahnt, aber nicht glauben wollen. O weh! – Jetzt bin ich es, die Euren Schutz anruft, wenn Ihr Erbarmen haben könnt mit einer armen Sünderin.

DIE KÖNIGINWITWE *nachdenklich*: Ist es so bestellt? ... Nun, so folgt mir nach Hörningsholm; das ist ein befestigtes Schloß, und dort sind die Herren versammelt, um sich gegen den rasenden Narren zu verteidigen, der noch das Zepter führt.

KARIN: Aber meine Kinder!

DIE KÖNIGINWITWE: Nehmt die Kinder mit!

KARIN: Ich habe so viel Böses schon gesehen, daß es mir schwerfällt, an Euren Edelmut zu glauben!

DIE KÖNIGINWITWE: Sprecht nicht von meinem Edelmut, glaubt,

was Ihr wollt, von den Gründen für mein Angebot: hier in dieser Mörderhöhle könnt Ihr nicht bleiben. Aber schnell! – Laßt in aller Eile packen; der König kann in einer halben Stunde zurück sein, und dann bricht es über Euch und Eure Kinder herein!

KARIN: Er hat meinen einzigen Freund umgebracht, das edelste Herz, das bereit war, mich wieder aufzurichten. Ich verzeihe ihm, denn er ist unglücklich, aber ich kann ihn nicht mehr sehen. *Läutet.*

Kammermädchen herein

KARIN: Pack sofort die Kleider der Kinder zusammen und bring sie hierher. Nimm Spielsachen mit, damit die Kleinen unterwegs nicht weinen und nach Hause wollen.

Kammermädchen geht mit Gustav und Sigrid hinaus.

DIE KÖNIGINWITWE: Welche wunderbaren Kinder Ihr habt! Liebt ihr Vater sie?

KARIN: Er vergöttert sie, aber er würde sie auch töten können; er spricht jetzt immer vom Töten …

DIE KÖNIGINWITWE *hinterhältig*: Dann wird er sie also vermissen?

KARIN: Eine Weile, ja, dann wieder nicht. Armer Erik!

Kammermädchen herein mit Kindersachen und Spielzeug, die sie über Stühle und Tische verstreut,

DIE KÖNIGINWITWE: Göran Persson hat wohl einen schlechten Einfluß auf Erik?

KARIN: Eher das Gegenteil! Göran ist klug, verschlagen, und er versucht, recht zu handeln, soweit er kann …, aber ich fürchte ihn doch!

DIE KÖNIGINWITWE: Wißt Ihr, was man zur Stunde dort unten im Reichssaal vorhat?

KARIN: Es soll etwas mit den Herren sein, das ich nicht verstehe.

DIE KÖNIGINWITWE: Der König hat geschworen, daß sie sterben müssen ...

KARIN: Die Stures auch! Die edlen, beim Volk beliebten Herren Sture?

DIE KÖNIGINWITWE: Eben die, die jetzt unten im Schloßkeller sitzen. Und unter ihnen ist mein eigener Bruder, Abraham Stenbock ...

KARIN: Ich will nicht länger dabeisein! Und meine Kinder sollen keine Blutschuld tragen müssen.

Gemurmel, Rufe, Lärm unten vom Hof her.

DIE KÖNIGINWITWE *am Fenster*: Laßt alles im Stich, wir müssen fliehen, schnell! – Der König kommt zurück. Er tobt, daß ihm der Schaum vorm Munde steht!

KARIN: Folgt mir, ich kenne den Gartenweg hinunter zum Bootshaus am Fyrisfluß. *Nimmt ein paar Kindersachen.* Helft mir, das zu tragen! – Und nun: Gott schütze uns!

Zusammen mit der Königinwitwe ab. Geräusche im Hof, Waffenlärm, Trompetenstöße, Pferdegetrappel.
Erik herein, nimmt erregt die Krone ab und legt sie auf einen Tisch, läuft herum und sucht etwas, außer sich vor Wut.

GÖRAN *herein*: Ist der König hier? – Was ist geschehen? Was in Jesu Namen ist geschehen?

ERIK *reißt sich den Mantel herunter, rollt ihn zusammen, wirft ihn auf den Boden und tritt mit den Füßen danach*: Was geschehen ist? Nichts ist geschehen, alles ist nur vom Satan zusammengebraut!

GÖRAN: Rede vernünftig, dann werde ich alles in Ordnung bringen!

ERIK: Nun gut! Du weißt, daß ich kein Redner bin, deshalb ließ ich es aufschreiben. Ich glaubte das Papier in der Tasche zu haben und eröffnete frei aus dem Stegreif das Feuer gegen die Verräter. Darauf greife ich nach dem Manuskript, aber in diesem Augenblick sehe ich einen Rotbart mich angrinsen, wie nur Johan grinsen kann, und ich finde das Papier nicht! Da wurde ich wild, rase los, verwechsle Namen und Zahlen, es war, als hätte jemand in meinem Kopf alles durcheinandergerührt und die Mechanik meiner Zunge auseinandergenommen; dieser Jemand – ich zweifle nicht: der Satan – treibt mich, Svante Sture mit Peder Welamson zu verwechseln und umgekehrt; ich erkläre, daß die Herren die Brücke mit Girlanden statt mit Kränzen geschmückt hätten, und meinen ganzen alten Haß gegen die Stures, den ich unterdrückt hatte, schleudere ich heraus, zusammen mit einem Haufen von Beschuldigungen, die ich nicht beweisen kann. – Erst lacht man, dann legt man mich auf nebensächliche Angaben fest, und als sechs Gegenzeugen ausgesagt haben, daß Johan mit Blumensträußen begrüßt wurde und einem Kranz anstelle von Girlanden, wurden meine Angaben für wertlos erklärt! – Nun stell dir vor: Wenn ich die Herren auf dem üblichen gesetzlichen Wege hätte verurteilen lassen, so hätten wir sie sofort fest gehabt, denn sie wurden ja auf frischer Tat gefaßt. Aber ich mußte großmütig sein, Gott bewahre, weil ich die Übermacht des Rechts auf meiner Seite hatte! Großmütig! Zum Teufel mit dem Großmut! – Und die Stände stimmten für die Schurken, die Stände feierten die Spitzbuben, die Stände bedauerten die Kanaillen, und nun stehen wir da, wir, die Richter, stehen als Angeklagte vor den Verbrechern! – Wahrhaftig, wer Rückhalt in der Hölle hat, der hat recht.

GÖRAN: Aber die Zeugen!

ERIK: Die Zeugen lehnte man ab. Glaubst du, daß ein Brückenwächter oder ein Knecht gegen die Herren zeugen darf? Aber für sie zeugen, das dürfen sie! Dem Lakaien der Stures wurde aufs Wort geglaubt, gegen mich, den König! Die alte Amme Stenbocks wurde zitiert wie die Heilige Schrift! Ivarssons minderjähriger Sohn wurde als Zeuge anerkannt gegen Gesetz und Recht, und ihm wurde applaudiert!

GÖRAN: Und das Resultat?

ERIK: Die Herren wurden freigesprochen!

GÖRAN: Laß mich einen Augenblick nachdenken! ... Hm, hm!

Ja, so wird es gehen, die Stände werden als ein rechtwidriges Forum verworfen, und die Hochverratssache geht an den Obersten Rat des Königs!

ERIK: Narr! Wir, das heißt du, bist als Angeklagter kein unbefangener Richter mehr!

GÖRAN: Hölle! Da sehe ich keinen anderen Ausweg als ein außergerichtliches Verfahren! Fiat justitia! Um jeden Preis!

ERIK: Nicht gegen Gesetz und Recht!

GÖRAN: Nein, mit Gesetz und Recht, gegen Rechtsverdreher und Winkeladvokaten! Das Gesetz verurteilt Landesverräter zum Tode! Also: sollen sie sterben!

ERIK: Sag, warum grinste dieser Rotbart, als das Papier nicht da war? Er wußte, wo es lag, natürlich; also hatte er es stehlen lassen! – Jetzt muß das Papier her, und der ist des Todes, bei dem es gefunden wird! ... *Sieht sich um.* Was ist das? Bin ich in der Kinderstube? Hier sieht es ja aus wie ... *Läutet.* Göran! Jetzt fürchte ich, das Schlimmste ist geschehen! *Läutet.* Warum kommt keiner? Es klingt so leer in den Sälen!

Höfling herein.

ERIK: Wo ist Fräulein ... Karin?

Höfling schweigt.

ERIK: Wenn du nicht sofort redest, bringe ich dich um! – Wo ist Fräulein Karin?

HÖFLING: Das gnädige Fräulein ist abgereist!

ERIK: Abgereist, mit den Kindern?

HÖFLING: Ja, Euer Gnaden!

ERIK *fällt auf eine Bank*: Nun kannst du mich umbringen!

GÖRAN: Schick Leute hinterher, das zuerst! Sie können noch nicht weit sein!

HÖFLING: Die Königinwitwe hat die Reisenden nach Hörningsholm begleitet ...

ERIK: Nach Hörningsholm, dem Adelsnest der Stures ..., immer die Stures! Schickt zehntausend Mann aus und stürmt es; steckt es in Brand; hungert die Besatzung aus ...

HÖFLING: Die Königinwitwe wurde von einem Regiment aus Södermanland begleitet ...

ERIK: Södermanland! Ha, das ist Herzog Carl! Den darf ich nicht anrühren. Sonst läßt er den Teufel los aus Gripsholm ... Also, die Königinwitwe war es, die Hündin der Stures, die meine Karin von mir lockte! Und Schön-Karin ging ... Gassenhure, Göran, alles Gassenhuren! Aber sie haben auch meine Kinder genommen, die Stures! Das verzeihe ich niemals. *Er zieht den Dolch und stößt ihn in den Tisch.* Nie! Nie!

GÖRAN: War Nils Gyllenstjerna im Reichssaal?

ERIK: Ja, ich sah ihn zu Beginn an der Zeugenbank stehen, aber als sich der Wind drehte, verschwand er. Alle verschwinden sie, außer dir, Göran!

GÖRAN *zum Höfling*: Ruf Peder Welamson her! Sofort!

Höfling geht.

GÖRAN: Hör zu, Erik, ob dies keine Logik ist ... Das allgemeine Gesetz verurteilt Verräter zum Tode: die Stures sind Verräter, also sind die Stures zum Tode verurteilt!

ERIK: Sehr gut!

GÖRAN: Daraus folgt –

NILS GYLLENSTJERNA *herein*: Mit Verlaub, Euer Gnaden!

ERIK: Ah, da ist der Versager.

NILS G.: Ja, das is leicht gesagt, aber was vermag ein Kluger gegen einen wahnwitzigen Haufen?

ERIK: Du hältst also die Stures für schuldig?

NILS G.: Ich werde wohl meinen eigenen Ohren und Augen trauen, und ein Verbrechen kann sehr wohl begangen worden sein, ohne daß die Reichsstände zugegen waren. Aber – es geht ein Gerücht um, und deshalb komme ich, daß Herzog Johan frei ist!

ERIK *rennt im Raum herum*: Dann ist die Hölle los!

GÖRAN: Ruhig!

NILS G.: Ich habe auch dem Prokurator noch etwas zu sagen.

GÖRAN: Sprecht!

NILS G.: Lieber unter vier Augen!

GÖRAN: Hier gibt es keine Geheimnisse.

NILS G. *drückt Göran einen Gegenstand in die Hand*: Jemand hat mich gebeten, das hier zu übergeben und auszurichten, daß etwas anderes seinen Platz einnimmt.

GÖRAN *betrachtet den Ring, den er bekommen hat, und wirft ihn über die Schulter aus dem Fenster. Dann holt er ein Miniaturbild aus dem Wams und zertritt es.*

ERIK *hat alles beobachtet*: Aha! Das Urbild! Eine Gassenhure, die auch! Hoho!

GÖRAN: Nun ist Göran wieder der Teufel! – Daß doch das Beste im Leben das Schlimmste mit sich bringt, daß die Hölle im Paradies liegt und die Engel Teufel sind – Satan ist eine weiße Taube, und der heilige Geist –

ERIK: Halt ein!

GÖRAN: Bist du religiös, du Teufel? – Geht, Herr Gyllenstjerna; hier soll gekehrt und gefegt werden wie am Morgen des Jüngsten Gerichts, geht schnell, denn hier kommt hoher Besuch!

Peder Welamson herein.

NILS G. *zieht sich zurück*: Was Ihr zu tun vorhabt, gesetzlich ist es nicht, aber es ist wohl recht. *Geht.*

GÖRAN *zu Nils G.*: Halt dein Maul! *Zu Peder Welamson*: Peder Welamson, es sind Ratten im Keller! Geh hinunter und schlage sie tot!

PEDER: Sehr gerne! Aber ...

ERIK: Zögerst du?

PEDER: Nicht deshalb: Aber ich will etwas haben!

GÖRAN: Alle wollen sie haben, aber keiner will geben!

ERIK: Was willst du haben? Willst du Baron werden, Graf, Reichsrat? Sag es! Du siehst, daß auf diesen Dreck nicht zu bauen ist! Und du wirst nicht einen Deut besser sein als die Lumpen, die da unten im Keller sitzen! – Könige kann ich nicht machen, aber Königinnen! Ich kann aus einer

Gassenhure eine Königin machen! Willst du Königin werden, du kannst es!

PEDER: Ich will nur Korporal werden!

ERIK: Korporal? Welche Bescheidenheit! Wahrhaftig, ich habe bessere Freunde als Johan! – Also, Korporal! Jetzt diene deinem König!

PEDER: Die Sache wäre schon sauber in Ordnung gebracht, wenn man die Schreiberei hätte bleiben lassen! Doch sei's wie es sei! *Ab.*

ERIK *setzt sich auf einen Stuhl*: Das ist ein schöner Pfingstabend ..., haha! Grünes Laub und weiße Lilien ... Nun wäre ich mit Karin und den Kindern den Mälar hinuntergefahren ... Die Kinder! Göran, diese wilden Tiere haben meine Jungen geraubt ..., und alles, was sie tun, ist gut und schön. Warum dürfen einige machen, was sie wollen, warum? Und nun ist Johan frei!

GÖRAN *hat sich an den Schreibtisch gesetzt und zeichnet*: Warum schickst du keine Truppen gegen ihn aus?

ERIK: Warum tust du es nicht?

GÖRAN: Weiß nicht! Ich kann mich nicht mit dem Satan schlagen!

ERIK: Hast du den Mut verloren?

GÖRAN: Nein, aber ich kann nicht verstehen, wie geschehen konnte, was da geschah. Das ist doch wider alle Logik, wider alle Berechnungen, wider alle Gerechtigkeit. Gibt es einen Gott, der Lumpen beschützt, der Verrätern hilft, der aus schwarz weiß macht?

ERIK: Es sieht so aus!

GÖRAN: Hör doch, jemand singt einen Psalm da unten!

ERIK *lauscht*: Es ist das alte Wildschwein Svante!

GÖRAN: Ja! Man kann das Menschenpack einteilen in: religiöse Schweine und nicht religiöse Schweine! Schweine sind sie immer!

ERIK: Hast du eine Religion, Göran?

GÖRAN: Das weiß ich nicht! Vorhin begannen ein paar Blasen aus dem Sumpf der Kindheit aufzusteigen, aber sie zersprangen und stanken.

ERIK *hat die Hand ausgestreckt und eine Puppe gegriffen*: Schau sie dir an! Sie gehört Sigrid und wird Blinda Bleichgesicht genannt ..., ich kenne die Namen ihrer Puppen, hörst du! – Weißt du, daß ich diesen Augenblick am meisten von allem gefürchtet habe, den Augenblick, da die Meinen mich im Stich gelassen haben? Aber die Wirklichkeit entspricht nicht der Vorstellung – ich bin jetzt völlig ohne Gefühl und so ruhig wie nie zuvor ..., wenn ich das doch in einer glücklichen Stunde sagen könnte! Aber dieser Pfingstabend! So viele Erinnerungen werden wach ... *Erregt*: – Besonders an die Kinder, das Beste, was einem dieses schlimme Leben schenkt ... Im vorigen Jahr ruderten wir den Mälar hinab ... Sigrid und Gustav hatten neue, helle Sommerkleider, und die Mutter hatte Vergißmeinnichtkränze gebunden und ihnen auf die blonden Locken gesetzt. Sie waren in Hochsommerstimmung, die Kinder, und sahen aus wie Engel ... Dann wollten sie barfuß laufen am Strand und Steinchen werfen ... Sigrid hebt ihre kleine Hand, und der Stein trifft Gustav an die Wange. *Er schluchzt.* Du hättest ihren Kummer sehen sollen ..., wie sie ihn streichelte und um Verzeihung bat, seine Fußsohle küßte, um ihn zum Lächeln zu bringen ... Tod und Hölle! *Springt auf.* Wo sind meine Kinder? Wer hat es gewagt, die Jungen des Bären anzurühren. Das war das Wildschwein! Doch nun wird der Bär die Jungen des Wildschweins reißen! Das ist Logik! *Zieht den Dolch.* Weh ihnen! Weh!

GÖRAN: Laß das den Korporal besorgen! Wenn du dich da einmischst, gibt es ein höllisches Geschrei!

ERIK: Nein, du! Ich selbst will die himmlische Gerechtigkeit in die Hand nehmen, wenn die Götter schlafen!

GÖRAN: Pfeif auf die Götter!

ERIK: Genau das! *Ab.*

Göran läutet.
Der Vorhang fällt für einen Augenblick.

Göran sitzt immer noch am Schreibtisch und zeichnet.

ERIK *herein, erregt*: Es war gelogen, natürlich, daß Johan freigelassen ist; Lüge alles zusammen, die ganze Welt und der Himmel dazu: der Weltenfürst wird auch Vater der Lüge genannt, siehe Matthäus-Evangelium, achtes Kapitel, elfter und zwölfter Vers, in der Ausgabe von 1541 ... Inzwischen bin ich von Zimmer zu Zimmer gegangen, die Teufel hatten im Schlafzimmer noch nicht einmal die Betten gemacht, von Saal zu Saal, ohne einen Menschen zu treffen. Das ganze Schloß ist verlassen wie ein sinkendes Schiff, und unten in der Küche war es schlimm: die Mägde haben Gewürze und Eßwaren gestohlen, und die Reste lagen überall verstreut, und die Lakaien hatten Weinflaschen aufgekorkt ... Indessen ...

GÖRAN: Warst du auch unten im Keller?

ERIK: Überhaupt nicht! ... Aber schau nur, wie es hier aussieht! Da liegt die Krone und dort der Mantel, die Zeichen des Schwedenreiches ..., aber sieh dort, das Stiefelchen, schiefgetreten von Sigrids kleinem Fuß ..., es ist wirklich wahr, daß ich mich schäme, aber keiner entgeht seinem Schicksal, und ich bin dem meinen niemals entgangen. Mein Vater sagte, es werde ein schlimmes Ende mit mir nehmen. Wie konnte er das wissen, wenn es nicht so irgendwo geschrieben stand, und wer könnte es geschrieben haben, wenn nicht der, der es im voraus bestimmt hat. Aber da Schlimmste war, als der Korporal Nils das Auge ausstach – der Korporal hat ja nur ein Auge –, und als er zustach, sagte er: „Das hier ist für Wächter Schielauge, und Auge um Auge!" Woraus ich schloß, daß Nils den Korporal einmal wegen seines Gebrechens verhöhnt hat. Daraus sehen wir, wie alles zurückkommt und daß Nils, wie man sagt, durch seine eigene Tat fiel.

GÖRAN: Es ist also aus mit ihnen?

ERIK: Du darfst nicht soviel fragen, Göran. Und dann erstach er Svante Wildschwein und Erik und die anderen Galgenvögel ... Still, nun kommt das Schlimmste: als der Korporal den Alten erstechen wollte, wurde der frech und erklärte, daß die Stände ihn freigesprochen hätten, und forderte mich auf, meine Anklagen zu beweisen. Stell dir vor, der Hund verlangt, ich soll beweisen, daß er mich einen Irren genannt hat, mitten ins Gesicht hinein, beweisen, daß er somit Majestätsbeleidigung begangen hat, beweisen, daß er dem Landesverräter huldigte ... Da würde ich so wütend, daß ich die Exekution befahl ..., doch da schrie er: „Rühr uns nicht an ..." – er meinte die Stures –, „denn dann sterben deine Kinder, sie sind als Geiseln bei den Unsrigen!" Geiseln? Kannst du verstehen, was dieses Wort für mich bedeutete? Ich sah die Kleinen hingerichtet auf Hörningsholm; wollte den Befehl zurücknehmen, aber da war es zu spät!

GÖRAN: Und dann?

ERIK: Es war ein jammervoller Anblick. Und jeder Mensch hat in der Stunde seines Todes etwas Eigentümliches, als fiele die Larve und der Schmetterling flöge heraus. Ich habe es nicht ertragen.

GÖRAN: Hast du jemand getötet?

ERIK: Nein, ich habe Nils nur in den Arm gestochen, aber davon ist er nicht gestorben! Jedenfalls war es grauenhaft, und ich wünschte nun, es wäre nie geschehen!

GÖRAN: Bereust du, daß du die Banditen hast hinrichten lassen?

ERIK: Aber die Geiseln! Denk an meine Kinder! Und die Mutter der Sturesöhne! Und an Abraham, den Bruder der Königinwitwe, der mit ihnen hingemetzelt wurde! Das wird sie niemals verzeihen! Kannst du das wieder einrenken, Göran?

GÖRAN: Nein, weil ich von dem Ganzen gar nichts begreife! Siehst du nicht, wie sich die Ereignisse selbst entwickelt haben, ohne daß wir etwas dazu tun konnten! Ich sitze stumm da, gelähmt, ich kann nicht einen Finger rühren und nur warten und fragen: was soll jetzt geschehen?

ERIK: Du hast mir nichts mehr zu raten?

GÖRAN: Nichts!

ERIK: Gut; dann gehe ich und suche den Freund auf, den ich nie hätte verlassen sollen!

GÖRAN: Du meinst Karin, natürlich!

ERIK: Ja!

GÖRAN: So geh!

ERIK: Was soll jetzt geschehen?

GÖRAN *bleibt am Tisch sitzen und trommelt mit den Fingern*: Wer das wüßte!

VIERTER AKT

Küche bei Måns Knecht, Karin Månsdotters Vater. Måns sitzt am Tisch. Es klopft.

MÅNS KNECHT: Herein!

Peder Welamson herein.

MÅNS: Guten Tag, Peder.

PEDER: Korporal, mit Verlaub!

MÅNS: Soo! – Hoffe, du hast dir deine Beförderung ehrlich verdient.

PEDER *setzt sich*: Hoffe es.

MÅNS: Was habt ihr dort in Uppsala gemacht?

PEDER: Wir haben Verräter hingerichtet!

MÅNS: Nach Recht und Gesetz?

PEDER: Wenn Verräter hingerichtet werden, ist das immer Recht!

MÅNS: Hattet ihr denn vollen Beweis?

PEDER: Ich hatte vollen Beweis, ich war Augenzeuge, und deshalb habe ich sie hingerichtet, als der König sie nach den Hofartikeln verurteilt hatte.

MÅNS: Daß man unter den Herren reinen Tisch macht, dagegen habe ich nichts ..., aber warum wurde der König hinterher verrückt?

PEDER: Verrückt? Er bereute, und das ist wohl nicht so verrückt!

MÅNS: Jedenfalls so, daß er in den Wäldern herumgerannt ist – stimmt das?

PEDER: Er war außer sich vor Kummer über seine verlorenen Kinder, die man von ihm weggelockt hat, und da ging er nachts hinaus, um sie zu suchen – na ja, das war dumm –, und dann verirrte er sich im Wald, mußte im Freien schlafen, es regnete. Zu essen hatte er nichts, wurde krank und redete wirr im Fieber. Was ist denn da dabei?

MÅNS: Gibt es einen Funken Gutes in diesem Mann?

PEDER: Hör mal, Måns – daß du ihn haßt, kann ich ja verstehen, aber trotzdem kann der König doch ein Mensch sein. Denk nur: die Stände haben Herzog Johan zum Tode verurteilt, aber König Erik begnadigt ihn. Und jetzt hat er ihn freigelassen. Das ist ja schön, aber nicht klug. Die Herren, die ein Komplott gegen ihn geschmiedet haben, läßt er, ohne zu zögern, hinrichten, aber jetzt bittet er die Hinterbliebenen um Verzeihung und schenkt ihnen große Geldsummen. Das ist doch auch schön!

MÅNS: Ja, aber Mord ist Mord.

PEDER: Was redest du für Zeug. Er hat diesen Nils in den Arm gestochen, weil er frech war, aber davon ist er nicht gestorben ...

MÅNS: Ja, das kommt aufs selbe raus ...

PEDER: Kommt es aufs selbe raus, ob man einen umbringt oder nicht umbringt? Du bist ein Dummkopf, ein eingebildeter, halsstarriger alter Strolch ...

MÅNS: Schrei nicht so laut, draußen vorm Fenster schleicht einer herum und lauscht ...

PEDER: Soll er doch, von mir aus!

MÅNS: Hat der König Karin getroffen?

PEDER: Weiß nicht, glaub's aber nicht.

MÅNS: Und warum ist Karin dem König davongelaufen?

PEDER: Die Königinwitwe hat ihr Angst eingejagt.

MÅNS: Dieses Pack!

PEDER: Pack, weil sie sich mit dir verschwägert haben!

MÅNS: Ja, sie hätten wohl besseren Geschmack haben können! Du glaubst vielleicht, daß mich diese Berühmtheit ehrt? Im Gegenteil! Andere Menschen können ihre Schande verbergen, meine sitzt auf einer Schloßturmspitze, und das ganze Reich kann sie sehen.

PEDER: Da draußen ist wirklich jemand!

Sie wenden sich zum Fenster im Hintergrund. Karins Gesicht, bleich und leidend, erscheint, verschwindet aber schnell.

MÅNS: Hast du es auch gesehen?

PEDER: Ja! – Es war Karin! – Höre, Måns, du bist hochmütiger als die Königlichen, aber das steht dir schlecht zu Gesicht! Sei doch einmal ein Mensch!

MÅNS: Gib mir den Stock, der dort in der Ecke steht!

PEDER: Ich würde dir etwas mit dem Stock geben, wenn du nicht graue Haare hättest!

MÅNS: Mach dich davon, bevor dir ein Unglück geschieht!

PEDER *zieht sich zur Tür zurück*: Mir? *Geht und läßt die Tür offen.*

KARIN *an der Tür*: Darf ich hereinkommen?

MÅNS: Bist du hungrig jetzt, daß du kommst?

KARIN: Nicht das, aber ich bin nicht glücklich.

MÅNS: Der Sünde Lohn ist der Tod!

KARIN: Ich weiß, aber ehe ich sterbe, will ich meine Geschwister sehen.

MÅNS: Das darfst du nicht!

KARIN: Das wird für mich die größte Strafe sein. – Vater, Lieber!

MÅNS *holt den Stock aus der Ecke und setzt sich wieder*: Komm nicht näher, sonst schlage ich dich nieder!

KARIN: Vergiß, daß ich deine Tochter gewesen bin und denke, ich wäre eine Bettlerin, die so lange über Land gelaufen ist, daß die Füße sie nicht länger tragen. – Darf ich mich an die Tür setzen wie die Landstreicher?

MÅNS: Steh auf und geh, geh, bis der Boden unter deinen Füßen Feuer fängt ...

KARIN *nähert sich dem Herd*: Einen Schluck Wasser aus dem Kessel kannst du mir nicht verweigern ...

MÅNS: Beschmutze das Gefäß nicht mit deinen Hurenlippen. Wenn du Essen und Trinken haben willst, dann geh in den Schweinestall, dort ist dein Platz ...

KARIN *nähert sich Måns*: Schlag mich, aber laß mich bleiben, ich bin vielleicht nicht schlechter als andere.

Måns hebt den Stock.

ERIK *herein*: Was nimmst du dir heraus, Knecht?
MÅNS: Ich wollte mein Kind züchtigen!
ERIK: Dazu ist es zu spät, denn der rechtmäßige Vormund bin ich, nachdem du dein Kind verstoßen hast.

Måns schweigt.

ERIK: Wenn du eine Spur höflicher gewesen wärst, würde ich jetzt in aller Form um die Hand deiner Tochter anhalten. Nun beschränke ich mich darauf, dich zur Hochzeit einzuladen.

Måns schweigt.

ERIK: Du meinst, ich hätte mich vergangen, und ich bekenne mein Vergehen; jetzt gebe ich dir Genugtuung, aber dann mußt du auch verzeihen! Gib Karin deine Hand!

Måns wie vorher, blickt höhnisch zweifelnd.

ERIK: Du siehst mich an, als wäre ich nicht ganz bei Vernunft. Du hältst dich für vernünftig, und du bist überzeugt, du würdest nicht so handeln wie ich, wenn du in meinen Kleidern stecktest. Aber es verhält sich so, wic ich gesagt habe, und du hättest einen schlechteren Schwiegersohn als mich bekommen können.

Måns wie vorher.

ERIK: Er antwortet mir nicht! – Hat je ein König solche Demütigung erleiden müssen? ... Verstehst du nicht, wie hoch ich Deine Tochter schätze, daß ich sie zur Königin des Landes erheben will? Daß ich mich zur Aufwartung einfinde bei einem so rohen und hochmütigen Gesellen, wie du es bist, und einem so grausamen! – Nun gehe ich! Möge ich diese Handlung niemals bereuen müssen. Sie sieht aus wie Edelmut und wird dir deshalb immer unverständlich bleiben! – Komm, Karin! ... Komm! *Geht Hand in Hand mit Karin; wendet sich um.* Ich vergebe dir, weil ich selbst Vergebung brauche. Eben fühlte ich mich noch als der schlechteste unter den Menschen, aber jetzt halte ich mich für ein wenig besser, als du es bist.

Ein Turmzimmer mit Bibliothek. Herzog Johan sitzt an einem Schreibtisch über einen Folianten gebeugt. Es klopft.

JOHAN: Herein!

Herzog Carl herein.

JOHAN: Hast du geschlafen?

CARL: Ja, ich habe die Sache überschlafen!

JOHAN: Und?

CARL: Daß die Kleinkönige beiseite geschafft sind, ist kein Unglück für das Reich.

JOHAN: Das scheint die allgemeine Auffassung zu sein! ... Aber das Reich darf nicht von einem Verrückten regiert werden.

CARL: Das ist der wunde Punkt ... Ist er verrückt?

JOHAN: Ohne Zweifel!

CARL: Halt! Gewissensqual, Reue, Besserung sind keine Zeichen von Verrücktheit.

JOHAN: Aber seine jüngsten Handlungen, die du noch nicht kennst, sind reine Verrücktheiten! Du weißt nicht, daß er, der König, dem Knecht Måns einen Besuch abgestattet hat, daß er förmlich Abbitte geleistet und um die Hand der Tochter angehalten hat. Er rüstet zur Hochzeit und hat mich bereits eingeladen. Deine Einladung ist schon unterwegs.

CARL *geht hin und her, nachdenklich*: Klug ist das nicht, aber auch nicht verrückt!

JOHAN: Nicht? Meinst du, Schwedens Thron soll einmal von Måns Knechts Enkeln eingenommen werden?

CARL: Nein, das hätte ich nicht gern; aber Adoptivkinder können wohl nicht gut Thronfolger werden.

JOHAN: Nicht? Göran Persson, der fähigste Schurke und der einzige staatsmännische Kopf, den das Reich besitzt, erreicht Beschlüsse der Stände für alles, was er will. Er brachte die Stände dazu, mich zum Tode zu verurteilen ..., und er bringt sie auch dazu, die Bastarde zu adoptieren und legitim zu machen.

CARL: Kann man ihn denn nicht aus der Welt schaffen?

JOHAN: Versuch's! Oder richtiger: kein Göran ohne Erik, also ...

CARL: Weg mit Erik! ... Aber er ist ein Bruder ...

JOHAN: Nein, er behauptet selbst, daß er nicht unser Bruder ist, weil wir nicht dieselbe Mutter haben!

CARL: Angenommen, wir bringen zusammen eine Regimeveränderung zustande ...

JOHAN: Dann verschaffen wir uns einen Beschluß der Stände im nachhinein ...

CARL: Johan, wo hast du solche Grundsätze gelernt?

JOHAN: Bei meinen Feinden!

CARL: Eine schlechte Schule! Also angenommen, wir zwei bewerkstelligen eine Regimeveränderung, was geschieht dann?

JOHAN: Wir beide teilen den Thron! Der Stuhl, auf dem Gustav Vasa gesessen, ist wohl breit genug für zwei.

CARL: Besiegelst du dieses Übereinkommen mit Wort und Handschlag?

JOHAN *reicht ihm die Hand*: Jawohl!

CARL: Ich glaube dir, Johan, denn du hast, was Erik fehlt: Religion! ... Deshalb schicken wir die Einladung zur Hochzeit zurück und ziehen statt dessen gegen Stockholm!

JOHAN: Ist es nicht besser, Erik in dem Glauben zu lassen, wir kämen zur Hochzeit?

CARL: Machen wir es von den Umständen abhängig. Wir kennen ja seinen nächsten Schachzug nicht; laß ihn deshalb zuerst sein Spiel aufdecken.

JOHAN: Du bist fast klüger als ich! – Aber weißt du, diese Einladung macht mir Angst. Er nennt uns Folkunger, weil wir von den Valdemars abstammen; das erinnert warnend an das Gastmahl von Nyköping ...

CARL: Oder an das Spiel von Håtuna.

JOHAN: Das lieber.

CARL: Also, auf zum Spiel! – Und ich vertraue auf dich, Johan, du weißt, warum!

JOHAN: Vertrau auf mich!

Schloßsaal.
Erik und Karin Månsdotter herein, in königlichem Staat.

ERIK: Ja, nun bist du meine Frau, Mutter des Landes und Herrscherin über die Herren. Ich heiße dich willkommen im königlichen Schloß. – Glänzend war unser Beilager nicht, da die Herzöge der Zeremonie fernblieben ..., doch sie dürften zum Bankett erwartet werden.

KARIN: Erik, gräm dich nicht über diese letzte Demütigung; freu dich lieber mit mir, daß unsere Kinder Eltern bekommen haben, die nun ehelich vereinigt sind.

ERIK: Alles in meinem Leben war besudelt und schief; so mußte also auch dieser Ehrentag, da ich die Geliebte meiner Jugend zum Altar des Herrn führte, ein Tag des Schimpfs werden! Und die Kinder, der Segen Gottes, mußten verborgen werden, um unsere Schande nicht bloßzustellen vor der Welt, die ohnedies um sie weiß!

KARIN: Sei nicht undankbar, Erik! Erinnere dich an die schrecklichen Tage und Nächte, als du um das Schicksal deiner Kinder zittertest, weil sie als Geiseln in den Händen der Feinde waren ...

ERIK: Du hast recht, und der Feind war großmütiger als ich. Er schonte das Leben meiner Kinder, als ich das der Herren nahm ... Ja, ja, die anderen sind besser als ich, und ich habe es besser, als ich es verdiene! Viel besser!

KARIN: Du solltest dich eigentlich glücklich fühlen, daß du durch alle Gefahren gekommen bist.

ERIK: Ich bin glücklich ..., aber deshalb bin ich unruhig ..., und es grämt mich, daß ich Göran Persson von der Zeremonie ausschließen mußte, wegen der Herzöge ..., das war ihre Bedingung!

KARIN: Gräme dich nicht, sei dankbar ...

ERIK: Ich bin dankbar ..., obwohl ich eigentlich nicht weiß, wofür ... Ich habe getan, was recht ist, und doch muß ich um Verzeihung bitten!

KARIN: Erik, Erik!

NILS G. *herein*: Euer Gnaden, das Volk wünscht die königliche Braut zu sehen und die Landesherrin zu begrüßen.

ERIK *zu Karin*: Willst du?

KARIN: Ja, wenn es Brauch ist.

ERIK *zu Nils G.*: Laß die Leute herein!

Nils läßt die Leute herein. Unter ihnen Måns Knecht, Göran Perssons Mutter, Agda und Maria.

KARIN *zu Erik*: Sag ein freundliches Wort zu Vater, ein einziges!

ERIK: Ich weiß nicht, aber der Mann ist hochmütiger als ich. Ich möchte eine böse Sache nicht noch schlimmer machen!

MÅNS *zu Karin*: Nun, wo alles gut ist, verzeihe ich dir!

ERIK *zornig*: Was denn verzeihst du?

MÅNS: Ich glaubte einmal, daß Fähnrich Max es sein würde, der die Gefallene wieder aufrichtet ..., denn die beiden waren ja gewissermaßen verlobt ..., ja, ja, es war ja nichts zwischen ihnen, wie man so sagt, ich meine –

KARIN: Vater! Vater!

ERIK *zu Måns*: Bist du betrunken oder vom Teufel besessen? – Kreuz Jesu, was für eine Hochzeit! Und was für eine Gesellschaft! Agda aus der Hurenkneipe „Blaue Taube", einstmals Jakob Israels Liebchen – eine Freundin der Braut! Und der Klotz da ist mein Schwiegervater! Pfui Teufel! – Aber es ist wahr, ich muß dankbar und froh sein, und glücklich! Und ich bin auch, Satan, so glücklich! *Zu Nils G.*: Bring das Gesindel hinaus und bewirte es! Ich nehme an, darunter befindet sich ein halbes Dutzend Schwägerinnen, die mich früher nicht einmal grüßen wollten, vielleicht auch mancher Schwager, der Geld leihen will! – Schaff sie hinaus, Gyllenstjerna!

Karin weinend hinaus.

ERIK *hinter Karin her*: Schon gut so! *Die Leute ziehen sich zurück.* Wenn ich hören könnte, was diese Lumpen denken, hätte ich Grund, sie allesamt aufzuhängen ..., außer Görans Mutter. Aber sie hätte soviel Verstand haben können, zu Hause zu bleiben. Der Sohn war klüger und hielt sich fern ...

Göran herein.

ERIK: Sieh an, da ist er. Jetzt kommst du wie gerufen, Göran ...

GÖRAN: Hoffe doch, ich komme nicht zu spät!

ERIK: Was hast du gemacht?

GÖRAN: Ich habe die Stände in Uppsala bearbeitet, und hier steht Neues bevor!

ERIK: Oh bewahre!

GÖRAN: Nachdem du aus dem Schloß verschwunden warst, fand ich die Anklageakte mit den Zeugenaussagen. Unter großen Anstrengungen brachte ich die Stände wieder zusammen, und dann trat ich als Ankläger auf. Kurz und gut, das Ergebnis ist, die Stände haben die Herren für schuldig erklärt ...

ERIK: Nein! Und ich habe um Verzeihung gebeten und einen Rundbrief durch das ganze Reich geschickt, in dem alle Hingerichteten für unschuldig erklärt werden!

GÖRAN *sinkt in einen Stuhl*: O Herr Jesus Christus! Jetzt sind wir verloren! Ach, Erik, alles, was du anfaßt, geht verkehrt!

ERIK: Kannst du das nicht wieder in Ordnung bringen, Göran?

GÖRAN: Nein, nun kann ich deine Knäuel nicht länger entwirren! Alles, was ich aufbaue, reißt du ein, Mensch, geboren zum Unglück!

ERIK: Also deshalb haben die Herzöge die Einladung zurückgeschickt?

GÖRAN: Wahrscheinlich. Aber jemand hat sie auch gewarnt!

ERIK: Wer?

Göran schweigt.

ERIK: Du weißt es! Rede!
GÖRAN: Es schmerzt mich, es auszusprechen.
ERIK: Karin also!

Göran schweigt.

ERIK: Sie! Diese Gassenhure, diese falsche Teufelin! – Und ich, ich habe mich an sie gebunden! Sie wußte also vom Beschluß der Stände – aber ich nicht! So was muß ich erleben!

Göran schweigt.

ERIK: Das habe ich davon, daß ich großmütig war! Daß ich Johan begnadigte, daß ich die Verwandten der Schurken mit schwerem Geld versöhnte! Mitten ins Herz sollte ich auch getroffen werden! Von dem einzigen Menschen auf Erden, den ich liebe und dem ich vertraut habe! – Ketten an Händen und Füßen, Strick um den Hals – gegen wen habe ich zu kämpfen?
GÖRAN: Gegen Satan!
ERIK: Das glaube ich auch! – Wenn nur die Königinwitwe käme, dann kämen auch die Herren zum Bankett. – Stell dir die Hexe Elisabeth in England vor, wenn sie von meiner Hochzeit hört! Mit der Knechtstochter! Das ärgert mich mehr als alles andere. Unsagbar! – Haha! Der König von Schweden feiert sein Beilager mit einer Landstreicherin, Vasa ehelicht eine Månsdotter ..., die vorher die Hure eines Kriegsknechts war! Du warst es wohl, der ihn ertränken ließ? Sei bedankt dafür! Ich bekam natürlich die Schuld und mußte Karin um Verzeihung bitten, drei Tage und drei Nächte. Und muß immer um Verzeihung bitten, wenn andere Schurkenstreiche begehen ... Wie schade, daß die Herzöge nicht gekommen sind; ich hätte Pulver unter ihre Stühle gelegt und es selbst angezündet!

Nils Gyllenstjerna herein.

ERIK: Schrei's ruhig heraus!

Nils G. schweigt.

ERIK: Weitere Absagen! Die Königinwitwe entschuldigt sich!

NILS G. *zeigt eine Menge geöffnete Briefe*: Ja, und alle Herren lassen sich entschuldigen!

ERIK: Oh, ich, der König, erweise den Schurken die Ehre, indem ich sie zu meiner Hochzeit einlade, und sie kommen nicht! Gyllenstjerna! Laß zur Tafel blasen! Rufe das Gesindel herein und befiehl es zu Tisch! Alle! Mein falsches Juwel soll die gebührende Einfassung haben. – Schick hinaus auf Straßen und Plätze, hol den Bettler aus dem Rinnstein und die Hure aus der Kneipe!

NILS G.: Ist das Euer Ernst?

ERIK: Wagst du zu scherzen, du Hund? *Geht in den Hintergrund und öffnet die Tür, gibt ein Zeichen, Fanfaren ertönen, gedeckte Tische werden hereingetragen; geht zur Tür links und winkt, die Leute kommen herein, halbbetrunken und befangen.* Zu Tisch! Elende! Keine falsche Bescheidenheit hier! Auf die Braut warten wir nicht, sie ist eben niedergekommen! Setzt euch, Hunde! – Wenn ihr nicht gehorcht, bringe ich euch um.

Die Leute und die Vorigen, außer Göran Perssons Mutter, nehmen die Plätze an den Tischen ein.
Göran bleibt in seinem Stuhl sitzen und sieht dem Aufzug verächtlich zu. Nils G. legt seinen Marschallstab zu Eriks Füßen nieder und geht.

ERIK: Ach so, nun bist du satt, Tellerlecker; hältst dich für zu gut, dem Abschaum vorzulegen? Schau den Schwiegervater des Königs an, du, wie er die Finger in den Mund steckt ... *Nimmt den Stab auf, zerbricht ihn und wirft die Stücke nach Nils.* Geh zur Hölle!

NILS G.: Jetzt geht Euer letzter und einziger Freund! *Geht.*

ERIK *zu Göran*: Oh, wie schön das klingt, und ich bin immer noch ein solches Kind oder ein solches Rindvieh, daß ich bereit bin, dem erstbesten Schurken zu glauben, der schöne Worte sagt! – Aber ... *Setzt sich neben Göran* – Gyllenstjerna war nicht der beste und nicht der schlechteste. Herr Von-und-zu hieß er, voll von Rechtsgefühl und Ungerechtigkeit, mutig wie wenige und feige wie keiner, treu wie ein Hund und falsch wie eine Katze ...

GÖRAN: Mit einem Wort: ein Mensch!

Neue Leute kommen herein.

ERIK *zu ihnen*: Willkommen, gute Leute, im Hochzeitshause! Setzt euch zu Tisch! Eßt, trinkt und seid froh, denn morgen müßt ihr sterben! *Zu Göran*: Es ist seltsam, daß ich das niedrige Volk immer gemocht habe! Weißt du, ich fühle mich richtig wohl mit diesen Leuten. Aber sieh die Lakaien an, wie sie die Nase rümpfen ..., haha!

GÖRAN: Glaubst du wirklich, daß die Leute von unten schlechter sind als die von oben? Weißt du, so viel Roheit, wie sie Svante Sture zeigte, als er mich besuchte, habe ich im Rinnstein oder in der Kneipe niemals angetroffen.

ERIK: Was redete er für Zeug?

GÖRAN: Ich schäme mich für ihn, die Schimpfworte zu wiederholen, die er in Gegenwart meiner Mutter und des Kindes von sich gab. Allerdings ..., das Messer zog er nicht durch die Zähne, aber das war auch sein größtes Verdienst!

ERIK *zu den Lakaien, die widerwillig servieren*: Seid höflich zu meinen Gästen, sonst lasse ich euch durchprügeln! *Zu Göran*: Worüber grübelst du?

GÖRAN: Über dein Schicksal – und über meins! – Aber ich begreife jetzt nichts mehr. Glaube allerdings, daß unsere Geschichte ihrem Ende zugeht. Die Luft ist so dumpf hier, und ich höre soviel! In einem Ohr höre ich Pferdegetrappel, im anderen Trommelschlag, wie bei Hinrichtungen ... Hast du meine Mutter gesehen?

ERIK: Sie war vorhin hier und sah sich die Braut an.

GÖRAN: Ich weiß nicht, aber mich verlangt nach der Alten. Sie redete zwar meistens von Geld, aber sie hatte schon recht ...

ERIK: Göran, du bist mir doch nicht böse, weil ich dich bat, der Hochzeit fernzubleiben – es war wegen der Herzöge ...

GÖRAN: Glaubst du, ich bin kleinlich? – Aber um eins möchte ich dich bitten!

ERIK: Sprich's aus, du.

GÖRAN: Du sollst nicht denken, daß ich in irgendeinem Verhältnis zu Agda, Jakob Israels Hinterbliebener, gestanden habe, denn das ist nicht wahr. Daß ich mich um sie gekümmert habe, war so eine Anwandlung von, hm, Großmut, die jeden einmal ankommt.

ERIK: Du bist eigentlich ein guter Mensch, Göran ...

GÖRAN: Halt den Mund! Verzeih, aber ich ertrage es nicht, daß man gut von mir spricht; das ist, als wäre es nicht wahr oder als käme es mir nicht zu! Mit einem Wort, ich leide darunter.

ERIK: Sch, sch, sch ...

GÖRAN: Weißt du, was das Ausbleiben der Herzöge bedeutet?

ERIK: Daß sie Säue sind!

GÖRAN: Daß wir zum Tode verurteilt sind! Das finde ich ganz einfach und klar!

ERIK: Zum Tode? Ja, natürlich! Da hast du recht. Weißt du, was mein größter Fehler war?

GÖRAN: Nein, ich weiß absolut nichts mehr, verstehe nichts mehr, und deshalb bin ich am Ende. Ich träumte einmal, daß ich ein staatsmännischer Kopf wäre und eine Aufgabe hätte: deine Krone zu verteidigen, die, von deinem großen Vater ererbt, vom Volk – nicht von den Herren – war und mit Gottes Gnade getragen wurde. Doch ich muß mich geirrt haben.

ERIK: Hast du niemals gemerkt, Göran, daß es Dinge gibt, die wir nicht begreifen und die wir nicht begreifen sollen?

GÖRAN: Doch! Aber hattest du nicht letzten Endes das Gefühl, daß du ein wenig weiter bist als die anderen?

ERIK: Das schon! Und du?

GÖRAN: Ich habe immer gemeint, recht zu handeln ...

ERIK: Ich auch, und wahrscheinlich meinten das auch die anderen. Wer hat dann unrecht gehabt?

GÖRAN: Ja, sag's mir! – Wie wenig wir wissen!

Pause

ERIK: Göran, willst du Karin herholen?

GÖRAN: Ja, wenn du ihr verzeihst!

ERIK: Wofür? Ach so, weil sie die Herzöge gewarnt hat? Das war häßlich mir gegenüber, aber sie fürchtete vielleicht, Blutschuld auf die Kinder zu laden – und auf mein Haupt!

GÖRAN: Sie hat dir deine Pulverfässer genommen, weil sie ihren Erik kannte. Verzeih ihr!

ERIK: Das habe ich in Gedanken schon getan! ... Schau dir die dort an! Nun fangen sie an, satt und froh zu sein, und würden gern miteinander schwatzen ... Göran, ist das Leben mehr zum Lachen oder zum Weinen?

GÖRAN: Wohl beides zu gleichen Teilen! – Für mich ist das Ganze ein Nonsens, aber das schließt nicht aus, daß es einen verborgenen Sinn drin gibt! – Du bist betrübt, Erik?

ERIK: Ja, die alte Unruhe kommt wieder. Aber wer macht mich unruhig? Wer? Begleite mich, ich will Karin und die Kinder sehen! Kannst du das erklären – ich weiß doch, daß sie nicht viel besser ist als ich, aber in ihrer Nähe fühle ich mich ruhiger, und ich habe weniger Lust, böse zu sein.

GÖRAN: Ich kann überhaupt nichts erklären ...

ERIK: Manchmal fühle ich mich wie ihr Kind, und manchmal ist sie meins. *Pause.*

GÖRAN *lauscht*: Still! Ich höre leise Schritte auf den Treppen und in den Vorzimmern ..., sie schleichen durch Türen, Fenster werden aufgemacht ...

ERIK: Du hörst es auch?

Nils Gyllenstjerna herein.

ERIK: Sieh an! Nils Göransson, von und zu Gyllenstjerna! Haha!

NILS G.: Euer Gnaden! Besatzung und Wachen des Schlosses sind bestochen! Die Herzöge müssen viel näher sein, als wir ahnen!

ERIK: Dann geh zu den Herzögen!

NILS G.: So erbärmlich bin ich denn doch nicht!

ERIK: Hast du Beweise für deinen Verdacht?

NILS G. *zeigt eine Silbermünze vor*: Diesen Judasgroschen hier hat man an die Schloßleute ausgeteilt. Er wird bereits Blutschilling genannt und ist aus dem Silber geschlagen, das Euer Gnaden als Buße für die Stures und die anderen Herren gegeben haben.

ERIK *zu Göran*: Kannst du das erklären? Verräter werden hingerichtet, ich erlege Bußgeld, und damit soll mein Kopf gekauft werden – und deiner! Ist die Welt nicht verrückt? – Geh mit mir zu Karin!

GÖRAN: Ich gehe mit dir wie immer und wohin du willst!

ERIK *zu Nils G.*: Geh, Gyllenstjerna, und schone dein Leben! Dank für das Gute, das du mir gegeben, das andere – das streichen wir aus! Laß das Volk sich bis zum Schluß vergnügen! Es sind Kinder, die keiner verdrießen soll.

NILS G. *fällt vor Erik aufs Knie*: Gott schütze und bewahre den guten König, den Freund des Volkes, Erik, den Bauernkönig!

ERIK: Nennen sie mich so? Sagt man etwas Gutes über mich?

NILS G.: Ja, und wenn Erik mit dem Ährenbündel kommt, sagt der Landmann, wenn er das Beil Eriks des Heiligen auf dem Stab sieht: „Gott bewahre König Erik!“

ERIK: Still, du Tor und Lästerer, wir glauben nicht mehr an Heilige …

GÖRAN: Und auch nicht an Teufel!

Göran und Erik nach rechts, Nils G. nach links ab. Pause.

MÅNS *völlig nüchtern, aber verlegen, hebt einen Pokal*: Gute Freunde; die Bewirtung haben wir uns gut schmecken … schmecken lassen. –

MARIA *laut und deutlich*: Ich muß mal, Mama –

AGDA: Still, mein Engel!

MÅNS: Ich bin zwar nicht der Wirt ..., und etwas seltsam ist wahrhaftig ... dieses ... dieses ... Fest! Dieser und jener hätte gern die Braut und den Bräutigam bei Tische gesehen ...

MARIA: Ich muß mal, Mama!

MÅNS: Warte ein bißchen, mein Kind, und trink nicht so reichlich vom Wein ...

MARIA: Ich muß mal, Mama!

MÅNS: Bring das Kind raus, zum Kuckuck ...

AGDA *steht mit dem Kind auf*: Komm, mein Engel ...

1. MANN: Kann man so was nicht zu Hause abmachen, Teufel noch mal! – Lakai! Bring die Gans noch mal her ...

1. FRAU: Nein, ich hab's zuerst gesagt!

2. MANN: Den Lachs, du!

LAKAI: Weißt du, wo du zu Hause bist?

2. MANN: Ich bin bei uns, du Goldfink! Das ist unser Essen, hörst du, denn wir haben dafür bezahlt!

2. FRAU: Mach den Riemen etwas locker, Måns, mein Kleiner!

MÅNS: Ist hier jemand schiel – scheel auf ... mich? Meinst du vielleicht, ich esse zuviel?

2. FRAU: Nein, ich habe den kleinen Måns gemeint!

3. MANN: Lakai! Her mit den Trompeten! Den Trompeten!

MÅNS: Sch! Keine Trompeten!

3. MANN: Ich möchte bloß wissen, wo die feinen Herren sitzen und essen? Die sind sich wohl zu gut?

1. MANN: Der König? Der ist doch verrückt!

2. FRAU: Natürlich ist er verrückt, sonst würden wir nicht hier sitzen!

MÅNS: Ich möchte bitten ... *Gemurmel.* – Ich möchte bitten ..., darf ich ein Wort sagen, ein Wort! – Ihr würdet hier nicht sitzen, wenn der König – schwachsinnig wäre. Er ist ein bißchen eigen und sonderbar ..., aber nun hat er sich besser gezeigt als mancher, der ... einem unglücklichen Mädchen nicht Recht geschehen lassen will ... Und die Mahlzeit, zu der er uns Arme eingeladen hat ..., ja, denn wir sind Arme ..., die soll bedeuten, daß er die niedrige Herkunft seiner Braut nicht geringachtet, kann man sagen! *Draußen ertönen aus verschiedenen Richtungen Signale.* Gute Freunde, diese Signale, wie wir Kriegsleute das nennen, zeigen an, daß die Mahlzeit oder das Fest zu Ende ist! Laßt uns deshalb Gott für die Speisen danken!

MUTTER PERSSON *herein*: Was ist das für eine Vorstellung hier?

MÅNS: Ja, Mutter Persson, es war ein König, der Hochzeit halten wollte, und er sandte seine Diener aus, die zu rufen, die geladen waren, aber sie wollten nicht kommen. Da sagte er zu seinen Dienern: geht hinaus auf die Straßen und alle, die ihr findet, ruft zur Hochzeit. Und die Diener gingen hinaus und versammelten so viele sie finden konnten, Böse und Gute, und alle Tische waren voll besetzt!

MUTTER PERSSON: Wo ist Göran, mein Sohn?

MÅNS: Drinnen beim König!

MUTTER PERSSON *zeigt nach rechts*: Dort?

MÅNS: Dort!

Mutter Persson geht rasch nach rechts.

MÅNS: Gute Freunde! Wenn nun der König wieder hereinkommt, sollt ihr mit mir rufen: Erik, der Vierzehnte, der König, vivat! Versteht ihr? Vivat! V-i-v-a-t!

ALLE: Vivat!

PEDER WELAMSON *herein, heftig*: Ist der König hier?

MÅNS: Nein! Was ist los?

PEDER: Das Schloß ist überrumpelt, und die Herzöge sind im Saal nebenan!

MÅNS *steht auf*: Herrgott im Himmel, was soll aus uns werden!

Alle erheben sich vom Tisch.

PEDER: Aus euch? Was soll aus mir werden? – Auf mich wartet der Richtblock!

MÅNS: Nichts ist so unbeständig wie das Glück, und wenn es einem am besten geht, lauert das Unglück hinter der Tür. Was sollen wir sagen? Was sollen wir machen?

PEDER *nimmt einen Becher und leert ihn*: Wenn sie einen bloß nicht foltern würden; aber der Herzog ist ein Teufel!

MUTTER PERSSON *stürzt herein*: Jesus Christus, der König ist gefangen! Und Göran, mein Sohn, mein Sohn!

MÅNS: Und Karin, meine Tochter! Meine Tochter!

MUTTER PERSSON: Ja, rufe nur! Dir folgt sie nicht ...

MÅNS: Nicht?

MUTTER PERSSON: Nein – sie ist schon ihrem Mann gefolgt!

MÅNS: Sie sind verrückt, alle beide!

Die Türen im Hintergrund gehen auf, Nils Gyllenstjerna erscheint.

NILS G.: Der König kommt!

Alle ziehen sich an die Seiten zurück.

MÅNS: Der König ist doch gefangen!

NILS G.: Ja, der ja! Aber nicht dieser hier! Gebt acht, Leute, oder es gilt die Köpfe!

Herzog Johan und Herzog Carl mit Begleitung herein.

MÅNS: König Johan der Dritte – vivat!

ALLE: Vivat! Johan der Dritte!

HERZOG JOHAN: Dank! *Zu Nils G.*: Was ist das hier für eine Gesellschaft?

NILS G.: Das ist König Eriks Hof!

HERZOG JOHAN *zu Herzog Carl*: Meine Augen sind etwas schwach, aber mir scheint, der Hof sieht ziemlich sonderbar aus. Sind nicht zerlumpte Kerle darunter?

HERZOG CARL: Unser Bruder liebte die kleinen Könige nicht, wohl aber die kleinen Leute ...

HERZOG JOHAN: Ja, das war seine Schwäche ...

HERZOG CARL *halblaut zu Johan*: Oder seine Stärke! Deine aber ist es, Versprechen nicht zu halten!

HERZOG JOHAN: Was für Versprechen?

HERZOG CARL: Wollten wir nicht den Thron teilen?

HERZOG JOHAN: Davon habe ich niemals reden hören!

HERZOG CARL: Du bist auf Streit aus!

HERZOG JOHAN: Nimm dich in acht. Es gibt viele Räume auf Gripsholm ...

HERZOG CARL: Du hast sie kennengelernt.

HERZOG JOHAN *zu seiner Begleitung*: Der Bürgerkrieg ist beendet, die Ruhe wiederhergestellt, und wir können einer neuen Zeit entgegengehen, mit neuerwachter Hoffnung auf Frieden ...

Herzog Carl gibt seiner Begleitung ein Zeichen und geht.

HERZOG JOHAN: Wohin gehst du, Bruder?

HERZOG CARL: Meinen Weg, der sich hier von deinem trennt!

NILS G.: Gott, nun beginnt es von neuem!

HERZOG JOHAN: Ich glaube, die Welt ist verrückt geworden!

HERZOG CARL: Das hat Erik auch geglaubt! Wer weiß, wie es ist ...

MARIA: Ist es nicht bald zu Ende, Mama?

HERZOG CARL *lächelnd*: Nein, mein Kind, die Kämpfe des Lebens gehen nie zu Ende!

Inhalt

Vollständige Inhaltsübersicht im dritten Band

Ludwig Marcuse

Strindberg

Das Leben der tragischen Seele

detebe 21780

Ludwig Marcuses Strindberg-Biographie, zum ersten Mal nach der Erstausgabe von 1922 wieder zugänglich in der Werkausgabe des Diogenes Verlags.

»Dies Buch fragt nicht: was hat Strindberg geleistet? Es fragt: wer ist Strindberg gewesen? Es will nicht an seiner Bedeutung für diese und jene Kulturzusammenhänge seinen Wert ablesen; vielmehr ist es ihm nur um die Formulierung seines tiefsten Existenzpunktes zu tun.« *Ludwig Marcuse*

»Strindberg hat so viele neue Gedanken szenisch formuliert und so viele neue szenische Formen gefunden, daß ein großer Teil der Dramatiker des 20. Jahrhunderts von ihm abhängig, zumindest aber bei ihm vorgeprägt erscheint.« *Georg Hensel*

William Shakespeare
Dramatische Werke in zehn Bänden

In der Übersetzung von Schlegel/Tieck. Als Vorlage dient die Edition von Hans Matter. Jeder Band mit einer editorischen Notiz des Herausgebers und Illustrationen von Heinrich Füßli aus der Ausgabe von 1805

Romeo und Julia / Hamlet
Othello
detebe 20631

König Lear / Macbeth / Timon von Athen
detebe 20632

Julius Cäsar / Antonius und Cleopatra / Coriolanus
detebe 20633

Verlorene Liebesmüh
Die Komödie der Irrungen
Die beiden Veroneser
Der Widerspenstigen Zähmung
detebe 20634

Ein Sommernachtstraum
Der Kaufmann von Venedig
Viel Lärm um nichts
Wie es euch gefällt
Die lustigen Weiber von Windsor
detebe 20635

Ende gut, alles gut / Was ihr wollt
Troilus und Cressida / Maß für Maß
detebe 20636

Cymbeline / Das Wintermärchen
Der Sturm
detebe 20637

Heinrich der Sechste / Richard der Dritte
detebe 20638

Richard der Zweite / König Johann / Heinrich der Vierte
detebe 20639

Heinrich der Fünfte / Heinrich der Achte / Titus Andronicus
detebe 20640

Außerdem liegen vor:

Shakespeare's Sonette
Deutsch und englisch. Nachdichtung von Karl Kraus. Statt eines Nachworts ein Essay von Karl Kraus aus der *Fackel:* »Sakrileg an George oder Sühne an Shakespeare?«
detebe 20381

Shakespeare's Geschichten
Alle Stücke von William Shakespeare nacherzählt von Walter E. Richartz und Urs Widmer. Mit vielen Bildern von Kenny Meadows. In zwei Bänden
detebe 20791 + 20792

Molières Komödien in sieben Einzelbänden

Herausgegeben und neu übertragen von Hans Weigel

Der Wirrkopf
Die lächerlichen Schwärmerinnen
Sganarell oder Der vermeintlich Betrogene
detebe 20199

Die Schule der Frauen
Kritik der ›Schule der Frauen‹
Die Schule der Ehemänner
detebe 20200

Tartuffe oder Der Betrüger
Der Betrogene oder George Dandin
Vorspiel in Versailles
detebe 20201

Don Juan oder Der steinerne Gast
Die Lästigen
Der Arzt wider Willen
detebe 20202

Der Menschenfeind
Die erzwungene Heirat
Die gelehrten Frauen
detebe 20203

Der Geizige
Der Bürger als Edelmann
Der Herr aus der Provinz
detebe 20204

Der eingebildete Kranke
Die Gaunereien des Scappino
Mit einer Chronologie und einem Nachwort des Herausgebers. detebe 20205

Als Ergänzungsband liegt vor:

Über Molière
Zeugnisse, über Molière auf der Bühne, über Molière in deutscher Übersetzung von Audiberti, Anouilh, Baudelaire, Börne, Brecht, Elisabeth Brock-Sulzer, Bulgakow, Cocteau, Flaubert, Friedell, Gide, Goethe, Georg Hensel, Hofmannsthal, Jean Paul, Louis Jouvet, Klabund, Lessing, Th. Mann, Proust, A. W. Schlegel, Schopenhauer, Jürgen v. Stackelberg, Stanislawski, Voltaire, Hans Weigel u.a. Chronik und Bibliographie.
detebe 20067

Anton Čechov im Diogenes Verlag

● Das dramatische Werk

Neuübersetzung und -edition von Peter Urban: jeder Band bringt den unzensurierten, integralen, neutranskribierten Text und einen Anhang mit allen Lesarten und Textvarianten, mit Auszügen aus Čechovs Notizbüchern, Anmerkungen und einem editorischen Bericht.

Die Möwe
Komödie in vier Akten. detebe 20091

Der Waldschrat
Komödie in vier Akten. detebe 20084

Der Kirschgarten
Komödie in vier Akten. detebe 20083

Onkel Vanja
Szenen aus dem Landleben in vier Akten. detebe 20093

Ivanov
Drama in vier Akten. detebe 20102

Drei Schwestern
Drama in vier Akten. detebe 20103

Platonov
Das ›Stück ohne Titel‹ in vier Akten und fünf Bildern. detebe 20104

Sämtliche Einakter
detebe 20801

● Das erzählende Werk

Übersetzungen von Gerhard Dick, Wolf Düwel, Ada Knipper, Hertha von Schulz, Michael Pfeiffer, Georg Schwarz und Peter Urban. Neutranskribiert, mit Anmerkungen und Nachweis der Erstveröffentlichungen von Peter Urban.

Ein unbedeutender Mensch
Erzählungen 1883–1885. detebe 20261

Gespräch eines Betrunkenen mit einem nüchternen Teufel
Erzählungen 1886. detebe 20262

Die Steppe
Erzählungen 1887–1888. detebe 20263

Flattergeist
Erzählungen 1888–1892. detebe 20264

Rothschilds Geige
Erzählungen 1893–1896. detebe 20265

Die Dame mit dem Hündchen
Erzählungen 1897–1903. detebe 20266

Eine langweilige Geschichte
Das Duell
Kleine Romane I. detebe 20267

Krankenzimmer Nr. 6
Erzählung eines Unbekannten
Kleine Romane II. detebe 20268

Drei Jahre · Mein Leben
Kleine Romane III. detebe 20269

Die Insel Sachalin
Ein Reisebericht. detebe 20270

Das Drama auf der Jagd
Eine wahre Begebenheit. detebe 21379

Meistererzählungen
Ausgewählt von Franz Sutter. Deutsch von Ada Knipper, Herta von Schulz und Gerhard Dick. detebe 21702

● Briefe

in 5 Bänden. Die größte nicht-russische Briefausgabe in der Neuübersetzung und -edition von Peter Urban. Jeder Band enthält Faksimiles, einen umfangreichen Anhang mit editorischem Bericht, Anmerkungen und einer Chronik; im letzten Band zusätzlich ein Personen- und Werkregister. Leinen
Auch als detebe 21064-21068

● Tagebücher Notizbücher

Herausgegeben und vollständig neu übersetzt von Peter Urban. Mit Vorwort, editorischem Bericht, ausführlichen Anmerkungen und Personenregister. Leinen

● Čechov-Chronik

Daten zu Leben und Werk, zusammengestellt von Peter Urban. Mit Nachwort, ausführlicher Bibliographie und Register. Leinen

Anton Čechov
Sein Leben in Bildern

Herausgegeben von Peter Urban. Über 700 Abbildungen, mit einem Anhang, einer Zeittafel und einem Personenregister. Leinen

Denken mit Čechov

Ein Almanach auf alle Tage, zusammengestellt von Peter Urban. Diogenes Evergreens

Das Čechov Lesebuch

Herausgegeben, kommentiert und mit einem Vorwort von Peter Urban
detebe 21245

Über Čechov

Herausgegeben von Peter Urban
detebe 21244

Friedrich Dürrenmatt im Diogenes Verlag

● Das dramatische Werk

Achterloo
Komödie. Leinen

Es steht geschrieben / Der Blinde
Frühe Stücke. detebe 20831

Romulus der Große
Ungeschichtliche historische Komödie
Fassung 1980. detebe 20832

Die Ehe des Herrn Mississippi
Komödie und Drehbuch. Fassung 1980
detebe 20833

Ein Engel kommt nach Babylon
Fragmentarische Komödie. Fassung 1980
detebe 20834

Der Besuch der alten Dame
Tragische Komödie. Fassung 1980
detebe 20835

Frank der Fünfte
Komödie einer Privatbank. Fassung 1980
detebe 20836

Die Physiker
Komödie. Fassung 1980. detebe 20837

Herkules und der Stall des Augias
Der Prozeß um des Esels Schatten
Griechische Stücke. Fassung 1980
detebe 20838

Der Meteor / Dichterdämmerung
Nobelpreisträgerstücke. Fassung 1980
detebe 20839

Die Wiedertäufer
Komödie. Fassung 1980. detebe 20840

König Johann / Titus Andronicus
Shakespeare-Umarbeitungen. detebe 20841

Play Strindberg / Porträt eines Planeten
Übungsstücke für Schauspieler
detebe 20842

Urfaust / Woyzeck
Bearbeitungen. detebe 20843

Der Mitmacher
Ein Komplex. detebe 20844

Die Frist
Komödie. Fassung 1980. detebe 20845

Die Panne
Hörspiel und Komödie. detebe 20846

Nächtliches Gespräch mit einem erachteten Menschen / Stranitzky und der Nationalheld / Das Unternehmen der Wega
Hörspiele und Kabarett. detebe 20847

Achterloo IV
Eine Komödie in zwei Akten. Mit einem Nachwort des Autors. detebe 21789

Friedrich Dürrenmatt & Charlotte Kerr

Rollenspiele
Protokoll einer fiktiven Inszenierung und Achterloo III. Leinen

● Das Prosawerk

Minotaurus
Eine Ballade. Mit Zeichnungen des Autors
Pappband

Versuche
Leinen

Aus den Papieren eines Wärters
Frühe Prosa. detebe 20848

Der Richter und sein Henker
Der Verdacht
Kriminalromane. detebe 20849

Der Hund / Der Tunnel / Die Panne
Erzählungen. detebe 20850

Grieche sucht Griechin / Mr. X macht Ferien / Nachrichten über den Stand des Zeitungswesens in der Steinzeit
Grotesken. detebe 20851

Das Versprechen / Aufenthalt in einer kleinen Stadt
Ein Requiem auf den Kriminalroman und ein Fragment. detebe 20852

Der Sturz / Abu Chanifa und Anan Ben David / Smithy / Das Sterben der Pythia
Erzählungen. detebe 20854

Theater
Essays, Gedichte und Reden. detebe 20855

Kritik
Kritiken und Zeichnungen. detebe 20856

Literatur und Kunst
Essays, Gedichte und Reden. detebe 20857

Philosophie und Naturwissenschaft
Essays, Gedichte und Reden. detebe 20858

Politik
Essays, Gedichte und Reden. detebe 20859

Zusammenhänge/Nachgedanken
Essay über Israel. detebe 20860

Der Winterkrieg in Tibet
Stoffe I. detebe 21155

Mondfinsternis / Der Rebell
Stoffe II/III. detebe 21156

Der Richter und sein Henker
Kriminalroman. Mit einer biographischen Skizze des Autors. detebe 21435

Der Verdacht
Kriminalroman. Mit einer biographischen Skizze des Autors. detebe 21436

Justiz
Roman. detebe 21540

Der Auftrag
oder Vom Beobachten des Beobachters der Beobachter. Novelle in vierundzwanzig Sätzen. detebe 21662

● Das zeichnerische Werk

Bilder und Zeichnungen
Mit einer Einleitung von Manuel Gasser und Kommentaren des Künstlers. Diogenes Kunstbuch

Die Heimat im Plakat
Ein Buch für Schweizer Kinder. Zeichnungen. Mit einem Geleitwort des Künstlers kunst-detebe 26026

● Gesammelte Werke

Herausgegeben von Franz Josef Görtz
Leinen

Außerdem liegen vor:

Die Welt als Labyrinth
Ein Gespräch mit Franz Kreuzer. Broschur

Denkanstöße
Ausgewählt und zusammengestellt von Daniel Keel. Mit sieben Zeichnungen des Dichters. detebe 21697

Über Friedrich Dürrenmatt
Essays, Zeugnisse und Rezensionen von Gottfried Benn bis Saul Bellow. Mit Chronik und Bibliographie. Herausgegeben von Daniel Keel. detebe 20861

Elisabeth Brock-Sulzer
Friedrich Dürrenmatt
Stationen seines Werkes. Mit Fotos, Zeichnungen, Faksimiles. detebe 21388

Arthur Schopenhauer
Zürcher Ausgabe

Vollständige Neuedition, die als Volks- und Studienausgabe angelegt ist: Jeder Band bringt nach dem letzten Stand der Forschung den integralen Text in der originalen Orthographie und Interpunktion Schopenhauers; Übersetzungen fremdsprachiger Zitate und seltener Fremdwörter sind in eckigen Klammern eingearbeitet; ein Glossar wissenschaftlicher Fachausdrücke ist als Anhang jeweils dem letzten Band der *Welt als Wille und Vorstellung* (detebe 20424), der *Kleineren Schriften* (detebe 20426) und der *Parerga und Paralipomena* (detebe 20430) beigegeben. Die Textfassung geht auf die historisch-kritische Gesamtausgabe von Arthur Hübscher zurück; das editorische Material besorgte Angelika Hübscher.

Die Welt als Wille und Vorstellung I
in zwei Teilbänden. detebe 20421 + 20422

Die Welt als Wille und Vorstellung II
in zwei Teilbänden. detebe 20423 + 20424

Über die vierfache Wurzel des Satzes vom zureichenden Grunde
Über den Willen in der Natur
Kleinere Schriften I. detebe 20425

Die beiden Grundprobleme der Ethik:
Über die Freiheit des menschlichen Willens
Über die Grundlagen der Moral
Kleinere Schriften II. detebe 20426

Parerga und Paralipomena I
in zwei Teilbänden, von denen der zweite die ›Aphorismen zur Lebensweisheit‹ enthält. detebe 20427 + 20428

Parerga und Paralipomena II
in zwei Teilbänden, von denen der letzte ein Gesamtregister zur Zürcher Ausgabe enthält. detebe 20429 + 20430

Außerdem erschien:

Aphorismen zur Lebensweisheit
Textidentisch mit Band 8 der ›Zürcher Ausgabe, Werke in zehn Bänden‹. Herausgegeben von Arthur Hübscher. Mit einem Nachwort von Egon Friedell. detebe 21555

Über Arthur Schopenhauer
Essays von Friedrich Nietzsche, Thomas Mann, Ludwig Marcuse, Max Horkheimer und Jean Améry. Zeugnisse von Jean Paul bis Arno Schmidt. Chronik und Bibliographie. Herausgegeben von Gerd Haffmans. detebe 20431

Ludwig Marcuse im Diogenes Verlag

Philosophie des Glücks
Von Hiob bis Freud. Vom Autor revidierter und erweiterter Text nach der Erstausgabe von 1948. Mit Register. detebe 20021

Sigmund Freud
Sein Bild vom Menschen. detebe 20035

Argumente und Rezepte
Ein Wörterbuch für Zeitgenossen
detebe 20064

Ignatius von Loyola
Ein Soldat der Kirche. detebe 20078

Das denkwürdige Leben des Richard Wagner
Eine böse Biographie. detebe 21085

Mein zwanzigstes Jahrhundert
Auf dem Weg zu einer Autobiographie. Mit Personenregister. detebe 20192

Nachruf auf Ludwig Marcuse
Autobiographie II. detebe 20193

Ludwig Börne
Aus der Frühzeit der deutschen Demokratie
detebe 20259

Heinrich Heine
Melancholiker, Streiter in Marx, Epikureer
detebe 20258

Philosophie des Un-Glücks
Pessimismus – ein Stadium der Reife
detebe 20219

Meine Geschichte der Philosophie
Aus den Papieren eines bejahrten Philosophiestudenten. detebe 20301

Das Märchen von der Sicherheit
Das Testament eines illusionslosen Optimisten. detebe 20302

Der Philosoph und der Diktator
Plato und Dionys. Geschichte einer Demokratie und einer Diktatur. detebe 21159

Obszön
Geschichte einer Entrüstung. detebe 21158

Denken mit Ludwig Marcuse
Zeitgemäße Betrachtungen
Diogenes Evergreens

Essays, Porträts, Polemiken
aus vier Jahrzehnten. Herausgegeben und eingeleitet von Harold von Hofe
detebe 21675

Strindberg
Das Leben der tragischen Seele. detebe 21780

Briefe von und an Ludwig Marcuse
an und von Max Brod, Alfred Döblin, Bruno Frank, Hermann Kesten, Erika, Klaus, Heinrich und Thomas Mann, Henry Miller, Robert Neumann, Joseph Roth, Alma Mahler-Werfel, Stefan Zweig u.v.a. Mit Chronik, Bibliographie und Register. Herausgegeben und eingeleitet von Harold von Hofe. Leinen

Herausgegeben von Ludwig Marcuse:

Ein Panorama europäischen Geistes
Texte aus drei Jahrtausenden, ausgewählt und vorgestellt von Ludwig Marcuse. Mit einem Vorwort von Gerhard Szczesny
I. Von Diogenes bis Plotin
II. Von Augustinus bis Hegel
III. Von Karl Marx bis Thomas Mann
detebe 21168

Die großen Erzähler der Weltliteratur im Diogenes Verlag

● **Pedro Antonio de Alarcón**
Meistererzählungen
Herausgegeben und mit einem Nachwort von Werner Bahner. Aus dem Spanischen von Georg Spranger. detebe 21703

● **Marcel Aymé**
Meistererzählungen
Aus dem Französischen von Hildegard Fuchs und Gertrud Grohmann. detebe 21704

● **Anton Čechov**
Meistererzählungen
Ausgewählt von Franz Sutter. Aus dem Russischen von Ada Knipper, Herta von Schulz und Gerhard Dick. detebe 21702

● **Raymond Chandler**
Meistererzählungen
Aus dem Amerikanischen von Hans Wollschläger. detebe 21619

● **Fjodor Dostojewskij**
Meistererzählungen
Edition, Übersetzung und Nachwort von Johannes von Guenther. detebe 20951

● **Joseph von Eichendorff**
Meistererzählungen
detebe 21608

● **F. Scott Fitzgerald**
Meistererzählungen
Ausgewählt und mit einem Nachwort von Elisabeth Schnack. Aus dem Amerikanischen von Walter Schürenberg, Anna von Cramer-Klett, Elga Abramowitz und Walter E. Richartz. detebe 21583

● **Dashiell Hammett**
Meistererzählungen
Ausgewählt von William Matheson. Aus dem Amerikanischen von Wulf Teichmann, Walter E. Richartz und Elizabeth Gilbert
detebe 21722

● **Hermann Hesse**
Meistererzählungen
Herausgegeben und mit einem Nachwort von Volker Michels. detebe 20984

● **Patricia Highsmith**
Meistererzählungen
Ausgewählt von Patricia Highsmith. Aus dem Amerikanischen von Anne Uhde, Walter E. Richartz und Wulf Teichmann. detebe 21723

● **Nikolai Lesskow**
Meistererzählungen
Ausgewählt von Anna Guenther. Aus dem Russischen von Johannes Guenther
detebe 21651

● **Joaquim Maria Machado de Assis**
Meistererzählungen
Herausgegeben, übersetzt und mit einem Nachwort von Curt Meyer-Clason
detebe 21504

● **Heinrich Mann**
Meistererzählungen
Herausgegeben von Christian Strich
Mit einem Vorwort von Hugo Loetscher und Zeichnungen von George Grosz. detebe 20981

● **W. Somerset Maugham**
Meistererzählungen
Ausgewählt von Gerd Haffmans. Aus dem Englischen von Elisabeth Schnack
detebe 21726

● **Luigi Pirandello**
Meistererzählungen
Auswahl und Nachwort von Lisa Rüdiger. Aus dem Italienischen von Percy Eckstein, Hans Hinterhäuser und Lisa Rüdiger. detebe 21527

● **Alexander S. Puschkin**
Meistererzählungen
Aus dem Russischen von André Villard. Mit einem Fragment »Über Puschkin« von Maxim Gorki. detebe 21526

● **Georges Simenon**
Meistererzählungen
Aus dem Französischen von Wolfram Schäfer u.a. detebe 21620

● Henry Slesar
Meistererzählungen
Aus dem Amerikanischen von Thomas Schlück. detebe 21621

● Adalbert Stifter
Meistererzählungen
detebe 21609

● Rodolphe Toepffer
Meistererzählungen
Ausgewählt und aus dem Französischen von H. Graef. Mit einem Vorwort von Maurice Aubry. detebe 21505

● Leo Tolstoi
Meistererzählungen
Ausgewählt von Christian Strich. Aus dem Russischen von Arthur Luther, Erich Müller und August Scholz. detebe 21700

● Iwan Turgenjew
Meistererzählungen
Herausgegeben und aus dem Russischen von Johannes von Guenther. detebe 21051

Briefeditionen im Diogenes Verlag

● **Alfred Andersch**
»...einmal wirklich leben«
Ein Tagebuch in Briefen an Hedwig Andersch 1943–1975. Herausgegeben von Winfried Stephan. Leinen

● **Anton Čechov**
Briefe 1877–1904
5 Bände. Herausgegeben und neu übersetzt von Peter Urban. Leinen. Auch als detebe 21064–21068

● **Paul Cézanne**
Briefe
Aus dem Französischen übersetzt und herausgegeben von John Rewald. Mit vielen Reproduktionen von Bildern, Zeichnungen, Fotos, Dokumenten
kunst-detebe 26005

● **Albert Einstein**
Briefe
Aus dem Nachlaß herausgegeben von Helen Dukas und Banesh Hoffmann. detebe 20303

● **William Faulkner**
Briefe
Nach der Edition von Joseph Blotner herausgegeben und neu übersetzt von Elisabeth Schnack und Fritz Senn. detebe 20958

● **Gustave Flaubert**
Briefe
Herausgegeben, übersetzt und kommentiert von Helmut Scheffel. detebe 20386

● **Vincent van Gogh**
Briefe
an den Bruder Theo. 2 Bände. Herausgegeben und kommentiert von Fritz Erpel
Deutsch von Eva Schumann
kunst-detebe 26073

● **Hermann Kükelhaus**
»...ein Narr der Held«
Gedichte in Briefen. Herausgegeben und mit einem Vorwort von Elizabeth Gilbert
detebe 21339

● **D.H. Lawrence**
Briefe
Auswahl von Richard Aldington. Vorwort von Aldous Huxley. Übersetzung und Nachwort von Elisabeth Schnack. detebe 20954

● **Ludwig Marcuse**
Briefe von und an Ludwig Marcuse
Herausgegeben und eingeleitet von Harold von Hofe. Leinen

● **Wolfgang Amadeus Mozart**
Briefe
Herausgegeben von Horst Wandrey
detebe 21610

● **Georges Simenon**
Briefwechsel mit André Gide
Deutsch von Stefanie Weiß